宮本一夫 著

東北アジアの初期農耕と弥生の起源

同成社

はじめに

　先史時代における人類の拡散に関しては、農耕の広がりと関係するという見方がある。その一つは、インド・ヨーロッパ語族の広がりが農耕の伝播と軌を一にするものであるという Colin Renfrew の有名な学説（Renfrew 1987）である。この学説に対しては、もともとインド・ヨーロッパ語族の拡散を、後期新石器時代～青銅器時代における黒海沿岸から草原地帯における牧畜農耕民の拡散によるものであるとする Marija Gimbutas の説（Gimbutas 1985）、さらにそれを考古学的・言語学的に支持できるとする David Anthony の学説（Anthony 1991）があった。C.Renfrew は、中南部アナトリアを故地とした農耕民が紀元前 7000～6500 年にはギリシャに拡散し、この拡散がヨーロッパまで続いてインド・ヨーロッパ語族のサブグループを形成したことを考古学的に論証している。また、紀元前 7000 年のギリシャから紀元前 4000 年までのブリテン島にインド・ヨーロッパ語族が拡散する 3000 年間に、移住してきた農耕民と在来の中石器文化人との間に、大規模な遺伝子的な交換があったことを示している（Renfrew 1987・1999）。農耕の拡散や言語系統の拡散が人間を媒介とするものであり、人間の移住と在来民との交雑によって変化していくというのが C.Renfrew の学説である。もちろん近年でも、ヨーロッパにおけるインド・ヨーロッパ語族の拡散と発展を、新石器時代とするよりは、紀元前 2000 年紀初頭の青銅器時代社会のネットワークの結びつきによるものとする Kristian Kristiansen の批判（Kristiansen 2005）が存在している。

　ところで東アジアにおいても、同じように農耕の広がりと言語の広がりが連動したものであるとするのが、Peter Bellwood の学説（Bellwood 2005）である。シナ・チベット語族は黄河中流域のアワ・キビ農耕文化に起源し、長江中流域の稲作農耕文化のモン・ミエン語族が移動し、東南アジアにオーストロアジア語族を形成したとする。また、華南農耕文化民であったタイ語族も西方へ移動し、東南アジアのオーストロアジア語族の一つを形成する。さらには黄河下流域や長江下流域の農耕民が南下し、台湾からフィリピンを経由して太平洋の島嶼部に広がるオーストロネシア語族という人の動きが存在するとする。こうした動きは考古学的分析からは可能性があるが、言語学的には実証的な論証に欠けている。

　いわば農耕の広がりと人間の移住や移動という仮説はユーラシアの東西において語られているとすることができ、さらにそれが現在にも繋がる言語系統の基層性を説明する原理にもなっている。中国大陸において、Peter Bellwood のような大きな人間集団の動きが実証できるかには、未だ課題も多い。しかし、人間集団の動きが農耕の広がりを生み出すという点では、東北アジアにおける農耕伝播の説明として有力な論となっている。その東北アジアの初期農耕伝播過程は、4 段階で説明することが可能である（宮本 2007d・2009a、Miyamoto 2014）。これは栽培穀物が自立的に成立し得ない地域、すなわち栽培起源地から二次的に農耕を受容する地域（宮本 2007d・2009a）において、初期農耕伝播過程の説明として、狩猟採集社会へ農耕民あるいは農耕化した狩猟採集民の

移動や移住があったとするものである。

　本書では、考古学的な証拠を基に東北アジア先史社会での農耕の伝播の過程とその実態を扱い、農耕の拡散が地域社会の変容に果たした役割を考えていく。そして、改めてこれまで提起してきた東北アジア初期農耕化4段階説を、土器編年、石器編年などの遺物の検討とともに、墓地分析などの遺構論などから総合的に論じ検証していく。さらには、農耕伝播に見られる文化的な接触や変容という歴史的な変遷過程を、東北アジアの小地域単位で明らかにしていく。その上で、そのような文化接触に果たした人の移動の問題とともに、言語拡散の問題を扱おうとするものである。

　第1章では、中国大陸で地域を異にして栽培化されたアワ・キビやイネが、アワ・キビ農耕と稲作農耕として定着し、どのようにして中国大陸内に拡散していくかを概観した後、それらの農耕が沿海州南部や朝鮮半島南部さらには日本列島に伝播していく過程を東北アジア初期農耕化4段階説で説明する。

　第2章では、東北アジア初期農耕化第1段階の沿海州南部でのアワ・キビの拡散過程を明らかにするため、その年代的な根拠である沿海州南部の土器編年を構築したものである。これは2002～2005年までクロウノフカ遺跡、ザイサノフカ7遺跡、クラーク5遺跡で実施された日口共同発掘の調査成果とともに、ロシア国立歴史博物館で実施したザイサノフカ1遺跡の遺物再調査の成果に依っている。

　第3章は、沿海州南部での発掘によって新たに明らかになった栽培穀物であるアワ・キビの拡散過程を、考古学的に検証し解釈したものであり、東北アジア初期農耕化第1段階を実証したものである。

　第4章は、朝鮮半島での穀物出土資料の検証を行うとともに、朝鮮半島における農耕化の実態を考古学的に検証したものである。新資料を加えることにより、旧稿を大幅に改変しながら、東北アジア初期農耕化第1段階、第2段階を説明したものである。

　第5章は、東北アジア初期農耕化第2段階における山東半島東部から遼東半島南部への文化拡散の過程を、四平山積石塚の墓葬分析から示すものである。山東半島からの集団移動と遼東半島の在地民との交配過程、さらには集団の再編成を考古学的に論証しながら示した。

　第6章は、東北アジア初期農耕化第2段階、さらに第3段階に東北アジアに認められるいわゆる大陸系磨製石器の伝播過程を、山東大学東方考古研究センターとの共同調査による石器の分析から実証的に示すものである。特に磨製石器の拡散が在地的な変容を受け、さらに隣接地域へと拡散していく過程、さらには石器の生産体制を視野に論証した。

　第7章は、東北アジア初期農耕化第3段階に相当する朝鮮半島の無文土器文化の成立過程について、土器論とりわけ土器の製作技術の系譜過程から論じたものである。これにより、無文土器の成立過程を遼西・遼東の偏堡文化の拡散と関連づけ、一方で水田などの灌漑農耕の転換を従来主張している山東から遼東半島への文化拡散である東北アジア初期農耕化第3段階に求めた。

　第8章は、東北アジア初期農耕化第3段階による朝鮮半島の灌漑農耕の始まりによる農耕社会の発展過程を述べたものである。この過程は朝鮮半島の無文土器文化の成立と展開を示すものであり、

さらに無文土器文化と東北アジア初期農耕化第4段階である弥生文化の成立との関連を論考した。

第9章は、東北アジア初期農耕化第4段階に相当する弥生文化の成立過程を、支石墓や木棺墓などの墓葬分析とともに、磨製石剣の型式から半島側での発信地と渡来人たちの向かう先が二つの段階にあることを論じたものである。最初の段階が夜臼Ⅰ式段階であり、糸島半島や唐津平野以西に広がっていくのに対し、第2段階の夜臼Ⅱ式では福岡平野を中心に渡来系文化が受容されていったことを示した。

第10章は、弥生早期の夜臼Ⅰ式、夜臼Ⅱ式さらに弥生前期の板付式の成立の過程を、板付遺跡や有田遺跡などの福岡平野・早良平野の土器分析から示したものであり、さらに遺跡の分布の変容過程から古環境の変遷と生業活動の変化を示したものである。

第11章は、朝鮮半島の青銅器時代である無文土器文化の終焉後に、新たに初期鉄器文化である粘土帯土器文化が遼東から朝鮮半島南部へと拡散していく過程とその導因を、遼東半島の大長山島にある上馬石貝塚の分析を基に示していく。

第12章は、これまで北部九州を中心に弥生文化の成立過程を論じてきたが、その年代論をまず東北アジア全体の考古学的事実から総合的に検証し、その相対的な位置づけを明らかにした。さらに、^{14}C年代の較正曲線に見られる古環境変動との関係から実年代を明らかにした。

第13章は、福岡平野を中心に成立した板付式土器様式の西日本全体への拡散過程を、磨製石剣の拡散過程とともに水田・環濠集落・列状墓地などの遺構論から論じた。

第14章では、土器様式の拡散過程という考古学的な事実が当時の社会のどの側面を示しているかを理論的に検討した結果、近年欧米の言語学者らが提起する古日本語の拡散、すなわち言語の拡散に対比することが可能かを検討した。

第15章では、無文土器文化・板付土器様式の拡散と粘土帯土器文化の拡散を、前章での理論的な検討にもとづき、言語拡散と捉えた場合、前者が古日本語の拡散であり、後者が古韓国語の拡散であることを論じた。さらにこうした動きとは異なった東北アジア初期農耕化4段階の環境変動との関係を示すとともに、弥生文化の成立過程を東北アジアの歴史的現象として復元して結語とした。

以上のように、本書は土器分析や石器分析といった遺物論さらには墓葬分析などの遺構論を基にした考古学的な分析をもとに、東北アジアの農耕化の過程を論証しただけでなく、こうした諸現象と一時的な古気候の寒冷化などによる環境変動との関係を論ずるとともに、言語学的に検討されてきた言語系統論と考古学的事実とを結びつけることにより、東北アジアの先史時代を歴史的に叙述することを目指したものである。

目　次

はじめに　i

第1章　東北アジアにおける先史時代の人類の拡散
── 東北アジア初期農耕化4段階説 ── ………………………………………… 1

1．中国大陸の雑穀農耕　1
2．中国大陸における稲作農耕の始まり　4
3．小魯里遺跡出土イネ籾の位置づけ　7
4．東北アジアにおける初期農耕伝播の4段階　10
5．東北アジア初期農耕化4段階と気候変動　16
6．政治・支配による人の移動　18
7．まとめ ── 人類拡散の二つのモデル ──　20

第2章　沿海州南部新石器時代後半期の土器編年 ………………………… 23

1．クロウノフカ1遺跡　24
2．ザイサノフカ7遺跡　32
3．ザイサノフカ1遺跡　34
4．クラーク5遺跡　38
5．沿海州南部地域の土器編年　39
6．まとめ ── 土器編年にみる初期農耕の受容 ──　46

第3章　沿海州南部における初期農耕の伝播過程 ………………………… 49

1．沿海州南部への農耕の広がり　49
2．クロウノフカ1遺跡・ザイサノフカ7遺跡の事例分析　50
3．沿海州南部の初期農耕の進展　54
4．沿海州農耕化の意味　57
5．まとめ ── 東北アジア初期農耕化第1段階の特性 ──　59

第4章　朝鮮半島南部新石器時代の初期農耕 ……………………………… 61

1．朝鮮半島における雑穀農耕の出現　62

2．朝鮮半島新石器時代におけるイネ　74
　3．東アジアからみた縄文農耕　77
　4．まとめ――朝鮮半島南部への華北型農耕の拡散――　79

第5章　遼東半島四平山積石塚――東北アジア初期農耕化第2段階の事例――　81

　1．積石塚の石室構造と編年　82
　2．副葬土器の編年　86
　3．四平山積石塚の社会――黒陶の器種構成と墓葬の配置――　95
　4．積石塚からみた遼東半島先史社会　102

第6章　東北アジアの農耕化と大陸系磨製石器の広がり　107

　1．農耕伝播と加工斧の伝播　108
　2．弥生時代の木製農具の源流を求める　115
　3．初期農耕と石器　119
　4．まとめ――木製農耕具存在の推定の試み――　124

第7章　朝鮮半島無文土器社会の成立　125

　1．遼東半島上馬石貝塚からみた土器製作技法　127
　2．偏堡文化の動きと突帯文土器　131
　3．韓国無文土器文化の始まりに関する新たなモデル　133

第8章　朝鮮半島無文土器社会と北部九州弥生時代　135

　1．東北アジア農耕文化の段階性　136
　2．朝鮮半島農耕社会の発展段階　138
　3．朝鮮半島農耕文化と弥生文化の接触　145
　4．まとめ――北部九州における弥生文化成立の実像――　149

第9章　北部九州の弥生社会の始まり　151

　1．支石墓の研究史と問題の設定　153
　2．支石墓の構造と変遷　156
　3．木棺墓の系譜と磨製石剣　164
　4．移行期における文化受容と社会組織　173
　5．移行期と墓制の変遷　175
　6．まとめ――弥生成立期における文化波及の二重構造――　178

第10章　板付土器様式の成立 …………………………………………………………… 181

1．板付遺跡出土土器の検討　182
2．板付遺跡の編年上の位置づけ　196
3．福岡平野と早良平野の弥生の始まり　202
4．列島の縄文から弥生へ　205

第11章　朝鮮半島粘土帯土器の成立と初期鉄器時代 ………………………… 211

1．遼東先史時代土器編年と尹家村2期　211
2．粘土帯土器の変遷　213
3．燕の東漸と粘土帯土器文化の拡散　215
4．まとめ──粘土帯土器拡散の契機──　217

第12章　弥生時代開始の実年代を問う ……………………………………………… 221

1．東北アジアの相対編年　221
2．土器の編年　222
3．銅剣・石剣の編年　225
4．墓制の変遷　231
5．相対編年からみる東北アジアの青銅器文化　235
6．弥生開始期の実年代に関する議論　239
7．まとめ──弥生時代開始の実年代への視座──　242

第13章　板付土器様式の拡散と西日本の弥生時代前期 ……………………… 245

1．板付土器様式の拡散　246
2．一段柄磨製石剣B式の拡散　249
3．列状埋葬墓の拡散　253
4．水稲農耕の拡散　256
5．環濠集落の拡散　257
6．西日本の弥生時代前期　259

第14章　土器情報の社会的意味に関する試論 …………………………………… 263

1．問題の所在　264
2．板付土器出現期における土器製作技術の転換　266
3．言語置換としての古日本語の成立　269

4．まとめ——古日本語への言語置換現象について—— 270

第15章　古日本語と古韓国語——農耕の拡散と言語の拡散——……………………273

1．古日本語の展開　274

2．古韓国語の展開　278

3．東北アジア初期農耕化4段階説と言語集団の拡散　281

参考文献　287

初出一覧　308

あとがき　309

挿図目次

図1　中国大陸の初期アワ・キビ農耕関連遺跡……………………………………………………2
図2　中国大陸の初期稲作農耕関連遺跡……………………………………………………………5
図3　韓国小魯里遺跡出土のイネ籾殻………………………………………………………………7
図4　山東省済南市月荘遺跡出土炭化米……………………………………………………………8
図5　野生水牛の出土遺跡位置と初期イネ関連遺跡の分布………………………………………9
図6　東北アジア初期農耕化4段階の伝播ルート………………………………………………10
図7　九州における縄文時代の農耕関係石器……………………………………………………14
図8　水月湖における過去8,830年間の年縞堆積物からみた海退時期………………………17
図9　燕と漢の領域の拡大…………………………………………………………………………19
図10　沿海州南部の新石器時代土器型式1………………………………………………………26
図11　沿海州南部の新石器時代土器型式2………………………………………………………27
図12　沿海州南部の新石器時代土器型式3………………………………………………………28
図13　沿海州南部の新石器時代土器型式4………………………………………………………29
図14　沿海州南部の新石器時代土器型式5………………………………………………………30
図15　クロウノフカ1遺跡4・5号住居址内での土器分布状況……………………………31
図16　沿海州南部新石器時代後半期土器編年……………………………………………………41
図17　ザイサノフカ7遺跡出土磨盤・磨棒と使用痕…………………………………………54
図18　沿海州南部ザイサノフカ文化期の変遷……………………………………………………56
図19　ザイサノフカ文化期におけるキビ種実の形態変化……………………………………57
図20　亜布力遺跡の土器様相………………………………………………………………………58
図21　朝鮮半島各地域の華北型農耕石器・柳葉形磨製石鏃……………………………………63
図22　慶尚南道密陽市サルネ遺跡の新石器時代前期後葉土器…………………………………66
図23　朝鮮半島南海岸地域の華北型農耕石器……………………………………………………68
図24　朝鮮半島南海岸地域新石器時代前期後葉の華北型農耕石器……………………………68
図25　東北アジア初期農耕化第1段階……………………………………………………………72
図26　中国大陸における栽培イネの拡散…………………………………………………………75
図27　水稲農耕の日本列島への伝播経路…………………………………………………………77
図28　四平山積石塚の位置と配置…………………………………………………………………81
図29　四平山積石塚32号墓から41号墓の配置…………………………………………………83
図30　四平山35号墓の平面・断面図……………………………………………………………84

図 31	山東龍山文化黒陶の編年	88
図 32	四平山積石塚の紅褐陶の土器変遷図	89
図 33	四平山積石塚の石室構築変遷図	94
図 34	四平山積石塚の階層関係	99
図 35	四平山積石塚の時間軸と階層関係	101
図 36	膠東半島の遼東形石斧	109
図 37	遼東形石斧の分布	110
図 38	膠東半島の石斧における幅と厚さの相関	110
図 39	膠東半島における扁平片刃石斧と柱状片刃石斧	111
図 40	膠東半島の扁平片刃石斧	112
図 41	遼東半島の扁平片刃石斧	112
図 42	膠東半島の柱状片刃石斧	112
図 43	柱状片刃石斧の型式	113
図 44	遼東半島の柱状片刃石斧	114
図 45	石鏟の復原図	116
図 46	石鏟と石鍬	117
図 47	石鏟の使用復原	118
図 48	朝鮮半島における柱状片刃石斧の変遷	121
図 49	石製農具と木製農具の対比	122
図 50	縄文土器と弥生土器・無文土器の土器製作技法の違い	125
図 51	東北アジア初期農耕化第2段階	128
図 52	偏堡文化の土器編年	129
図 53	偏堡文化前期と偏堡文化中・後期の分布差	130
図 54	コマ形土器成立のモデル図	131
図 55	公貴里式土器と突帯文土器	132
図 56	朝鮮半島南部の新石器時代晩期と突帯文土器の分布	133
図 57	長城地帯青銅器文化第3段階の東北アジア	139
図 58	長城地帯青銅器文化第4段階の東北アジア	139
図 59	朝鮮半島青銅器文化Ⅰa期の東北アジア	140
図 60	朝鮮半島青銅器文化Ⅰb期の東北アジア	140
図 61	佐賀県唐津市大友弥生墓地の変遷	148
図 62	九州の初期支石墓の分布	152
図 63	石槨状石棺・土壙系下部構造	157
図 64	箱式石棺系下部構造	161
図 65	石槨状石棺・土壙系下部構造と箱式石棺系下部構造の容量差	162
図 66	支石墓と木棺墓（土壙墓）の分布	165

図 67	木棺墓の構造	166
図 68	一段柄A式・D式系石剣と一段柄B式・有節式石剣	170
図 69	九州出土磨製石剣の分布	171
図 70	木棺墓（土壙墓）の法量差	173
図 71	弥生早期における文化接触の二重構造モデル	176
図 72	器種分類	183
図 73	凸帯文の分類	185
図 74	刻目の形態分類	186
図 75	深鉢器面調整の分類	191
図 76	板付祖形甕とハケメ調整の深鉢	191
図 77	板付祖形甕の型式変遷	194
図 78	板付遺跡の土器変遷	198・199
図 79	初期刻目凸帯文期の土器	201
図 80	縄文・弥生移行期の遺跡分布の変遷	204
図 81	上馬石貝塚による遼東半島の青銅器時代から初期鉄器時代の土器編年	212
図 82	粘土帯土器の変遷と伝播	215
図 83	凌河文化の粘土帯土器	216
図 84	副葬品に見る「燕化」	216
図 85	遼西の燕墓の副葬陶器	218
図 86	燕の領域の拡大	218
図 87	遼東半島と朝鮮半島中西部の土器比較	224
図 88	東北アジアの銅剣・銅矛の変遷図	226
図 89	銅剣と石剣の変遷	228
図 90	朝鮮半島青銅器文化Ⅰc期の東北アジア	237
図 91	朝鮮半島青銅器文化Ⅱ期の東北アジア	237
図 92	朝鮮半島青銅器文化Ⅲ期の東北アジア	238
図 93	較正曲線にみられる弥生時代早・前期の寒冷期	241
図 94	板付土器様式の伝播過程	246
図 95	福岡市長浜貝塚出土板付式甕の変遷	247
図 96	瀬戸内出土の磨製石剣B式の型式細分	250
図 97	磨製石器剣B式の細分型式別の分布	251
図 98	九州出土の磨製石剣B式集成	252
図 99	北部九州の列状埋葬墓	254
図 100	瀬戸内の列状埋葬墓	255
図 101	福岡平野における弥生早期の水田遺跡の位置	257
図 102	福岡平野における弥生時代初頭の環濠集落の位置	258

図103　岡山市百間川沢田遺跡の環濠集落··················259
図104　東北北部地域にみられる遠賀川系土器··················261
図105　北部九州における縄文・弥生移行期の土器製作技法の変化··················267
図106　条痕調整とハケメ調整··················268
図107　古日本語の朝鮮半島への広がり··················277
図108　古日本語の日本列島への広がり··················277
図109　古朝鮮語の朝鮮半島への広がり··················279

挿表目次

表1　沿海州南部の遺跡別土器型式対応表··················40
表2　クロウノフカ1遺跡出土キビ炭化種子の大きさ··················51
表3　クロウノフカ1遺跡とザイサノフカ7遺跡のフローテーションによる植物遺体··················52
表4　東アジア新石器時代編年表··················64・65
表5　東三洞遺跡試掘資料による時代別石器変遷··················67
表6　朝鮮半島新石器時代雑穀出土集成表··················70
表7　朝鮮半島初期新石器時代土器種子圧痕集成表··················71
表8　朝鮮半島新石器時代コメ出土集成表··················76
表9　四平山積石塚の石室規模··················82
表10　黒陶土器編年対応表··················89
表11　四平山積石塚紅褐陶・鬲の型式の組み合わせ··················92・93
表12　四平山積石塚紅褐陶の型式変遷··················92
表13　四平山積石塚黒陶・鬲の器種組成··················96
表14　四平山積石塚紅褐陶組成表··················97
表15　四平山積石塚玉石器組成表··················97
表16　四平山積石塚の副葬品からみた階層関係··················98
表17　東北アジアにおける伐採斧・加工斧と石製・木製農具··················123
表18　東アジア先史文化編年表と東アジア初期農耕化の4段階··················126・127
表19　上馬石貝塚における土器製作技法の変遷··················126
表20　偏堡文化の遺跡消長表··················130
表21　九州における初期支石墓の集成··················153
表22　支石墓墓群と下部構造の分類··················159
表23　支石墓群単位の箱式石棺下部構造分類··················161
表24　木棺墓墓地と土壙分類··················167

表 25	木棺墓の副葬品	167
表 26	朴宣映による朝鮮半島の磨製石剣の型式と時期区分	167
表 27	九州出土の磨製石剣	169
表 28	器種組成の変遷	185
表 29	板付遺跡1次調査遺構別の器種変遷	185
表 30	刻目凸帯文の分類と刻目形態の相関関係	187
表 31	遺構別分析資料内訳	187
表 32	遺構別による凸帯文と刻目形態の相関関係	188
表 33	板付遺跡54・59次調査における凸帯文と刻目形態の相関関係	189
表 34	板付遺跡・那珂遺跡における凸帯文と刻目形態の相関関係	189
表 35	板付遺跡における段階別深鉢細別型式	189
表 36	板付遺跡1次調査の深鉢細別型式と器面調整の相関関係	192
表 37	板付遺跡1次調査の遺構別凸帯文と器面調整の相関関係	192
表 38	板付遺跡1次調査の遺構別刻目形態と器面調整の相関関係	192
表 39	西日本刻目凸帯文土器の編年	197
表 40	銅剣型式の平行関係と朝鮮半島青銅器文化	227
表 41	多鈕粗文鏡の変遷と朝鮮半島青銅器文化	230
表 42	朝鮮半島青銅器文化と半島南部・北部九州の平行関係	238
表 43	瀬戸内・近畿出土の磨製石剣集成	249
表 44	九州出土の磨製石剣B式集成表	250
表 45	縄文系刻目凸帯文土器深鉢の調整技法の変化	268

東北アジアの初期農耕と弥生の起源

第1章　東北アジアにおける先史時代の人類の拡散
―― 東北アジア初期農耕化4段階説 ――

　東アジアにおける農耕の始まりは、大きくアワ・キビ農耕と稲作農耕に分けることができ、それぞれが発生地を異にしている。アワ・キビ農耕は淮河以北の華北にその起源地があり、稲作農耕は長江中・下流域が発生地であると考えられている。ともに、これらは野生穀物を馴化することにより栽培種が生まれる。アワの野生種はエノコログサであり、キビの野生種は不明である。イネの野生種は野生イネである。それらが淮河以北の華北と長江中・下流域以南の華中や華南に自生していたのである。人類は、氷河期から後氷期にかけて環境が変化する段階に、新たな生態適応としてこれら野生穀物の採集への関心を高めたということができるであろう。そしてそれら栽培穀物が起源した場所は、ともにそれぞれの植物生態系の中心地ではなく、周縁地あるいは他の生態系に接するような境界域であった。後氷期の開始は温暖化の始まりであったが、環境変動にいくつかの揺り戻しがあり、後氷期が始まってまもなく一時的な冷涼乾燥期が訪れる。この段階をヤンガー・ドリアス期と呼ぶが、この12000年から11000年前の寒冷期に、野生穀物の生態周縁域ではそれぞれ成長に影響があり、収穫量が減少していく。これが人類にとって野生種から栽培種への馴化への動機であると一般的に考えられている（宮本 2000d・2009a）。このような過程で約1万年前に中国大陸に始まった穀物栽培は、大きく黄河中・下流域に見られるアワ・キビ農耕と長江中・下流域の稲作農耕に分離して登場することになる。

　それぞれの初期農耕は、約1万年前に野生種から栽培種へと栽培化され、その後、栽培食物が補助的な生業から主たる生業へと変化し、農耕社会が発展していく。農耕社会の発展は単なる生業における栽培食物への依存度の高まりということだけではなく、それを成り立たせるための社会集団の組織化の歴史でもあった。さらに、完新世の湿潤温暖期である8000年前から5000年前のヒプシサーマル期には、それぞれの地域の農耕が生態環境的に発達する段階でもある。栽培に適応する生態環境がこれまでに比べより緯度の高い地域で可能になるのと軌を同じくするように、次第に緯度の北の地域へと農耕が拡散していく。

1．中国大陸の雑穀農耕

　華北のアワ・キビ農耕は、約1万年前にアワの野生種であるエノコログサが栽培化されるとともに、キビの野生種が栽培化されることに始まる。後期旧石器時代の華北では、丁村遺跡などで石皿が認められ、すでにドングリ類などの植物食への依存が始まっていた（藤本 2000）。このような中、栽培種としてのアワ・キビが華北を中心に出現していく。そのような初期アワ・キビ農耕に関係す

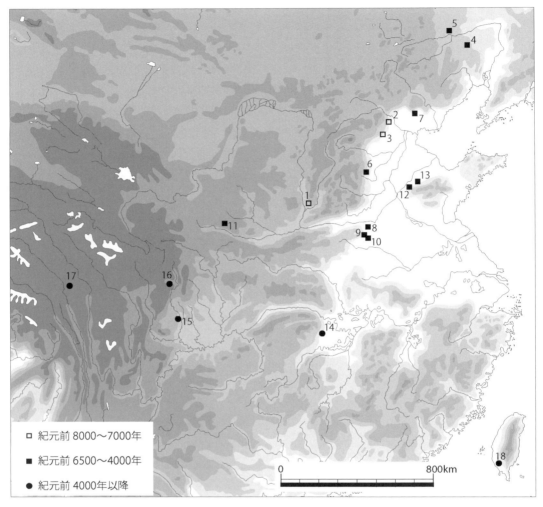

図1 中国大陸の初期アワ・キビ農耕関連遺跡
1：柿子灘、2：東胡林、3：南荘頭、4：興隆溝、5：白音長汗、6：磁山、7：上宅、8：裴李崗・沙窩李、9：莪溝、10：石固、11：大地湾、12：月荘、13：西河、14：城頭山、15：宝墩、16：営盤山、17：卡若、18：南関里

る遺跡の位置を図1に示した。

　10000～9000年前と考えられている山西省吉県柿子灘遺跡第9地点第4層では、アワ・キビ農耕に伴う磨盤・磨棒が出土している。これら磨盤・磨棒のデンプン分析からはキビ属などの植物食のデンプン粒が検出されたとされ、野生種か栽培種かは不明であるが穀物類への生業的な依存が始まった可能性が考えられている。北京市東胡林遺跡は、11500～9450年前の土器が出現している新石器時代初期の遺跡である。ここでは比較的多くの磨盤・磨棒が出土しているが、土壌のフローテーションからはアワが発見されたという情報がある（秦嶺 2012）。同じく初現期の土器が出土している河北省徐水市南荘頭遺跡は、11500～11000年前の遺跡と考えられるが、ここからも磨盤・磨棒のデンプン分析において、アワ類のデンプン粒が全体で発見されたデンプン粒の46.8％を占めるという分析結果が得られているという（秦嶺 2012）。これら約1万年前の遺跡群では、磨盤・

磨棒のデンプン分析の結果やわずかなアワ種子の発見から、アワ・キビの栽培化が始まっていた可能性が指摘されているが、考古学的な証拠としては不十分なものである。また、華北の新石器時代の農耕道具である磨盤・磨棒といった石器は、すでにこの段階から後の時代のように定型化しており、機能的にも脱穀や製粉具としての機能を持っていたであろう。しかし、その存在からは野生ないし栽培化したアワ・キビ穀物を食糧としていたことを示しているだけである。したがって、現状では約1万年前頃に華北ではアワ・キビ農耕が始まった可能性が存在するにすぎない。

確実にアワ・キビの栽培化の存在が示されるのは、内蒙古赤峰市興隆溝遺跡第1地点（BC6000〜BC5500）である。ここからは、フローテーションで1200点あまりの炭化種実が確認されている（趙志軍2004）。その内の15％を占めているのがキビであり、アワはわずか60点と比較的に少ない。さらに、黄河下流域の山東省済南市月荘遺跡でも灰坑からキビが採集されているが、そのAMS年代は5880-5770 cal. BC（Crawford等2013）と、興隆溝遺跡と同じように古い段階の栽培穀物の存在を示している。

このような華北のアワ・キビ農耕については、紀元前6千年紀の裴李崗・磁山文化や興隆窪文化段階で、すでにアワ・キビに主に依存した本格的農耕段階に移っていたとする見解がある（秦嶺2012）。しかし、長江中・下流域である華中の栽培イネにしろ、華北のアワ・キビにしろ、その当初の生産性は低いものであり、堅果類など他の野生植物食に食料源を依存している。栽培穀物が主体となる本格的な農耕化すなわち灌漑農耕の出現は、比較的遅いものであったと考えられる。アワ・キビ農耕を本格的に導入した集約的農耕の出現は、新石器時代中期の仰韶文化段階からと考えておく方がよいのではないだろうか。この段階に、黄河中流域ではコメが導入されており、多様な穀物に依存する社会が始まっている。

さらに注目すべきが華北に初現するキビの出現とその伝播である。キビはこれまで遅くとも紀元前5000年には東欧にも出現すると考えられていたが、その年代測定に疑義が出されている。現生のキビの遺伝形質から2分類ないし6分類が可能であるが、とくに6分類で見た場合、多くの遺伝形質が集中しているのが東アジアとりわけ華北地域であり、ヨーロッパというユーラシア西部に行くに従い遺伝形質の種類が減少するという分布差が認められる。この状況は、遺伝形質の種類が集中する華北が遺伝学上の種が系統的に変化する中心地であることを示し、その起源地である可能性を示している（Hunt *et al.* 2011）。さらに近年ではカザフスタンのベルガシュ遺跡から発見されたキビの年代が2460-2190 cal. BC、2170-2150 cal. BC（2σ）（Frachetti *et al.* 2010）とされ、華北から草原地帯を西方へと広がっていく証拠として注目されている。さらにキビは長江流域でも湖南省澧県城頭山遺跡で出土しており、紀元前4000年頃には華中にも伝播していたことが知られる。さらに台湾の南関里遺跡では、紀元前2500年頃のアワがコメとともに発見されている（Tsang 2005）。華南への伝播ルートは不明であるが、キビ・アワが稲作農耕地帯である南方へ新石器時代に伝播していったことも理解されるのである。

ダイズに関しては、中国でもダイズの栽培化の起源地が黄河下流域にあり、龍山期に種実が大きくなるが、二里頭・商代には定型的に大型化しており、遅くともこの段階までに栽培化が行われていたと考えられている（Lee Gyoung-Ah *et al.* 2011）。なお、中国のダイズはツルマメに似て小型

であるが、韓国のものは丸く、縄文のものは扁平であり、それぞれ形態を異にすることから、起源を異にしていると考えられている（Lee Gyoung-Ah et al. 2011、小畑 2016）。

　コムギは、甘粛省西山坪遺跡で 2700-2350 cal. BC の土層から、そして山東省日照市両城鎮遺跡では紀元前 2600-1900 年（Crawford et al. 2005）、山東省膠州市趙家荘遺跡（靳桂雲ほか 2011）で 2500BC-2270BC（87.2％、2σ）のコムギそのものの年代測定が認められる。近年カザフスタンのベルガシュ遺跡でもコムギが発見され、コムギとキビを合わせた AMS 年代であるが、2460-2190cal. BC、2170-2150 cal. BC（2σ）という年代値が得られた（Frachetti et al. 2010）。これにより西アジアで栽培化されたコムギが、ユーラシア草原地帯を伝わり、中国西北部あるいはより北のモンゴル高原からさらに黄河下流域へと龍山文化期に伝播していく過程が明らかとなりつつある。また、山東省臨沭県東盤遺跡でも龍山文化期のコムギ 6 粒がフローテーション法で発見されており（王海玉ほか 2012）、趙家荘遺跡や両城鎮遺跡の例も加えれば、龍山文化期に山東までコムギが普及していたことが明らかになりつつある。さらに、遼東半島の大連市王家村遺跡の小珠山上層期文化層からはコムギ 7 粒が出土している（馬永超ほか 2015）。龍山文化期には山東半島からすでに遼東半島までコムギが広がっていた可能性がある。なお、遼東半島呉家村期の標識遺跡である遼寧省大連市長海県広鹿島呉家村遺跡からもコムギ 9 粒が発見されている（馬暁橋ほか 2014）が、出土遺構の年代は不明である。一方、二里頭文化期には中原においてコムギの出土例が認められ、二里頭・商代には華北でコムギが確実に普及した可能性が高い。

　一方、オオムギは二里頭文化期の甘粛省民楽県東灰山遺跡出土のものがこれまで中国大陸最古の事例（甘粛省文物考古研究所・吉林大学北方考古研究室編 1998）であったが、近年、龍山文化期の山東省臨沭県東盤遺跡でオオムギ 2 粒（王海玉ほか 2012）、山東省青島市趙家荘遺跡で 1 粒（靳桂雲ほか 2011）が発見されている。それらの炭素年代は知られていないが、オオムギもコムギと同じく龍山時代に山東まで伝播していた可能性も認められる。

　以上のように、黄河中・下流域を中心とする華北では、旧石器時代終末期には野生穀物などの植物食の採集などへ生業戦略が変更するとともに、約 1 万年前にアワ・キビの栽培化がはじまり、新石器前期の興隆窪文化や後李文化でアワ・キビの栽培が普及する。さらに新石器中期には黄河中流域でもコメを受容し、さらに新石器後期にはダイズの栽培化やコムギの導入など、多様な穀物栽培が可能になっている。いわゆる五穀が新石器時代末期に黄河中・下流域では揃っており、これがその後の二里頭文化など初期国家組織を生み出す生業的な背景となっている。

2．中国大陸における稲作農耕の始まり

　中国大陸におけるイネは、最も古い段階のものが湖南省道県玉蟾岩遺跡である可能性がある。これは野生イネか栽培イネであるかが明らかではないが、その遺跡の年代は 12060 cal. BP 年の年代が測定されており、紀元前 10000 年頃のものである（厳文明 1997）。江西省鄱陽湖におけるボーリングコアサンプルによっても、植物珪酸体分析の結果ではあるが、12830 cal. BP 年以前の堆積層にイネが存在することが知られている（Zhao & Piperno 2000）。また、江西省万年県吊桶環遺跡では、

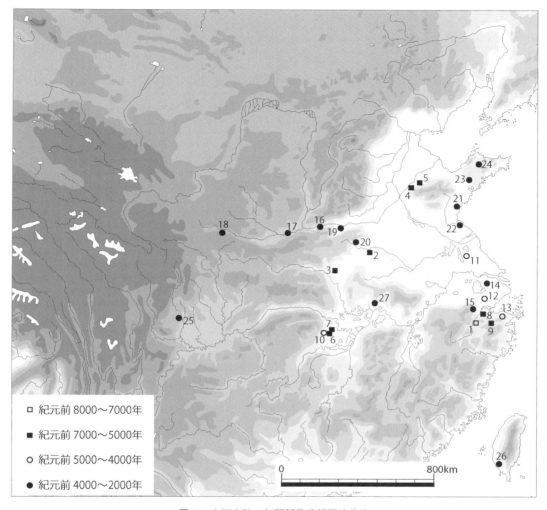

図2　中国大陸の初期稲作農耕関連遺跡

1：上山、2：賈湖、3：八里崗、4：月荘、5：西河、6：彭頭山、7：八十壋、8：跨湖橋、9：小黄山、10：城頭山、11：龍虬荘、12：羅家角、13：田螺山、14：草鞋山・綽墩・澄湖、15：茅山、16：南交口、17：泉護、18：西山坪、19：灰嘴、20：潁河調査区、21：両城鎮、22：藤花落、23：趙家荘、24：楊家圏、25：宝墩、26：南関里、27：葉家廟

　堆積層の植物珪酸体分析により、野生イネから栽培イネへの層序的な変化が、趙志軍によって示されている（趙志軍 2014）。これは野生イネと栽培イネの植物珪酸体の形態差が存在するという観点から示されたものであり、野生イネから栽培イネへの変化が11000～10000年前（未較正年代）のヤンガー・ドリアス期にあるとする（趙志軍 2014）。この分析の可否については未だ最終的な決着が付いたわけではないが、このように、長江中・下流域の華中においては野生か栽培かは別にして、イネが紀元前10000年頃に存在することは間違いない。

　10000～8500年前の浙江省浦項県上山遺跡（図2）は、土器片中に多量のイネの圧痕がみられるとともに、炭化米が出土している。その炭化米はすでに栽培化されたものとする意見があり、イネの栽培化は10000年前には始まっていたことになる。栽培化のプロセスは未だ明確ではないが、野

生イネがもともと採集戦略の重要な食料源であったという栽培化の前提条件が必要である。この点では、イネの栽培化も西アジアのコムギ・オオムギなどと同じヤンガー・ドリアス期という一時的な寒冷化を挟んで野生から栽培という変化を生み出した可能性がある（宮本 2000d）。

栽培イネに関しては、イネの形態学的な計測分析から、湖北省澧県八十壋遺跡で紀元前 6000 年頃には始まっており、次第に栽培イネの比率が増えていくことが示されている（Crawford 2011）。また、イネの非脱粒性を示すイネの穂軸盤の形態から、野生イネであるか栽培イネであるかの判別がなされるようになっている（Fuller et al. 2009）。この判別により、たとえば浙江省田螺山遺跡の河姆渡文化期においても、出土したイネのうち半分以上が野生イネであることが判明している。このイネの穂軸盤の計測分析からは、イネが馴化を経て栽培化された段階は、紀元前 4600 年以降とされる（Fuller et al. 2009）。かつて紀元前 5000 年頃の河姆渡文化期には本格的な稲作農耕が始まっていたと考えられていたが、この段階でも依然として野生イネが存在するとともに、粒径が揃わないうちに採集がなされていた事実が判明している（Fuller et al. 2007）。この粒径の大小がこれまで籼稲や粳稲として識別されていたものであり、基本的にはそれらすべてがジャポニカであることがわかっている。

未だ灌漑農耕が起こらない紀元前 6 千年紀は最大高海面期前の温暖化した比較的安定した気候であり、この期間に華中では湖南省澧県八十壋遺跡や安徽省泗洪県順山集遺跡で環濠集落が生まれている。しかし、生業の実態は、同時期の浙江省田螺山遺跡（図 2）でも示されるように、イネですらこの時期の野生イネが 49％、栽培化したものが 51％ であり、半分は野生イネである（Fuller et al. 2007）。さらに食料源は堅果類とともに菱や蓮の実などの水生植物が主体をなす多様な植物食が展開されている。このような華中において稲作農耕が生業の中心となる本格的な農耕社会の登場は、水田とともに農耕具が揃った紀元前 4000 年頃の崧沢文化期以降であると考えられるに至っている（Fuller & Qin 2009）。

近年では、イネの種実の形態分析のみならず、DNA 分析が盛んとなっている。たとえば華南の現生の野生イネのゲノム解析から、栽培イネの起源地を珠江流域と見なす説がある（Huang et al. 2012）。これは現生の野生イネと栽培イネの遺伝距離との計算により、その遺伝距離が珠江流域を中心に次第に地理的に大きくなることを根拠としている。しかし、この仮説は、考古学的な栽培イネの出土地とその年代から導かれた長江中・下流域説とは、大きく考え方を異にしている。問題は、過去に存在したと考えられる長江中・下流域の野生イネと栽培イネとの遺伝的な関係である。それらの野生イネに対するゲノム解析が必要であるが、おそらくはすでに死滅しており分析が不可能である。考古学的に直接の祖先と考えられる長江中・下流域の野生イネと、栽培イネとりわけジャポニカ種との遺伝距離が測らねばならないといえよう。

ところでイネはジャポニカとインディカに分かれ、さらにジャポニカは熱帯型ジャポニカと温帯型ジャポニカに分けることができる。ジャポニカの熱帯型と温帯型の 2 種に関しては籾殻などの形態からの分類は難しく（佐藤 1991）、むしろ遺伝学的な分析が重要であるとされる。中国大陸の新石器時代に栽培化されたイネのうち、DNA 分析（佐藤 1996）や植物珪酸体の形態分類による分析（藤原 1998）からは、これまで長江中・下流域の新石器時代イネはすべて熱帯型ジャポニカと

されている。ところが、日本列島の弥生時代以降の出土イネは、温帯型ジャポニカが主体であるが、弥生時代初期の段階から熱帯型ジャポニカも存在することが知られている（Tanaka *et al.* 2010）。弥生時代の水稲耕作が朝鮮半島南部から伝来したことは明白である（宮本 2009a）が、弥生時代のイネは温帯型ジャポニカが主体であり、熱帯型ジャポニカも存在している（佐藤 1996・1999）。それでは、温帯型ジャポニカがどこで生まれたかが謎となるのである。

3．小魯里遺跡出土イネ籾の位置づけ

小魯里（ソロリ）遺跡は旧石器時代後期の遺跡であり、この遺跡の泥炭層からイネの籾殻が多数発見されている（図3）。泥炭層の炭素年代とともに、籾殻そのものの炭素年代が調和的であり、年代そのものには問題性は見られない。中部泥炭層の年代が12500BP〜14800BPであり、籾殻の年代は12500BP（李隆助・禹鐘充 2003）、12520 ± 150 BP（Kim *et al.* 2012）などがあり、両者は調和的な年代を示している。籾殻も複数で同様な年代値が測定されており、問題はないであろう。中国大陸での野生イネは玉蟾岩遺跡をはじめとして12000年前には存在しており、小魯里遺跡の籾殻の年代もこの段階のものである。小魯里遺跡の籾殻はその大きさから栽培の可能性も論ぜられている（李隆助・禹鐘充 2003）が、大きさや形態から栽培・野生の区分は難しいことはすでに述べてきたところである。やはり、年代から推定すれば野生イネと考えておくべきであろう。

むしろ問題になるのは、その発見位置である。これまで野生イネの分布は、現生の生態様相や歴史文献の記述から、淮河以南と考えられてきた（厳文明 1982）。小魯里遺跡は淮河以北の華北よりもさらに東方に位置しており、現世の野生イネの分布範囲と相関していないのである。その点で、新たな事実として注目されるのが黄河下流域での古い段階でのコメの出土例である。それは黄河下流域の後李文化の山東省済南市月荘遺跡や章丘市西河遺跡の出土例である（図2）。これは形態的には野生か栽培かの判別ができない段階のイネである。月荘遺跡の場合（図4）、イネ

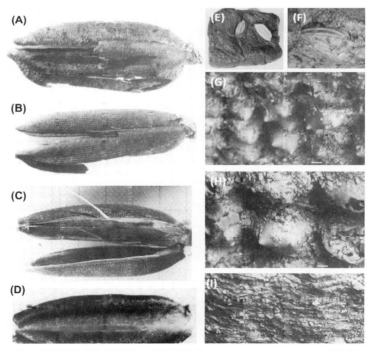

図3　韓国小魯里遺跡出土のイネ籾殻（Kim Kyeong Ja *et al.* 2012 より）

図 4　山東省済南市月荘遺跡出土炭化米 (Crawford 等 2006 より)

そのものの炭素年代は 6060-5750 cal. BC であり (Crawford 等 2006)、長江下流域の上山遺跡のイネに匹敵するものである。西河遺跡のイネも 6075-5990 cal. BC から 6030-5900 cal. BC の年代が得られている (呉文婉ほか 2013)。その場合、長江下流域のイネが黄河下流域まで拡散したと考えるには問題があろう。なお、現生しないイネが一時的に高温期において長江下流域から黄河下流域まで広がるという仮説 (Guedes et al. 2015) があるが、月荘遺跡や西河遺跡の紀元前 6000 年頃のイネは紀元前 6200 年頃の寒冷期直後のものであり、それほどの高温期には達していない。むしろ紀元前 4500 頃の高海面期こそが高温期であり、この時期には黄河下流域にはイネは認められない。したがってこの仮説は成り立たない。すなわち月荘遺跡や西河遺跡のイネは、現生の野生イネが存在しない地域にイネが存在していたことになる。山東半島では紀元前 6000 年頃の後李文化の後、イネが消え、再び認められるのは紀元前 3000 年頃の大汶口文化後期からであり、山東龍山文化期には黄海沿岸で稲作農耕が主体となっていく。ここでは、大汶口文化以前ではアワ・キビ農耕が主体であったものが、山東龍山文化ではイネが出土するだけではなく、土壌の水洗浮遊選別法によって山東省日照市両城鎮遺跡でイネが 49% を占めることが示されたように、イネが主たる穀物に変化している。一方、山東北部の教場鋪遺跡ではアワが 92% と依然として高い比率にある (趙志軍 2004)。すなわち山東龍山文化段階には、稲作が黄海沿岸を伝わるようにアワ・キビ農耕地帯に受容され、さらにそれが主たる生業になる形で山東半島の東端である楊家圏遺跡まで伝播したのである (宮本 2009a)。

　このように大汶口文化後期以降のイネは、長江中・下流域の栽培イネの拡散に伴うものと想定できる。近年、北辛文化期においても山東省臨沭県東盤遺跡でコメ 2 粒が発見されているが (王海玉ほか 2012)、北辛文化期に黄海沿岸を通じてすでにイネが山東半島南西端まで拡散している可能性があるものの、泰山を越えた黄河流域には及んでいない。一方、黄海沿岸でも膠東半島の山東省即墨県北阡遺跡では、大汶口文化早期には確実にイネは存在せず、キビを主体としアワが一部認められるにすぎない (靳桂雲ほか 2014、王海玉・靳桂雲 2014)。この地域がもともとアワ・キビ農耕から成り立っていることを示している。黄海沿岸のイネの拡散も、アワ・キビ農耕圏に大汶口文化後期ないし龍山文化段階にならないと本格化しないことが明白である。したがって、長江下流域からのイネの拡散が黄河下流域にまで及んでいないとすれば、後李文化の月荘遺跡のイネは、もともとこの地域に存在していたものであり、長江中・下流域の野生イネとは異なるものと想像できるのである。歴史時代には野生イネが淮河流域までしか生息しておらず、それより北には野生イネは存在していなかった (厳文明 1982)。そのような黄河下流域でのイネの存在と消失をどのように解釈していくかが問題である。現生では野生イネが存在しない地域である月荘遺跡や西河遺跡とともに小魯里遺跡において、イネが存在していたのである (図 5)。しかも小魯里遺跡の場合、長江中下

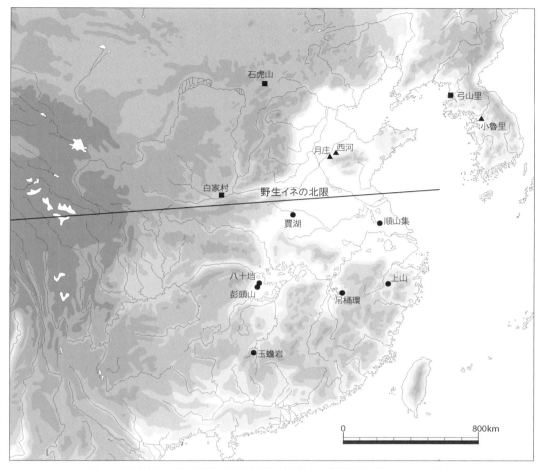

図5 野生水牛の出土遺跡（■）位置と初期イネ関連遺跡（●・▲）の分布

流域の最も古い野生イネと同時期のものである。

　筆者はこうした異なる地域にイネが存在する事実を、異なるイネの種類が存在していたと想定したい。栽培イネにおいて、熱帯型ジャポニカと温帯型ジャポニカというジャポニカの品種差が存在するが、これはもともと野生種段階から存在していた品種差ではないのかと考えたいのである。なぜなら、長江中・下流域の新石器時代のイネは遺伝子分析により熱帯型ジャポニカであることが知られている（佐藤 1996）。一方で、一時的に認められる黄河下流域や朝鮮半島のイネが、温帯型ジャポニカという別品種の野生イネではなかったかと思われる。籾殻の形態から熱帯型・温帯型ジャポニカの区分は難しいとされる（佐藤 1991）が、小魯里遺跡では籾殻の形態を現生のインディカとジャポニカと比べている（Kim et al. 2012）。大半が現生のジャポニカすなわち温帯型ジャポニカに近い形態を示しているが、一部ジャワニカと呼ばれる熱帯型ジャポニカにも類似した形態を示すものが見られる。こうした主たる形態的特徴も、小魯里遺跡の稲が栽培化された温帯型ジャポニカの祖先主であることと関係しているかもしれない。

　そして、華北に自生した温帯型ジャポニカの祖先種は、基本的に完新世前半期の段階で消滅して

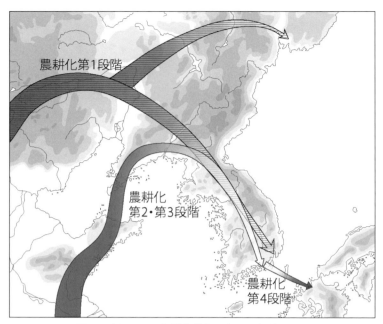

図6　東北アジア初期農耕化4段階の伝播ルート

いく。こうした現象は新石器時代前期まで華北に水牛が生息していた（図5）ものが、その後消滅する現象（宮本2005a）に匹敵するものと思われる。ちなみに水牛は朝鮮半島新石器時代の遺跡である弓山遺跡でも発見されている（社会科学院歴史研究所1979）が、その後の朝鮮半島新石器時代遺跡には存在しない。

　華北に自生していた月荘遺跡のイネのような温帯型ジャポニカの祖先種は、一時的に採集植物として利用されていたが、その後、消滅の過程にあった。この段階に山東半島では大汶口文化後期以降に、熱帯型ジャポニカの栽培種が伝播してきた。稲作農耕が長江下流域から山東半島へ伝播していったのである。おそらくこうした段階にわずかに自生していた温帯型ジャポニカの祖先種も、稲作農耕文化の中で栽培化され、生態に適応する形で山東から遼東半島・朝鮮半島で発達していったのではないだろうか。この仮説が正しければ、その後に朝鮮半島を経由して弥生時代の日本列島の主たるイネが、温帯型ジャポニカであるという事実を、うまく説明することができるのである。

　さて、朝鮮半島から日本列島を含む東北アジアの初期農耕化の過程（図6）は、4段階に分けて説明が可能である（宮本2007d・2009a）。以下にその農耕伝播過程を説明していきたい。

4．東北アジアにおける初期農耕伝播の4段階

（1）東北アジア初期農耕化第1段階

　ヒプシサーマル期である温暖湿潤期の紀元前6千年紀には、黄河中・下流域で生まれたアワ・キビ農耕は、華北を北上するように、遼西の興隆窪文化さらには遼東の新楽下層文化に広がっている。華北のアワ・キビ農耕には単に栽培穀物やその栽培技術が伝播するだけでなく、この伝播時期には

農耕に関係する石器も伝播していく。土を掘り起こすための耕起具である石鋤（石鏟）、製粉具である磨盤・磨棒といった華北型農耕石器である。こうした流れの中、アワ・キビ農耕は次第に遼東を経て、朝鮮半島へも広がる。この流れは、一方では遼西・遼東を北上して沿海州南部へも広がっている。

さて、朝鮮半島北部では黄海北道鳳山郡智塔里遺跡や黄海北道峰山面馬山遺跡においてアワが出土しているように、紀元前4000年頃にはアワ・キビ農耕が遼東から伝播している。朝鮮半島南端の釜山市東三洞貝塚に農耕が伝播したのは紀元前3300年頃である。韓国新石器時代中期に属する東三洞貝塚1号住居址ではアワ75粒、キビ16粒が住居址内埋土の土壌の浮遊選別法によって発見された。そのうちのアワそのものの放射性炭素年代は紀元前3360年であり、紀元前3300年頃には朝鮮半島南端までアワ・キビなど栽培穀物が伝播していたことが明らかとなったのである。

これらの農耕伝播は、半島の北から南に向けて西海岸を主なルートとして広がる農耕伝播ではあるが、その伝播は、農耕のみならず土器様式の拡散や磨盤・磨棒、石鏃など華北型農耕石器や柳葉形磨製石鏃を含んだ複合的な文化伝播であった。この時期、西北朝鮮を発信源とした尖底の櫛目文土器が地域ごとに拡散していく段階である（宮本1986）。土器様式や華北型農耕石器は地域間を徐々に繋ぐように系統的に変化していく。おそらくは農耕の伝播に伴い人びとの移動や交流があったものと考えられる。その動きは大局的に見ればアワ・キビ農耕の華北から遼西・遼東地域への拡散の延長であり、一つは遼東から西北朝鮮、そして朝鮮半島の西海岸を主としたルートとして南へ東へと農耕文化が拡散した動きである。もう一つは遼西・遼東を介して北上し沿海州南部へ至るルートである。スイフン河上流や牡丹江上流域に広がる亜布力文化の縄線文土器が沿海州南部へ拡散するとともに、キビを中心とするアワ・キビ農耕、さらには華北型農耕石器が拡散していく。

（2）東北アジア初期農耕化第2段階

長江中・下流域で生まれた栽培イネが気候の温暖化に応じる形で次第に北方へ拡散していき、紀元前5千年紀の仰韶文化期には、アワ・キビ農耕を主体とする黄河中・下流域でも稲作農耕を受容するようになる。この伝播過程は先にアワ・キビ農耕にみられるような華北型農耕石器を伴う文化的な広がりとしては理解できない。この間接触する地域ごとに何らかの文化接触は認められるが、基本的には栽培イネだけが単体で動く伝播過程である。また、アワ・キビ農耕社会に導入された稲作農耕も、黄河流域を越えてさらに北上することは生態的に不可能であり、黄土台地には広がることはなかった。その中で、黄河下流域の山東半島では、龍山文化期には、山東半島南岸の黄海沿岸を北上するように、アワ・キビ農耕文化圏に栽培イネが広がっていく。しかも、この地域ではアワ・キビより生産的にはイネの方が主体となっている。遅くとも紀元前2500年頃には山東半島の東端に位置する楊家圏遺跡にも栽培イネが拡散している。

紀元前2500〜2000年頃、この山東半島南岸の稲作伝播の延長として、遼東半島へイネが伝播する。この時期は、山東半島東部の膠東半島における龍山文化の土器や石器などの文化要素全体が、遼東半島へ影響を与える段階である。この段階に稲作農耕も遼東半島南端部までには確実に広がっている。一方、この時期は華北の新石器時代末期に相当し、新石器文化の地域間構造が大きく転換

する時期である。たとえば長城地帯を中心とする東西間の文化交流が生まれる（宮本 2000a）。さらに、長城地帯の東端に位置する偏堡文化が遼西東部から遼東へと拡散するとともに、偏堡文化の壺形土器が西北朝鮮の櫛目文土器文化様式内部に生成される段階でもある。

（3）東北アジア初期農耕化第3段階

　紀元前1500年頃より、朝鮮半島は新石器文化から無文土器文化という新しい文化様式に変質していく。これは基本的に遼東における土器様式の変化が波及的に広がっていくものであり、半島の北から南に向けての文化変容を示している。この段階になって遼東型石斧・扁平片刃石斧・柱状片刃石斧・石包丁という磨製石器のまとまった石器組成が朝鮮半島においても成立する。これを磨製石器群と呼称するならば、この磨製石器群は山東半島から遼東半島を介して朝鮮半島へもたらされたものである（宮本 2008d）。さらにはこうした磨製石器群の製作が日本の弥生文化においても北部九州の弥生早期から認められ、大陸系磨製石器と呼ばれている。

　さらにこの段階以降、半島南部では水田や畠といった生産遺構が確認されている。水田や畠には水路が伴う。とりわけ水田に関しては畦畔で囲まれた水田とそこへ水を溜めたり排水したりするための水路が完備している。すなわち灌漑農耕が出現したのであり、より集約的な農耕化を迎えた段階である。こうした灌漑農耕技術が半島南部において自己開発的に発明された可能性もなくはないが、こうした遺跡が韓国中南部から東南部へ分布していることからも、一定の技術伝播があった可能性が想定される。磨製石器群の広がりを考えるならば、こうしたものとともに水田技術も伝播した可能性があるであろう。残念ながら、中国新石器社会では半島南部の無文土器社会や弥生文化に見られるような、方形状の畦畔で囲まれた水田はこれまでのところ発見されていない。ただし、こうしたものが漢代には確実に存在しているところから見れば、それ以前に中国大陸に存在している可能性は高い。龍山文化期の黄海沿岸地域では、稲作への生業依存が高まったことを述べたが、江蘇省連雲港市藤花落遺跡では水路が発見されており水田が存在していたとされている（南京博物院・連雲港市博物館編 2014）。また近年発見された山東省膠州市趙家荘遺跡では、龍山文化期において不定形ながら畦畔で囲まれた水田遺構が発見されている（靳佳雲ほか 2008）。水田などの灌漑農耕技術も磨製石器群とともに山東半島東部から朝鮮半島へと伝播していった可能性が高いものと考えられる。こうした磨製石器群を伴う灌漑農耕の伝播過程こそが、東北アジア初期農耕化第3段階と呼ばれるものである。

（4）東北アジア初期農耕化第4段階

　縄文時代に食物栽培が行われていたかどうかは重要な問題であるが、単に栽培が行われていたかどうかという存在の有無よりは、それが生業における比重においてどれほどのものであったかというところが重要な論点である。ところで近年、初期農耕の前の段階として園耕という概念を縄文農耕に置き換えようとする議論（藤尾 2002）が増えている。園耕が、狩猟・漁撈・植物採集など多様な経済活動の一環として、食物栽培が他の生業と相互補完的に共存する状態を指すのに対して、農耕は他の生業に優越する専業的な経済段階を指すとするならば、縄文時代に栽培食物が存在する

としても、それは園耕段階であるとせざるを得ない。一方、食物栽培が他の生業より優越する専業的経済段階として認められるのは、せいぜい遡っても水田など灌漑農耕が始まって以降といわざるを得ないであろう。それは弥生文化成立期に相当するが、水田が一部地域に始まったこの段階ですら、厳密な意味で水稲農耕が他の生業に優先する専業段階に達していたかは、議論を要する。しかし、水田のような灌漑農耕を専業性の高いものと見なすことにより、弥生文化成立期から初期農耕社会に到達したということが可能と思われる。

　九州における縄文時代の栽培穀物の存在は、縄文土器の籾圧痕によって示されていた。その開始時期は縄文時代中期末から後期初頭と考えられていた。これは、熊本県大矢遺跡の縄文中期末の阿高式土器片において、レプリカ・SEM法によって圧痕を立体化し、走査顕微鏡で山崎純男がイネの籾圧痕と同定したものである（山崎 2005）。この籾圧痕に対しては、本当にイネの籾殻であるかに対して疑義を唱える研究者も多く（池橋 2005）、現状では否定されている。また、土器胎土内のイネのプラント・オパールは、岡山県津島岡大遺跡や南溝手遺跡で少なくとも縄文後期中葉に存在しているが、確実性に関してはコンタミネーションの問題を払拭できず、問題視されている。土器圧痕における確実な栽培イネの発見は、縄文後期末の鹿児島県水天向遺跡の事例であった（小畑・真邉 2011）が、この土器も弥生早期併行期の刻目凸帯文土器の一部である可能性が高い（宮地 2013）。したがって、現状ではイネの土器圧痕事例は縄文晩期の刻目凸帯文土器以降であることが示されている（小畑 2016）。

　一方では、縄文中期以前にも縄文早期にはヒョウタンが、縄文前期にはシソ・エゴマなど栽培食物が存在しており（宮本 2000c）、その意味では園耕はすでに始まっている。青森県三内丸山遺跡では縄文前期から中期においてクリの管理栽培がなされていた可能性やニワトコなどの栽培がなされていた可能性が述べられている（佐藤 1999、辻 2000）。ヒョウタンやシソ・エゴマなど栽培植物が存在する事実から、農耕が存在したとするよりは、これらの食物が仮に存在したとしても、主食の有用な食糧とは成り得ないことから、園耕段階と呼ばざるを得ない。またニワトコが酒の原料である可能性が指摘されている（辻 2000）ように、こうした栽培食物は特殊な食糧として利用された可能性がある。饗宴などの集団祭祀に使われた酒のような特殊な用途が想定される。園耕という人間による植物馴化は、饗宴などの社会の特殊な目的に使われる植物利用のために実施された可能性も高いといえよう（Hayden 2011）。

　さて近年では、レプリカ・SEM法の発達や炭化種子の分析から、縄文中期に中部高地・関東を中心にダイズ・アズキの栽培化が始まっていることが実証されつつある（中山 2010、小畑 2011）。しかもそのダイズ・アズキは、日本在来の野生種を栽培化したものであり、大陸のダイズとは異なっている（Lee Gyoung-Ah et al. 2011）。また、ダイズ・アズキが九州に流入するのは縄文後期後半であり（小畑 2011）、打製石鍬や土偶の出現など東日本縄文文化コンプレックスが九州に流入する時期と軌を一にしている。そこで、この縄文後期後半以降を成熟園耕期と呼ぶことにしたい。

　成熟園耕期である縄文後期中葉以降になると、北部九州から中九州を中心として、打製石包丁と呼ばれる短側辺に抉りをもったスクレーパー（図7-1・2）が登場する。とりわけ中九州において盛行している。このスクレーパーは、後の弥生時代に中部瀬戸内で盛行する磨製石包丁とは異

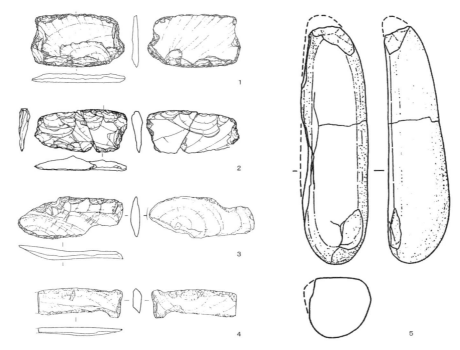

図7　九州における縄文時代の農耕関係石器　1伊木力、2石の本39区1号住居址、3〜5広田、縮尺1/6

なった打製石包丁と、形態的にも法量的にも弥生のものに類似しており、穂積み具である可能性が存在している。さらに、同じ段階から刃部と柄部が作り出された石鎌（図7-3・4）が九州では認められ始める。これら打製石包丁や石鎌の突然の出現を説明するにあたって、ダイズ・アズキなどの栽培穀物の存在と関連づけることが許されるならば、これらは収穫具である可能性が高いであろう。さらに縄文後期中葉になると打製石包丁などの収穫具とともに、一部には製粉用の磨棒（図7-5）が北部九州でも認められる（宮本 2005b・2009a）。

　このような打製石包丁・打製石鎌や磨棒の出現からも、九州の縄文後期中葉以降が成熟園耕期に達していたとすることができる。そこでダイズ・アズキ栽培が始まる九州の縄文後期後半を成熟園耕期第1段階と呼ぶ。さらにイネの存在の可能性や貫川遺跡出土の石包丁から、黒川式の縄文晩期を成熟園耕期第2段階と呼ぶ。朝鮮半島から栽培イネが伝播した可能性がある段階であり、ダイズ・アズキ栽培に穀物栽培が加わる段階である。

　さらに弥生早期には、灌漑設備を持った水田による初期農耕が北部九州に始まる。この段階は生業のみならず、土器を含めた生活様式、集落構造、墓制など社会全体が大きく変化した段階である。北部九州ではこのような農耕化過程を段階的に踏んでいるが、これは朝鮮半島の農耕化と対応した変化であるとともに、気候変動とも連動している。この弥生早期の始まりこそ、東北アジア初期農耕化第4段階である。

　ところで、縄文後期前半以前の園耕段階における朝鮮半島南部と北部九州の関係はどのようなものであろうか。園耕段階の半島南海岸と北部九州との交流は、外洋性漁撈を中心とする漁撈文化を

背景とした交流である。特に土器の流入という点では、縄文後期前半は九州系統の土器が半島南部に流入する段階であり、九州縄文人が積極的に半島南部と接触している（宮本 2004a）。そのベクトルは北部九州から半島南部に向けられている段階である。その場合、両者の関係は単に漁撈活動だけではなく、腰岳産黒曜石が半島南海岸においても認められるように、黒曜石原石を交換財として盛んな交易が行われていた。こうした交易活動などの人的な接触の中で、アワ・キビの栽培穀物を九州縄文人が獲得した可能性があるものの、現在確実な栽培穀物の証拠は見つかっていない。

　続く縄文後期中葉以降の成熟園耕期第1段階は、朝鮮半島では無文土器文化が始まる段階であり、東北アジア初期農耕化第3段階という灌漑農耕を持った本格的な農耕社会を朝鮮半島で迎える。社会様式が変化し、社会進化が急速に進む段階である。特に石器では扁平片刃石斧、柱状片刃石斧、遼東型石斧、石包丁など磨製石器群が朝鮮半島で普及し、半島南部においては黒曜石製打製石器を必要としなくなる。半島南部と九州では社会格差が広がり、これまでの交換財による交易活動が破綻し、半島南部にとっては列島がその魅力を喪失した段階である。したがってこの段階には目に見える形での両岸地域での交流関係は認められない。朝鮮半島南部と北部九州との相互関係のあり方も変化している。むしろ九州縄文人にとって半島南部は先進的なあこがれの土地であったというべきであろう。

　縄文後期後葉から九州では勾玉や管玉が集団祭祀の一環として出現する（大坪 2004）が、これら装身具の原型は縄文社会には見出されない。突然にこうした装身具が生まれたとするよりは、その背景に何らかの原型があったと解釈すべきである。そして、この段階に勾玉や管玉は無文土器社会に存在しているのである。九州縄文社会に認められる装身具は、半島の無文土器社会の装身具に前身があり、こうした装身具の存在を縄文人は漁撈活動を介して情報収集していた可能性がある。あこがれやエキゾチックによる志向的な模倣であったと考えられる。さらに土器の色調の模倣（松本 1996）もこれにあてはまるであろう。縄文後期後半の成熟園耕期には半島南部と北部九州という両岸地域の交流関係に変化がみられ、北部九州縄文人にとっては半島南部は進んだ先進社会としてあこがれや尊敬の対象となっていた。また、そうした地域と何らかの関係を持っていることを社会集団内に見せることが、その社会内での立場や地位を高めることにつながる。それが勾玉や管玉の模倣の始まりであったのである（宮本 2004a）。

　さらに成熟園耕期第2段階の縄文晩期になると朝鮮半島無文土器である孔列文土器の模倣が、黒川式土器という九州固有の縄文土器に始まる。この場合は孔列文土器の文様部分である孔列文様のみを真似ていく。この孔列文様を模すという志向的な模倣は、九州から中国地方にまで広がっていく。さらにこの段階には、北九州市貫川遺跡で磨製石包丁が発見されているように、磨製石包丁も半島南部から流入し始めるようになる。半島からの直接の人の動きである渡来民の動きも始まった可能性がある（田中 1991、田中・小沢 2001）。

　東北アジア初期農耕化第4段階とはこういった段階に始まり、渡来民の考古学的な痕跡は弥生早期に顕著となる。それは、松菊里型住居を含めた環濠集落、支石墓といったそれまでに認められない墓制（端野 2003）、土器成形における内傾接合など土器製作技法の転換、甕、壺や高坏などの新しい土器の器種構成、さらには石包丁（端野 2006）、扁平片刃石斧、柱状片刃石斧などの新しい磨

製石器群といった、北部九州に見られる考古学的な事実によって明らかとなっている。これは、寒冷化という気候変動によって、朝鮮半島南部の農耕民が海を渡り南下して新耕作地を求めた移住の結果であったといえよう（宮本 2011c）。朝鮮半島南部における無文土器前期の農耕社会は、食料生産を背景として一定の社会的な発展や集団の成長を遂げていた。この時期の急激な寒冷化は、人口圧によって無文土器時代人の南下をもたらしたのである。そしてこれらの農耕渡来民が、環濠集落、支石墓、土器製作技法や土器様式といった社会システムを携えて朝鮮半島から北部九州へ渡ってきたのである。これが北部九州における弥生時代の始まりである。在来縄文人にとって農耕渡来民は敵対する人びとではなく、古くからのあこがれの対象であり、歓迎される人びとであった。高文化への志向性がもともと存在していたことによるものであり、狩猟採集社会から初期農耕社会への転換は容易なものであったのである。そして、農耕渡来民は在来縄文人と交配する形で、主体である在来縄文人を基盤に弥生文化という文化変容を果たすことになった。

5．東北アジア初期農耕化4段階と気候変動

　農耕伝播の原因や要因として、農耕民の移動が挙げられることを述べてきた。なぜ農耕民は移動しなければならないのか。その一つの原因として気候変動が挙げられる。農耕民は農耕活動によって一般的に人口の拡大が認められる。増大する人口をまかない維持するための食糧生産の必要性があるが、食糧生産が阻害される、あるいは支障を来す段階、すなわち気候の冷涼化などの気候変動が起きた場合、社会は人口圧によって一部の集団が新たな農耕地を求めて移動しなければならない。いわゆる集団の一部が分村し、新たな農耕地を確保するための移動が始まるのである。

　日本海沿岸の水月湖や東郷湖では年縞堆積物によって、珪藻による1年ごとの堆積が示され、さらに年縞堆積物の境界部に濃集する黄鉄鉱と菱鉄鉱の量比から湖が淡水であったか海水が入っていたかを理解することができる。すなわち海進と海退の現象が復元され、気候が温暖であったか冷涼であったかという気候変動が推定されている（福沢 1995）。水月湖の年縞堆積物の分析によれば、少なくとも6回の海退すなわち寒冷期を迎えたことがわかる（図8）。ここでは古い方から仮に番号を振り、第1期から第6期の海退時期を示す。

　このうち第3期の海退は紀元前3300年頃であり、アワ・キビ農耕が朝鮮半島南端まで拡散する東北アジア初期農耕化第1段階とほぼ同じ時期を示している。ついで第4期の海退期は紀元前2400年頃であり、遼東半島においてアワ・キビ農耕にコメが加わる東北アジア初期農耕化第2段階と一致している。さらに第5期の海退期が紀元前1500年頃であり、朝鮮半島に無文土器文化が始まる段階にほぼ相当している。したがって第3期、第4期、第5期の海退時期と東北アジア初期農耕化第1段階、第2段階、第3段階がほぼ対応している。半島を北から南方向へ農耕伝播する原因の一つが、人の動きを伴った寒冷期にある可能性がある。

　さらに第6期の海退時期が北部九州において弥生文化が始まる際の朝鮮半島南部からの渡来人を招いた可能性があろう。この時期はほぼ紀元前1000年頃であるが、より詳細なデータでは紀元前800年頃という（福沢 1996）分析もある。このあたりの詳細な年代は弥生開始期の年代問題とも

関連しており、詳細な検討が必要なところである。甲元眞之は、砂丘の形成という観点から、縄文晩期の黒川式から弥生早期の夜臼式に挟まれた時期が海退・寒冷期であることを述べており（甲元 2005）、弥生開始期が寒冷期に相当していたのである。この紀元前1000年頃の寒冷期は、詳細にみると、3回にわたって細かな寒冷期を繰り返している。その中でも最大の寒冷期が紀元前850～700年頃にあり、この時期が弥生開始期の寒冷期に相当している（宮本

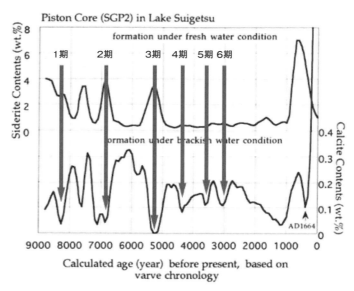

図8 水月湖における過去8,830年間の年縞堆積物からみた海退時期（福沢 1995 より改変）

2011d）。こうした寒冷期や大陸との相対編年の関係から、筆者は弥生の始まりを紀元前8世紀頃と考えている（宮本 2013b）。

　農耕の伝播の要因として、農耕民の移動や移住というものが想定できるが、その一つの原因としては気候変動とりわけ寒冷化といった気候の悪化が挙げられることを述べてきた。東北アジア初期農耕化第1段階や東北アジア初期農耕化第3段階のように、朝鮮半島にみられる文化様式としての変化や文化コンプレックスとしての変化には、当然人間集団の移動が伴っている可能性が高い。その移動が大移動のようなものではなく、集団単位と集団単位の接触するような地域に認められる小規模な人間の移動や集団内の分村なようなものであっても、接触した地域における文化様式の変化をもたらす可能性は大きい。その意味で、第3期と第5期の海退期は人間の移動を伴った農耕伝播である可能性がある。また、第4期の海退期には山東半島から遼東半島への人の移動が見られる（宮本 2009a）。

　さらに第6期の海退期が、朝鮮半島南部の渡来人によって弥生文化成立の契機が与えられた段階に相当するであろう。弥生文化成立期における北部九州の土器様式の変化、土器の製作技術の変化、さらには支石墓や環濠集落の出現といった社会生活全般における変化、石包丁などの大陸系磨製石器とともに水田など灌漑農耕の技術伝播には、一定の渡来人という朝鮮半島の人びとの移住を想定しないわけにはいかない。現にその後の北部九州弥生時代甕棺墓社会の人びとは、形質人類学的には半島からの渡来系の人びとの形質を引いており、在来縄文人と少数の渡来人との交配によっても形質変化を起こすことが理論的に示されている（中橋 2005）。弥生文化成立期における北部九州へ移住してきた渡来人の実数がいかほどであるかはいまのところ明らかではないが、移住してきた渡来人によってこそ、在来縄文文化との融合の中で弥生文化が成立したことは間違いない。それほど

弥生文化の内容は、朝鮮半島の無文土器文化の諸属性との関連なしには、その成立を理解できないのである。その意味で、弥生文化の成立も、大きく見れば東北アジア全体の農耕化の歩みの一環にあり、農耕化に人間の移動というものが一定の役割を果たした他の農耕伝播段階と同じ流れを示している。したがって、農耕民や農耕化した狩猟採集民の移動において寒冷化のような気候変動は大きな導因となっていたのであり、弥生文化の成立も同じ因果関係の中にあったということができるのである。

6．政治・支配による人の移動

　以上のような環境変動あるいは人口増加などを起因として農耕民が移住することにより農耕が拡散するという過程以外にも、人の動きが認められる。支配領域における政治的な強制による人の移住である。こうした動きは中央集権化した漢代以降には顕著であり、文献記述などにその存在がよく認められる。漢の高祖は中央集権化体制を強化するため、斉・楚の大族である昭氏・屈氏・景氏・懐氏・田氏といった、関東の豪族10万人余りを関中に移住させている。こうした政治的移住が始まるということは、一方では国家という政治機構とも関係している。秦・漢王朝という中央集権化した成熟国家段階には、当然このような強制移住は起こりうるわけであるが、それ以前はどうであろう。筆者は二里頭文化から統一秦成立以前までを初期国家と定義し、それをさらに3段階に分け、二里頭文化から殷後期までを未完成初期国家、西周から戦国前半期までを典型的初期国家、さらに戦国後半期を推移的初期国家と区分している（宮本 2006b・2007a）。

　たとえば筆者が推移的初期国家と規定する戦国後半期の領域国家段階にも、領域化のなかで新領域への移住が始まる。あるいは新領域を郡県化するという過程で、官僚として新天地に赴き在地化していく集団もみられるであろう。こうした領域国家や中央集権化の動きは、社会史上は中原における鋳造鉄器の開発と関係している。鋳造鉄器は前6〜5世紀に中原で開発され、その後、5世紀頃には脱炭処理技術が開発されることにより、農耕具として東周社会において普及していくことと関係しているのである（宮本 2015d）。農耕具の鉄器化は耕地の開発を促し、そのため新興の農民層や商人層という新たな階層の出現を促した（江村 2000）。新興の農民層の出現は領域の拡大と呼応しており、領域の拡大は耕地の拡大を意味し、それにより新興の農民層が拡大していくのである。こうした新たな階層である新興の農民層や商人層をいかに統治していくかが、為政者にとっての課題となっていく。これまでの氏族制により、各氏族がそれぞれの領地を支配し、そのトップに諸侯一族が君臨するというのではなく、こうした新興の階層を登用し官僚とし、諸侯が直接領地を治めようというのが中央集権である。これにより諸侯は王を名乗り、常備軍をもち、郡県制によって直接の地域支配を行っていく。

　その動きは、たとえば燕の領域化などにも認められる。図9にあるように、燕はそれまで北方の牧畜農耕民が居住していた燕山以北の地域に紀元前6〜5世紀以降に進出していく。これは鋳造鉄器の開発時期と軌を同じくしている。そして、少なくとも文献上で示されるように、上谷郡以下5郡を設置したのは、紀元前300年頃の昭王代であったであろう。この段階、郡治が設置され、新領

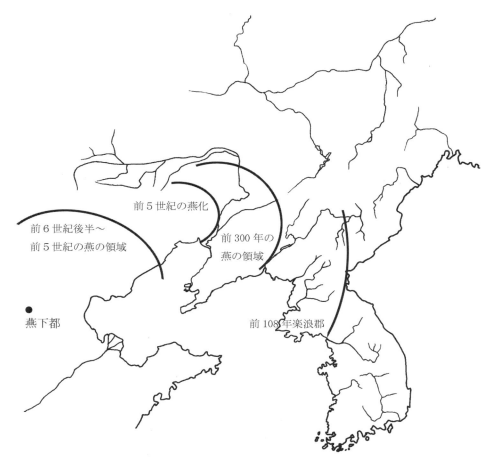

図9　燕と漢の領域の拡大

土に官僚機構が配置される。それを物語るように、この時期から郡治周辺には燕そのものの特徴をなす墓葬が認められるようになる。葬法を含めた墓葬構造や副葬品の内容が燕下都など燕の中心とまったく同様な墓葬である（宮本 2000a）。それには貴族墓に相当するものも含まれている。これは新領土に燕の人が官僚として配置され、在地化して死亡していったという事実を物語っており、まさに移住を考古学的に示していると考えられる。このような燕の東方侵略は、第13章で示すように、遼西西部や遼東に端を発する粘土帯土器文化の朝鮮半島への南下の原因となっている。

　典型的初期国家段階である西周開始の封建制においても、各地に周王の血族や功臣が諸侯として配置される際に、周王の命で殷系の一族が諸侯の家臣として配置されたり、その他の一族が移住させられていることは、青銅器の銘文内容に知られるところであるし、また琉璃河燕侯墓地などの分析においても明らかにされている（宮本 2007a）。政治的な集団移動は少なくとも西周に見られるということになる。

　では、未完成初期国家段階である二里頭文化から殷後期はどうであろう。殷後期の甲骨文字に見られる祭祀のために異民族である羌人を捕獲する活動などは、強制移住の一種であるかもしれない。

これ以外に政治領域の拡大に伴う集団の移動としては、殷中期以降に見られる山東省済南市大辛荘遺跡などが挙げられる。岳石文化のような異系統文化に突然現れる殷系文化の遺跡である。墓葬に見られる副葬品の内、特に副葬土器などは商文化のものと変わらず、さらに青銅葬器も商中期のものと型式的な差異がないなど商文化と同じ様相を示しているところからも、商人の政治的な移住を示している可能性がある。土器型式の広がりあるいはまったく同様な土器型式が広がるという意味では、商前期さらには二里頭文化期の土器様式の広がりは商人や二里頭文化の人びとの移住や移動であることを示している可能性がある。たとえば、商前期の湖北省武漢市盤龍城遺跡は当時の商王朝の都である鄭州商城から500kmと離れた地域であるが、青銅器の原材料である銅や錫あるいは鉛のインゴッドの集散地であったと考えられている（Liu & Chen 2003）。盤龍城はまさに鄭州商城などと同じ建築構造である四合院造りの建築構造の中心的建造物からなり、また使用されていた土器も鄭州商城のものとほぼ同じであり、墓葬構造や副葬品の特色も鄭州商城と同じであるところから、植民地的な物質文化の様相を示している。植民都市としての人間の移住を想像しないわけにはいかない。

　同じようなことが二里頭文化期にも論じられており、中条山脈などの銅鉱石や岩塩の原産地を押さえる必要性から、人びとが移動したことが論じられている（Liu & Chen 2003）。これらの地域は二里頭文化期においても先商文化など北方系の様相の強い地域であるが、二里頭文化3期においては二里頭文化的な土器の比率が高まっている（秦小麗 1998）。こうした時期の土器文化の影響から、二里頭文化人が消費物資の原産地を押さえるために移住したことを反映しているという解釈がある。このような仮説は解釈としては十分な可能性があるものである。ただし二里頭文化期においては政治的な同盟関係などに見られる政治的領域化はかなり狭いものである（宮本 2005a）。一方、商代になれば政治的な同盟関係や政治的な支配関係の範囲が二里頭文化期よりもはるかに広がっている。そのため、山東の大辛荘遺跡など植民地的な遺跡が二里頭文化期よりはるかに広がった地域に認めることができる。同じことは西安市の老牛河遺跡などにも認められ、商代における人びとの動きは二里頭文化期よりもはるかに広域なものになっている（宮本 2005a）。

　政治的な集団移動は二里頭文化期や二里岡文化期の商代に始まっており、その動きはより加速化する方向にある。政治的な集団移動も初期国家としての大きな定義要素であるといえ、それまでの新石器時代には見られないものである。また、二里頭文化期以降の政治的な人の動きは、中国大陸における新たな文化的な再編や人びとの交配を生んだものと想像できる。形質人類学的な変質における地理的な再編がこの段階にあるのではないかと想像するところである。

7．まとめ——人類拡散の二つのモデル——

　東アジア先史時代における人の動きとして、二つのモデルを立ててみた。これは農耕社会が出現する新石器時代以降の動きである。もちろん、それ以前の旧石器時代にも新人の拡散に見られるような人の動きは存在していたことは間違いない。

　さて、その二つのモデルの一つが、農耕の拡散に伴う人の動きである。少なくとも東北アジアと

いう二次的な農耕地帯への農耕の拡散には、農耕民や農耕化した狩猟採集民の動きが第一義的に必要であった。その動きの大きな原因としては気候の冷涼化などによる栽培穀物を含めた生産の減産があり、人口圧から集団の一部が分村して農耕地を求めて移住し、在来狩猟採集民と交配しながら農耕が拡散していくという動きが見られる。この場合、東北アジア初期農耕化第1段階では、たとえば西北朝鮮において、近接する遼東などの農耕民との交流の中から狩猟採集民が農耕化し、気候の冷涼化などを第一義的な起因として移住するという形を取る。いわば農耕民としての移住ではなく、農耕化した狩猟採集民の移住であった。同じことが東北アジア初期農耕化第1段階の沿海州南部にも認められ（宮本 2007b・2008f）、沿海州南部内陸部から松花江流域の農耕化した狩猟採集民が、沿海州海浜部へと移住するという動きが認められるのである。本格的な農耕民が移住するという現象は、東北アジア初期農耕化第2・3段階の山東半島東部（膠東半島）から遼東半島への移住において明確に認められる。また、東北アジア初期農耕化第4段階における朝鮮半島南部の農耕民の北部九州への渡来も、これに該当するであろう。

　もう一つの人の移動のモデルは、政治的な人間の移動であり、二里頭文化期以降に見られる大規模でかつ長距離の移動に特徴づけられる。資源の確保などの初期国家の維持のために人間が移動するという現象に認められる。さらに初期国家の社会進化に応じ、典型的初期国家である西周初期の封建制に認められる政治的な人間の移動、さらには中央集権化が進む推移的初期国家における国家領域の拡大による中央集権的管理のための官僚や住民の新領域への派遣に見られる大規模な集団移動がある。まさにこうした政治的な人間集団の移動こそが、初期国家の特徴であるとともに、その広範な動きは中国大陸における二里頭文化期以降に認められる形質人類学的な地理的再編を促したと考えられる。

第2章　沿海州南部新石器時代後半期の土器編年

　沿海州南部の土器編年は、1950年代から始まるオクラドニコフやアンドレエフなどの一連の調査により次第に整備されていった。特にアンドレエフのザイサノフカ1遺跡の発掘調査（Андреев 1957、ゲ・イ・アンドレエフ 1982）やハサン地区での発掘調査（Андреев 1960）が基本的な土器群を提示することになったのである。一方、日本においても、縄文土器の短期編年構築のため、早くに佐藤達夫らが注目し、その簡易な編年を打ち立てた経緯がある（佐藤 1963）。また、1980年代にはブロジャンスキーが、逆に日本列島や朝鮮半島の土器編年を参考にして、新たな年代観を示したこともあった（Бродянский 1979）。その後、大貫静夫は朝鮮半島東北部の西浦項遺跡の層位的資料を参考に、ザレチエ遺跡などの資料を再考し、一定の土器編年の方向性を打ち出していった（大貫 1992）。すなわち、刺突文系土器のザレチエタイプから沈線文系のザイサノフカタイプといった大きな土器変遷の流れである。この流れは土器変遷を考える上で重要な基本図ともいえるものであるが、その後、1980年代後半から1990年代にかけてのボイスマン遺跡の調査（Попов et al. 1997、Вострецов et al. 1998）によって、ザレチエタイプの刺突文の位置が確定し、ボイスマン文化期が設定されるとともに、さらにはその細分が議論されてきている。特に、ボイスマン2遺跡の層位的な調査成果により、ボイスマン下層に新たな土器群が存在し、さらにボイスマン文化期を5段階に細分するモレヴァの論考は注目される（Морева 2003）。また、これまであまり注目されていなかった縄線文土器の出土が増え、その位置づけにおいて議論されるようになってきた（福田ほか 2002、Морева et al. 2002）。基本的な考え方は、刺突文系のボイスマン文化期と沈線文系のザイサノフカ文化期の中間をつなぐものという位置づけが、クロウノフカ1遺跡の調査などによって強調されるようになっている（Miyamoto 2004）。また、伊藤慎二によってウスチノフカ8遺跡の調査成果から沿海州南部の土器編年を再考し、周辺の地域との併行関係を問題にする論攷も現れている（伊藤 2005）。

　さて、ロシア科学アカデミー極東支部のヴォストレツォフと熊本大学の甲元眞之を中心とした日ロ共同発掘調査において、沿海州南部地域における初期農耕化の問題を解明すべく、沿海州南部の内陸部と海浜部の遺跡を2001年から5年間にわたって発掘調査を行ってきた（Komoto & Obata ed. 2004・2005、Obata ed. 2007）。初期農耕化という問題の性格上、結果的に新石器時代の後半期を対象とする調査となった。調査されたクロウノフカ1遺跡（Miyamoto 2004）、ザイサノフカ7遺跡（Miyamoto 2005）、クラーク5遺跡（Miyamoto 2007a）は、偶然にもボイスマン文化期からザイサノフカ文化期の中間に位置づけうる縄線文土器段階から、ザイサノフカ文化の一連の連続する遺跡群であった。縄線文土器であるクロウノフカ1遺跡や新石器時代終末期のクラーク5遺跡と

いった新発見の土器段階を、一連の遺跡群の相対的な比較によって位置づけが可能になったといえよう。さらには、これらの相対的な関係をより明らかにするため、1954年にアンドレエフによって発掘調査されたザイサノフカ1遺跡の土器資料を再調査する機会を得た（Miyamoto 2007b）。これにより、クロウノフカ1遺跡→ザイサノフカ7遺跡→ザイサノフカ1遺跡→クラーク5遺跡というほぼ連続した流れを理解することができるとともに、土器の型式変化をより詳細に追うことができるようになった。さらには、周辺地域との関係性もより具体的な推測が可能となったといえよう。本章では、ボイスマン文化期のモリエバによる土器編年の細分（Морева 2003）を受け、さらにその後に続く段階のクロウノフカ1段階以降の詳細な土器編年を検討するものである。

　なお、その土器編年作成の方法は、まずクロウノフカ1遺跡、ザイサノフカ7遺跡、ザイサノフカ1遺跡、クラーク5遺跡といった個々の遺跡での型式細分を統一的に行うことにより、各遺跡での出土位置関係や層位的な関係を根拠に、相対的な序列を確立することにある。さらには、文様や器形の変化やその系譜関係、さらには器種組成の変化といった様式的な枠組みを示すことによって、これらの時期における土器変遷の段階性をより明確なものとすることができる。これによって、これら地域の社会背景を土器という文化の一様相からもある程度想定が可能であると考えられるのである。さらには初期農耕化における文化背景や、文化変化現象を生み出す要因を推定できる可能性がある。

1．クロウノフカ1遺跡

　クロウノフカ1遺跡では、新石器時代文化層上層において4号住居址と5号住居址が発見されている。4号住居址と5号住居址覆土内出土遺物をそれぞれ一括遺物と見なすならば、一部の土器には両者の住居址覆土内から出土した土器片に接合関係を見ることができるものもあり、覆土の堆積は比較的接近した時期のものの可能性がある。

　4号住居址・5号住居址内出土土器は、すべて平底の深鉢からなるが、文様構成から大きく3群に区分できる。撚糸文の縄線文からなるグループと沈線文からなるグループ、さらに櫛状工具の刺突文からなるグループである。縄線文グループは2類に、沈線文グループは4類に細分することができる。刺突文土器群はボイスマン文化期の土器の系譜が残った段階のものの可能性があるが、ごく少数であり、主体は縄線文土器群と沈線文土器群である。刺突文系土器群をA群、縄線文土器群をB群、沈線文土器群をC群、縄線文と沈線文からなる折衷土器群をD群とするならば、主体であるB群土器群とC群土器群を中心に細分を試みたい。分類基準は主に文様構成からなるが、これが様式性を示すものであり、さらにこれら文様構成属性の下位の分類基準として、深鉢とコップ型土器という器種属性を付加する。コップ形土器とはすでにアンドレエフがザイサノフカ1遺跡の報告において使用した名称であるが（Андреев 1957、ゲ・イ・アンドレエフ 1982）、深鉢に比べ小型でミニチュア土器状であり、コップ状の形態を呈するものである。複数の器種が同時存在すると仮定して様式的に捉えるために、深鉢をa類、コップ形土器をb類と区分し、土器文様構成属性の下位に付加して、分類の記号としたい。なお、刺突文土器群は深鉢のみからなることから、

文様の細別型式を示すに留める。

(1) 土器の型式分類（図10・図11）

A 群土器群（刺突文系土器群）

①深鉢

1f類（図10-6、報告書i類）：櫛状工具による横方向の斜線状の連続刺突文である。

1g類（図10-8、報告書j類）：横方向の押し引き刺突文が多段に施されるもの。

B 群土器群（縄線文グループ）

①深鉢

1a類（図10-9～13、報告書a類）：平行線文によって横帯区画することにより、平行線文と斜格子文や組帯文のようなハッチング状の文様を交互に配置するものである。文様帯は口縁部から始まるが、底部近くは無文帯を形成する。

2a類（図10-15・16、報告書c類）：綾杉文や短斜線文が帯状に多段に施されるもの。

②コップ形土器

1b類（図10-14、報告書b類）：縄線文によって口縁部が斜線文、その下位が平行線文からなる分割文様帯をなし、コップ形土器を呈する。

C 群土器群（沈線文グループ）

①深鉢

1a類（図11-22、報告書e類）：口縁部から胴部にかけて帯状に組帯文が多段に施されるものである。分割文様帯間には文様帯を区切る平行沈線文が施される場合が多い。組帯文以下を無文化するものと、胴部以下を平行沈線文で埋め、胴部下端を無文化するものの2種類がみられる。

2a類（図11-28、報告書g類）：細い沈線文からなるもので、平行沈文による横帯区画を施してのち、斜格子文の横帯文を施すものである。

3a類（図11-25、報告書h類）：文様構成としてはB群2a類に類似するが、沈線文からなるものである。口縁部には一段のハッチング状の組帯文が施され、その下部に綾杉文を数段施し、さらにその下部に短斜線文を施すものである。綾杉文以下の文様構成はB群2a類と同じである。

②コップ形土器

1b類（図11-23、報告書f類）：深鉢1a類と同様に帯状に多段の組帯文からなるものであり、コップ形の器形をなす。

D 群土器群（縄線文と沈線文の折衷土器）

①深鉢

1a類（図11-21、報告書d類）：口縁部に帯状に短斜線文が施され、その下部にはハッチング状のやや荒い沈線文による組帯文が施されるものである。短斜線文は撚糸文である縄線文からなるものであり、縄線文グループと沈線文グループの折衷土器である。組帯文の構成が縄線文グループの組帯文に比べ、規範性が乏しく乱雑なものになる傾向にある。

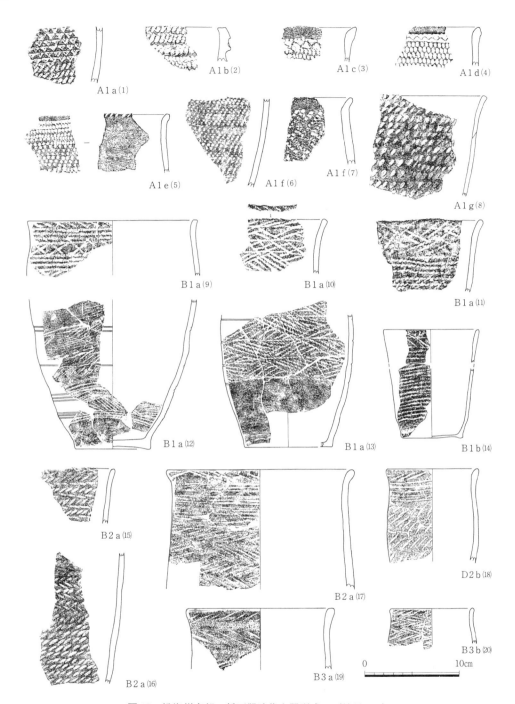

図10 沿海州南部の新石器時代土器型式1 (縮尺1/4)

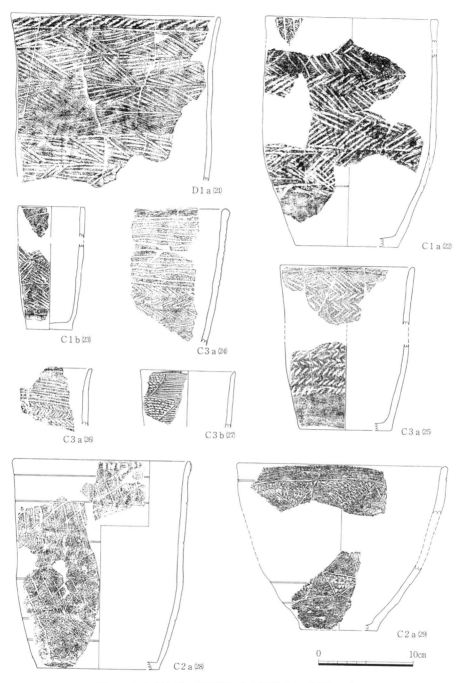

図11 沿海州南部の新石器時代土器型式2 (縮尺1/4)

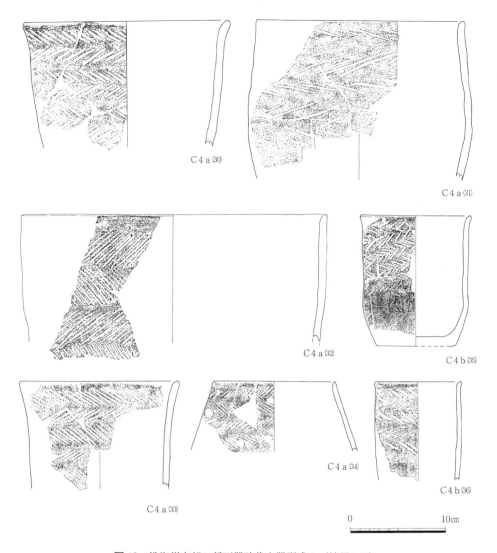

図12 沿海州南部の新石器時代土器型式3 (縮尺1/4)

(2) 土器型式の変化

　これら4号住居址と5号住居址内部出土土器は、器種的には深鉢とコップ形土器からなる土器群である。また、文様的には縄線文と沈線文という二つの文様系統に分かれるが、文様構成においては両者は類似している。少なくとも集線状の文様を帯状に多段に施すB群1類とC群1類やD群1類は、文様構成上は同一であり、同一時期に属する一つの土器様式と判断されるものである。また、このような集線状文様を多段に分割して施すものから、簡略な集線文が施されるものへ、あるいは集線文が一部施されるか施されることなく、集線文が簡略化したと想定される綾杉文や短斜線文が分割して多段に施されるものへの変化が想定される。その変化したものとはB群2類であり、C群2類・3類である。しかも、B群1類はB群2類へ、D群1類はC群2類へ、C群1類はC

第 2 章　沿海州南部新石器時代後半期の土器編年　29

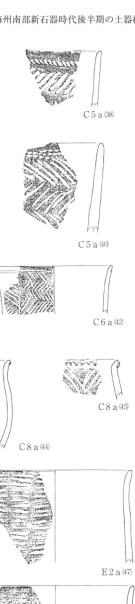

図 13　沿海州南部の新石器時代土器型式 4 （縮尺 1/4）

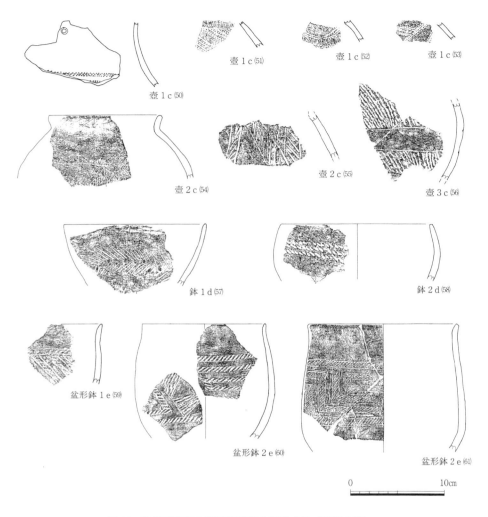

図14　沿海州南部の新石器時代土器型式5（縮尺1/4）

群3類へとそれぞれが変化していく可能性が想定されるのである。個々の型式が組列関係を結んでおり、個々の組列上を型式変化していくものとの想定である。特にD群1類からC群2類への変化は明確であり、D群1類の口縁部にある縄線文がC群2類の口縁部短斜線文へ変化し、D群1類の胴部にある多段の集線文がC群2類の細いヘラ状工具による斜格子文へと変化する。このように、深鉢とコップ形土器からなるB群1a・1b類とC群1a・1b類・D群1a類というクロウノフカ第1様式段階から、深鉢とコップ形土器のB群2a類とC群2a類・3a類というクロウノフカ第2様式段階へと変化すると考えられるのである。

　ではこうした想定が、実際の土器出土状況やその空間位置から検証できないかという分析に移りたい。発掘調査時には出土遺物をすべて3次元的に記録して取り上げたが、共同発掘という煩雑な手作業のため、整理の過程を経て型式分類した土器すべての位置を把握することはできなかった。

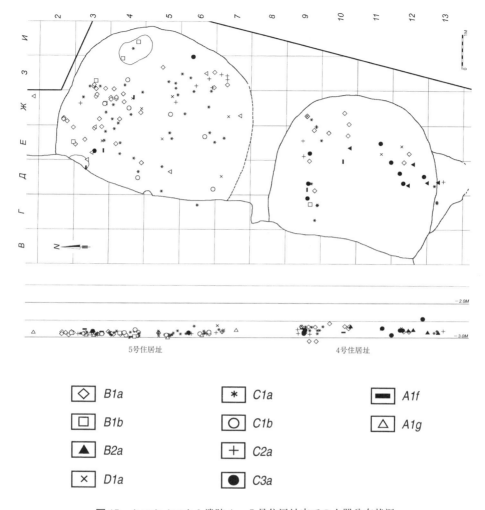

図15　クロウノフカ1遺跡4・5号住居址内での土器分布状況

　これまで対応できた分布状況からの検証であり、必ずしもすべての土器出土状況を把握していないという点を断った上で、土器出土分布から検証を加えてみたい。図15の分布図によれば、B群1a類・1b類、C群1a・1b類、D群1a類というクロウノフカ第1様式とB群2a類、C群2a類・3a類のクロウノフカ第2様式という大きな区分において、前者は5号住居址に主として分布しており、後者は4号住居址に主に分布しているという差異が認められる。また、4号住居址内部でも、その北側ではB群1a類の第1様式が主として分布しており、4号住居址南側ではB群2a類やC群3a類の第2様式が主に分布している。これは4号住居址内への埋積状況が異なっていたことに起因する可能性がある。前者は北側部分から住居址中央部分に流れ込んだ可能性があり、後者は南側から流れ込んだものであり、二つのグループは別の埋積母胎から発信されたものである可能性がある。また、第2様式のC群2a類土器は、4号住居址だけではなく5号住居址まで分布しており、両者で接合関係を示すものがある。とすれば、5号住居址埋没後、さらに4号住居址が設けられ、さら

に4号住居址南側から北側へという埋積方向の延長で、5号住居址上面にC群2a類などの第2様式土器群の一部が流れ込んだというふうに解釈できるのではないだろうか。概略的かつ恣意的な証拠ではあるが、これによってクロウノフカ第1様式と第2様式を時期差あるいは様式差として捉えることが可能になったのではないかと思われる。

2．ザイサノフカ7遺跡

　ザイサノフカ7遺跡の土器は、土器の器種として深鉢形土器、コップ形土器、壺からなる。深鉢形土器やコップ形土器に施される文様は、撚糸文である縄線文とヘラ描き沈線文からなり、クロウノフカ1遺跡との連続性を理解できる遺跡である。また、縄線文の中には、ハッチング状の集線文からなるものもあり、クロウノフカ1遺跡と年代的に接近した遺跡であることを理解できよう。しかし一方で、ザイサノフカ7遺跡の場合、横方向に施される綾杉文が主体であるところから、クロウノフカ1遺跡に後出する段階であることが予想される。また、綾杉文以外にも綾杉文が簡素化した斜線文も認められる。これらの土器群を、文様の製作技術に応じた系譜関係を基礎に、さらに文様構成、器種という具合に階層的に属性を付加して区分することによって、クロウノフカ1遺跡と同じように型式細分を行っていく。

（1）土器の型式分類（図10～図14）

B群土器群（縄線文グループ）

①深鉢

　2a類（図10-17、報告書深鉢a類）：縄線文で多段に文様を施すもの。口縁部上段にはハッチング状の集線文を施し、その下段に平行線文、さらに下段に綾杉文を施すものである。クロウノフカ1遺跡のB群1a類に比べ、分割横帯文が簡略化しており、分割のための平行線区画も存在しない。厳密にいえば、B群1a類とB群2a類との中間をなす型式であるが、平行線区画がなく、縄線文による複数の種類の横帯文からなるところからB群2a類に含めておきたい。

　3a類（図10-19、報告書深鉢b類）：縄線文で口縁部から綾杉文のみが施され、分割文様帯を構成しないものを指す。

②コップ形土器

　3b類（図10-20、報告書コップ形土器b類）：縄線文による綾杉文が多段に施されるものである。深鉢B群3a類と同じ文様構成を示す。

C群土器群（沈線文グループ）

①深鉢

　3a類（図11-24、報告書深鉢d類）：ヘラ描き沈線文によって多段に文様帯が構成されるものを指す。口縁部文様帯が短斜線文であり、その下位に綾杉文が施されたり、口縁部文様帯が平行線文、さらに下位に綾杉文が施される土器である。深鉢C群1a類のような横区画の平行線文が存在せず、横帯文としての規範が弱いものである。

4a類（図12-30・31・33・34、報告書深鉢e類）：ヘラ描き沈線文で綾杉文のみが平行に多段に施されるものである。ザイサノフカ7遺跡においても最も普遍的に認められるものである。器形としては、口縁が外反する器形と内湾する器形が認められる。しかも、それらがそれぞれに大型と中型に区分でき、器種が大きく四つに区分できる。なお中型で口縁が内湾する器形（図12-34）は、鉢として器種を区分すべきものであるかもしれない。

②コップ形土器

4b類（図12-35・36、報告書コップ形土器c類）：ヘラ描き沈線文により多段に綾杉文を施し、底部付近は無文のものである。深鉢C群4a類と同じ文様構成を示す。

③壺

1c類（図14-50～53）：頸部は無文であり、頸部下半から胴部にかけて、縄線文によっていわゆる渦文が施されるものである。

D群土器群（縄線文と沈線文の折衷土器）

①深鉢

1a類（報告書深鉢c類）：口縁部は縄線文によりハッチング状の斜線文が施され、口縁部以下の文様帯は、ヘラ描き沈線文により多段に文様帯が施されるもので、文様構成は深鉢C群1a類と同様なものである。施文技術からすると縄線文と沈線文の複合文様として理解される。

②コップ形土器

2b類（図10-18、報告書コップ形土器a）：口縁部に縄線文による斜線文、その下位にヘラ描き沈線文による平行沈線文、さらに下位にヘラ描き沈線文で斜線文を施すものである。縄線文土器と沈線文土器の折衷タイプであり、文様構成的には深鉢B群2a類と同じものである。

（2）ザイサノフカ7遺跡の位置づけ

ザイサノフカ7遺跡の土器とクロウノフカ1遺跡の土器を比較すると、縄線文土器とヘラ描き沈線文土器が共存するところに共通性が認められる。クロウノフカ1遺跡の土器分析で、クロウノフカ第1土器様式と第2土器様式に型式学的に細別し、これらが4号住居址と5号住居址の覆土内の埋積状況において時期差が存在することを、出土位置の分布から示した。ザイサノフカ7遺跡の土器群は、クロウノフカ1遺跡の第2土器様式に型式的には類似している。複合文様帯からなる深鉢C群3a類（図11-24）は、クロウノフカ第1土器様式に文様構成においては類似しているが、個々の文様帯の集線文などはクロウノフカ第1土器様式より退化した文様構成からなり、さらに直線文区画などを持たない分割文様帯を構成することからも、基本的にクロウノフカ第2土器様式に属するものである。ザイサノフカ7遺跡の主体をなす深鉢C群4a類あるいはこれと同じ文様構成で縄線文からなる深鉢B群3a類は、文様構成が多段の綾杉文からなり、クロウノフカ第2土器様式に比べて分割文様帯がなくなり単純な文様構成が多段に繰り返される文様のみからなることからも、さらに新しい段階であるとすることができる。

文様が綾杉文のみからなり、クロウノフカ第2土器様式より文様構成が簡素化していることからも、ザイサノフカ7遺跡の主体である深鉢B群3a類・C群4a類とコップ形土器C群4b類は、明

らかにクロウノフカ第2土器様式より新しい段階のものである。したがって、深鉢B3群a類・C群4a類とコップ形土器C群4b類をザイサノフカ7土器様式として抽出することにする。なお、かつてザイサノフカ7遺跡第1段階としたものは、ここでいうクロウノフカ第2土器様式にあたり、ザイサノフカ7遺跡第2段階としたものがザイサノフカ7様式としたものにあたる（Miyamoto 2005）。

さて、クロウノフカ第1土器様式にも存在していたコップ形土器は、ザイサノフカ7土器群にも存在している。コップ形土器は文様構成と施文技術の共通性から、深鉢土器との共伴関係を推定することができる。主体をなすザイサノフカ7土器様式の深鉢C群4a類にはコップ形土器C群4b類が、深鉢B群3a類にはコップ形土器B群3b類が共伴すると考えられる。

このようにザイサノフカ7土器様式は、器種として深鉢とコップ形土器が存在する点ではクロウノフカ1遺跡と同じであるが、主体をなす深鉢C群4a類はさらに器形や規格によって細分が可能である。すでに述べたように、深鉢C群4a類は大きく四つの規格と器形に細別でき、器種の増加を示していよう。

さらに、時期的に注目すべきは壺1c類の存在である。壺はボイスマン文化やクロウノフカ1遺跡には存在しない。特にクロウノフカ1遺跡に壺が存在しない点から見れば、壺1c類はクロウノフカ第2土器様式には存在しないものであろう。したがって、ザイサノフカ7土器様式に壺1c類が相当するものと考えるのが最も合理的であろう。また、壺1c類の文様は胴部に施文され渦文をなすが、渦文内は細かい縄線文によって充填されている。この点からは縄線文が存在する段階がふさわしいといえ、ザイサノフカ7土器様式には少数ながらも縄線文のB群土器が存在することからも、共時性には矛盾は存在しないといえよう。このように、ザイサノフカ7土器様式では、深鉢、コップ形土器以外に新たに壺が加わる土器様式を形成することとなった。

3．ザイサノフカ1遺跡

アンドレエフが1954年に発掘したザイサノフカ1遺跡の資料を見る限り、刺突文系のボイスマン文化期のA群土器群、沈線文系のC群土器群が存在するものの、基本的には縄線文系のB群土器群が欠落しているところに特徴が見られる。A群土器群は、櫛状工具などによって横方向に連続刺突するもので、ボイスマン文化期の土器である。文様の特徴や口縁部の断面形態からいくつかに分類することができる。ここではボイスマン2遺跡の調査成果から5段階に分けたモレヴァの分類（Морева 2003）にもとづき、型式設定したい。さらに、櫛歯状工具によって施文するE群が見られる。ただし櫛状工具による刺突状押し引き文はボイスマン文化期にも認められるが、それらとここでいうE群の櫛歯状工具は異なるものである。

（1）土器の型式分類（図10〜図14）

A群土器群（刺突文系グループ）
　①深鉢

1a 類（図 10 - 1、報告書 1e 類）：三角形状の窩文が押圧され、その下位に縄線文が施されるものである。縄線文は絡条体圧痕によるものであり、撚糸による縄線文ではない。三角形状窩文は、モレヴァの分類によるボイスマン文化土器群第 1 段階に存在している。

1b 類（図 10 - 2、報告書 1a 類）：口縁端部が面取りされ、断面が方形に近く肥厚するものである。ボイスマン文化土器群をモレヴァが 5 段階に区分しているが、口縁部形態からみれば、その第 2 段階とした土器にあたる。この口縁端部と肥厚部分に 3 単位の櫛状工具で押し引きを施し、肥厚部そのものに段差を示すものである。

1c 類（図 10 - 3、報告書 1b 類）：口縁端部がやや外反気味であり、口縁端部内面が面取り気味で先端部が尖り気味のものである。口縁下部には窩文交互刺突文を横列に施すことによってできた波状の浮線文が認められる。しかし、この浮線文が波状文というよりは鋸歯状文を呈しているのは、窩文交互刺突に制約されたためである。さらに波状浮線文の下位に刺突文が認められる。モレヴァの分類によるボイスマン文化第 3 段階に相当する。

1d 類（図 10 - 4、報告書 1c 類）：1b 類と同じような口縁部形態で、口縁下部に波状の浮線文を施すものであるが、1b 類に比べより曲線化して明確な波状文となっている。また、その下位の連続刺突文が、円点状の連続刺突文で施されるところに特徴が見られる。その連続円点状刺突文は 3 〜 4 点で 1 単位をなすようである。モレヴァの分類によるボイスマン文化第 4 段階に相当する。

1e 類（図 10 - 5、報告書 1d 類）：口縁が外反するものであり、口縁下の波状文は認められない。また、口縁端部内面に短斜線状の刻目が施される。外面の刺突文の一部は 1d 類に類似した円点状刺突文である。口縁内面の刻目は珍しいが、モレヴァ分類のボイスマン文化第 5 段階に相当しよう。

1f 類（図 10 - 7、報告書 1f 類）：1c 類や 1d 類と同じような円点状の刺突文で、櫛状工具で羽状形に横方向に刺突が施されるものである。伊藤慎二がウスチノフカ 8 遺跡の出土資料を使ってザイサノフカ古段階 a 類としたものがこれに相当する（伊藤 2005）。

C 群土器群（沈線文系グループ）

①深鉢

2a 類（図 11 - 29、報告書 2a 類）：細い沈線文で平行線区画帯を持ちながら、その間を三角集線文などで埋めていく平行分割文帯からなるもの。

3a 類（図 11 - 26、報告書 2a 類）：沈線文によって直線文や綾杉文などの分割文様帯が多段に構成されるもので、平行直線文による横帯区画をもたないもの。

4a 類（図 12 - 32、報告書 2b 類）：沈線文による幅広の綾杉文が施されるもので、いわゆる横走魚骨文をなすもの。これには深鉢とコップ形土器、また鉢も見られる。

5a 類（図 13 - 37〜40、報告書 3a・3b 類）：口縁下に c 字形の刺突文一列施されるか、口縁下に二列の直線上の連続刺突文が施され、その下に多段に綾杉文が施されるもの。

6a 類（図 13 - 41・42、報告書 3c 類）：口縁下に一条の直線文が施され、その下に多段の綾杉文が施されるもの。

7a 類（図 13 - 43、報告書 4a 類）：沈線による多段の綾杉文が施され、口縁端部に刻みが施されるもの。

8a類（図13-44・45、報告書4b類）：沈線による多段の綾杉文が施され、口縁端部に1条の隆帯が施され、隆帯上に刻目が施されるもの。

②コップ形土器

3b類（図11-27、報告書2a類）：横方向の多条の沈線文と三角形文が複合されたもの。三角形文内に列点文が充填されており、深鉢のC群2a類のもの（図11-29）に類似している。また、多条の沈線文とそれを縦列に分割する文様構成を含むものである。

③壺

2c類（図14-54・55、報告書7類）：短い口縁が外反する壺形土器である。胴部には平行直線とその間を斜線文によって充填する文様帯により、斜線ないしV字形の文様帯を構成するものである。

④鉢形土器

1d類（図14-57、報告書2b類）：沈線文による綾杉文が1列に帯状に施されるもの。

⑤盆形鉢

1e類（図14-59、報告書8a類）：口縁がやや内湾気味の鉢で、ふつうの鉢に比べ底径が短い割に背の高いものを盆形鉢とここでは呼ぶ。平行直線内を斜線文によって充填する文様帯により幾何学文をなし、幾何学文は直線文帯とその下位に斜線文帯を構成するものである。雷文を構成しないもので、壺形土器と文様構成は類似し様式的な類似性を見せる。

E群土器群（櫛歯状工具グループ）

①深鉢

1a類（図13-46、報告書5a類）：口縁下に一条の沈線文が施され、その下部に櫛歯状工具を上から下に向けて押し引き状に施して直線をなすように文様がめぐり、それが多段に施されるものである。

2a類（図13-47、報告書5b類）：口縁下に沈線は施されないまま、櫛歯状工具で押し引き状に多段に刺突されるものであるが、結果的には多条の沈線文状に施されているもの。

3a類（図13-48・49、報告書6a類）：クラーク5遺跡の新石器時代文化層に顕著な土器であり、下から上に向けて掻き上げ状に刺突が施されるもの。口縁が外反気味の深鉢である。

②壺

3c類（図14-56、報告書6d類）：壺形の器形であり、沈線で区画された中を下から上に向けて掻き上げ状の刺突文が施されるもの。

③鉢形土器

2d類（図14-58、報告書6b類）：浅鉢状の器形をなし、下から上に向けて掻き上げ状に刺突文が施される。また、鉢状の小型の器形で、下から上に向けて掻き上げ状の刺突文が局所的に施され、その両側に細い沈線が施されるもの。掻き上げ状の文様は深鉢4a類のものと同様である。

④盆形鉢

2e類（図14-60・61、報告書8b類）：壺形の器形であり、二条の区画線内を斜線状の細かい櫛歯文で充填したジグザグ状や雷文の幾何学文からなるもの。幾何学文の構成は、斜線状のもの、三

角集線状の文様が加わるもの、クランク状の雷文をなすものなどがみられる。最も普遍的なものは雷文である。

（2）ザイサノフカ1遺跡土器の位置づけ

　ザイサノフカ1遺跡出土土器はボイスマン文化期とザイサノフカ文化期のものからなるが、編年的にその間にくるべきクロウノフカ第1・第2土器様式の縄線文土器が認められず、欠落している。ザイサノフカ7遺跡では縄線文土器はみられたが、クロウノフカ第2土器様式の綾杉文と集線文が組み合わさった分割文様帯の深鉢B群2類やC群3類からなり、クロウノフカ第1土器様式の平行分割線による多段の分割文様帯からなるものに比べ、簡略化していた。ザイサノフカ1遺跡では、ザイサノフカ7遺跡の深鉢C群2a類・3a類と分類した簡略化した分割複合沈線文とともに、ザイサノフカ7遺跡で主体を占めていた深鉢C群4a類とした綾杉沈線文が認められる。いわゆる魚骨文からなるものである。この深鉢C群4a類に共伴するものとして、ザイサノフカ7土器様式では渦文からなる壺形土器が存在した。主体となる深鉢C群4a類土器は綾杉沈線文であるが、綾杉文が幅広で間隔が開くものがあり、ザイサノフカ7遺跡第3段階として時間差を想定したことがある（Miyamoto 2005）。ザイサノフカ1遺跡の綾杉文である深鉢C群4a類は、口縁と文様帯の間にやや無文帯を挟んでから施文されており、ザイサノフカ7遺跡第3段階のような時期差を想定することも可能かもしれない。しかし、綾杉文の長さや間隔が開くという基準は恣意的なものであり、明確な分類基準とはなり得ない。想定上はザイサノフカ7遺跡第3段階とする時期は存在しようが、細分の客観化が問題であるところから、ここでは深鉢C群4a類をさらに細分することはしない。

　ザイサノフカ7遺跡にはみられないが、同じ綾杉沈線文からなるものが、ザイサノフカ1遺跡の深鉢C群5a・6a類である。口縁下に刺突文や平行沈線文が施され、その下位に綾杉沈線文が施されるものである。同じく平行沈線文下に櫛歯状工具による連続押し引き文が施される深鉢E群1a類もザイサノフカ7遺跡には存在しないものであり、口縁下に平行沈線文という共通の文様属性からいえば、深鉢C群6a類と共時的存在であると考えられる。この点で盆形鉢2e類とした幾何学文構成の鉢は、二条の平行沈線文内を細かい櫛歯状工具で斜線文状に充填していく文様構成をなすが、櫛歯状工具を使うという点では、深鉢E群1a・2a類と同時性を示すものである可能性が高い。

　ノヴォセリシェ4式（Клюев et al. 2002）とすべき口縁刻目隆帯の深鉢C群8a類は、深鉢C群4a類の綾杉沈線文土器の系統にあり、口縁が外反し、口縁端部を刻む深鉢C群7a類を介して、口縁刻目隆帯の深鉢C群8a類が出現したと考えれば、型式学的な変化はなめらかなものである。

　一方、櫛歯状工具による刺突文によって綾杉文や、連続直線文を引いていく深鉢E群1a・2a類土器は、ザイサノフカ7土器様式には存在せず、ザイサノフカ1遺跡に特有なものである。とすれば、これらはザイサノフカ7式より新しい段階のものであることは明らかであろう。口縁下に平行直線文を施すなど深鉢C群5a・6a類と共時性を示している。深鉢C群5a・6a類と深鉢E群1a・2a類はザイサノフカ1土器様式とすべきであろう。壺形土器2c類もザイサノフカ7土器様式に存在しないところからすれば、このザイサノフカ1土器様式に含まれるものと考えるべきであろう。

　下から上に向けて掻き上げるように刺突文を施すことに特徴があるクラーク5式は、ここでいう

深鉢 E 群 3a 類に相当するが、深鉢 E 群 1a・2a 類の櫛歯状工具による刺突文が退化する形でクラーク5式の刺突文に変化したとすれば、文様の変化過程としては理解できるものである。これが妥当とするならば、深鉢 C 群 5a・6a 類と E 群 1a・2a 類を含むザイサノフカ1式よりクラーク5式は後出するものであると考えられる。

4．クラーク5遺跡

2004年のクラーク5遺跡の発掘調査では、上位層であるヤンコフスキー文化の包含層のみが発掘調査された。そこでは、ヤンコフスキー文化の土器以外に下位層に存在するはずの新石器時代文化期の土器が混入していた。まず、新石器時代土器を型式学的に分類し、下位層に存在する深鉢 E 群 3a 類を中心としたクラーク5土器様式の内容を推定してみたい。本来であれば、2005年度調査資料（Miyamoto 2007a）を交え、ヤンコフスキー文化の下位に存在するクラーク5式単純期の貝層を中心に分析すべきであるが、これに触れることができず、上位層での型式分類にて終始することにしたい。

（1）型式細分

A 群（押し引き文系グループ）

押し引き刺突文を連続的に行い曲線状に多列に施すもの（報告書 a1 類）と、c 字形の刺突で横方向に押引いていくもの（報告書 a2 類）に分かれる。前者（報告書 a1 類）はボイスマン文化期の土器の特徴を持ち、ボイスマン文化第1・第2段階（Морева 2003）に属する可能性が高い。後者（報告書 a2 類）はボイスマン文化期の刺突文系土器に比べ刺突の密集度を欠き、クロウノフカ1遺跡のものに近いもので、本稿の A 群 1g 類に属そう。

B 群（縄線文系グループ）

縄線文土器である。クロウノフカ1遺跡で代表的な文様構成である。撚糸文状の縄線文が施されるものと、短い条で斜線文状に施される縄線文に分かれる。前者はクロウノフカ第1土器様式に、後者はクロウノフカ第2土器様式に属する可能性の高いものである。

C 群土器（沈線文系グループ）

2a 類：細い沈線文からなるものであるが、平行線文によって区画し斜線によるハッチング文様や斜格子文を多段に施す分割文様帯からなるもの。

3a 類：短い斜線によって綾杉文を多段に施すものである。綾杉文の単位が短いことや、別に短斜線文が施された土器片も存在することからも、これらが組み合わさった分割文様帯を構成する深鉢 C 群 3a 類土器である可能性が高い。

8a 類：口縁端部に刻目隆帯が1条貼り足されるもので、おそらくその下位に沈線文による綾杉文が多段に施されるものであろう。

E 群土器（櫛歯状工具グループ）

3a 類（報告書〈Miyamoto 2007〉Fig12, 28-49）：下から上に向けて施文工具を掻き上げるよう

にして連続刺突文を施すものである。器形は口縁がややすぼまり、口縁端部が外反するところに特徴があり、B群とC群土器の口縁が基本的に外側に開く深鉢形態とは器形を異にしている。特徴的な下から上に向けて櫛状工具を掻き上げる連続刺突文に特徴がある。これらはこれまであまり注目されてこなかった土器であり、遺跡名を取ってクラーク5式と呼ぶことにしたい土器型式である。

（2）土器型式の位置づけ

クラーク5遺跡では、ボイスマン文化期のA群とクロウノフカ第1土器様式の深鉢B群と第2土器様式の深鉢B群ならびにC群2a類・3a類が認められ、ボイスマン文化期とクロウノフカ1遺跡のクロウノフカ第1・2土器様式以前と、深鉢C群8a類と深鉢E群3a類に限られる。したがって、ザイサノフカ7土器様式とザイサノフカ1土器様式が欠落していることになり、単純に深鉢E群3a類と深鉢8a類がザイサノフカ1土器様式以降に存在することが明確となったであろう。上記のザイサノフカ1遺跡の分析で示したように、クラーク5土器様式としては深鉢E群3a類、壺3c類、鉢E群2d類、盆形鉢2e類が存在することになるのである。

5．沿海州南部地域の土器編年

以上、4遺跡の出土土器内容から、深鉢、コップ形土器、壺、鉢、盆形鉢といった器形によって認識される器種ごとに、その施文属性から見た系統性すなわち型式学の系列にも相当するA～E群土器と、その文様構成から細別した型式単位を、各遺跡ごとに示したものが表1である。型式単位の組み合わせが、器種や文様属性の系統性を横断して同一の文様構成によって共時性が認められるが、このことが同一の様式であることを示すと考えるのである。

これによって、ボイスマン文化期が5段階に、さらにクロウノフカ第1土器様式、クロウノフカ第2土器様式、ザイサノフカ7土器様式、ザイサノフカ1土器様式、クラーク5土器様式、さらにこの後半段階にノヴォセリシェ4土器様式が重なってくる可能性が考えられる。ボイスマン文化期には単純に深鉢しか存在しなかったものが、クロウノフカ第1・第2土器様式段階には深鉢とコップ形土器、さらにザイサノフカ7土器様式段階には深鉢・コップ形土器に加えて壺や鉢が、さらには深鉢内にも器形や規格から複数の土器が製作されるに至る。さらにザイサノフカ1土器様式に至ると、コップ形土器が消滅するものの、深鉢・壺・鉢に加え盆形鉢が新たな器種として加わっていく。そしてクラーク5土器様式段階には、深鉢・壺・鉢・盆形鉢が安定した器種構成として普及し、特に雷文からなる盆形鉢2e類が目立つことになるのである（図16）。なお、本稿では土器型式や土器様式の系統的な変化を示すことに主眼を置き、様式的な段階性が時間軸を示すことと合わせて、各段階を様式期と呼ぶことにする。

（1）ボイスマン文化期

ザイサノフカ1遺跡は、ボイスマン文化期とザイサノフカ文化期の土器からなる。ボイスマン文化期はボイスマン2遺跡の分析から、ボイスマン文化期下層のボイスマン文化原段階が存在し、さ

表1 沿海州南部の遺跡別土器型式対応表

様式	クロウノフカ1						ザイサノフカ7						ザイサノフカ1							クラーク5				
	深鉢				コップ形土器		深鉢			コップ形土器			深鉢			コップ形土器	壺	鉢	盆形鉢	深鉢				
	A群	B群	C群	D群	B群	C群	B群	C群	D群	B群	C群	D群	A群	C群	E群	C群				A群	B群	C群	E群
ボイスマン													1a 1b 1c 1d 1d 1e							○ ○			
ハンシ1	1f 1g 1a	1a	1a	1b	1b			1a					1f							1g ○			
クロウノフカ1	2a 3a	2a					2a 3a		3b	2b			2a 3a		3b					○	2a 3a		
ザイサノフカ7								3a	4a		4b	1c	4a										
ザイサノフカ1													5a 6a	1a 2a		2c	1d	1e					
クラーク5													3a			3c	2d	2e					3a
ノヴォセリシェ4													7a 8a										8a

らにボイスマン文化期がモレヴァによって5段階に分けられている（Морева 2003）。ザイサノフカ1遺跡ではすでに述べたように、これらのうち第2段階から第5段階までは連続的に遺物が存在することは明らかである。問題は、深鉢A群1a類の窩文と絡条体圧痕からなる土器片（図10-1）がボイスマン第1段階に属する可能性があるものの、口縁部形態が不明であることからは断定できない点である。ただし、深鉢A群1a類の窩文や絡条体圧痕文の存在は、内陸部のルドナーヤ文化との何らかの接触の中で生まれてきたものの可能性があるだろう。ともかく、ザイサノフカ1遺跡もボイスマン文化期を通じて使用された居住地であることを知ることができる。

さらに、ザイサノフカ1遺跡には、深鉢A群1d類・1e類と同じ円点状の櫛状工具で羽状文が施文された深鉢A群1f類が認められる点が注目される。深鉢A群1f類は、伊藤慎二がボイスマン文化とザイサノフカ文化を繋ぐものとして設定した土器である（伊藤 2005）が、その施文具の類似した形態や刺突文という同一施文方法からも、ボイスマン文化に連続する土器であると考えられる。ただ伊藤のいうようにザイサノフカ文化期初頭に1時期として独立した様式として位置づけうるかには、慎重にならざるを得ない。ともかくボイスマン文化期5段階は、土器内容から見れば、東北朝鮮の西浦項2期（金用玕・徐国泰 1972）の典型的な土器であり、西浦項2期から西浦項3期の過渡期としたクロウノフカ第1式・第2土器様式（Miyamoto 2004）より、遡る段階のものであることは間違いない。ボイスマン文化5段階に系統を引く深鉢A群1f類が、土器の伴出状況からすれば、クロウノフカ第1土器様式と共伴している可能性が高いであろう。

（2）ハンシ1式期・クロウノフカ1式期（クロウノフカ第1・第2土器様式）

本稿でクロウノフカ第1土器様式・第2土器様式でB群土器としたものが、近年注目されている縄線文土器である。亜布力型縄線文土器として、沿海州南西部から黒龍江省南部に広がる土器として注目されている（福田ほか 2002、Морева et al. 2002）。これまでピョートル大帝湾を中心に発見が続いており、特にボイスマン1遺跡で縄の施文が認められる縄線文土器が注目された。従来、

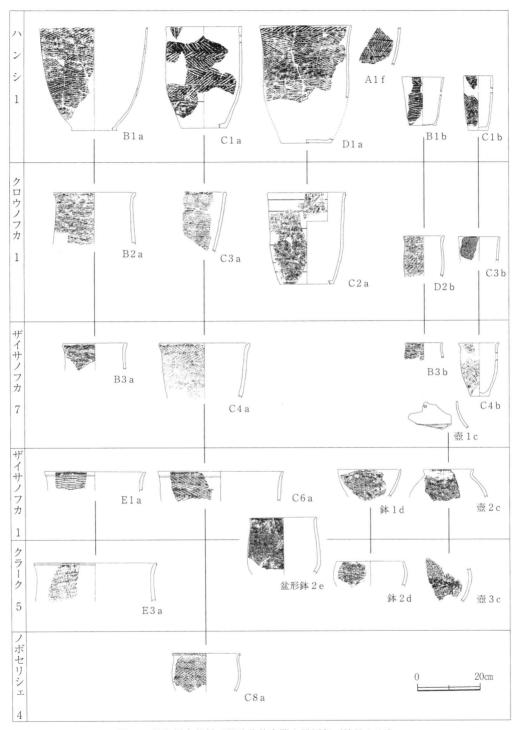

図16　沿海州南部新石器時代後半期土器編年（縮尺1/12）

沿海州南部では沈線文系土器としてザイサノフカ文化期の土器が知られていたが、ボイスマン1・2遺跡の調査により、ザイサノフカ文化期より層位的に古い刺突文系土器であるボイスマン文化期の土器が発見された（Попов et al. 1997、Вострецов et al. 1998）。これにより、沿海州南部の土器編年は、基本的に刺突文系土器であるボイスマン文化期から沈線文系土器文化期のザイサノフカ文化期へと変遷することが明らかになったのである。この変遷は、東北朝鮮の層位的な資料である西浦項遺跡での分期でも認められており、西浦項の資料を用いて沿海州南部の土器変遷を考えた大貫静夫の見解（大貫 1992）も基本的には同じものであった。しかし新発見の層位的な資料は確定的な沿海州南部での土器編年を確立することになったのである。東北朝鮮の西浦項1・2期がボイスマン文化期に相当し、西浦項3～5期がザイサノフカ文化期に相当している。ボイスマン1遺跡ではザイサノフカ文化期の古段階の土器も明らかになっており、注目された縄線文土器がこのザイサノフカ文化期古段階土器に含めて考え得る可能性が指摘されている（福田ほか 2002、Морева et al. 2002）。ボイスマン2遺跡でも単一層から縄線文土器がまとまって発見され、縄線文土器が沿海州南部での一つの土器型式であることが確定的になった（Морева et al. 2002）。またルザノバ・ソプカ2遺跡の層位的発掘事例においても、ボイスマン文化層の第3層とザイサノフカ文化層の第2層の中間で縄線文土器が出土することが確認されている（Попов et al. 2002）。さらにボイスマン2遺跡の分析によれば、縄線文土器には、縄の原体を土器器壁に押しつけて文様を施すものと、縄を撚り糸状に回転させて文様を施すものとに分かれる。後者はクロウノフカ第1・第2土器様式にあたるが、前者は技法的にはボイスマン文化期のものである。また後者の土器要素がザイサノフカ文化古段階土器に近いものとされるものである。ボイスマン2遺跡では、ボイスマン文化で主体の刺突文系土器はボイスマン下層から出土し、縄線文土器が中層、ザイサノフカ文化土器が上層から出土するところから、層位的に区分することができる。さらに土器の形態からもザイサノフカ文化に近いものであるところから、縄線文土器の一群もザイサノフカ文化の範疇に入れ、ザイサノフカ文化古段階の土器と見なすべきとする考え方もある（Морева et al. 2002）。しかし学史的にこの縄線文土器に最初に注目したのはアンドレエフであり、彼はこの土器群をハンシ1遺跡を以て抽出している（Андреев 1960）。また、ボイスマン文化がまだ発見されていない段階に、この地域の土器編年を整理した大貫静夫も現在のボイスマン文化をザレチェ文化とし、アンドレエフのいうザレチェ1→ハンシ1という変遷に注目し、ハンシ1と西浦項2期は近い時期のものである可能性を指摘している（大貫 1992）。学史的に縄線文土器はハンシ1遺跡が標識遺跡になるところからも、様式名としてはハンシ1式を用いるべきであろう。ここでは仮にハンシ1式という名称で、ボイスマン文化とザイサノフカ文化をつなぐ段階の土器様式として設定しておきたい。そこで、クロウノフカ1遺跡で発見されたクロウノフカ第1土器様式を、ハンシ1式として暫定的に様式名を与えておきたい。さらに、ハンシ1式（クロウノフカ第1土器様式）が在地的に変化したクロウノフカ第2土器様式をクロウノフカ1式と命名しておきたい。

　さて、このように縄線文土器をハンシ1式として抽出する必要性は、この土器群の出自に一定の解釈が必要であるからである。現在これらの土器群がピョートル大帝湾周辺に分布していることが知られているが、新たにクロウノフカ1遺跡やルザノバ・ソプカ2遺跡のように、ウスリー江支流

域の内陸部においても縄線文土器群が発見されたことが重要である。同じように、縄線文土器群は黒龍江省尚志県亜布力遺跡からも発見されている（黒龍江省文物考古研究所 1988）。松花江上流域に存在する遺跡である亜布力遺跡の土器は、縄線文手法と櫛状工具の刺突文が同一土器に施されるものであり、クロウノフカ遺跡でいう B 群 1a 類と A 群 1f 類が共存する土器群である。先にクロウノフカ遺跡 5 号住居址内の土器分布からも深鉢 A 群 1f 類は深鉢 B 群 1a 類と同じハンシ 1 式（クロウノフカ第 1 様式土器）である可能性が高いが、亜布力遺跡の土器文様構成も、このことが妥当であることを示している。したがって、伊藤慎二がウスチノフカ 8 遺跡の分析でこの A 群 1f 類を抽出して縄線文土器群より古い段階の土器とした（伊藤 2005）が、その必要性はなく、それらは同時存在する土器様式であり、系統（組列）の異なる土器型式と考えるべきであろう。また、亜布力遺跡の深鉢の形態は口縁がやや内湾し肥厚気味であるところから、形態的には刺突文系のボイスマン文化土器に近いものであり、より古い傾向を示している。縄線文という新しい施文技法がピョートル大帝湾岸で出現するという積極的な証拠はないところから、こうした技法や土器群の出自は外部に求める方が妥当であろう。その意味で形態的にも古い亜布力遺跡など松花江上流域やウスリー江流域が本来の縄線文土器の拠点である可能性もある。クロウノフカ 1 遺跡の石器群も亜布力遺跡のものと類似している点もその感を強くするものである。

　以上のような観点から、今後、縄線文土器は沿海州南部内陸部の重要な土器群となる可能性が高いであろう。そこで、ここでは学史的な標識遺跡をもとにハンシ 1 式と称しておきたい。そしてハンシ 1 式の内容も、クロウノフカ 1 遺跡の分析で明らかになったようにハンシ 1 式（クロウノフカ第 1 土器様式）からクロウノフカ 1 式（クロウノフカ第 2 土器様式）へ変遷していく。さらにハンシ 1 式を母胎にザイサノフカ文化が成立した可能性もある。また、クロウノフカ遺跡で発見された栽培穀物（Komoto & Obata ed. 2004）が、ハンシ 1 式段階から確実に伴うものであるならば、その流入経路と土器様式との関係は興味深い問題となる。すなわち栽培穀物伝播の内陸経路の可能性も存在するのである。

（3）ザイサノフカ 7 式期

　壺の出現は、器種の増加という点では注目すべきものである。このようにザイサノフカ 7 式期土器は、ハンシ 1 式・クロウノフカ 1 式（クロウノフカ 1 期第 1・第 2 土器様式土器）よりさらに器種が細分化するとともに器種が増加しており、土器様式そのものが進化しているということができよう。

　綾杉文を横方向に多段に施す文様構成は、これまで朝鮮半島東北部の西浦江 3 期の特徴とされてきた。その意味では、ザイサノフカ 7 式土器は西浦江 3 期に平行する段階である。近年報告書が刊行された吉林省和龍県興城遺跡（吉林省文物考古研究所ほか 2001）でも、渦文が施された土器が出土している。興城遺跡では、新石器時代が 1 期と 2 期に細別されている。さらに新石器時代 1 期は前段階と後段階に二分されている。このうち、最も古い興城 1 期前段階とザイサノフカ 7 式期土器とを比べると、前者が平描き沈線による綾杉文からなる土器が主体であり、ザイサノフカ 7 式期土器の深鉢 C 群 4a 類に類似している。しかも興城遺跡には縄線文が伴わないことも、ザイサノフ

カ7式期が単純に存在することを示している。興城遺跡1期前段階の炭素14年代はBP4800±140年であり、BC3000年前後を示すザイサノフカ7遺跡（Komoto & Obata ed. 2005）の炭素14年代より若干新しいがほぼ同じである点において、土器の型式学的検討と矛盾しないものと考えられる。

さて、興城1期前段階は西浦江3期併行ないしやや古い段階と報告書では述べられているが、ザイサノフカ7式期は、単純な横帯綾杉文からなる土器群であり、西浦項3期そのものであるといえる。しかも渦文からなる壺が伴うことは、西浦項3期の特徴である。さらには、これらの土器群が、朝鮮半島東北部から沿海州南部にかけて分布が認められるザイサノフカ文化の古段階の土器であるとともに、クロウノフカ1式（クロウノフカ第2土器様式）に後出する土器であることが明かである。

（4）ザイサノフカ1式期

ザイサノフカ7式にはみられないが、同じ綾杉沈線文からなるものが、深鉢C群5a類・6a類である。口縁下に刺突文や平行沈線文が施され、その下位に綾杉沈線文が施されるものである。同じく平行沈線文下に櫛歯状工具による縦方向の連続押し引き文が施される深鉢E群1a類もザイサノフカ7遺跡には存在しないものである。口縁下に1条の平行沈線文が施されるという共通の文様構成属性からいえば、深鉢C群5a類と同時期な存在である可能性がある。また、2c類の壺と1e類とした盆形鉢はともに類似した幾何学文構成をなしており、平行沈線文内を斜線沈線文で充填するという共通の施文技法は、様式的に同時期のものである可能性が高いであろう。したがって、ザイサノフカ7遺跡に存在しない深鉢C群5a・6a類と深鉢E群1a類の深鉢、2c類壺、1e類盆形鉢は一つの土器様式を構成する可能性が高い。そこでこれらの土器様式を共時的なものとして、ザイサノフカ1式期と呼びたい。

（5）クラーク5式期

下から上に向けて掻き上げるように刺突文を施すことに特徴があるクラーク5式は、ここでいう深鉢E群3a類に相当するが、深鉢E群1a類・2a類の櫛歯状工具による刺突文が変化してクラーク5式の刺突文に変化したとすれば、文様の変化過程としては理解できるものである。深鉢E群1a類は口縁直下に1条の沈線文が施されるが、クラーク5式（深鉢E群3a類）にも同じように口縁直下に1条の沈線文が施されるもの（図13-48）がある。クラーク5式の沈線文が細沈線化していることからも、深鉢E群1a類から深鉢E群3a類という変化方向が推定される。また、深鉢E群1a類と深鉢E群3a類は、同様に下から上に掻き上げるように櫛歯状刺突具で施文するものであり、連続する同一系譜の土器であるが、深鉢E群3a類の方が櫛歯状工具の櫛歯が粗いものになっている。したがって、クラーク5式である深鉢E群3a類は、ザイサノフカ1式である深鉢E群1a・2a類に直接後出するものと考えられる。吉林省延辺自治区和龍県興城遺跡（吉林省文物考古研究所ほか 2001）の大半の土器もこのクラーク5式に相当しており、興城遺跡ではさらに雷文による盆形鉢2e類を伴っている。盆形鉢2e類はこのクラーク5式期に共存するものである可能性

がある。盆形鉢 2e 類は、2 条平行沈線文内を細かい櫛歯状工具で斜線文状に充填していく文様構成をなすが、櫛歯状工具を使うという点では、深鉢 E 群 1 〜 3 類と同時性を示すものであるかもしれない。特に盆形鉢 1e 類または盆形鉢 2e 類の雷文構成をなす盆形鉢や鉢は、咸鏡北道農浦洞遺跡（横山 1934）でも認められるが、農浦洞の深鉢は C 群 4a・5a 類や E 群 3a 類からなる。同じように吉林省延辺自治区龍井県金谷遺跡でも、ここでいう雷文からなる盆形鉢 2e 類とともに、深鉢 C 群 4a 類と深鉢 C 群 5a・6a 類の深鉢が伴っている（延辺博物館 1991）。深鉢 B 群 3a 類や深鉢 C 群 4a 類と渦文壺形土器の壺 1c 類からなるザイサノフカ 7 式期、深鉢 C 群 5a 類や深鉢 E 群 1a・2a 類と壺 2c 類、盆形鉢 1e 類からなるザイサノフカ 1 式期の土器型式の型式群の差し引きからいえば、深鉢 E 群 3a 類、鉢 2d 類、壺 3c 類からなるクラーク 5 式期に、この雷文からなる盆形鉢 2e 類が伴うというふうに考えることもできるが、大きく幾何学文を帯びた盆形鉢 2e 類がザイサノフカ 1 式期からクラーク 5 式期に共存することは間違いない。

　さて、今回新しく型式設定されたクラーク 5 式段階は、西浦項第 4 期後半期に相当するが、グヴォズデヴァ 4 遺跡（Попов & Ватаршев 2002）や吉林省興城遺跡、あるいは北朝鮮咸鏡北道鐘城間坪遺跡（有光 1962）などに類例がみられ、独立した土器型式であり、かつ特定の時期を示すものであることが考えられる。

　ノヴォセリシェ 4 式（Клюев et al. 2002）とすべき口縁刻目隆帯の深鉢 C 群 8a 類土器は、深鉢 C 群 4a 類・6a 類の綾杉沈線文土器の系統にあり、口縁が外反し、口縁端部を刻む深鉢 C 群 7a 類を介して、口縁刻目隆帯の深鉢 C 群 8a 類が出現したと考えれば、型式学的な変化はなめらかなものである。問題は、ノヴォセリシェ 4 式とクラーク 5 式との関係である。ノヴォセリセシェ 4 式はザイサノフカ 1 式の深鉢 C 群 6a 類の変化系列にあることは、綾杉沈線文などを持つことからも理解される。一方、クラーク 5 式はザイサノフカ 1 式に属する深鉢 E 群 1a 類の系譜にあることからすれば、両者はザイサノフカ 1 式より後出するものの、系譜が異なる土器であると考えられる。その上、これらが共伴する事例は少ない。ノヴォセリシェ 4 遺跡（Клюев et al. 2002）、アヌーチナ 14 遺跡（Клюев & Яншина 2002）やレッティホフカ＝ゲオロギチェスカヤ遺跡（Коломиец et al. 2002、金材胤 et al. 2006）では、単独に口縁刻目文土器であるノヴォセリシェ 4 式が出土し、一方では興城遺跡にはクラーク 5 式土器は存在するものの、ノヴォセリシェ 4 式は存在しない。地域的な系統が異なる可能性がある。ただし、西浦項 5 期にはノヴォセリシェ 4 式は存在するもののクラーク 5 式は不明である。ザイサノフカ 1 式がほぼ西浦項 4 期に相当することからすれば、クラーク 5 式とノヴォセリシェ 4 式は、ほぼ西浦項 4 期〜西浦項 5 期に相当する系統の異なった土器型式としておく。今後、資料の増加を待って時期細分や系統性の問題を明らかにしたい。

　なお、金材胤はレッティホフカ＝ゲオロギチェスカヤ遺跡の分析から、西浦項 3 期に雷文と口縁刻目隆帯文土器がすでに存在するとし、レッティホフカ＝ゲオロギチェスカヤ自身の土器は他の口縁刻目隆帯文土器より遅い段階のものであり、西浦項 4 期ないしそれよりやや遅い段階としている（金材胤 et al. 2006）。レッティホフカ＝ゲオロギチェスカヤ遺跡では、口縁刻目隆帯文土器と雷文の盆形鉢が共伴して存在している。レッティホフカ＝ゲオロギチェスカヤの盆形鉢は、器形的にはザイサノフカ 1 遺跡のものより口縁の外反の度合いが大きく、より新しい段階のものと思われる。雷

文そのものの構成も簡略化しており、また雷文は平行線文間を斜線文で充塡されるものであり、クラーク5式段階の盆形鉢より新しい段階のものと考えられる。レッティホフカ＝ゲオロギチェスカヤ遺跡を含む口縁刻目隆帯文土器を特徴とするノボセリセシェ4式は、ザイサノフカ1式より遅い段階のものであり、すなわち西浦項4期より遅い段階のものである。特にノボセリセシェ4式の中でも新しい傾向を示すレッティホフカ＝ゲオロギチェスカヤ遺跡では、磨製の扁平片刃石斧など新出の磨製石器を含んでおり、新石器時代終末期の様相をより濃くしている。

6．まとめ——土器編年にみる初期農耕の受容——

ボイスマン文化に続く沿海州南部の新石器時代後半期の土器編年は、以上の土器様式としての把握の観点からすれば、ハンシ1式→クロウノフカ1式→ザイサノフカ7式→ザイサノフカ1式→クラーク5式→ノヴォセリシェ4式と変化していくと考えられる。これらの変化過程は、その前段階であるボイスマン文化第5段階の^{14}C年代が4930±90BPと4815±95BP（未較正値、Морева 2003）で、ハンシ1式段階のクロウノフカ4号住居址の炉址が4740±40BPと4660±45BP（未較正値、Komoto & Obata ed. 2004）と、矛盾なく比較的近接した段階のものであることが理解される。較正年代でいえば、ハンシ1式がBC3500年頃、クロウノフカ1式～ザイサノフカ7式がBC3300～3000年頃（Nakamura *et al.* 2004、Komoto & Obata ed. 2004・2005）、ザイサノフカ1式～クラーク5式がBC2500年頃（Nakamura *et al.* 2004）、ノヴォセリシェ4式がBC2500～2000年頃（Клюев *et al.* 2002）とすることができるであろう。

ハンシ1式期には、ボイスマン文化系統の刺突文系土器が残存しながらも、縄線文土器と沈線文土器が共存する段階である。ハンシ1式の出自は内陸部側にある可能性がある。縄線文や沈線文という新しい文様技術と分割文様帯という文様構成が内陸側の亜布力遺跡を中心に生まれ、それがウスリー江流域から沿海州南部海浜部へと広がっていったと考えられる。この過程で、磨製の柳葉形石鏃などの新しい石器技術も広がった可能性がある。また、クロウノフカ1遺跡4号住居址出土のキビ（Komoto & Obata ed. 2004）が確実なものであるならば、栽培穀物もハンシ1式の文化的な広がりの中で生まれたものの可能性が高いであろう。さらに、クロウノフカ1式はこのハンシ1式が在来的に受容変化した段階であると位置づけできるであろう。また、これらの段階は、深鉢とコップ形土器が土器組成をなし、ボイスマン文化期の深鉢のみからなる段階と大きく土器様式を異にしている。仮にこの段階を一つの文化段階と設定するならば、ハンシ1式とクロウノフカ1式を併せてハンシ文化と呼ぶべきであり、新しい系統の文化様式と見なすべきであろう。

このような変化過程を想定した場合、ザイサノフカ7式以降が従来のザイサノフカ文化と呼ぶ段階である。ザイサノフカ7式はクロウノフカ1式から系統的に変化したものであることは間違いない。ただしザイサノフカ7式段階から器種組成の変化がみられる。深鉢に壺形土器が加わる段階であり、深鉢も多様な規格からなるセット関係を示している。さらに磨盤・磨棒・石鏃といった華北型農耕石器（宮本 2003b）が伴う段階であり、初期農耕化が定着し始めた段階と設定でき、大きく文化的な画期がみられる。このような画期を以てザイサノフカ7式以降をザイサノフカ文化期と

設定すべきであろう。さらにザイサノフカ1式以降は、深鉢・壺にさらに浅鉢と盆形鉢からなる土器組成が確立する段階である。この土器組成はクラーク5式まで続いている。まとまった土器組成という観点からしても、ザイサノフカ7式からクラーク5式までをザイサノフカ文化期と設定すべきであろう。そして、このザイサノフカ文化期が狩猟採集社会に初期農耕文化が定着し始めた段階である。

新石器時代終末期であるノヴォセリシェ4式は、その成立過程も含めて不確かな点が依然として多い。土器の系統性からすれば、ザイサノフカ文化期の沈線文系土器に連続するものであることは間違いないが、刻目隆帯の出現など不明な点も多い。新石器時代終末期の土器変遷過程や土器分布からみた文化変容の系統性の問題などは、今後の課題であるといえよう。

以上、狩猟採集社会のボイスマン文化期から、新来のハンシ文化期の到来により初期農耕が伝播した可能性があるが、さらにザイサノフカ文化期には華北型農耕石器を受容し、深鉢・壺・浅鉢・盆形鉢からなる多様化した土器組成が定着する段階であり、狩猟採集社会における初期農耕の受容期と位置づけることができるであろう。

第3章　沿海州南部における初期農耕の伝播過程

　近年、沿海州南部における日ロ共同調査によって新石器時代における農耕関係資料が続々と発見されている。これまで沿海州南部といえば、農耕の存在の最も古い事例として紀元前2千年紀後半のキロフ遺跡のキビや土器底部のアワの圧痕が指摘されていた（加藤 1985）。その後、ノヴォセリシェ4遺跡からキビの炭化種実が発見されたこと（Клюев et al. 2002）により、新石器時代末期に農耕が遡る可能性が示唆されるに至った。ノヴォセリシェ4遺跡には石包丁など新石器時代よりさらに新しい青銅器時代文化層も存在することから、この炭化種実がより新しい段階のものである可能性もある。しかし、日ロ共同調査によるクロウノフカ1遺跡やザイサノフカ7遺跡、さらにはその他の遺跡の発掘調査によるフローテーション（水洗浮遊選別法）の成果から、新石器時代後半期には確実にキビやアワなどの栽培穀物が存在することが明らかとなっている（小畑 2004）。

　筆者は、東北アジアのようなもともと栽培穀物をもたず栽培起源地から農耕が伝播拡散していく地域を二次的農耕地帯として、東アジア先史社会の一つの枠組みを形成する地域（宮本 2007a）と認識している。その東北アジア初期農耕伝播に関して4段階の段階性を以てその広がりを考えている（宮本 2007c・2009a）。第1段階が紀元前3300年頃の中国東北部から朝鮮半島や沿海州南部へのアワ・キビ農耕の広がり。第2段階が紀元前2400年頃の山東半島から遼東半島への稲作農耕の広がり。第3段階が紀元前1500年頃の山東型磨製石器群を伴う灌漑農耕の朝鮮半島への広がり。これには畦畔をもつ水田址や畠遺構が伴う。第4段階が紀元前8世紀頃の半島南部から北部九州への灌漑農耕の広がりである。これらの伝播時期が寒冷期に対応しており、農耕民や農耕化した狩猟採集民の移動がこうした農耕伝播の一因になっていたと考えている（宮本 2007d・2009a）。この内、第1段階が華北のアワ・キビ農耕が朝鮮半島南部と同時に沿海州南部に広がる段階であると考える。本稿では、その内実をより詳しく検討し、沿海州南部への農耕の伝播過程とその展開を論述してみたいと思う。

1．沿海州南部への農耕の広がり

　東北アジア初期農耕化第1段階とは、朝鮮半島の新石器時代において、アワやキビといった栽培穀物が出現する紀元前4千年紀に相当する。この段階には、櫛目文土器という分割文様帯からなる尖底土器が半島西北部から半島南部や東部へ拡散する時期にあたる（宮本 1986）。櫛目文土器は、口縁部に横帯方向に連続刺突文を施し、その下位に沈線文の魚骨文を中心とする横帯文が多段に施されることに特徴がある。こうした尖底の深鉢と文様規制が、半島西北部から南部や東部へ地域的

な変化を伴いながら広がっていく。土器様式が西北地域から南部地域へ拡散する時期であり、さらにこれまで知られていなかった磨盤・磨棒や石鋤（石鏟）といった華北型農耕石器が土器様式とともに伝播している（宮本 2003b）。この時期に栽培穀物が出現することは、こうした考古学的な現象が農耕の伝播過程を反映していることを示している。土器様式、農耕石器、栽培穀物といった三位一体となっての文化変容には、地域間における人間の移動が連鎖的に広がっている可能性がある。いわば農耕化した狩猟採集民が、人口規模の拡大に伴う人口圧で、あるいは気候の冷涼化による収穫量の減産に伴う人口圧によって、集団の一部の移住が生じ、周辺地域の文化変容がもたらされ、農耕技術が伝播していったものであると考えられる（宮本 2005b・2007c・2007d・2009a）。

　沿海州南部ではこれまで栽培穀物の発見は紀元前2千年紀後半以降であり、遡ってもノヴォセリシェ4遺跡など新石器終末期までであろうと考えられていた。近年のフローテーションによる成果では、新石器時代末期のノボセリシェ4遺跡のほかに、レッテイホフカ・ゲオロジチェスカヤ遺跡でもザイサノフカ文化期の住居址からアワ・キビが多量に出土している（セルグシェーワ 2005）。住居址内の木炭の年代は 3280 ± 45BP、3390 ± 55BP、3310 ± 45BP であり、2000 年 cal. BC 頃の新石器時代末期に相当する。出土した土器は、深鉢の口縁下に1条の隆帯を施すものであり、盆形鉢の幾何学文は最も退化したものであり（Коломиец, Батаршее & Крушых 2002、金材胤ほか 2006）、ノヴォセリシェ4期でも最も新しい新石器時代終末期段階のものである。また、シェクリエヴァ7遺跡でザイサノフカ文化期のキビが1点出土している（セルグシェーワ 2005）。しかし、ザイサノフカ文化のどの段階であるかは、伴出土器などが不明なことから、残念ながら明らかではない。このほか、ザイサノフカ1遺跡の住居址覆土から 20 個体以上のキビ属の植物の穎果が発見されている（セルグシェーワ 2005）。ザイサノフカ1遺跡はザイサノフカ1期を主体とする遺跡であり、住居址覆土から発見されたこの炭化種実もこの時期のものであろう。しかしながら、形態学的にこの穎果が栽培種であるか野生種であるかの判断は難しい。

　したがって、ノボセリシェ4遺跡やレッティホフカ・ゲオロギチェスカヤ遺跡のキビ出土例からいえば、少なくとも新石器時代末期にはキビを中心とするアワ・キビ農耕が沿海州南部に存在することは問題がない。

2．クロウノフカ1遺跡・ザイサノフカ7遺跡の事例分析

　しかし、こうした新たな発見は、これまでこの地域の発掘でフローテーション（水洗浮遊選別法）があまり行われなかったことに起因する。2002 年以来進められた熊本大学甲元眞之名誉教授とロシア科学アカデミー極東支部ヴォストレツォフ氏を代表とする日ロ共同調査では、発掘調査に際してフローテーションを積極的に取り入れ、E.A.セルグシェーワによる同定によって、新たな成果を得ている（Sergusheva 2007）。この中でも、クロウノフカ1遺跡（Komoto & Obata ed. 2004）やザイサノフカ7遺跡（Komoto & Obata ed. 2005）の調査で、初期農耕が紀元前 3500 年頃まで遡る可能性がでてきたのである。

　クロウノフカ1遺跡は、大きく三つの文化層に分かれる。上部の初期鉄器時代のクロウノフカ文

表2　クロウノフカ1遺跡出土キビ炭化種子の大きさ

試料番号	長さ(mm)	幅(mm)	厚さ(mm)	長さ/幅	厚さ/幅	試料採集位置
4号住居址						
1	1.6	1.6	1.2	100	75	炉
2	-	-	-	-	-	炉
3	1.6	1.6	1.2	100	62.5	Д-10区、炉
4	1.7	1.5	1.1	113.3	73.3	Д-10区、炉
5	1.5	-	0.9	-	-	Д-10区、炉
6	1.5	1.5	1.15	100	76.6	Д-9区、住居址埋土下部
7	1.4	-	-	-	-	E-10区、住居址埋土下部
8	>1.5	-	>1.3	-	-	Д-9区、住居址埋土下部
9	1.6	1.5	1.3	106	81.25	Д-9区、住居址埋土下部
10	1.6	1.4	1.4	114.28	100	Г-11区、住居址埋土下部
平均	1.56	1.51	1.17	105.59	78.1	
5号住居址						
1	1.3	1.4	1.0	92.85	71.42	E-5区、炉
2	1.2	1.2	0.95	100	78.16	E-5区、炉
3	破片					E-5区、炉
4	破片					E-5区、炉
5	1.6	1.4	-	114.28		E-5区、炉
6	-	1.55	-	-	-	Д-3区、床面
7	1.45	1.3	1.1	115.38	84.61	Д-3区、住居址埋土下部
8	1.5	1.4	1.2	107.14	85.71	Ж-5区、住居址埋土下部
9	1.3	1.3	1.15	100	88.46	Ж-5区、住居址埋土下部
平均	1.39	1.36	1.08	104.94	81.87	

化層、そして厚い間層を挟んで新石器文化層が検出され、さらに新石器文化層は新石器文化上層と下層に区分できる。新石器文化下層はほとんど土器の出土はないが、炉址の炭素年代からは4040 cal.BCなどの年代がでており、ボイスマン文化期に相当する文化層である。一方、新石器文化上層は土器など文化遺物が豊富であり、しかもここから二つの住居址を発見することができた。第4号住居址と第5号住居址である。さらに、縄線文土器を主体とするボイスマン文化とザイサノフカ文化期を繋ぐ新たな土器型式が出土した（Miyamoto 2004）。住居址内の出土土器の分析からは、二つの住居址には相対的な年代差があることがわかる。第2章で論述したように、第5号住居址は、縄線文土器を主体としながら沈線文からもなる複雑な分割文様帯構成をなすハンシ1式である。第4号住居址は縄線文から沈線文が主体となりつつある土器群であり、ハンシ1式より分割文様帯も単純化したクロウノフカ1式土器である。二つの土器型式は空間的な堆積上の上下の位置関係が確認されており、相対的な年代差は疑いがない（宮本 2007b）。ちなみに第4号住居址の炉の木炭の^{14}C年代は、3520〜3350 cal. BCなどの年代が知られている（Komoto & Obata ed. 2004）。

第5号住居址、第4号住居址ともに炉周辺を中心に栽培穀物であるキビが、フローテーションによってそれぞれ16点と11点発見されている（Sergusheva 2007）。また、第4号住居址からはアワの可能性のあるものも1点発見されている。第5号住居址と第4号住居址のキビは、表2のセルグシェーワの計測に示されるように、第5住居址の平均長が1.39mm、平均幅が1.36mmであるのに対し、第4号住居址はそれぞれ1.56mmと1.51mmと形態が大きくなっている。第2章で論述したように、第4号住居址は第5号住居址より相対的年代が新しいものであり、新しい段階のキビの方が相対的に大型化していることは、それほど栽培化が伸展していることを示しており、農耕そ

表3 クロウノフカ1遺跡とザイサノフカ7遺跡のフローテーションによる植物遺体

植物名	クロウノフカ1遺跡 新石器時代下部文化層 クロウノフカ1南地区		クロウノフカ1遺跡新石器時代上部文化層				ザイサノフカ7	
			クロウノフカ5号住居址		クロウノフカ4号住居址			
分析資料数（袋）	41		129		67		26	
	個体数	比率	個体数	比率	個体数	比率	個体数	比率
キビ *Panicum milaceum*	-	-	16(5?)	3.55%	11	2.10%	-	-
アワ（？） *cf. Setalia italica(?)*	-	-	-	-	1(?)	-	-	-
不明キビ類			8	1.77%	5	9.50%	-	-
ヒエ *Echinochloa crus-galli*	-	-	1	2.22%	1	1.90%	-	-
不明野生キビ類	-	-	3	0.66%	1	0.19%	-	-
シソ・エゴマ *Pellila frutescens*	-	-	43	9.55%	-	-	-	-
マンシュウクルミ *Juglans mandchurica*	24(1?)	60.0%	179	39.70%	453	86.70%	105	28.77%
ハシバミ *Corylus sp.*	1	2.5%	160	35.50%	23	44.00%	22	6.03%
ドングリ *Querqus sp.*			1(3?)	2.22%	2	0.38%	125	34.25%
アムールキハダ *Phellodendron amurence*	10	25.0%	-	-	1	0.19%	13	3.56%
リンゴ属 *Malus sp.*							63	17.26%
アムール野ブドウ *Vitis amurensis*	-	-	-	-	1	0.19%	4	1.10%
アカザ属 *Chenopodium sp.*	-	-	6	1.33%	2	0.38%	1	0.27%
ヒユ属 *Amarantus sp.*					2	0.38%		
リンドウ属 *Polygonum sp.*	1	2.5%	-	-	3	0.57%	-	-
マメ科							2	0.55%
カヤツリグサ科							3	0.82%
不明穀物類	3	7.5%	33	7.33%	17	3.25%	26	7.12%
不明堅果類	1	2.5%	-	-	-	-	-	-
総個体数	40 (+1?)	100%	450 (+8?)	100%	522 (+1?)	100%	365	100%

のものが発展したことを示している。

　しかし、生業全体の内容から考えたとき、セルグシェーワによる種実同定の表3に示すように、住居址内での炭化種子はマンシュウクルミなどの堅果類の方が、圧倒的に出土量が多いことから（Sergusheva 2007）、栽培植物の生業での比率は低いものであることは明らかである。狩猟採集民が穀物栽培を生業に補助的に取り入れた段階であると認識した方がふさわしいであろう。また、この段階の石器などを見れば、狩猟具などは認められるが、いわゆる農耕関係石器は認められない。石皿が第5号住居址内の貯蔵穴から発見されているが、石皿は中央が窪むタイプであり、縄文社会と同じ堅果類を粉砕する際に用いられるものと同じタイプであり、華北新石器時代に認められる磨盤とは磨面の形態を異にしている。磨盤・磨棒が未だ導入されていない段階である。このようにハンシ1式期とクロウノフカ1式期とは、栽培穀物が導入され栽培そのものは次第に発展していくが、生業全体から見ればその比率は低いものであり、狩猟採集経済の補助的な役割を担っていたにすぎない。栽培技術を持った狩猟採集社会であり、狩猟採集社会と農耕社会の中間的な様相を示してい

る。

　さらに、時期的に遅いザイサノフカ 7 遺跡はどうであろう。ザイサノフカ 7 遺跡の土器は、縄線文土器も存在するが圧倒的に沈線文土器が主体であり、分割文様帯も喪失し横走魚骨文が文様構成の中心をなす段階である（Miyamoto 2005）。^{14}C 年代は 3210cal. BC などの年代が年代測定されている（Komoto & Obata ed. 2005）。

　ザイサノフカ 7 遺跡出土の植物種子は、2000 年度の調査資料ではあるが、表 3 に示すように圧倒的に多数が堅果類に限られている（Sergusheva 2007）。また、貝塚も存在するところから見れば、狩猟採集社会に属していることは間違いない。日ロ共同調査による 2004 年度の発掘調査のフローテーションの種子同定でも、ドングリやマンシュウクルミなど堅果類が圧倒的である。ここではアワ・キビなどの栽培穀物は検出されなかった。しかし、ザイサノフカ 7 式の土器底部から植物種子圧痕が検出され、それをレプリカ SEM 法で分析したところ、キビであると同定されている（Sergusheva 2007、小畑 2011）。すなわち、ザイサノフカ 7 式期の段階でも圧倒的に狩猟採集に依存しながらも、栽培穀物が維持されていたことが判明したのである。

　ザイサノフカ 7 遺跡からは、さらに華北新石器時代に見られる磨盤・磨棒や石鋤などが多数出土している（Komoto & Obata ed. 2005）。前段階には見られなかった華北型の農耕石器が出現した段階であるということがいえよう。磨棒は棒状石の一面のみを磨面として使うものであり、実体顕微鏡の観察によって、磨面の状態は華北の磨棒と同じ特徴をなしている（図 17 − 1）。また、磨盤はクロウノフカ 1 遺跡の石皿（Komoto & Obata ed. 2004）とは異なり、長軸に対し直交する面においては平坦をなして、磨棒を磨盤の長軸方向に前後するようにして磨られていたことが理解できる。磨盤の磨面の実体顕微鏡観察においても、この長軸方向において線状痕が認められ、この方向への磨棒の前後運動によってこのような線状痕が形成されたこと（図 17 − 2）が理解できるとともに、このような線状痕は華北新石器時代の磨盤のそれと同じものである。また、残念ながら明確なコーングロスは認められないものの、磨盤・磨棒は華北新石器時代と同じように穀物の脱穀・粉食具として利用されたものと考えられる。したがって、磨盤・磨棒ともにキビやアワなどの穀物の脱穀・粉食のために利用された農耕石器であることが理解できる。

　さらに、石鋤は平板で方形のものと T 字形のものに分かれる。前者は刃部の使用痕において、両面ともに長軸方向に利用された線状痕が確認される（Kamijo 2005）ところから、鋤状に利用された土起こし用の石鋤であると理解される。T 字形の石鋤は線状痕が表と裏では異なっており刃部において斜め方向に着くこと（Kamijo 2005）から、スコップ状に利用され、畑の畝立てや除草のために使われた農具であると考えられ、ここでは石鍬と呼んでおきたい。このように、ザイサノフカ 7 式期には、磨盤・磨棒以外に石鋤や石鍬などの農具が出現しており、文化的にはより農耕が進んだ段階といえる。生業全体でいえば、採集用の堅果類が多く、また漁撈活動に依存していたような貝塚も形成されている。基本的には農耕化した狩猟採集社会であるということができるであろう。

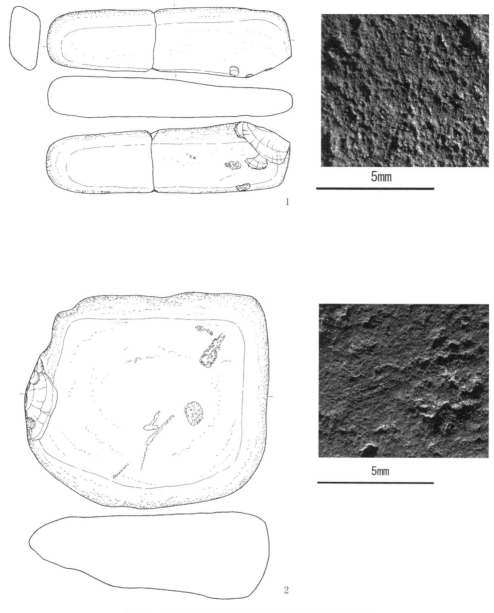

図17 ザイサノフカ7遺跡出土磨盤・磨棒と使用痕

3. 沿海州南部の初期農耕の進展

　この地域のボイスマン文化以降の相対的な土器編年は、第2章で示したように、ハンシ1式、クロウノフカ1式、ザイサノフカ7式、ザイサノフカ1式、クラーク5式、ノボセリシェ4式というふうに変化していく（宮本 2007b）。これらを土器様相から、縄線文からなるハンシ文化と、沈線

文からなるザイサノフカ文化というように分けることもできる。特に前者のハンシ文化は沿海州南部の土器伝統からは生成しがたい土器様式であるところから、分離して考える必要がある土器様式や土器文化である。しかし、このハンシ文化の土器様式が変化していくことによりザイサノフカ文化の土器様式が生成発展していくことから見れば、ハンシ文化とザイサノフカ文化は連続した土器文化であるということもできる。本章では、ハンシ1式段階から栽培穀物が出現しているところから、ハンシ1式以降をザイサノフカ文化としてまとめて述べることにより、この時期の農耕化の歩みを段階的に説明していきたい。

ハンシ1式からノヴォセリシェ4式までをザイサノフカ文化としてまとめ、これらをさらに土器様式から前期、中期、後期の3段階に分けることにする。分割文様体からなる縄線文が主体なハンシ1式、クロウノフカ1式をザイサノフカ文化前期、横走魚骨文の沈線文土器からなるザイサノフカ7式、ザイサノフカ1式をザイサノフカ文化中期、下か上へ掻き上げ状の刺突文や刻目突帯文からなるクラーク5式、ノボセリシェ4式をザイサノフカ文化後期に分けることができる（図18）。これまで測定された放射性炭素年代から、前期は3500～3300 cal. BC、中期は3300～2500 cal. BC、後期は2500～2000 cal. BC に分けることができるであろう。

ザイサノフカ文化前期は深鉢・コップ形鉢からなる器種構成の段階であり（宮本 2007b）、狩猟採集社会に見られる比較的原始的な土器組成からなる。前期のクロウノフカ1遺跡4・5号住居址からキビ・アワが発見され、その種子の大きさの平均値は5号住居址のものに比べ4号住居址の方が大きくなっている。相対年代では前者がハンシ1式、後者がクロウノフカ1式であり、年代が新しい方がより大きくなっており、栽培化の促進を示している。フローテーションによって採集された植物種子からも、この時期は堅果類を主体とした狩猟採集経済に、キビを中心とする栽培穀物が補助的に加わった段階とすることができるであろう。狩猟採集社会において農耕技術が補助的に受容された段階である。

ザイサノフカ文化中期には、前期に認められなかった磨盤・磨棒、石鋤（石鎌）などの華北型農耕石器が出現している。磨棒に見られる使用痕は華北のアワ・キビ農耕地帯のものと同じであり、同様な脱穀・粉食としての機能を持っている。また、ザイサノフカ7遺跡出土の土器底部の圧痕をレプリカSEM法によって観察すると、キビの種子であると同定されている。したがって中期にも確実に栽培穀物が存在していることになり、華北型農耕石器の出現からはより農耕が促進しているということができるであろう。

中期には土器組成に壺が加わるとともに、深鉢の規格が多様化している。前期に比べ土器組成からもより社会の発展が認識される。この段階に華北型農耕石器が存在し、キビを中心とした穀物栽培による初期農耕が狩猟採集社会に普及した段階といえよう。

ザイサノフカ文化後期になると、深鉢、壺、さらに幾何学文が施される盆形鉢というふうに土器の器種構成が増加し、生活様式がより複雑化している。このことは、ザイサノフカ中期に比べ社会そのものも、より複雑化していることを意味しているであろう。この段階には、ノヴォセリシェ4遺跡やレッテイホフカ・ゲオロジチェスカヤ遺跡の出土例に見られたように、アワ・キビの穀物遺体の発見量が格段に増えている。その点では、初期農耕がより定着していった段階といえよう。

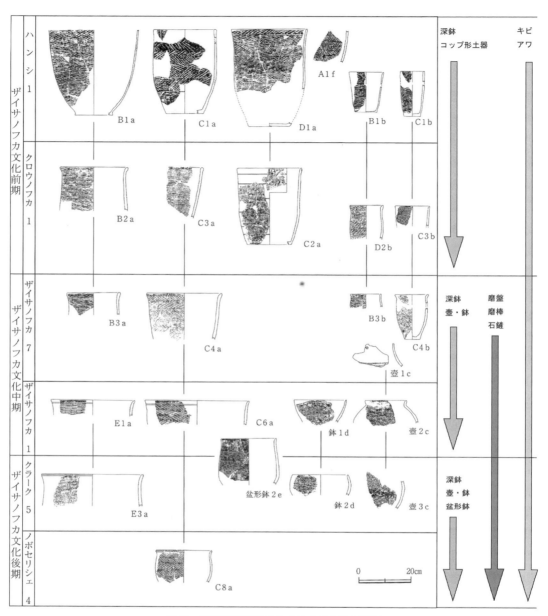

図18 沿海州南部ザイサノフカ文化期の変遷

レッテイホフカ・ゲオロジチェスカヤ遺跡では貯蔵穴から相当量のキビやアワが出土しているところから、セルグシェーワは農耕への依存が相当高まり採集が補助的生業段階に至っていると想定している（Сергушева 2006）。また、セルグシェーワが行ったキビの種実の大きさの計測によれば、ザイサノフカ文化前期のクロウノフカ1遺跡5号住居址（ハンシ1式）からクロウノフカ1遺跡4号住居址（クロウノフカ1式）へとキビが大型化するだけではなく、ザイサノフカ後期のレッテイホフカ・ゲオロジチェスカヤ遺跡の段階になると、レッテイホフカⅠタイプという実の幅がより広

がっていくものと、レッテイホフカⅡタイプというより長粒化するものの2タイプ（図19）に分かれていく（Сергушева 2006）。キビの種実の大型化という客観的事実からも、新石器時代末期には着実にキビ栽培が伸展し定着していることが理解されるのである。ただし、このような状況を以て直ちにセルグシェーワの想定するような農耕が主体的な生業に達した段階とは規定できないであろう。まだ定型的な石包丁も出現しておらず貝塚も発達する段階であるとすれば、已然として狩猟採集社会にあって補助的な農耕がますます伸展したものと解釈できる。

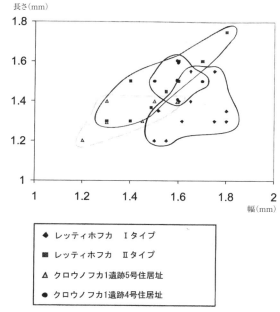

図19　ザイサノフカ文化期におけるキビ種実の形態変化

このように、狩猟採集社会を基盤としながら、次第に栽培穀物の受容が深まってきた段階性が、ザイサノフカ文化各段階で確認できたであろう。そして、それに呼応する形での社会的な進化も確認することができた。

4．沿海州農耕化の意味

さて、ザイサノフカ文化前期の農耕の始まりにおいて、ハンシ1式を始め、これまでのボイスマン文化とは異なった土器様式の変化が認められる。ハンシ1式に特徴的な縄線文や横帯区画の文様構成は、沿海州内部には系譜を求めることのできない属性である。沿海州南部の固有な土器様式である刺突文系土器のボイスマン文化から、このような土器型式を生み出す構成要素は見出しがたい。土器型式の系譜という観点からすれば、他地域との関係から生み出された土器型式であると想定できよう。縄線文土器の分布は、ハンシ1遺跡（Андреев 1960）、リバーク1遺跡（Гарковик 2003）、ザイサノフカ7遺跡のような沿海州南部の海浜部のみならず、クロウノフカ1遺跡を含めルザノバ・ソプカ遺跡（Попов & Морева et al. 2002）のようなハンカ湖周辺の内陸部にも及んでいる。さらにスイフン河から牡丹江流域を遡る黒龍江省尚志県亜布力遺跡（黒龍江省文物考古研究所 1988）に認められる。

亜布力遺跡の土器は、押圧文の組帯文と刺突による櫛歯文の複合文様からなるもの（図20－1）と横帯区画の縄線文と刺突文系の櫛歯文が組み合わさった複合文様の土器（図20－2）である。ともに、口縁が肥厚気味であり、器形的にはモレヴァのいうボイスマン文化1・2段階（Морева 2003）の口縁肥厚土器から系譜が追うことが可能であり、ボイスマン文化後半期に併行する可能性も存在する。特に口縁部文様帯の押圧文は、文様手法やその位置においてボイスマン文化3・4段

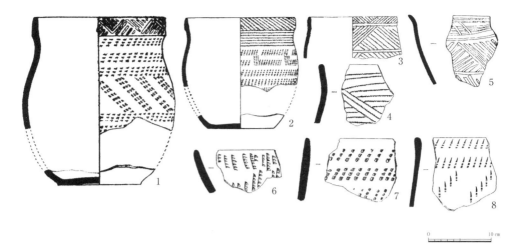

図20　亜布力遺跡の土器様相（縮尺1/6）

階のものに類似しており、これらの土器がボイスマン文化後半期に平行する可能性を高めている。さらに亜布力遺跡からは、口縁は肥厚せずにやや外反気の直立した口縁で、縄線文によって平行線で区画された横帯区画内を組帯文で充填するハンシ1式と考えてよいもの（図20-3・4）が存在している。また、縄線文ではなく沈線文による平行線区画で多段の組帯文をなすハンシ1式（図20-5）も存在する。このような文様構成を同じくしながら縄線文あるいは沈線文に分けて施文される土器群は、クロウノフカ1遺跡と同じ出土状況を示している。仮に、ボイスマン文化後半期に平行する可能性のある口縁肥厚気味の土器（図20-1・2）を亜布力式土器と呼べば、この亜布力式からハンシ1式へと変化した可能性がある。しかも、ここでは縄線文をもつ亜布力式とハンシ1式に、刺突文系の櫛歯文土器（図20-6～7）が共伴している。この刺突櫛歯文はボイスマン文化終末期のボイスマン5期の櫛歯文土器と同型式である可能性の高いものである。ボイスマン文化後半から終末期にスイフン河上流域や牡丹江上流域の内陸部では亜布力式が成立し、これがハンシ1式へ変化する。さらにはクロウノフカ1式へ変化しながら、クロウノフカ1遺跡のようなスイフン河中下流域へ広がる。さらにはハンシ1式が沿海州海浜部へ広がる形で、その最終型式である縄線文と沈線文からなるザイサノフカ7式土器が沿海州海浜部に認められるという地理勾配を示すのではないだろうか。

　すなわち縄線文土器は内陸部において亜布力式として成立し、次第に海浜部へと広がり、その過程にハンシ1式、クロウノフカ1式、ザイサノフカ7式というふうに変化していったものと考えられる。いわばここでザイサノフカ文化前期といった文化は、土器様式としてボイスマン文化以来の沿海州南部の海浜部の土器様式の系譜にあるのではなく、その発信源は外来の内陸部にあり、それが海浜部方向へ伝播しながら変容していったものと考えることができるのである。さらに、クロウノフカ1式では、打製石鏃以外に柳葉形の磨製石鏃が出現している（Komoto & Obata ed. 2004）。沿海州南部のボイスマン文化期は基本的に打製の尖頭器や打製石鏃からなる段階で、柳葉形磨製石鏃をもたない。ザイサノフカ文化前期段階から打製石鏃だけでなく磨製の柳葉形石鏃も伴っている。

これに対し、亜布力遺跡では柳葉形磨製石鏃に加えて石鏃も存在するとともに、磨製の玉器が発達している。したがって、土器様式の拡散とともに、柳葉形磨製石鏃の技術系統も伝播していったと考えることができるであろう。

こうした土器様式や磨製石鏃技術の拡散と栽培穀物の発生、さらにやや時間差を持ちながらも、磨盤・磨棒・石鋤（石鏟）といった華北型農耕石器が伝播していく現象は、次の4章で論ずるような朝鮮半島南部におけるアワ・キビ農耕拡散期と同じ現象を示している。さらに重要なことは、その時期がほぼ同一の時期にあることにある。ザイサノフカ文化前期のクロウノフカ1式であるクロウノフカ1遺跡4号住居址の場合、炉付近で採集された木炭の^{14}C年代は3520～3350 cal. BCである。4号住居より遡るハンシ1式段階の5号住居址の^{14}C年代は残念ながら測定されていないが、この地域の栽培穀物が始まるハンシ1式段階はさらに遡る可能性があろう。一方、朝鮮半島南部の釜山市東三洞貝塚1号住居址内出土のアワの^{14}C年代は3360 cal. BC（Crawford & Lee 2003）であり、クロウノフカ1式とほぼ同じ年代である。東三洞貝塚1号住居址段階は、韓国新石器時代中期に相当し、まさに土器様式や柳葉形磨製石鏃、華北型農耕石器が朝鮮半島南海岸で出現し始める段階にあたっている。沿海州南部と朝鮮半島南部は、これまで狩猟採集地域であったところに、農耕技術が拡散する段階にある。その段階が変化現象としての類似だけではなく、時間的にも一致している点が重要である。

この段階は、韓国南海岸まで朝鮮半島中西部からアワ・キビ農耕が広がる段階と年代が一致し、まさに気候の冷涼期にあたっている（宮本 2005b）。朝鮮半島中西部の櫛目文土器様式が半島南部や東部へ拡散するだけではなく、柳葉形磨製石鏃や華北型農耕石器とともに、さらにはアワ・キビといった穀物栽培技術が拡散する段階にあたっている（宮本 2003b）。その過程は、沿海州南部と同じ状況にある。朝鮮半島中西部の櫛目文土器社会が隣接する遼東などからアワ・キビ穀物栽培やそれに伴う華北型農耕石器を受容して後に、気候の冷涼化などの外的な要因から人口圧による集団の一部の移住・分村に伴う文化様式の拡大があったと解釈できる。同じ現象が、沿海州内陸部あるいは黒龍江省東南部の内陸部に存在する亜布力式からハンシ1式という系譜で内陸部から海浜部へと時間軸上変化し、土器様式が拡散する現象に確認することができる。さらには栽培穀物や華北型農耕石器の出現は、こうした現象と相俟ったものであると考えられるところから、狩猟採集社会に農耕技術が付加される段階に相当している。まさにこうした段階こそが、二次的農耕社会に農耕が拡散する東北アジア初期農耕化第1段階と見なすことができるのである。

5．まとめ——東北アジア初期農耕化第1段階の特性——

クロウノフカ1式の初期農耕を受容する段階に関しては、ヴォストレツォフを始めとして人間集団の移動を想定する考え方があった（Vostretsov 2004）。ヴォストレツォフは、朝鮮半島の西北部か中国東北部の南部からの人びとの移動を想定している。しかし、ここで示したような縄線文土器様式の拡散こそが、人間集団の拡散を示す物質的な現象として理解されるべきである。それはスイフン河上流域や牡丹江上流域などの内陸部に発信源があったと考えられる。そのような現象は、朝

鮮半島においても半島の中西部から南部や東部に向けての櫛目文土器様式の拡散によって跡づけることができたのである。さらに重要な事実は、こうした初期農耕の拡散時期が、朝鮮半島南部も沿海州南部もほぼ同時期であるという点である。その時期はまた第1章で述べたように寒冷期にあたっており、自然環境の悪化が人間集団の移動を促したものであるとの因果性を理解できる。そしてこの段階を、筆者は東北アジア初期農耕化第1段階と呼ぶのである。

このような土器様式の拡散と、アワ・キビといった栽培穀物の出現、さらに華北型農耕石器の出現が漸移的に組み合わさりながら、拡散していくあり方は、まさに文化的なコンプレックスとしての拡散を示しており、人間集団の移動や移住が拡散のベクトル線上を漸移的に地域と地域を繋ぐ形で行われた結果であると考えられる。

沿海州南部では、新石器時代後半期に穀物栽培という新たな生産活動は始まっているものの、出土植物遺体の内容で示されたように、堅果類を中心とした採集活動が中心であった。貝塚が形成されるように、生業活動は狩猟採集活動が主体であり、補助的な生業としての農耕活動であったといえよう。こうした段階の農耕をブルース・スミスは低レベル食料生産段階（Low-level food production with domestication）として提起している（Smith 2001）。決して農耕が生業の主体となった集約的な農耕段階に達していないのである。朝鮮半島南部における新石器時代中期以降の同時期も、このような低レベル食糧生産段階として理解されている（李晃娥 2005）。

さらにスミスは低レベル食料生産段階を農耕社会と狩猟採集社会の移行段階と捉え、その移行段階が時間軸上をなす場合もあるし、空間的な場合もあることを述べている（Smith 2001）。東北アジア初期農耕化第1段階の朝鮮半島や沿海州南部は、中国大陸という農耕社会の周辺域における栽培技術を受容したニュートラルな狩猟採集社会という捉え方もできるであろう。しかし農耕社会の周辺域として、あるいは農耕社会と狩猟採集社会の接触地域として農耕技術を受容したのは、朝鮮半島では半島中西部であり、沿海州南部ではスイフン河上流や牡丹江上流の内陸地域である。これらの地域は、同時期の隣接する農耕社会とは土器様式を異にしている独自な文化集団である。こうした地域こそが、農耕社会との接触地域として主体的に農耕を始めとする食料生産技術を獲得した狩猟採集社会であったのである。これがスミスのいう接触地域での低レベル食料生産段階ということができる。そして、それらの農耕化した狩猟採集民が、土器様式、華北型農耕石器・柳葉形磨製石鏃、栽培穀物という三位一体で考古学的に表現される漸移的な集団移動や集団移住によって、狩猟採集社会に農耕技術が受容されるのが、ここでいう東北アジア初期属農耕化第1段階であったということができるであろう。

第4章　朝鮮半島南部新石器時代の初期農耕

　今日、縄文時代中期以降にダイズやアズキなどの栽培植物が存在していたことが明確となってきている（中山 2010、小畑 2011）。かつて寺沢薫・知子が栽培植物の集成を行い（寺沢薫・寺沢知 1981）、その後、著者も縄文時代における栽培植物の事例を、植物化石や土器圧痕あるいはプラント・オパールの集成を示すことにより、その存在を示した（宮本 2000c）。しかし、近年の土器圧痕レプリカ法による分析結果によれば、イネやアワ・キビなどの栽培穀物に限ってみると、確実な例は縄文晩期終末の刻目凸帯文土器期ということとなっている（濱田・中沢 2014）。しかしこうした栽培植物が日本において馴化されたと考えるためには、日本列島においてこうした栽培植物の祖先である野生植物が存在しなければならない。今のところイネの野生種が日本列島に存在した事実はないし、キビの野生種に関しては不明である。そうしてみるならば、これまでの見解の通りこうした栽培植物は日本列島周辺で人間の手によって栽培化された栽培植物が伝播してきたものであると考えざるを得ない。その意味で、物質文化の交流を大陸との関係で考えたとき、縄文時代において明確な交流の事例を示しているのは、朝鮮半島南海岸と北部九州である。これ以外の地域で大陸との物質文化の動きを示すのは、縄文早期における北海道と極東・サハリンにおける浦幌式段階の石刃鏃文化の交流である。しかしながらこの段階の北海道と極東における栽培植物の証拠は存在しない。また、沿海州南部などの極東における農耕化に関してそれほど古い証拠は存在せず、第3章で論述したように石器やその他の状況証拠からして、極東の新石器時代中期のハンシ文化やザイサノフカ文化期に存在する可能性はあるものの、それを遡る証拠はない。そうしてみれば、日本列島と物質文化の交流が最もよく認められる朝鮮半島における農耕化のプロセスを理解しておくことが、列島への栽培穀物の出現を考える意味では大きな鍵になる。

　本章では、まず朝鮮半島における農耕化を検討することから始めたい。その際、朝鮮半島における雑穀農耕化と稲作農耕の出現とを分けて論ずるべきであると考えられる。この主張に沿って、まず朝鮮半島の雑穀農耕のプロセスを論じ、引き続き朝鮮半島におけるイネの流入とその伝播経路を類推するところから始めたい。

　なお、朝鮮半島の年代軸に関しては、筆者がすでに発表した朝鮮有文土器の編年（宮本 1986）を基軸に議論を行いたい。また、無文土器時代以前の土器文化に対して、有文土器、櫛目文土器などの呼称とともに、新石器時代という時代区分も存在する。今日の韓国考古学界では一般的には新石器時代という呼称が時期区分として用いられている。しかし新石器時代には農耕が存在しなければならないとして、成熟した農耕社会に達していない段階を新石器時代と呼ぶにはふさわしくなく、櫛目文土器時代と呼称すべきという意見もある（西谷 1982）。これは朝鮮史における特殊性を強調

するものであり、日本考古学と同様に土器名称を時代区分名称とするものである。しかしながら、John Lubbock が当初石器時代を旧石器と新石器に分けた段階において、新石器時代の定義には必ずしも農耕の存在が条件とはなっていなかったことはよく知られている。むしろ磨製石器の出現や更新世から完新世への環境の変動が大きな条件となっていた（Lubbock 1865）。その意味で東アジア全体を見わたした場合、更新世から完新世へ移行する古環境の変動期に各地で土器が出現しており、土器出現期以降を新石器時代と呼ぶことに問題はないと考えられる。従来の学史でいえば、三国時代の陶質土器以前を有文土器（櫛目文土器）と無文土器に区別するのであるが、無文土器には青銅器を伴うところから、有文土器段階が新石器時代ということになる。また、櫛目文土器という場合は、刺突文と沈線文からなる尖底の深鉢を主体とする土器を指し、平底の隆起文土器や刺突文系土器を含めない場合が多い。したがって櫛目文土器という場合においても、有文土器の一部あるいは一部の地域に分布する土器を指し示す可能性が高い。そこで、土器名称を以て時代名称とすることを避け、本章では朝鮮半島においても新石器時代という時代区分を使いながら議論を進めたい。

1．朝鮮半島における雑穀農耕の出現

　朝鮮半島の雑穀農耕は、初期においては西海岸の西朝鮮までは、遼東と同じ石器組成のあり方で初期農耕が認められる。これはかつて甲元眞之が A 型農耕といったものに類似した石器組成からなっている。甲元眞之の分析は、石器組成の分布と地理的関係から朝鮮半島の石器群を 4 群に分け、系譜関係とともに地域差を捉えている（甲元 1973a）。これは地域性としては今日においても大筋で認められるところであるが、年代軸の欠如が問題であるとともに、系譜関係においてもいささか問題がある。また、甲元の B 型農耕とは東北朝鮮があたっているが、これは新石器時代から青銅器（無文土器）時代を指す。さらに甲元の C 型と D 型は青銅器（無文土器）時代の石器群である。そこで新石器時代のみを扱う本章では、甲元のいう石器組成群にとらわれることなく、議論を進めることにしたい。

　さて、遼東の石器組成とは、中国考古学で石鏟と呼ばれる石鋤と、粉食具である磨盤・磨棒から成り立つ。磨盤は従来鞍形磨り臼として農耕に伴うものとして考えられていたが、これに伴う擂り粉木様の石器は、棒状で一面のみを磨盤に接して擦るため、一面のみが磨り減っていくものである。これは人が背筋を利用して前後に磨棒を擦っていくという一連の作業過程によって、形態が生まれてきたものである。これら石鋤・磨盤・磨棒は、遼東ではすでに新楽下層・小珠山下層段階から認められ（中国社会科学院考古研究所ほか 2009）、しかもそこにアワ・キビという栽培食物が伴うことから、華北の裴李崗・磁山文化と同じような農耕に伴う石器として位置づけられるのである。こうした石器を華北型農耕石器と命名しておきたい。なお、朝鮮半島出土の新石器中期以降の磨盤・磨棒については、上條信彦による使用痕観察によって、華北新石器時代と同じように、イネ科植物の脱穀と製粉の機能が推定されており、穀物農耕に関連した石器であることが示されている（上條 2008）。耕起具である石鋤とともに、華北型農耕石器と呼ぶにふさわしい石器といえよう。

　こうした華北型農耕石器が西朝鮮の智塔里Ⅱ地区 2 号住居址などでアワとともに出土している。

第 4 章　朝鮮半島南部新石器時代の初期農耕　63

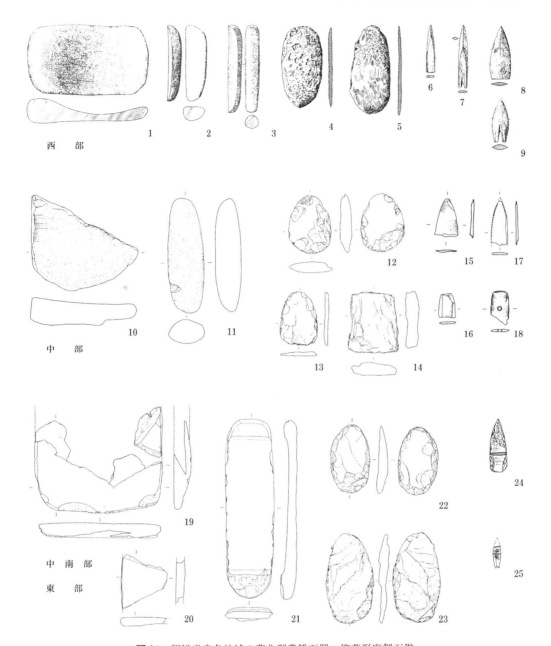

図 21　朝鮮半島各地域の華北型農耕石器・柳葉形磨製石鏃
　1～3：智塔里1号住居址、4・5：智塔里第Ⅱ地区、6～9：智塔里第Ⅰ地区、10・11：岩寺洞9号住居址、12～14：岩寺洞1号住居址、15・16：岩寺洞3号住居址、17・18：岩寺洞10号住居址、19・22：雙清里3号住居址、20・21：雙清里4号住居址、23：屯山、24・25：柯坪里1号住居址（縮尺　6～9・15～18・24・25：1/4、その他：1/16）

　西朝鮮では紀元前4千年紀には、華北型農耕石器（図21-1～5）とともにアワのような栽培食物が存在し、華北型農耕が行われていたことが考えられるのである。智塔里遺跡を土器型式によって年代区分すると、年代的に古い段階の智塔里Ⅰ地区では磨盤・磨棒が認められるものの、石鋤が出現するのは年代的に遅れた智塔里Ⅱ地区の段階からである。このⅡ地区にはさらに石鎌も存在し

表4　東アジア新石器時代編年表

年代	中原	山東	膠東半島	遼東半島	遼河下流域	鴨緑江下流域
BC5000	裴李崗	後李				
	仰韶半坡類型	北辛	白石村	小珠山下層	新楽下層	後窪下層
BC4000	仰韶史家類型	大汶口前期	邱家荘	小珠山下層		後窪上層
	仰韶廟底溝類型	大汶口前期	北荘1期	小珠山中層	馬城子	
BC3000	仰韶半坡類型	大汶口中期	北荘2期	呉家村	偏堡	閻坨子
	廟底溝2期	大汶口後期	楊家圏1期	偏堡	偏堡	双鶴里1期
BC2000	王湾3期	龍山前期	楊家圏2期	小珠山上層	肇工街1期	双鶴里2期
	新砦	龍山後期	楊家圏3期	双砣子1期	高台山	新岩里1期
	二里頭文化	岳石	昭格荘	双砣子2期	高台山	新岩里第3地点第I文化層
BC1500	二里岡文化	岳石	芝水	双砣子3期	高台山	新岩里2期

ている。したがって、西朝鮮でも漸移的に華北型農耕具が完備していく可能性が想定できるのである。また、遼東では華北型農耕石器とともに、華北には存在しない擦り切り技法によって加工された柳葉形の磨製石鏃が存在する。これは、隣接する遼西にも認められない遼東を特徴とする石器である。この柳葉形磨製石鏃がやはり西朝鮮の智塔里遺跡には存在し（図21-6〜9）、華北型農耕石器と同じ段階に西朝鮮にも存在している。すなわち華北型農耕石器と柳葉形磨製石鏃がセットで遼東から西朝鮮にもたらされたと判断されるのである。

　同じ華北型農耕石器と柳葉形磨製石鏃は、漢江下流域の中朝鮮においても認められる。岩寺洞遺跡はその中でも最も豊富な資料を有し、かつ複数の住居址からなる集落遺跡であり、各住居址の埋土からは土器とともに華北型農耕石器（図21-10〜14）と柳葉形磨製石鏃（図21-15〜18）が出土している。なお、柳葉形磨製石鏃のうち、報告書では岩寺洞10号住居址出土（図21-17・18）のものをそれぞれ石槍と用途未詳石器とするが、ここでは形態的特徴から柳葉形磨製石鏃と見なす。ところで石器に伴う土器は、各型式を含み残念ながら一括性が低いと判断される。筆者の分期による中朝鮮Ⅰ期〜Ⅳ期にかけてのものであり、下限は中朝鮮Ⅳ期ということができるであろう。少なくとも新石器時代前期の中朝鮮Ⅲ・Ⅳ期にはこうした華北型農耕石器と磨製石鏃が完備していたことが考えられるのである。岩寺洞遺跡の1・2・5・10号住居址から出土した木炭の^{14}C年代はBP5510±110〜BP4610±200（未補正値）の幅がみられるが、これらの住居址床面から出土した土器は、筆者の分期による中朝鮮Ⅲ期〜Ⅳ期の土器が出土している。^{14}C年代の年代幅は、ほぼ中朝鮮Ⅲ〜Ⅳ期の年代幅に納まるものとすることができるであろう。

　さて、筆者は朝鮮半島新石器時代の地域的な土器編年を作成し（宮本 1986）、さらに中国東北部（宮本 1985）から北部九州へ至る連鎖の中で、その地域的な編年の相対関係を位置づけたことがある。さらに近年、遼東半島大長山島の上馬石貝塚における型式学的な変化方向の地点別あるいは層位別における検証によって、より詳細な土器編年を作り上げた（宮本 2015a）。これらを総合化したものが表4である。

　また、土器編年によって解釈された地域間関係に関して、有文土器初期においては隆起文土器の分布に見られるように、朝鮮半島東海岸から南海岸の日本海沿岸を繋ぐ地域的な連鎖が存在していた。しかし、その連鎖が解消し、続いて西海岸を中心とする尖底の櫛目文土器がその母胎となりな

朝鮮半島	半島西部	半島中部	半島南部		半島東部	半島東北部	北部九州
新石器早期			朝島期		鰲山里下層	西浦項1期	縄文早期
	智塔里	Ⅰ・Ⅱ期	牧島期				縄文前期
新石器前期	金灘里1期	Ⅲ期	釜山期		鰲山里中層	西浦項2期	
新石器中期		Ⅳ期	頭島期	水佳里Ⅰ	鰲山里上層		縄文中期
新石器後期	南京1期	Ⅴ期		水佳里Ⅱ		西浦項3期	縄文後期
新石器晚期	南京2期	Ⅵ期	影島期		松田里	西浦項4期	
						西浦項5期	
突帯文土器	コマ形土器1期						

がら、共通した土器様式が朝鮮半島東海岸や南海岸へ拡散していく動態を解釈したことがある。その時期は朝鮮半島南海岸の釜山期末あるいは頭島にあたる。これは今日の韓国考古学者がいう新石器時代前期後葉あるいは中期初頭に相当している。近年、新石器時代前期後葉の良好な一括遺物として慶尚南道密陽市サルネ遺跡（慶南発展研究 歴史文化센터 2005）の資料（図22）を以て、サルネ期ないし瀛仙洞新段階と呼ばれている段階である（金恩瑩 2010）。これらの土器は口縁部に刺突文帯をもつ尖底の深鉢（図22-1～7）からなるものであり、嘗て新石器前期末の釜山期新段階・頭島期古段階としたものに相当する（宮本 1986）。この内、刺突文帯とその下部に粗帯文（同2）ないし魚骨文をもつ（同1）ものは、この時期の中朝鮮Ⅲ・Ⅳ期に相当する土器であり、朝鮮半島中・西部の櫛目文土器の影響を受けたものである。そして在地的な典型的な前期土器（同8・9）も共伴しており、この段階が朝鮮半島南海岸地域の新石器前期段階にあることを示している。さらに口縁に刺突文帯のみを有する尖底深鉢（同3～7）は、西朝鮮の櫛目文土器の影響を受けて在地的に出現した土器であり、壺形土器（同10）にも同じ文様が施される。瀛仙洞式にみられる壺形土器もこれと同型式とすることがいえるであろう。

このサルネ遺跡に見られる新石器前期後葉段階から西朝鮮の櫛目文土器の影響が見られ、土器様式的にも同様な文様構成を展開する中期初頭の水佳里Ⅰ式すなわち頭島期になると完全に櫛目文土器様式に転換している。さらに、新石器前期の瀛仙洞前・中段階もすでに朝鮮半島西海岸の櫛目文土器様式との影響関係に尖底深鉢が出現しているという金恩瑩の見解がある（金恩瑩 2010）。したがって、朝鮮半島南海岸では隆起文土器段階には東海岸との土器様式関係が存在していたのに対し、前期の瀛仙洞式段階以降、朝鮮半島西南部との文化接触を持つようになり、さらに前期後葉のサルネ期（釜山期新段階）に至って、朝鮮半島中西部の櫛目文土器様式の強い影響を受けるようになる。そして、中期の水佳里Ⅰ式になると内在的に櫛目文土器様式への転換が始まったのである。

しかし、朝鮮半島の土器編年を作製した当時（宮本 1986）には、この段階の土器様式の変化における導引あるいは原因について、適当な解釈を持ち合わせていなかった。あるいはその予想はあったものの、それを実証化する段階にはなかった。近年、朝鮮半島中南部の資料が増加することにより、これまで漠然と描いてきた仮説を実証できる可能性がでてきたのである。つまり、上記した朝鮮半島西海岸における石器組成が、土器様式の変化あるいは土器様式の拡散に伴って、連動し

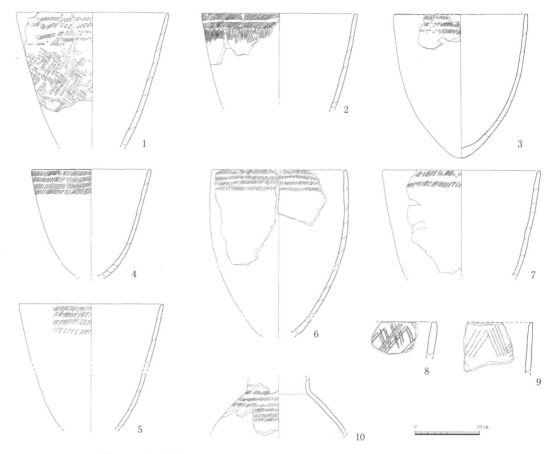

図22　慶尚南道密陽市サルネ遺跡の新石器時代前期後葉土器（縮尺1/6）

て変化・拡散している可能性が高まったのである。

　ここで朝鮮半島中南部というのは、漢江下流域を中心とする中朝鮮と朝鮮半島南海岸地域の中間に位置する忠清北道から忠清南道にかけての地域を指している。近年、これらの地域から新石器時代の遺跡がかなり発見されている。たとえば、忠清北道清原雙清里遺跡からは3号・4号住居址が発見されており、良好な一括遺物を提供している（国立清州博物館 1993）。どちらの住居址の土器も、筆者のいう中朝鮮Ⅴ期に並行する土器である。口縁部に幾分の無文帯があり、胴部には魚骨文などをもつが、さらに胴部下半から底部までは無文帯とするものである。こうした文様構成の特徴は、朝鮮半島南海岸の水佳里Ⅱ期などの朝鮮半島南海岸新石器後期と様式的に類似した特徴を持っている。さらに錦江式土器と設定された口縁が内湾する鉢状の器形で、菱形の押し引き文からなるものが共伴している。錦江式土器と呼ばれる特殊な鉢は、朝鮮半島南海岸内陸部の慶尚北道金泉市松竹里遺跡3号住居址（啓明大学校行素博物館 2006）にも認められ、共伴する土器は南海岸の水佳里Ⅱ期に類似している。この事例からも中朝鮮Ⅴ期は朝鮮半島南海岸新石器後期（水佳里Ⅱ期）に併行する段階と位置づけられるであろう。さて、これら雙清里3・4号住居址からは石鋤（図21－22）、磨盤（同19・20）、磨棒（同21）などの華北型農耕石器も共伴しており、少なくとも朝

鮮半島中南部では中朝鮮Ⅴ期・南海岸後期（水佳里Ⅱ期）に並行する段階には華北型農耕石器が安定して存在することが明らかである。こうした状況は、同じ時期の大田市西区屯山洞遺跡においても認められる（図21-23）。複数の住居址が存在する集落遺跡であるが、出土土器は中朝鮮Ⅴ期併行期のものである。ここからもやはり錦江式土器が共伴している。出土石器は石鋤や磨盤からなり、雙清里遺跡とともに華北型農耕石器が伴っているのである。さらに南海岸内陸部の慶尚南道金泉市松竹里遺跡からも華北型農耕石器が認められる（啓明大学校行素博物館 2006）。この遺跡では確実に中朝鮮Ⅳ期・南海岸中期（水佳里Ⅰ期）併行期には、石鋤、磨盤・磨棒の華北型農耕石器とともに磨製石鏃も出土している。こうした状況は、中朝鮮Ⅳ期併行期以降の西朝鮮的土器様式の拡散に伴って新しい石器組成も拡散したと捉えることができるであろう。

一方、朝鮮半島東海岸における西朝鮮からの土器様式の拡散期は、かつて筆者が鰲山里上層とした段階であるが、現在ではこの他、江原道襄陽郡柯坪里遺跡や襄陽郡地境里遺跡が調査され、より良好な資料が発見されており、その拡散期は遅くとも南海岸地域の水佳里Ⅰ期までには遡るものである。このうち、柯坪里遺跡1号住居址（国立文化財研究所 1999）からは、やや型式的に古い土器も包含されているが、中朝鮮Ⅳ期並行の土器も出土しており、下限年代と判断される。この柯坪里1号住居址からは磨盤・磨棒など華北型農耕石器とともに磨製石鏃（図21-24・25）が出土している。さらに地境里遺跡でも新石器時代中期に相当する住居址から磨盤・磨棒などの華北型農耕石器が出土している（江陵大学校博物館 2002）。本地域の鰲山里中層以前ではこうした華北型農耕石器や磨製石鏃が存在しないことからも、こうした石器群が土器様式の拡散と連動していることは疑いのない事実と考えられる。

南海岸地域に関しては、西海岸からの土器様式の拡散期を嘗て釜山期新段階から頭島期古段階と考えた。こうした段階における石器の変遷に関しては、釜山市東三洞貝塚や釜山市凡方貝塚における層位的な発掘がその傾向の是非を示すことになるであろう。まず、東三洞貝塚の大まかな傾向を示すという意味で、L.L.Sample らの試掘結果（Sample 1974）を利用して考えてみたい。表5がその結果である。釜山期以前では剥片石器（スクレーパー）や石斧があるぐらいで石器の量がかなり少ないが、頭島期以降になると、石鋤や磨盤・磨棒などの華北型農耕石器に相当するものが出土している。ただしこの場合、磨盤としたものが縄文文化の石皿や磨石などの堅果類を粉にするものである可能性もある。また、これらは試掘資料であることからも定量的な分析には限界があり、必ずしも実体を表していない可能性がある。一方、層位的な発掘が比較的大規模に行われた凡方貝塚はどうであろうか。凡方貝塚6層には、磨石状の丸い形態の石器も存在するが、棒状で一面のみが研磨された磨棒（図23-2）が存在し、磨盤（図23-1）・磨棒といった華北型農耕石器が現れているといってよいであろう。凡方貝塚6層は、古層を示す土器も見られるが最も新しい土器は水佳里Ⅰ期の太線沈線文土器を含ん

表5　東三洞遺跡試掘資料による時代別石器変遷

石器 \ 時期区分	朝島	牧島	釜山	頭島	影島
石鋸				2	1
結合式釣針石製軸		2	1	2	1
スクレーパー	1	6	4	9	4
石斧			2	3	
石鋤				4	1
磨盤				2	2
磨棒				1	
黒曜石剥片				6	2

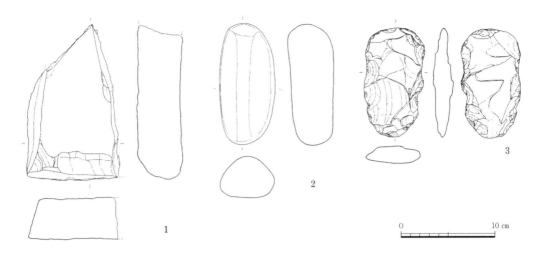

図23　朝鮮半島南海岸地域の華北型農耕石器（1〜3：凡方6層、縮尺1/4）

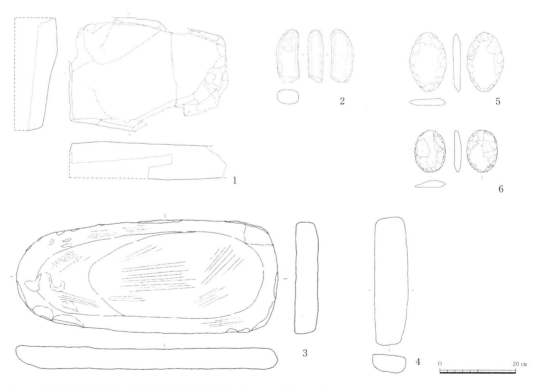

図24　朝鮮半島南海岸地域新石器時代前期後葉の華北型農耕石器（1・2：飛鳳里12号貯蔵穴、3〜6：サルネ、縮尺1/10）

でいる。この層の年代を水佳里Ⅰ期（南海岸中期）併行と考えるならば、先の土器様式の変化期とほぼ重なっている。すなわち華北型農耕石器や柳葉形磨製石鏃が南海岸地域に出現するのは、すくなくとも水佳里Ⅰ期（南海岸中期）には認められるのであり、土器様式の変換時期とほぼ連動していると考えてよいであろう。さらに、東三洞貝塚の層位的な発掘調査の結果、新石器前期の水佳里Ⅰ式段階で磨盤や磨棒が出土している（釜山博物館 2007）。さらに遡る磨盤・磨棒の例は、新石器前期の慶尚南道昌寧郡飛鳳里遺跡12号貯蔵穴のもの（図24-1・2）があげられる（国立金海博物館ほか 2008）。伴出する土器は新石器前期末の瀛仙洞式であるものの、12号貯蔵穴の出土位置は新石器前期後半の19〜21層にある。また、新石器前期後葉のサルネ遺跡からも磨盤（同3）が認められる。一定方向の磨面ではあるが2側面に磨面をもつ点では完全な形の磨棒とはいえないが、磨棒に類似するもの（同4）が出土している。さらに、ここからは打製の石鋤（同5・6）も認められる。このように、中西部の櫛目文土器の影響を直接受け始める新石器中期後葉瀛仙洞新段階（釜山期末）には磨盤・磨棒さらに石鋤が出現していたといよう。

　一方、新石器前期前半の飛鳳里第1貝層および第1敷石遺構からは、磨盤・磨棒に類似した縄文的な石皿・磨石が出土している。この磨石は平板な石の一面を磨面とするもので、形態的には磨棒に類似する。しかし、小畑弘已も述べるよう（小畑・真邉 2014）に、この磨棒は多方向に動かすいわゆる磨石状の機能を持ったものであり、一方向に磨面をもつ磨棒と認定することはできない。これらは狩猟・採集社会の石皿・磨石と認定すべきものである。新石器前期前半の南海岸の瀛仙洞式は、前述したように朝鮮半島西南地域の影響を受け始める段階であり、朝鮮半島中西部の櫛目文土器様式がもつ磨盤・磨棒との文化接触の中で、在来の石皿・磨石が形態的に変容した可能性がある。しかし、確実に朝鮮半島南海岸地域や東海岸地域で華北型農耕石器や柳葉形磨製石鏃がセットをなして出現するのは、新石器中期段階である。南海岸地域の場合、遡っても櫛目文土器様式の移行期である新石器前期後葉瀛仙洞新段階（釜山期末）からであるということができるであろう。

　以上のように、大同江下流域を中心とする西朝鮮から、尖底の櫛目文土器という土器様式が拡散していく漢江下流域、日本海岸の江原道を中心とする東朝鮮、南海岸地域、さらには漢江下流域と南海岸地域との中間に位置する中南部地域において、土器様式の転換期以降に華北型農耕石器と柳葉形磨製石鏃が出現していた。これはこうした土器様式の転換が単に土器様式の拡散にとどまらず、華北型農耕石器をも伴った文化伝播であることを十分に意味していると考えられる。では、その動態の要因とは何であろうか。

　近年、韓国を中心に植物化石である栽培食物の実例が朝鮮半島新石器時代において増えている。そのうち、コメを除く栽培穀物類のみを安承模や소상영などの集成を基に（安承模 2012、소상영 2015）、表6に示した。大同江下流域の西朝鮮におけるアワの出土例は智塔里遺跡以外では、智塔里Ⅱ地区段階の黄海北道峰山面馬山遺跡7号住居址や南京1期の平壌市南京遺跡31号住居址でアワが出土している。漢江下流域の中朝鮮では近年京畿道を中心に陵谷堂、石橋里、大阜北洞遺跡など新石器中期の遺跡でアワ・キビが発見されている。

　中南部の忠清北道沃川郡沃川邑大川里遺跡では、住居址内部からアワなどとともにコムギ・オオムギやイネが出土している（韓南大学校中央博物館・韓国高速鉄道建設公団 2003）。住居址内の炭

表6 朝鮮半島新石器時代雑穀出土集成表

遺跡名	所在地	年代	穀物	文献
智塔里第Ⅱ地区2号住居址	黄海北道鳳山郡	智塔里第Ⅱ地区（ＢＣ4000年頃）	アワまたはヒエ	1
馬山7号住居址	黄海北道峰山面	智塔里第Ⅱ地区（ＢＣ4000年頃）	アワ	2
南京31号住居址	平壌市三石区	南京1期	アワ	3
素井里2地点2号住居址	黄海道延白郡	新石器中期後半	ヒエ？	4
陵谷洞41号住居址	京畿道始興市	3520 ± 100cal.BC	アワ	5
陵谷洞	京畿道始興市	新石器中期	アワ、キビ、アズキ、マメ類	6
石橋里	京畿道華城市	新石器中期	アワ、キビ	6
大阜北洞	京畿道安山市	新石器中期	アワ、キビ	6
中山洞	京畿道高陽市	新石器後期	アワ、キビ	6
大川里住居址	忠清北道沃川郡沃川邑	3650-3000cal.BC	コムギ	7
大川里住居址	忠清北道沃川郡沃川邑	3130-2890cal.BC	オオムギ	7
飛鳳里Ⅳピット貝層1	慶尚南道昌寧郡	新石器前期前半	アワ1粒	4
飛鳳里Ⅰピット野外1号野外炉址	慶尚南道昌寧郡	新石器前期後半	アワ1粒	4
東三洞1号住居址	釜山市	水佳里1期	アワ75粒、キビ16粒	8
東三洞1号住居址	釜山市	3510-3110cal.BC（4590 ± 100BP）	アワ	9
平居洞堅穴28	慶尚南道晋州市板門洞	3010-2900cal.BC（4340 ± 40BP）	キビ	9
平居洞住居址2	慶尚南道晋州市板門洞	2480-2350（3940 ± 20BP）	キビ	9
平居洞堅穴C	慶尚南道晋州市板門洞	3010-2910cal.BC（4350 ± 25BP）	アズキ	9
平居洞堅穴28	慶尚南道晋州市板門洞	2880-2700cal.BC（4175 ± 25BP）	アズキ	9
平居洞堅穴A	慶尚南道晋州市板門洞	2890-2700cal.BC（4200 ± 40BP）	ダイズ	9
上村里B野外炉址1	慶尚南道山清郡生草面	2920-2200cal.BC（4060 ± 140BP）	アワ	9
漁隠1野外炉址6	慶尚南道晋州市大坪里	2860-2460cal.BC（4030 ± 100BP）	アワ	9

［文献］ 1：朝鮮考古学民俗学研究所1961、2：변사성・高영남1989、3：金用玕・石光叡1984、4：安承模2012、5：Lee Gyoung-Ah 2011、6：소상영2015、7：金根完2014、8：Crawford & Lee 2003、9：李旲娥ほか2011

の^{14}C年代測定値は、未補正値でBP4550 ± 70〜BP4240 ± 110年の年代を示している。また、住居址内で出土している土器も錦江式を含む中朝鮮Ⅴ期（中朝鮮新石器後期）の特徴を示している。しかし、青銅器時代遺構が直上にあることからコンタミネーションの可能性が指摘されていた（小畑2004）。近年、穀物そのものの年代測定がなされ、イネは青銅器時代以降のものであったが、コムギは3650-3000 cal. BC、オオムギは3130-2890 cal. BCといった紀元前3000年前後の値を示している（韓昌均ほか 2014）。しかしながら、このように古いコムギやオオムギの年代値は中国大陸においても存在していない。第1章で述べたように、中国大陸で最古のコムギは、龍山文化期の山東省趙家荘遺跡出土コムギで、測定年代が2500 - 2270 cal. BCである。オオムギは龍山文化期に存在する可能性もあるが、確実なものはさらに遅く二里頭文化期に出現する。年代測定などに問題があると考えざるを得ない。

一方、南海岸地域においても近年アワ・キビの複数の出土例が見られる。慶尚南道晋州市上村里遺跡、慶尚南道晋州市大坪里漁隠1地区、釜山市東三洞遺跡からアワ・キビなどの栽培穀物が出土している（Crawford & Lee 2003）。漁隠1地区新石器時代炉址付近から採集されたアワは、アワそのもののAMSデータがだされており、2880-2285 cal. BCである。魚隠1地区の新石器時代土器は水佳里Ⅱ期に相当する南海岸新石器後期のものがほとんどである。また、東三洞1号住居址からは多量のアワ・キビが出土しているが、この中のアワのAMSデータは3360 cal. BCという年代値がでている。1号住居址から出土した土器も水佳里Ⅰ期の南海岸新石器中期のものである。

さらに土器圧痕レプリカ分析によってさらに時期的に遡るアワ・キビの存在が示されている（小

表7 朝鮮半島初期新石器時代土器種子圧痕集成表
1 植物種子ほか土器圧痕集成（小畑・真邉 2014 より）

時期	遺跡	キビ	アワ	エノコログサ	シソ属	アズキ型	不明種子	貝・昆虫
早期	凡方貝塚	1	1	1			2	2
	東三洞貝塚	1					1	
	凡方遺跡						1	
前期	凡方貝塚		1					
	凡方遺跡		1					
	飛鳳里遺跡	3	4			1	4	1
	東三洞貝塚		18				2	
中期	東三洞貝塚	3	5	1	2		6	1
後期	東三洞貝塚			1				
晩期	東三洞貝塚	4	3				1	
	凡方貝塚		1					

2 穀物種子圧痕集成（中山編 2014 より）

遺跡名	所在地	土器年代	圧痕穀物
サルレ遺跡	慶尚南道密陽市活成洞	新石器前期後葉	マメ科
石橋里	京畿道華城市	新石器中期	キビ、アワ近似種
大阜北洞	京畿道安山市	新石器中期	アワ、キビ
松竹里	慶尚北道金泉市	新石器中期	アワ、キビ
智佐里	慶尚北道金泉市釜項面	新石器後期	アワ、キビ
鳳渓里	慶尚南道陜川	新石器後期	アワ、キビ

畑・真邉 2014）。表7に示したのが土器圧痕レプリカ法によって示された（中山編 2014、小畑・真邉 2014）新石器時代の農耕関係の植物種子の検出状況である。最古のものは、東三洞貝塚1号住居址出土新石器早期の隆起文土器のキビである。しかし、ここで同定された新石器早期の隆起文土器は、必ずしも早期の隆起文土器ではなく、新石器中期の水佳里文化の貼付文土器と考えられている（金恩瑩 2016）。また、同じ新石器早期の凡方貝塚のアワ・キビも、圧痕をもつ土器が12層という早期を主体とする土層であるものの、圧痕をもつ土器が無文土器であり、前期や中期に下る可能性もあり、年代決定することは難しい。唯一確実な例としては、東三洞貝塚5層出土瀛仙洞式の押捺文土器が新石器前期の瀛仙洞式である。前述したように、瀛仙洞式は朝鮮半島西南部の櫛目文土器との影響関係が考えられており（金恩瑩 2010）、そのような文化接触の中でアワ・キビといった栽培穀物が朝鮮半島南海岸にいち早く流入した可能性があろう。

以上のように、南海岸においても確実な穀物種実の出土例からすれば、遅くとも水佳里Ⅰ期の南海岸新石器中期段階にはアワ・キビなどの栽培植物が存在することが明らかとなっており、これは雑穀農耕が存在することを意味している。それとともに、櫛目文土器様式や華北型農耕石器が南海岸地域においても定着する段階である。さらに土器圧痕レプリカ法によって新石器前期にはアワが南海岸地域へ流入した可能性がある。しかし、櫛目文土器様式の転換が始まる段階は、前期後葉の瀛仙洞新段階（釜山期新段階）であり、櫛目文土器様式が定着するのは新石器中期の水佳里Ⅰ式段階である。

西朝鮮ではアワなどともに雑穀農耕を示すものとして華北型農耕石器が存在した。西朝鮮的土器

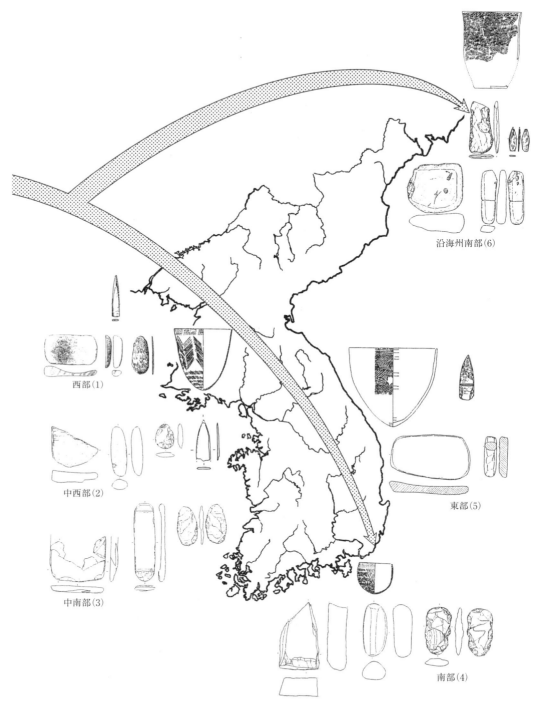

図 25　東北アジア初期農耕化第 1 段階
1：智塔里、2：岩寺洞、3：雙清里、4：東三洞、5：地境里、6：クロウノフカ 1・ザイサノフカ 7

様式である尖底の櫛目文土器様式が漢江下流域、南海岸内陸部、東海岸、南海岸に拡散する時期は、中朝鮮Ⅲ・Ⅳ期、鰲山里上層、瀛仙洞新段階（釜山期末）などの時期であり、これとほぼ同じ時期にこれらの地域に華北型農耕石器や柳葉形磨製石鏃が出現し、さらには南海岸地域においてほぼ同じ時期にアワ・キビの栽培食物が存在することが明らかとなった。その意味するところは、土器様式の拡散は、華北型農耕石器や柳葉形磨製石鏃の拡散を伴うものであるとともに、雑穀農耕の拡散を示すものであった。すなわち、土器様式の拡散が華北型農耕石器を基盤とする華北型の雑穀農耕の広がりを意味するものであったことを示しているのである。したがって、大同江下流域に紀元前4000年頃にみられたアワを中心とする雑穀農耕は、尖底櫛目文土器様式と華北型農耕石器・柳葉形磨製石鏃を伴う文化複合であり、この文化複合が雑穀農耕とともに、漢江下流域以南に拡散したものであると考えられるのである（図25）。

　この伝播過程は、もちろん各地域の受容にはそれぞれの地域的な特性が働き、変容が見られるものの、大局的には雑穀農耕の広がりとして捉えることができる。そうした伝播過程は朝鮮半島南海岸地域から東海岸地域に認められる。その年代は瀛仙洞新段階（釜山期末）の新石器前期後葉でありおおよそ紀元前3300年頃を初現とする。おおよそ第3章で展開した沿海州南部への中国東北部内陸部からの拡散時期に相当している。これは第1章で論じられた東北アジア初期農耕化第1段階に相当している。さらに土器様式、華北型農耕石器、磨製石鏃など石器の伝播、アワ・キビ農耕といった文化要素が複合して広がっていく様相は、人の動きといった現象の胎動を想定せざるを得ないであろう。しかし、その人移動とは西北朝鮮や西朝鮮を核としての連鎖的な少数集団での動きであり、隣接地域での受容・交配をくり返した連鎖的な文化変容であった。そのため、朝鮮半島南海岸地域や東海岸地域では、少数集団と在地民との同化の中に、次第に地域的な特性あるいは主体性を示すようになる。

　そして、そのアワ・キビ農耕の実態は基本的には狩猟採集の補助的なものであり、ブルース・スミスのいう低レベル食糧生産段階に相当する（Smith 2001）。ただし、近年ではこの時期の畠遺構が検出されている。江原道高城郡文岩里遺跡（国立文化財研究所 2013）である。畠遺構は2面あるが、新石器時代のものとされるのは下層の第1面の畝溝からなる畠遺構である。新石器中期の5号住居址が下層の畠遺構を切っているというのが年代の根拠であり、正しければ東北アジア初期農耕化第1段階には畠も含めてアワ・キビ農耕が伝播したことになる。しかしながらこうした畠遺構は今のところ発信源の華北地域でも認められない。さらに、下層の畠遺構から出土した磨製石鏃が青銅器時代のものに類似するという指摘があり（金炳燮 2014）、年代決定には依然多くの疑義が認められる。したがって新石器時代の畠遺構の存在の可否は現在保留にせざるを得ない。華北型農耕石器中の石鍬が耕起具などとして利用されたのは確かであろうが、そこに畝が存在していたか定かではない。この段階はアワ・キビ農耕が生業全体においてはまだ比重の低い段階であり、アワ・キビ農耕は狩猟・採集といった主要な生業の補助的なものであり、それは低レベル食糧生産段階にあったと考えるべきであろう。

2. 朝鮮半島新石器時代におけるイネ

　東アジアのイネに関しては、第1章で述べたようにほぼ1万年前頃には長江中流域で野生イネから栽培イネへの馴化が始まり、稲作農耕が始まったことが明らかとなっている。その後、栽培イネの出現時期を時間軸に応じて、長江中流域を核として水輪が次第に広がるように、コメが拡散している。紀元前4千年紀の仰韶時代には黄河中流域から渭水流域にまで拡大し、紀元前2000年頃には山東半島の先端である膠東半島の楊家圏遺跡にまで伝播している（図26）。これまでの見解では、膠東半島以北には新石器時代にはコメは拡散していない。ただし、青銅器時代の殷後期併行期の双砣子3期には、遼東半島の先端である大嘴子遺跡にまで分布が拡大している。その年代は、^{14}C年代でBP3384±92年～BP2945±75年が示されている。しかし、近年、遺跡のボーリングによる土壌のプラントオパール分析から、遼東半島においてもイネが新石器時代に遡って存在する可能性が示されていた（靳桂雲ほか2009）。さらに、大連市王家村遺跡や文家屯貝塚の小珠山上層期の土器片からは、土器圧痕レプリカ法により、イネの籾圧痕が複数発見されている(2)。また、王家村遺跡から小珠山上層期のイネが完形のもので2粒検出されている（馬永超ほか2015）。したがって、龍山後期併行期の小珠山上層期において、膠東半島から遼東半島にイネが拡散していることが確実となったのである。

　さて、新石器時代における長江中流域を核として栽培イネが拡散していく過程は、生態系を基盤として大きく区分できる淮河・秦嶺山脈を挟んで南の華中地域と北の華北地域とでは異なっている。華中地域は土器様式や土器の製作技術において長江中流域と長江下流域とに物質文化の相互交流が見られるが、こうした関係性を反映するように栽培イネが拡散し、栽培イネが農耕作物の基本となっている。一方、淮河以北の華北では、アワ・キビを中心とする雑穀農耕が新石器社会の生業の基盤となっている。こうした華北の雑穀農耕社会において、栽培イネが流入する過程において、たとえば黄河中流域や渭水流域において、決して文化様式の伝播として栽培イネが拡散しているようには認められない。栽培イネは単体として流入しているのであり、自然の生態系内での拡散のように感じられる。すなわち、人の移動とともにイネが拡散したのではなく、地域間の文化接触を通じて漸移的に広がったものとみられる。また、もともと存在する華北の雑穀農耕社会に、新たな雑穀の一種としてイネが選択的に受容されたと見ることもできるであろう。こうした動きは、山東半島の先端の楊家圏遺跡の場合にも当てはめることができるであろう。新石器時代の華北における栽培イネの受容は、こうしたプロセスを経ていたものであると考えられるのである。

　一方、山東半島では大嘴子遺跡の青銅器時代のイネ出土以外に、大連市旅順区王家村遺跡や文家屯貝塚の土器圧痕レプリカ法やイネ種実の出土により、遡って遼東半島では小珠山上層期にイネが存在することが明らかになっている。この時期、膠東半島（山東半島東部）と遼東半島の交流関係が密接な段階であり、文化伝播の一様相としてイネが出現していた可能性が高いのである。これは第1章で東北アジア初期農耕化第2段階と呼んだ時期に相当している。なお、さらにこの時期に山東半島から遼東半島へはコムギも伝播していた可能性がある。

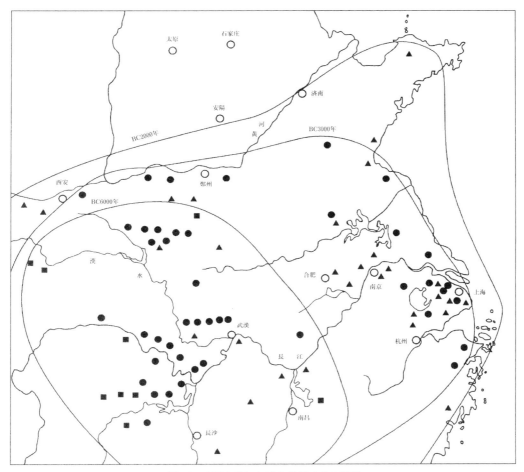

図 26　中国大陸における栽培イネの拡散
■前仰韶文化期、●仰韶文化併行期、▲龍山文化併行期

　朝鮮半島においても新石器時代に栽培イネを示す痕跡が少しずつ増えてきている。朝鮮半島新石器時代のコメ関係資料を一覧したのが表8である。ここに含めていないが、旧石器時代に相当する小魯里遺跡の事例は、すでに第1章でも述べたような、野生イネの可能性が高いものであり、新石器時代前半期には消滅した可能性が考えられている。

　さて漢江下流域で近年事例が増えている炭化米の出土例は、京畿道金浦市佳峴里遺跡（任孝宰 1990）や京畿道カワジ（一山新都市遺跡群）遺跡（韓国先史文化研究所 1992）でみられる。これらは、包含層の^{14}C 年代から紀元前2000年前後の年代値を示している。しかしこれらは堆積層出土のものであり、漢江下流域のような泥炭層では、コンタミネーションの疑いが必ず付随する。また、佳峴里遺跡付近で実施されたボーリング調査では、イネに関する証拠は発見されていない（任孝宰・鈴木 2001）。一方で、こうしたコメの出土例以外で、中朝鮮V期（中朝鮮新石器後期）の特徴を示す土器の胎土にイネのプラントオパールが存在する事例が複数例みられる（李隆助・金貞煕 1998）。これは一山新都市遺跡群の注葉里遺跡や忠清北道忠州市早洞里遺跡の事例である。した

表8　朝鮮半島新石器時代コメ出土集成表

遺跡名	所在地	年代	穀物	出典
佳峴里	京畿道金浦市	BC2085-2035（BP4010 ± 25）	コメ	1
城底里（一山Ⅰ地域）褐色土層	京畿道高陽市	BC2100-1940（BP4070 ± 80）	籾殻	2
大化里（一山Ⅱ地域）大化里層	京畿道高陽市	BC2280-2200（BP4330 ± 80）	籾殻	2
注葉里（一山Ⅲ地域）大化里層	京畿道高陽市	BC750（BP2600）	籾殻	2
早洞里	忠清北道忠州市	中朝鮮Ⅴ期	コメ	3
注葉里（一山Ⅲ地域）大化里層	京畿道高陽市	BP4700-BP4220	土器胎土内イネプラントオパール	4
早洞里	忠清北道忠州市	中朝鮮Ⅴ期	土器胎土内イネプラントオパール	5
農所里	慶尚南道金海市	水佳里Ⅲ式	土器胎土内イネプラントオパール	6

［文献］　1：任孝宰 1990、2：李隆助ほか 2013、3：韓国先史文化研究所 2001、4：李隆助・金貞熙 1998、5：李隆助・金貞熙 2001、6：郭鐘喆ほか 1995

がって、漢江下流域や忠清道においては、土器胎土のイネのプラントオパール出土例からして、紀元前2000年頃には栽培イネが存在する可能性がある。しかし、土器胎土中のイネのプラントオパールもコンタミネーションの疑いが払拭できず、これを以てイネの存在を実証することはできない。さらに忠清南道沃川郡沃川邑大川里遺跡において、中朝鮮Ⅴ期併行段階の住居址内部から炭化米6粒が発見されている。これらのうち炭化米4点を年代測定した結果、較正年代がBC210-AD410の幅で年代値が得られており（韓昌均ほか 2014）、ほぼ初期鉄器時代から三国時代に相当する年代が明らかとなっている。確実に新石器時代である可能性のある炭化米としては、慶尚南道晋州市漁隠遺跡出土のコメの年代値があり、1950 cal. BCという測定値が得られている（Crawford & Lee 2003）。これが正しければ新石器時代晩期に相当する段階である。しかしながらこの炭化米が出土した遺構は青銅器時代の住居址であり、その周りに新石器時代後晩期の包含層が存在している。新石器時代層から流れ込んだ可能性も存在するが、炭素年代の測定誤差である可能性もあり、新石器時代の炭化米と断定することができない。現在、土器圧痕レプリカ法で最も古い段階のコメは、渼沙里遺跡で無文土器早期の突帯文土器であり（孫晙鎬ほか 2010）、新石器時代のものが発見されていない点も、漁隠遺跡出土イネが新石器時代のものであることを支持できない材料となっている。したがって現在の確実な資料からするならば、イネは東北アジア初期農耕化第2段階の紀元前2400年頃には山東半島東端の膠東半島から遼東半島南端には達していたが、その後、朝鮮半島には達していなかったことになる。仮にカワジ遺跡のイネが同段階のものであったとするならば、遼東半島から黄海沿岸を伝って中朝鮮まで広がった可能性がある。この可能性に対しては、新石器後期の寒冷化による拡大する湿潤低地を利用したイネの導入という解釈も見られる（田崎 2008）。しかし、すでに第1章で述べたように同段階では遼西東部から遼東にかけて偏堡文化が東進する動きがあり、この動きにイネが伴うことは考えられないことから、現在のところは新石器段階にイネが朝鮮半島に達した可能性は低いということができよう。

　かつて、岡崎敬はイネの華北から朝鮮半島への伝播ルートとして三つのルートを示した（図27）。華北から渤海湾北岸を経由して朝鮮半島へ伝播する経路をⅠa、山東半島から遼東半島を経由して朝鮮半島へ伝播する流れをⅠbとし、さらに山東半島から黄海を渡り漢江下流域へ伝播する経路をⅠcとした（岡崎 1966）。この他、江南ルートや南海ルートを考える説を紹介しているが、自身

第4章 朝鮮半島南部新石器時代の初期農耕　77

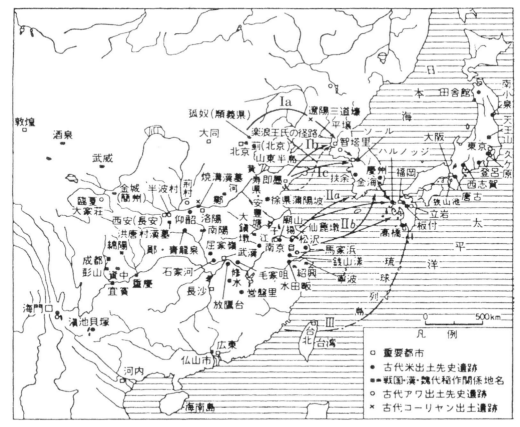

図27　水稲農耕の日本列島への伝播経路（岡崎1966より）

は根拠を示さないままその可能性が最も高いものをⅠc経路と述べている。紀元前2400年頃の楊家圏遺跡のコメの存在と、同時期の漢江下流域のコメの可能性が、まさにこのⅠc経路にあたっているのであるが、中朝鮮のコメに関しては確証がない。中国東北部で最も古いコメの事例は、先に述べた遼東半島の文家屯遺跡や王家屯遺跡の紀元前2400年頃のものである。先に述べた中国大陸内でのコメの拡散については、紀元前2400年頃の小珠山上層期に遼東半島南端に達していたとすることができるであろう。すなわちⅠbの経路が成り立つのである。しかしながら、Ⅰb経路からさらに最終的に朝鮮半島中西部に達するのは無文土器時代早期ということになり、Ⅰb経路にも時間的な段階性があったことを考えねばならないであろう。

3．東アジアからみた縄文農耕

以上の検討から、朝鮮半島の雑穀農耕の広がりは、華北の雑穀農耕が遼西・遼東を通じた拡散の延長として位置づけることができるであろう。そして朝鮮半島内での農耕の拡散は、櫛目文土器の拡散、さらにはそれに伴った華北型農耕石器の広がりと軌を一にしたものであり、朝鮮半島南海岸

には少なくとも水佳里Ⅰ期（南海岸中期）の段階には到達していたことが明らかとなった。その最も古い段階は、新石器前期後葉の釜山期末から頭島期初頭にかけてであり、紀元前 3300 年前後であると考えることができる。すなわち縄文前期後半に平行する段階ということがいえよう。一方、朝鮮半島新石器時代の下限年代が問題となろう。本稿では詳細を省くが、すでに簡単に述べたことがあるように、朝鮮半島南海岸地域の新石器土器の晩期段階（影島期）の年代を北部九州の縄文時代のどの段階と平行関係をおくかが問題となる。朝鮮半島南海岸新石器土器晩期段階（影島期）の特徴である二重口縁土器は、対馬ヌカシ遺跡において南福寺式とともに第Ⅱ層からでており、一方では後期中葉の北久根山式はそれより上位の第Ⅱ層の最上部から層位的に出土していると記録されている（坂田 1978）。こうした現象は、近年でも釜山市立博物館が 1999 年に行った東三洞貝塚の発掘において示されており、東三洞貝塚上層では二重口縁土器と南福寺式土器が共伴している（河仁秀編 2007）。2001 年に九州大学大学院人文科学研究院考古学研究室が行った対馬峰町吉田遺跡の発掘調査によっても、二重口縁土器と阿高・南福寺式土器が共伴している（宮本編 2004）。最近の事例によっても二重口縁土器（影島期）の下限年代は北久根山Ⅰ式までである可能性が高まっている。一方、阿高式も近年の土器研究では中期終末期の土器と考えられており（冨井 2001）、南福寺式が後期初頭に位置づけできるところから、朝鮮半島新石器土器の終末期は北部九州の縄文後期初頭までに平行する段階のものということができる（宮本 2004a）。

　かつて、縄文後期初頭以降の籾圧痕の証拠により、イネやアワが九州に存在することが提唱されていた（山崎 2005）。しかしその後土器圧痕レプリカ法による植物種の同定技術が進展し、現在では縄文晩期終末期の刻目凸帯文土器期以降でないとイネやアワといった栽培穀物が西日本を中心とした日本列島に出現しないことが明らかとなっている（濱田・中沢 2014、小畑 2016）。むしろ、縄文中期に中部高地などを中心に野生のダイズやアズキが栽培化され（中山 2010、小畑 2011）、栽培化されたダイズ・アズキが列島に拡散していく過程が示されている（小畑 2011）。第 1 章で述べたように、最終的には石鏃などの東日本縄文文化コンプレックスとともに栽培化されたダイズ・アズキが縄文後期後葉の三万田式段階以降に九州に流入したことが明らかとなっている（小畑 2011・2016）。この段階を筆者は九州における成熟園耕期第 1 段階と呼んでいる（Miyamoto 2014）。ちなみにこの段階が朝鮮半島の無文土器文化の開始期にほぼ一致している。そして、土器圧痕レプリカ法で明らかにされた今のところ最古のイネが島根県板屋Ⅲ遺跡の刻目凸帯文土器にある。この刻目凸帯文土器は瀬戸内の前池式に平行し、第 10 章で詳述するように北部九州では黒川式新段階に平行している。黒川式段階の北部九州は、朝鮮半島無文土器前期の孔列文土器の孔列部分が黒川式土器で模倣されたり、北九州市貫川遺跡からは石包丁などが出土したりするように、朝鮮半島南部との関連が推定される段階である。黒川式の土器穀物圧痕資料は九州では発見されていないが（小畑 2016）、黒川式段階からイネやアワなどの栽培穀物が朝鮮半島南部から西日本に拡散している可能性が高いのである。こうした黒川式土器段階を、筆者は栽培穀物が流入した段階として成熟園耕期第 2 段階（Miyamoto 2014）と呼び、第 1 段階とは異なった農耕化が始まった段階と位置づけている。

4．まとめ——朝鮮半島南部への華北型農耕の拡散——

　これまで、朝鮮半島櫛目文土器時代の土器様式の変遷が、西朝鮮を元に拡散していく現象に対し、これに磨盤、磨棒さらに石鋤といった華北型農耕石器と柳葉形磨製石鏃が伴う事例をあげ、単なる土器様式の拡散だけはなく、石器組成を伴った文化様式的な拡散であることを明らかにした。さらに、そうした文化様式の拡散現象が、これまで発見されてこなかった朝鮮半島南海岸地域などに近年認められつつある栽培穀物の出土年代と符合する事実を指摘した。したがって、文化様式の拡散は単なる物質文化の広がりだけではなく、そこに新たな生業である華北型農耕の拡散を意味するものであることを示したのである。華北型の農耕とは、アワ・キビを中心とする雑穀農耕であり、その伝播過程は遼西から遼東を経たものである可能性が高い。あるいは遼東を経由して西朝鮮へ伝播した雑穀農耕文化であるという系統性を物語っているであろう。さらにこうした雑穀農耕文化が西朝鮮的な櫛目文土器様式と華北型農耕石器の拡散に伴い、朝鮮半島南海岸地域にまで達したとすることができる。こうした段階は、第3章で詳述したように沿海州南部へのアワ・キビ農耕の拡散期と軌を一にする動きであり、その発信源は異なるがそれぞれの地域にアワ・キビ農耕が拡散する段階に相当している。これが東北アジア初期農耕化第1段階に相当する。

　一方、イネの伝播については青銅器（無文土器）時代早期には確実に朝鮮半島に達していた事実が、土器圧痕レプリカ法や炭化米の検出によって論ずることができるであろう。それ以前の新石器後期段階にも、中南部朝鮮を中心に泥炭層から出土するコメが、新石器段階にも朝鮮半島へ流入した可能性を残しているものの、土器圧痕資料で韓国新石器段階でのコメの存在は示されていない。この段階は、山東半島の東端である膠東半島の楊家圏遺跡など山東龍山文化から遼東半島へ、文化伝播の圧力の高い段階に相当している。これは石包丁などのいわゆる大陸系磨製石器や黒陶などが遼東半島南端に流入する現象から示される。さらにこの段階である遼東半島の小珠山上層期の紀元前2400年頃には、山東半島から遼東半島南端へ稲作農耕が流入していた。これには人の移動を伴った形でのイネの流入であった。こうした人の動きについては次章で詳述したい。ともかく、この東北アジア初期農耕化第2段階は、山東から遼東半島へ稲作農耕が広がるとともに、遼西東部・遼東から偏堡文化が東方へ拡散し、西北朝鮮の櫛目文土器文化と接触する段階である（宮本2015b）。したがって、朝鮮半島へのコメの拡散は基本的には存在しないとすることができるであろう。なお、偏堡文化の遼東への拡散に関しては、第7章で詳述したい。

　このように、これまで論じてきた東北アジア初期農耕化の流れの一つが、紀元前3300年頃の華北型アワ・キビ農耕の朝鮮半島南部や沿海州南部への拡散としてあげられる。これが東北アジア初期農耕化第1段階である。そしてこうした初期農耕は、朝鮮半島南部と沿海州南部ともに狩猟採集経済における補助的生業の低レベル食糧生産段階として捉えられる。一方、膠東半島（山東半島東部）では華北型アワ・キビ農耕を基盤とした生業の中で、長江下流域から黄海沿岸を伝播してきた水稲農耕が受容され、さらに紀元前2400年頃にイネが遼東半島南端まで拡散している。これが東北アジア初期農耕化第2段階に相当する。この膠東半島から遼東半島南端への農耕伝播には人の移

動が介在していたとも理解できる。この段階の文化動態の実態については、続く第5章で四平山積石塚の墓葬分析から示すことができる。さらに朝鮮半島南部に稲作農耕が拡散するのは無文土器時代早期の突帯文土器期である。この段階が東北アジア初期農耕化第3段階とする時期である。青銅器（無文土器）前期には水田址が慶尚南道蔚山市無去洞玉峴遺跡や慶尚南道密陽市蓼川里遺跡など朝鮮半島南海岸地域で発見されている。無文土器早期には未だ確実な水田は発見されていないが、水田や畠などの灌漑農耕が無文土器時代に発達するのである。東北アジア初期農耕化第3段階とは、灌漑農耕が朝鮮半島に広がる段階であった。こうした状況はいわゆる大陸系磨製石器の広がりなどから示すことができ、続く第6章にて論ずることにしたい。そして生業的な変化とは異なった形で形成される無文土器文化の成立過程については、続く第7章で詳述する。

注
（1）新楽遺跡からはキビが確認されているが（瀋陽市文物管理辨公室1978）、小珠山遺跡（中国社会科学院考古研究所ほか2009）の小珠山下層期からもアワやキビが出土していることを、発掘を担当された中国社会科学院考古研究所の金英熙・賈笑冰さんから教示された。
（2）熊本大学人文学部小畑弘己教授の研究成果による。

第5章 遼東半島四平山積石塚
——東北アジア初期農耕化第2段階の事例——

　1941年に日本学術振興会によって発掘された遼東半島四平山積石塚は、遼東半島南端部の金州湾に面する黄龍尾半島に位置する（図28）。藤田亮策を団長に八幡一郎、澄田正一、森修らによって調査されたものである。発掘調査された遺物は京都大学に送られ、戦後、長く発掘調査報告書が出されないまま衆目の関心を引いていたが、その断片的な記録が知られるにすぎなかった（澄田1990b、澄田・秋山・岡村 1997）。関係者の努力のもと、2008年に『遼東半島四平山積石塚の研究』として発掘報告書が出版された（澄田・小野山・宮本編 2008）。本章では、この発掘報告書を作成する過程で明らかとなった考古学的事実とその解釈を述べるものである。それは、積石塚の構造、副葬土器の年代的位置づけ、副葬品構成からの集団内での階層関係、さらに積石塚の時空的な変遷から、四平山積石塚を構成した集団内の社会復原を行うものである。

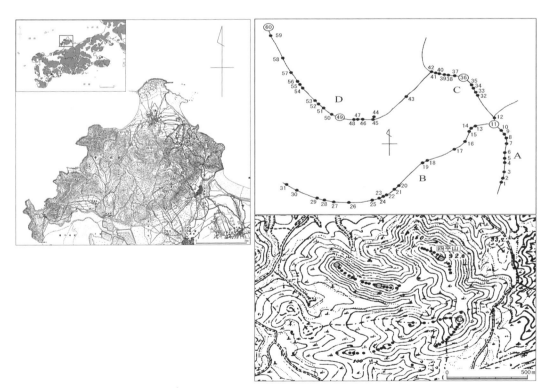

図28　四平山積石塚の位置と配置

1. 積石塚の石室構造と編年

(1) 四平山積石塚の石室

　四平山積石塚で発掘された古人骨は、その鑑定（大藪・片山 2008）によって、各石室からは複数の人骨部位がみられることはなく、1体分の人骨が埋葬されていたことが明らかとなった。いわゆる複数合葬墓ではなく、各石室は個人墓として形成されたことが理解される。また、四平山積石塚などの遼東半島の積石塚は火葬骨であることが指摘されてきた（安志敏 1993）が、四平山積石塚の人骨の鑑定では、明確な火葬骨とはいえないことが明らかとなった。低温による火を受けた可能性が指摘されているが、そうであるならば火を受けたことが必ずしも埋葬行為に伴うものではなく、山火事など二次的に火を受けた可能性が高いであろう。各石室の大きさは表9に示すように、伸展葬においても十分な空間が存在し、さらに一部にみられる四肢骨の配置からも仰臥伸展葬である可能性が高い。ここで確認できることは、各石室単位で個人が埋葬されていたという事実である。この事実を基に以下に石室構築に関して検討してみたい。

　四平山積石塚の場合、単列群集墓と単独墓に分けられる。32号墓、34号墓、35号墓、36号墓、38号墓、39号墓、40号墓が単列群集墓である（図29）。そして33号墓、37号墓、41号墓が単独墓をなす。この内33号墓は未調査であり、やや長大であるところから32号墓と同様に単列群集墓になる可能性がある。四平山の尾根筋にこうした積石塚が配置されており、単独で配置されているものと、連続して墓室が列状に並んでいるものを個別に墓番号が付けられている。これらの内、四平山山頂に位置するのは36号墓であり、その中でも36号墓P石室が山頂部に位置している。こ

表9　四平山積石塚の石室規模

	墓壙長(m)	墓壙幅(m)	墓壙深度(m)	蓋石	有機質土壌	頭位	其他
四平山 32	2.9	1.2					
四平山 35A 北	2.3	2.0	1.1			西	
四平山 35 A 南	1.6	0.8	1.2				
四平山 35A-B	1.5	1.3	1.1				
四平山 35B	2.7	1.9	1.1	有	有		
四平山 35B-C	1.9	1.1	0.9			西	
四平山 35C	2.1	2.0	1.1	無			
四平山 36E	3.7	1.9		有			
四平山 36K-L				有	有	西	
四平山 36P			1.5	有	有	西南	
四平山 36Q	2.0	1.2					
四平山 36S	2.0	1.1		有	有	西南	
四平山 36U-V							
四平山 36V	1.9	1.1		有	有		
四平山 36W	2.3	0.8		有			
四平山 37	3.4	1.9		有		東南	石棺
四平山 38E	3.0	1.5					石棺
四平山 38G-H	2.8	1.0		有	有	西南	
四平山 39	2.6	1.4	1.05	無			

うした、山頂部を中心に尾根筋に配置される墓室や石室墓の位置関係には一定の意味が存在するであろう。ここでは、これら列状に配置された積石塚の中でも、ほぼすべての墓室が発掘調査された35号を中心に、墓室構造からその構築順序を考えてみたい。

(2) 単列多室墓の編年

単列群集墓をなす35号墓と単独墓である34号墓は、地表調査の際に分離した墓葬と考えられていたが、発掘調査により35号墓と34号墓の中間で35号墓D石室・E石室が発見されたところから、連続した列状の墓葬を形成していることが明らかとなった。これをあわせて単列群集墓と呼ぶべきであろう。継起的な墓室の築造がなされたことにより、結果的に列状をなしたということであろう。しかし、35号墓と34号墓の築造の順序は、34号墓が未調査であることから不明である。

35号墓は図30の墓葬側面図に見られるように、35号墓B石室が最も墓壁の遺存状態がよく、構築過程がよく理解される。そこでは35号墓A石室側の斜面上部を若干掘り込んで整地をしてから石室墓壁を積み上げている。方形である積石塚の墳丘が構築されたのは明確である。墳丘外壁である石室側壁外壁外面は切石状に面をもって積み上げられており、精巧な構築方法は方墳と見違えんばかりである。墓葬側面図からすると、35号A石室側からB石室に向かって墳丘外壁の一部が崩落しているように見える。B石室の墳

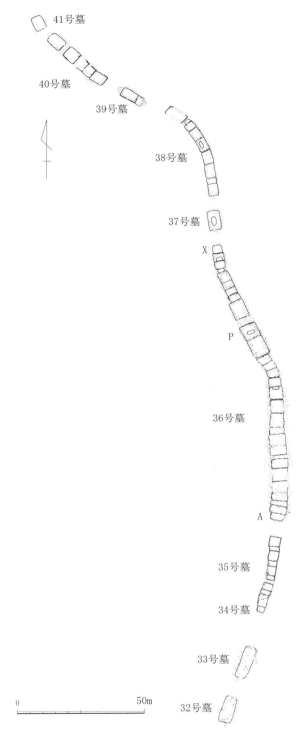

図29 四平山積石塚32号墓から41号墓の配置

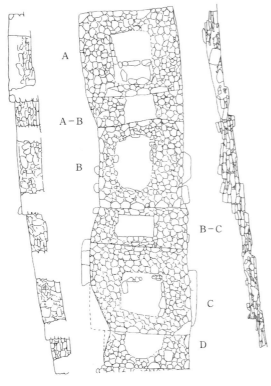

図30 四平山35号墓の平面・断面図

丘外壁にA石室やA−B石室の墳丘壁が追い被さっていることを以て、直ちにB石室の方がA石室より築造が古いということができないであろう。なぜなら、A石室の方が斜面上部にあることから、その崩壊にあっては自然と崩壊した墳丘の一部は斜面底部のB石室側に落ちていくからである。ただし、A石室の南側外壁底面とB石室北壁外壁底面が同じレベルにあることは、A石室とB石室が互いに意識して構築されたことを示している。A石室南壁とB石室北壁の地山をそれぞれ階段状に掘り込んで、二つの石室間にはテラス面を設けている。こうした互いの構築上の意識関係は理解されるものの、こうした状況から両者の構築上の時間的な前後関係を決めることはできない。

一方、35号墓B石室とC石室は築造の意識上かなり密接な関係にあることがうかがえる。図30の中心軸線の断面図に示されるように、35号墓B石室とB−C石室は同一レベルにあり、A石室より一段下がった場所に構築されている。したがって35号墓C石室がB石室より1段下がった場所に構築されているが、B石室とC石室の中間に構築されたB−C石室はB石室を意識して石室底面がB石室底面と同一レベルになっている。さらに、35号C石室のB石室側の墳丘外壁は、B石室と同じ高さから構築されている。すなわちすでに35号墓B石室が存在していて、それを意識しながらC石室を構築し、さらにB−C石室を構築したものと考えられる。この点で、高い位置により古い段階の墓が構築されたものと推定できる。A石室もこの原則からみれば35号墓という列状群集墓において、最も古い段階に構築された石室である可能性もある。しかし、墳丘の構築状況のみからはA石室とB石室の構築順序は決定しがたい。これらの検討でいえることは、A石室→A−B石室、B石室→C石室→B−C石室という二つの時間軸が設定できることのみであり、それら二つの時間軸の正確な相互関係は決定しがたい。ただし、少なくともA−B石室築造時にはB石室は築造されていたという状況は存在しよう。この築造順序の問題は、後に述べる副葬品の型式学的な検討から副葬遺物の時間軸によって解決できる。

ともあれ35号墓は、A石室を構築してからA−B石室が次に構築され、一方ではB石室が構築された後にC石室が構築され、さらにB−C石室が構築されるという、一連のものとして継起的に築造されたものと想定される。そしてさらに34号墓の35号墓側にE石室を付加し、さらにD石室によって35号墓C石室と34号墓を連結させることにより、一連の墓室が列状に連結したの

である。ただし、34号墓は未調査であり、さらに35号墓E石室とD石室の調査状況が不明であり、細部においては不明な点が多い。いずれにせよ、列状群集墓の構築がこのように単独墓を構築して後にその間に墓室をさらに付加して連結させることによって、結果的に列状群集墓が構築されたことが理解できたであろう。さらに、その場合の基点となる単独墓は山頂側のより高いところから配置されていった可能性が高い。

（3）石室の特徴

　積石塚は35号墓の各石室にも見られたように、地表に石を積み上げ方形のマウンドを構築する。方形マウンドの四辺は切石状に面をなしてほぼ垂直状態に積み上げられている。同様に石室の四辺も垂直に面をなして積み上げるものであり、底面が旧地表面に相当している。したがって、墓葬そのものは地下に存在するのではなく、地上にあるのであり、その点では一般的な華北の墓制とは異なり、紅山文化の積石塚に見られるような長城地帯以北に存在する積石塚の系統にある。ただし、紅山文化の積石塚も方形や円形の墳丘をもつものの、埋葬施設は地下に存在する。この点では遼東半島の積石塚には地域的な独自性が見られ、紅山文化の積石塚とも異なっている。また、丘陵の尾根線に沿って構築するというのも、紅山文化の積石塚とは異なった墓葬景観を示している。丘陵尾根線の地表面に四壁からなる石を積み上げ、方形の墳丘と石室を同時に構築するという遼東半島のみに認められるきわめて地域独自の墓制であるといえよう。

　四平山積石塚で興味深いのは、表9にも示すように、36号墓E石室や36号墓P石室や37号墓などにみられる蓋石の存在である。墓室内や墓室底面に落ち込んだ状態で蓋石が見つけられる場合も多いが、37号墓のように本来の状態に近い状態で発見された例も見られる。それによれば石室の中段ぐらいに石室長軸に直交するように長方形状の板石である蓋石が複数枚高架されている。そして蓋石の上部には礫が充塡した状態で方形マウンドが構築されている。すなわち石室内部は蓋石によって中空の状態になり、さらにその上部は礫によって密封されている。この中空部分に被葬者が安置されており、副葬品は被葬者の周囲に置かれていたであろう。発掘時の所見によれば、石室底部近くでは石室内部の土壌が有機質土壌に変わるという。このことは、蓋石で密封された石室内部に従来は木棺などが存在していた可能性も考慮しうるであろうが、北方的な積石塚の構造から想像するならば木棺などは存在しないとすべきかもしれない。むしろ石室そのものが石棺的な用途であったと考えるべきであろう。

　このように、石室の構造や積石塚の構造は、きわめて地域的独自性が示されるものであり、中原など華北の新石器時代墓制には存在しないものである。積石塚という点だけみれば、系統的には紅山文化の積石塚の系統にあるとすべきであるが、紅山文化の分布範囲は遼西にあり、遼東にはこのような積石塚は発見されていない。遼東半島の先端部のみに積石塚が存在しており、分布上は飛び地になっていることから、紅山文化との直接的な系統関係を想定することはできない。しかもすでに述べたように、遼東半島積石塚はその構築方法からしても地下に墓室をもつ紅山文化のものと異なりきわめて地域的な独自性が強いものである。かつ遼東半島においても積石塚以前の墓制が明確ではないことから、このような積石塚がいかにして成立したかは謎である。今のところ、地域的に

独自に開発された墓制というしか方法がないであろう。

（4）四平山積石塚の位置づけ

　四平山積石塚の特徴は、山の尾根線に連なるよう一列に複数の積石塚が連続して形成されるか、あるいは単独に1基のみが形成されるかにある。これは、筆者がかつて分類した単列群集墓と単独墓に相当する（宮本 1995a）。この他、多列群集墓が存在する。これは老鉄山・将軍山積石塚に認められる形態であるが、老鉄山・将軍山積石塚には単列群集墓もある。四平山積石塚に近い東大山積石塚（岡村編 2002）も多列群集墓に分類されるものである。しかしこれら群集墓が、1列をなすか多列といった集塊状をなすかは、群集墓として継起的・連続的に墓室を構築するという機能面では同じであり、その結果が形態的に違うということでしかない。それは継起的に連続して石室を作る際に、急峻で尾根面にしか墓葬が形成されないところには列状を呈し、丘陵部に平坦面が形成されているところでは集塊状に墓葬が構築されていくという違いとして表現されるものと考えられる。したがって、これらは時期差に由来するというよりは、同じ龍山文化期に平行する段階であることからも、地形環境に起因しているものと考えるべきであろう。千葉基次がかつて単独墓から単列群集墓さらに多列群集墓といった時系列を想定した（千葉 1988）が、そのような単純なものではない。

　むしろ重要なのは、単列群集墓や多列群集墓（集塊墓）のような複数墓と単室墓には、被葬者間の系列が存在する場合と、単独での埋葬で終わってしまったという二つの形態があることにあろう。前者の場合、親族構造にもとづいた血縁的な系譜原理において連続的に埋葬が行われたもので、後者の場合は一代限りにおいて埋葬行為が断絶している場合を示している。おそらくは系列化している埋葬習俗こそが、集団における社会的な位置づけの安定性を示すものである。後に述べるように、副葬品の内容や構成においても次第に社会的な階層関係が構築されていく過程において、氏族間での階層格差が階層関係の基礎単位となっていく段階である。したがって、単室墓のような個人的な被葬者の社会的な位置づけを優先するより、血縁集団をもととした氏族単位での階層格差を基礎単位とする社会的な傾向を墓葬構造に現すのが、この段階の積石塚の構造ではないかと想定されるのである。

2．副葬土器の編年

（1）黒　陶

　四平山積石塚出土の黒陶は、相対的にみた場合、山東龍山前期に属するものである。かつて李権生は自らが示した山東龍山文化の5期編年において、この前期段階のものを2期に、そして相対的に新しい38号積石塚段階を5期に分期していた（李権生 1992）。果たしてその位置づけでよいのであろうか。ここではもう一度山東龍山文化の土器編年観を再考することから、その位置づけを再考してみたい。

　本来、遼東半島の黒陶を考えるにあたって比較対象となるのは、対岸の膠東半島（山東半島東

部）の龍山黒陶である。しかしながら、膠東半島には良好な資料が少なく、また墓葬出土の一括遺物も少なく、膠東半島における明確な編年作成は難しい状況にある。そこで、膠東半島に比較的近く、また文化内容も比較的類似性の高い山東東南部の資料を用いて比較検討してみたい。山東東南部は黒陶の全土器に対する割合が比較的高く、かつ黒陶の様式も四平山のものに類似している。膠東半島から遼東半島にかけての類似性を高くもつものである。山東半島南部で有効な資料をもつ遺跡としては、膠県三里河遺跡（中国社会科学院考古研究所編 1988）、諸城県呈子遺跡（昌濰地区文物管理組・諸城県博物館 1980）、日照市両城鎮遺跡（中美両城地区聯合考古隊 2004）などが挙げられる。

　この中で、三里河遺跡は大汶口文化後期から龍山文化期まで連続する墓地遺跡で、墓葬単位の副葬品が有効な一括遺物として発表されている。三里河遺跡の一括遺物を中心に土器編年を試みたのが図 31 である。大汶口文化末期とそれに続く龍山文化が大きく 6 段階に分かれ、鬹や高柄杯を中心にして型式変化を見て取れるものである。鬹は、大汶口文化末期では流が横方向に突き出るのに対し、龍山文化期以降は垂直方向に延び、袋足から充足あるいは平底への変化、あるいは全体的に注ぎ口である流から口頸部が肥大化していく傾向が読み取れる。黒陶の高柄杯は杯部が次第に発達し、杯部の形態から盤状の形態へ変化していく。また、杯部と脚部の接合部の形態変化は明瞭であり、杯部が脚内部に落ち込むように変化していく。この土器編年は、三里河遺跡での墓葬の切り合い関係と型式学的細分にもとづいた時期区分であり、呈子遺跡の土器型式による 3 段階の時期区分とほぼ同時期の段階に相当している。三里河 282 号墓や 302 号墓は大汶口文化末期を代表とするものである。

　この三里河墓地の時期区分と欒豊実（欒豊実 1997）や趙輝（趙輝 1993）の山東龍山文化土器編年との対応を表 10 に示した。山東龍山文化は前期・後期の二期区分と前・中・後期の三期区分があるが、学界の体勢は前者である。欒豊実や趙輝も二期区分であるが、この他、韓榕も二期区分（韓榕 1989）でその分期は趙輝のものとほぼ同じである。黎家芳・高広仁の土器編年（黎家芳・高広仁 1979）は、ここでいう龍山文化前期に納まるもので、龍山文化前期の細分を示したものである。また、三里河墓地の分析にもとづく本編年も、表 10 にあるように 1 ～ 4 段階までが龍山文化前期の編年であり、これらの型式変化が大汶口末期から龍山文化前期にかけての型式変化を示していることが理解できよう。

　さて、この山東龍山文化土器編年から四平山の黒陶を位置づけてみたいが、その前に土器編年の時期決定において最も型式差を示す鬹において（図 32）、大枠的な年代観を示してみたい。鬹に関しては次の紅陶で本来述べるべきであるが、器形変化の特徴が捉えやすい利点があることから、まず取り上げてみたい。流が横方向へ傾くⅡ式から垂直方向に上向きに伸びるⅢ式へと変化していく。このⅡ式の特徴は山東龍山文化期というよりは大汶口文化後期の特徴を示している。Ⅱ式鬹が出土したのは 36 号墓 Q 石室であったが、ここからはⅠ式鬹である豚形鬹が出土している。この豚形鬹も山東龍山文化に認められず大汶口文化後期に認められるものである。したがって 36 号墓 Q 石室は、鬹からいえば龍山文化段階より古い大汶口文化後期の特徴を有している。しかし共伴する黒陶はここでいう龍山文化第 1 段階の特徴を示している。このほか、龍山文化前期の特徴を示すⅢ式鬹

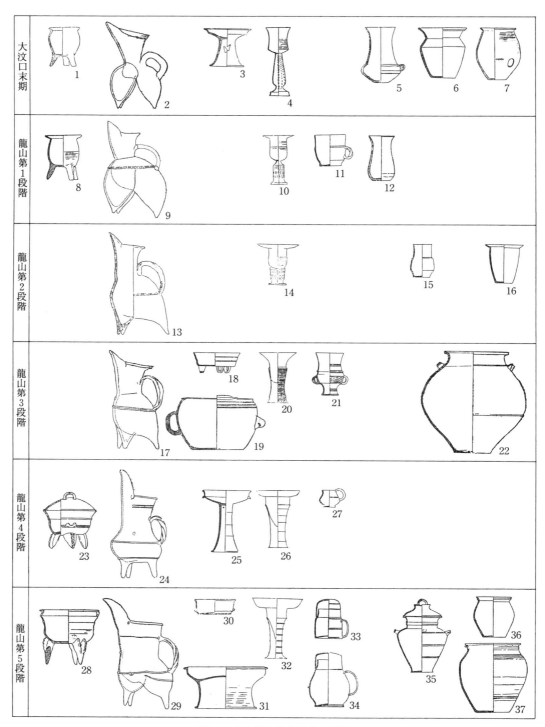

図 31 山東龍山文化黒陶の編年

1・3・4・7：M302、2・6・7：M282、8〜12：M2113、13〜16：M2108、17〜22：M2124、23〜27：M134、28〜37：M2100

表10　黒陶土器編年対応表

龍山文化	本編年（三里河墓地）	三里河墓地分期	欒豊実編年	趙輝編年
前期	1段階（M 2113）	第1期	第1期	
	2段階（M 2108）	第1期	第1期	第1期
	3段階（M 2124）	第2期	第2期	
	4段階（M 134）	第3期	第3期	第2期
後期	5段階（M 2100）	第3期	第4期	第3期
			第5期	
			第6期	第4期

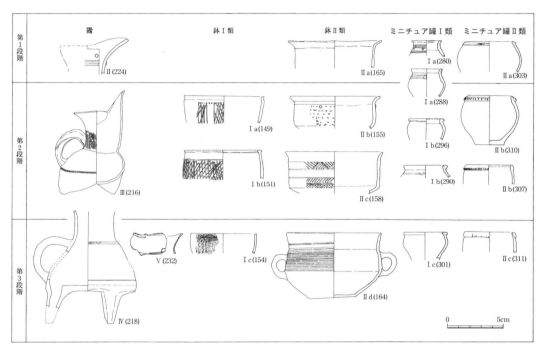

図32　四平山積石塚の紅褐陶の土器変遷図

はここでいう龍山文化第1段階のものである。一方、37号墓出土の高柄杯は第1段階ないしさらに古い特徴を示している。李権生が型式的に新しい傾向を示すとした38号墓の黒陶も、龍山文化前期に納まるものである。38号墓E石室のV式鬶は、流の形態が短く垂直気味に立ち上がるものであり、器壁が薄いところに特徴がある。流と口縁の境にはリベット状の円形浮文が貼り付けられているが、この特徴はII式鬶にも存在しており、決して新しい特徴にはなり得ず、龍山文化後半期に下がるようなものではない。38号墓E石室に伴出する紅褐陶の鼎もノミ形足を呈しており、龍山文化前期の特徴を示している。やはり38号墓も龍山文化前期に納まるものである。このような時期設定は、これまで李権生によって指摘された四平山の年代観（李権生 1992）とはかなり異なるものである。ただし、李権生の編年も呈子遺跡など山東東南部の編年に限れば、ここでいう龍山文化前期に限られるものであり、図31と同じように龍山前期の中で捉えることができるであろう。李権生の土器編年で問題となるのは、このような山東東南部で前期に納まる土器型式と山東西北部

や山東中南部の龍山文化後期の土器型式を平行時期としたところであって、そこから混乱が生まれたのである。

　以上のように、四平山積石塚でこれまで発見された黒陶は、山東龍山文化前期に納まるものであった。しかし、黒陶そのものの土器型式から龍山前期内での細別時期区分は難しい。さて、ここで山東東南部の黒陶の内容と、四平山の黒陶を比較してみたい。器形的にいえば、杯や高柄杯には類似性が認められるものの、鼎、壺、鉢の形態などに四平山の特殊性が認められよう。特に鼎は卵殻黒陶からなり鑿形の足がつく特異なものであるが、このような薄い器形をなす黒陶の鼎は、膠東半島においても認められない。遼東半島の黒陶にも地域的な独自性が存在する可能性が高いのである。特に、小型の黒陶罐は本地域の紅褐陶罐と同一の製作技法を有しており、少なくとも黒陶の一部が在地で作られていた可能性は高い。かつて黒陶は山東半島からもたらされた可能性が想定されていた（宮本 1990a、岡村 1993）が、在地生産の可能性が高いであろう。黒陶の安定同位体比分析からも、炭素組成は膠東半島のものには類似するが必ずしも同一の値を示していない（三原・宮本・小池 2008）。四平山積石塚の黒陶も、在地生産が基本であり、外来品は一部にとどまるものと考えるべきであろう。

（2）紅褐陶

　副葬品の中の紅褐陶は鼎、鉢、杯、盆、鬹、壺、罐、ミニチュア罐、蓋などからなる。この内、型式変化が明瞭で土器編年の基準となる鉢、杯、ミニチュア罐、鬹に限って、型式分類とその型式変化の想定を述べる（図32）。

　鉢は、口縁が直立するタイプⅠ類と外反するタイプⅡ類に大きく分かれる。口縁が直立するⅠ類は、そのまま直立するものとやや段をなすものにさらに分かれるが、口縁下の一定の空白部以下には斜格子沈線文が施されるところに共通の特徴が見出される。この口縁直下の空白部は段をなすⅠa類（図32 - 149）と、その段部に変わって併行沈線として段部が痕跡的に残るⅠb類（同151）、さらに併行沈線が消失して斜格子沈線文だけのⅠc類（同154）という変化方向が想定できるが、墓葬単位の変化としては検証できない。口縁が外反するⅡ類は、頸部以下の文様によって大きく4種類に大別できる。一つは無文のⅡa類（同165）が存在する。また、列点文が頸部下位全面に施されるⅡb類（同155）で、一部に円形浮文が貼り付けられるものがある。別の一つはハッチング状に沈線を施す文様帯が無文帯を挟みながら多段に施されるⅡc類（同158）である。Ⅱc類には把手を持つものもみられる。さらに横方向の直線文を施されるⅡd類（同164）がみられるが、これには把手を対称にもつものがある。これら一群の鉢は小珠山上層（郭家村上層）文化に一般的に認められる土器である。

　鬹の中でも、36号墓Q石室出土の豚形鬹は珍しい器形の鬹であり、山東半島の大汶口文化後期段階に認められるものである。これをⅠ類とする。全体の形がよくわかる36号墓P石室出土のもの（図32 - 216）は、袋足部に比べ流部分がやや大きく、流が上方に向かって伸びるものである。また、袋足部の上方には1条の隆帯が施され、隆帯上が刻まれる。こうした形態的特徴の内、特に流部分の上方に突き出る様式的特徴は、36号墓E石室、36号墓S石室、36号墓K-L石室のもの

にも認められ、共時的な特徴をなす。一方、36号墓Q石室の鬹の流部分はより外反するもの（同224）であり、大汶口文化後期の鬹にみられる流の特徴を示しており、流が上方に延びるものに比べ、時期的に古い段階のものである。この時期的に古いと考えられる流が外反するタイプをⅡ式とする。流が上方に延びる最も一般的な器形をⅢ式（同216）とする。Ⅲ式鬹の中でも、36号墓E石室の一つは36号墓P石室（同216）に比べ袋足部が大きくしっかりしており、違いが認められる。36号墓K-L石室のものは白陶鬹であるが、全体の形態的特徴は36号墓P石室のものに近いものであり、同じⅢ式の属する。さらに、36号墓E石室のもう一つの鬹（同218）は底部が平底であり、袋足を構成していない。その点でⅢ式とは大きく系統を異にしており、Ⅳ式と見なすことができる。ただし流の形態は上方に延び、Ⅲ式と同じ様式的な特徴を示し、共時的なものと思われる。一方、38号墓E石室の鬹は器壁がこれまでのものに比べかなり薄く、明器化したものであるかもしれない。全体的な器形は不明であるが、他の型式とは異なるところからⅤ式（同232）とする。

　ミニチュア罐は大きく2種類に分けられる。Ⅰ類：口縁が肥厚気味でやや外反するもの。Ⅱ類：口縁端部に隆帯が貼られ、隆帯上が刻まれるもの。Ⅰ類はさらに三つに分かれる。口縁が頸部からややすぼまりながら若干外側に張り出すⅠa類（図32-280・288）。さらに口縁端部が肥厚して張り出すのがⅠb類とⅠc類である。この場合、口縁に接するように粘土帯を貼り足すⅠb類（同296・290）。さらに粘土帯を口縁上端に載せるように貼り足すⅠc類（同301）に分けられる。Ⅱ類もさらに三つに細分することができる。口縁端部から一段下がったところに断面三角形の隆帯と細かい刻みが施されたⅡa類（同303）。断面三角形状の粘土帯を口縁端部に接して貼り足し、さらに隆帯状を縦長の刻目を施すⅡb類（同310・307）。断面方形の粘土帯を口縁端部に接して貼り足し隆帯下端に縦長の荒い刻目が施されるⅡc類（同311）である。

　これまで紅褐陶の型式を説明し、型式変遷の想定を行った。仮にこの型式変遷が妥当なものであるならば、一括遺物すなわち石室単位での型式群の組み合わせにおいて、器種単位での組列に矛盾が存在しないはずである。いわば型式学の常識的な検証過程が存在しなければならない。そこで各石室単位での紅褐陶の型式の組み合わせを表示したのが表11である。型式学的な変遷が想定された組列は以下の5例である（図32）。鉢Ⅰa→Ⅰb→Ⅰc式、鉢Ⅱa→Ⅱb式・Ⅱc→Ⅱd式、鬹Ⅰ・Ⅱ→Ⅲ→Ⅳ・Ⅴ式、ミニチュア罐Ⅰa→Ⅰb→Ⅰc式、ミニチュア罐Ⅱa→Ⅱb→Ⅱc式である。

　鉢Ⅰ類は口縁端部の段部が沈線に置き換わり、さらに無沈線化する変化方向を示す。鉢Ⅱ類は、口縁の外反度が次第に弱まっていくとともに、文様が変化していく。鬹はすでに述べたような流が横方向に突出するⅡ類から直立するⅢ類に、さらに平底の底部をなすⅣ類や流が横方向に突出するⅡ類から直立するⅢ類に、さらに平底の底部をなすⅣ類や流が比較的短く直立するⅤ類へ変化する。ミニチュア罐Ⅰ類は、口縁端部がやや肥厚するa類から口縁端部に三角形状の粘土帯を貼り付けるb類、さらに粘土帯を口縁端部に載せるように貼り付けるc類へと変化する。さらにこれらの変化は胴部最大径位置が次第に上昇していく変化方向を示している。ミニチュア罐Ⅱ類も同じように胴部最大径位置が次第に上昇していき、内湾する口縁端部から寸胴形の器形へ変化している。また刻

表11　四平山積石塚紅褐陶・鬶の型式の組み合わせ

石室	鼎	鉢 I	鉢 II	盆	豆	鬶	杯	長頸壺	壺	短頸壺	広口壺
四平山 32				III							
四平山 35A		Ib	IIb						III		
四平山 35A-B				I							
四平山 35B											
四平山 35B-C									I		
四平山 35C											
四平山 36E		Ia	IId	Ib	II	III、IV	III		I・II		
四平山 36K-L		Ia		Ia、Ib	IV	III	I			IIa、IIb	
四平山 36P	○					III	I、III、V				
四平山 36Q	○		IIa	II	I、II	I、II	IV	○		IIa	
四平山 36S		Ic				V	II	○			
四平山 36U-V				Ia				I			
四平山 36V			IIb	III				○	III		
四平山 36W		Ia、Ib	IIc		IV				III		
四平山 37			IIc	Ib、III							
四平山 38E	○	Ic	IIc			V	III				
四平山 38G-H	○			Ia、II			II			I	○
四平山 39			IIc	III							

表12　四平山積石塚紅褐陶の型式変遷

時間軸	石室番号	鉢 I	鉢 II	盆	鬶	ミニチュア罐 I	ミニチュア罐 II
第1段階	四平山 36Q		IIa	II	I、II	Ia	IIa、IIb
第2段階	四平山 32			III		Ib	
	四平山 35B					Ia	
	四平山 36P				III	Ia	
	四平山 36K-L	Ia		Ia、Ib	III	Ib	IIa
	四平山 36V		IIb	III		Ia	IIb
	四平山 36W	Ia、Ib	IIc				IIb
	四平山 36U-V			Ia			
	四平山 37		IIc	Ib、III		Ia、Ib	
	四平山 38G-H			Ia、II			
	四平山 39		IIc			Ia	IIb
	四平山 35C					Ib	
	四平山 35B-C						
第3段階	四平山 35A	Ib	IIb				IIc
	四平山 35A-B						IIc
	四平山 36E	Ia	IId	Ib	III、IV	Ia、Ib、Ic	IIb、IIc
	四平山 36S	Ic			V		
	四平山 38E		IIc		V	Ia、Ic	

　刻目隆帯が口縁端部からやや離れた位置に貼り付けられたa類から、次第に口縁端部に接するように貼り付けられたb類へ変化するとともに、刻目隆帯の断面形が三角形状のものから方形状のc類へ変化する。さらには刻目そのものの簡略化が認められる。

　これらの組列は、表11の石室別の型式群によってほぼ矛盾なく組み合わさって存在することが確かめられた。そこで、これらの紅褐陶の型式変遷が妥当なものとすることができる。さらにこう

小型罐		罐	器蓋
I	II		
Ⅰb		Ⅰ、Ⅲ	
	Ⅱc	Ⅱ	
	Ⅱc	Ⅱ	Ⅱ
Ⅰa			
		Ⅰ	
Ⅰb			
Ⅰa、Ⅰb、Ⅰc	Ⅱb、Ⅱc	Ⅰ、Ⅱ	Ⅳ
Ⅰb	Ⅱa	Ⅰ、Ⅱ	Ⅱ
Ⅰa		Ⅱ	
Ⅰa	Ⅱa、Ⅱb	Ⅱ、Ⅲ	Ⅱ
		Ⅰ	
		Ⅱ	
Ⅰa	Ⅱb		Ⅱ、Ⅲ
	Ⅱb	Ⅰ、Ⅲ	
Ⅰa、Ⅰb		Ⅰ	
Ⅰa、Ⅰc		Ⅰ、Ⅲ	Ⅰ
		Ⅱ、Ⅲ	
Ⅰa	Ⅱb	Ⅰ、Ⅲ	Ⅰ、Ⅲ

した型式変遷をもとに副葬紅褐陶を持つ石室を並べてみると表12のように、3段階の変遷としてまとめることができる。鉢Ⅱa式、鬶Ⅰ・Ⅱ式、ミニチュア罐Ⅰa・Ⅱa式の第1段階、鉢Ⅰa・Ⅰb式、鉢Ⅱb・Ⅱc式、鬶Ⅲ式、ミニチュア罐Ⅰb・Ⅱb式の第2段階、鉢Ⅰc・Ⅱd式、鬶Ⅳ・Ⅴ式、ミニチュア罐Ⅰc・Ⅱc式の第3段階である。すなわち、この順番で石室が構築されたと考えることができるであろう。すでに黒陶や鬶の形態的特徴から、四平山32号墓、35号墓、36号墓、37号墓、38号墓、39号墓は山東龍山文化前期に平行する段階のものであることを述べてきた。さらに、表11に示すように、紅褐陶の型式変遷は黒陶で同時期とした32号墓〜39号墓の石室単位での細かい時期変遷や時間的な前後関係を示すことを可能にしているのである。

では、その紅褐陶の型式細分による時期差を基にすると、大きく以下のような3段階に分けて、積石塚の築造順序が復元できるであろう（図33）。最も古い第1段階が、36号墓Q石室である。第2段階が、32号墓、36号墓P石室、36号墓K-L石室と36号墓V石室、36号墓W石室、37号墓、39号墓である。第3段階としては、35号墓A石室、35号墓A-B石室、36号墓E石室、36号墓S石室、38号墓E号石室をあげることができるであろう。

さて、鬶や鉢などの時期決定できる器種がないため決定的ではないものの、35号B石室はミニチュア罐Ⅰa式をもつことから、第1段階に遡る可能性がある。35号C石室はミニチュア罐Ⅰb式を持ち、第2段階に属する。35号墓の場合すでに墓葬構造からB石室続いてC石室そしてB-C石室という築造順序が考えられていた。A石室とB石室の前後関係は不明であったが、副葬された紅褐陶の型式差からみれば、A石室はB石室やC石室より後出する可能性が示された。この紅褐陶の編年からみれば、35号B石室とC石室さらにB-C石室が第2段階に構築され、さらに35号墓A石室とA-B石室が第3段階に築造されたと考えられる（図33）。

石室の構造面からの観察と紅褐陶の土器型式からの観察によれば、35号墓はまずB石室、そしてC石室が構築され、その後、A石室が構築されるかあるいはその前にB-C石室が構築され、列状の35号墓が完成することになる。時間軸上は少なくともB石室とC石室という構築グループ、そしてA石室・A-B石室という二つのグループに分かれることが確認される。B石室そのものは第1段階まで遡る可能性も残されているが、積極的な証拠がないところから第2段階に位置づけておきたい。

また、38号墓の場合も38号墓E石室を第3段階に位置づけることが可能である。一方、38号墓G-H石室の時間軸上の位置づけは難しい。比較できるものとして盆Ⅰa・Ⅱ式を伴出するが、盆Ⅱ式は36号墓Q石室の第1段階に共伴し、盆Ⅰa式は36号墓K-L石室や36号墓U-V石室

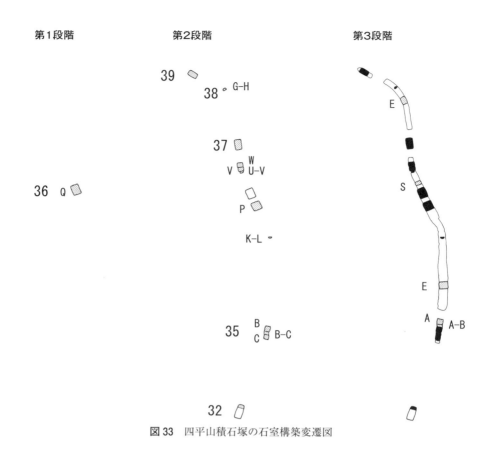

図33 四平山積石塚の石室構築変遷図

など第2段階の墓葬に伴出している。仮にこれが時間軸を示しているとするならば、盆Ⅰa式・Ⅱ式をもつ38号墓G‐H石室は第2段階に位置づけられよう。

　このように紅褐陶の型式差から時期細分を行っていくと、すでに積石塚の石室構造から築造順を考えてきたことに加え、より積石塚の構築過程が明確になった。特に35号墓はB号石室、C号石室が構築されて後にA号石室が構築され、その間を埋めるようにA‐B石室、B‐C石室が構築されているが、その最初の段階が第2段階にあり、この段階から継起的に積石塚が構築されてきたことが想定された。第3段階に35号墓ではA石室が構築され、次いですでに構築されていたB石室と石室間にA‐B石室が築造されることにより、尾根線に沿って列状の積石塚が形成されたのである。そこで、こうした積石塚単位で、石室構築の順を推定したのが、図33である。これにより、単列群集墓、単独墓と分類したそれぞれの積石塚も、段階的に単独墓が継起的に作られ、それぞれが共時的に構築されたとともに、結果的に単列群集墓のような集団墓が形成されたことが理解されるのである。さらに、単列群集墓の基点となった墓葬は、第1段階の36号墓Q石室のような山頂部でかつ36号墓全体の中心に位置しており、第2段階の35号墓B石室のような35号墓全体の中心に位置するような配置がなされており、それぞれの単列群集墓の契機となる墓葬がその後の造墓にあたって中心的存在であったことがうかがえる。

（3）小　結

　四平山積石塚には、黒陶と紅褐陶が共存し、墓葬内にこれら両種の土器が副葬されていた。黒陶は山東龍山文化の系統にある土器であり、紅褐陶は在地の遼東半島先史時代から存在する土器の系譜にあることが従来考えられていた。系譜的にはそのような２系統を考えるべきではあるが、紅褐陶にも山東龍山文化の影響の中に生まれた器形があり、一概に２系統としてまとめることにも躊躇を覚える。さらに、山東龍山系統の黒陶にも、鼎など遼東半島の地域性が認められる器形が存在し、黒陶が交易品として山東半島が招来したとする場合はごくわずかに限られていただろう。郭家村遺跡（遼寧省博物館・旅順博物館 1984）や文家屯Ｃ区（岡村編 2002）などでは黒陶も出土しており、遼東半島の一般的な集落遺跡ですら黒陶は存在している。むしろ遼東半島において紅褐陶のみならず黒陶の生産もなされていたと考えるべきである。また、両者を以て山東龍山文化期の副葬土器としての埋葬習俗が存在していたと考えられる。

　さて、黒陶と紅褐陶の土器型式細分とその型式群の組み合わせを石室単位での一括遺物による検証によって眺めるならば、黒陶と紅褐陶の検討には矛盾がないものであることが明らかとなった。そこではまず黒陶の型式比較により、四平山積石塚が山東龍山文化の前期にほぼ相当するものであることが判明した。さらには紅褐陶の土器型式の変化方向とその型式群のまとまりを石室副葬一括遺物によって検証することにより、その段階に応じるように３段階の型式群の細別が可能になり、３段階の積石塚の構築時期の細別ができたのである。このことは龍山文化初頭から連続的に墓域が営まれており、積石塚単位において継起的に墓葬が営まれてきたことを示している。そして、最終的な結果として、各墓域において単列群集墓が形成されたのである。また、中心的な墓の配置は丘陵峰のより高位置に選地される傾向にあり、さらに各墓域においてより高位の位置あるいは最初に配置された墓を中心として墓葬が順次増加し拡大していく傾向が理解される。

３．四平山積石塚の社会——黒陶の器種構成と墓葬の配置——

　黒陶の器種構成を石室単位で比べた場合、そこには構成要素の違いが認められる。表13に示すように、黒陶の器種構成は石室ごとに異なっている。そこで、その器種構成を分類すれば、大きく５種類に分けることができる。ところで、山東龍山文化の副葬土器において、器種構成から階層差が存在することをすでに明らかにしたことがある（宮本 2006a）。そこで、四平山積石塚においても山東龍山系統と考えられる黒陶と鬹を中心に石室単位での構成差に注目したい。ここで在地系土器である紅褐陶をあえて除いて検討するのは、黒陶や鬹といった山東龍山文化系統の土器における墓葬の副葬品構成の規範が、四平山積石塚においても同様に存在するかどうかを検討するためである。

　以下、副葬品構成の分類を掲げる。

　　Ａ類：杯
　　Ｂ類：杯・罐（壺）
　　Ｃ類：杯・罐・鉢

表13 四平山積石塚黒陶・鬶の器種組成

墓番号	鼎	鉢	豆(高杯)	鬶	高柄杯	杯	壺	罐	器蓋	合計個数
四平山 32										0
四平山 35A		1				2	2			5
四平山 35A-B		1				2	1	1		5
四平山 35B		1				1		1		3
四平山 35B-C						2	1	1		4
四平山 35C		1				2		1		4
四平山 36E		2	1	2		15	5	2		27
四平山 36K-L			1	1		3		4	2	11
四平山 36P	4		3	1		2				10
四平山 36Q	2	3	2	2		4	4		1	18
四平山 36S	1			1		3	1	1		7
四平山 36U-V						1			2	3
四平山 36V						3	1	1		5
四平山 36W						3	1			4
四平山 37	1		1		1	3	1		2	9
四平山 38E	2		1	1		4				8
四平山 38G-H						1		1		2
四平山 39						1	1			2

D類：杯・鬶・罐・(豆)・(鉢)

E類：杯・(鬶)・(高柄杯)・鼎・罐・(豆)・(鉢)

これらの分類で明らかなように、黒陶をもつ墓室の内に、杯は必ず含まれている。杯は器種構成の基本要素であることが認められ、杯のみからなる器種構成の単位をA類とする。いわばA類は飲器のみからなる構成単位である。

この杯にさらに器種が増加するのが、貯蔵器の罐である。罐はそれに類似する壺に代わる場合もみられることから、罐に代わって壺が伴う場合も、同じ器種構成単位のB類とした。B類は飲器＋貯蔵器からなる器種構成である。

このB類にさらに鉢が加わる場合をC類とする。すなわち飲器と貯蔵器の構成の上にさらに盛食器が増加しているのである。

さらに、これらの組み合わせの上に鬶が伴出する場合をD類として区別する。鬶は紅陶ないし白陶からなっている。また、このD類は、器種的には豆が伴出する場合があるが、必ずしもすべてに豆が加わるわけではないことから、鬶の有無を以てこの分類の基準としたい。したがって、このD類では、飲器や盛食器における器種の増加が認められる。

E類は、これらの器種に、さらに鼎が加わることにより区分される。豆や鉢に関してはすべての墓室に伴うわけではないが、鼎の有無はこの分類の重要な基準になっている。E類は、これまでの器種構成の上に煮沸器が加わったことになるのである。

こうしてみていくと、A類：飲器、B類：飲器＋貯蔵器、C類：飲器＋貯蔵器＋盛食器、D類：飲器（鬶）＋貯蔵器＋盛食器、E類：飲器＋貯蔵器＋盛食器＋煮沸器という器種構成要素になり、次第に器種構成が充実していることが認められる。あるいは別の言い方をするならば、器種構成における階層構造が認められるのである。表13に示すように総個体数も36号墓E石室を除けば、器種構成の階層構造に応じて個体数の多寡が認められる。

さて、こうした黒陶の器種構成の階層構造を、その他の副葬品との対応で検討してみよう。同じ副葬土器という場合、在来系の紅陶の構成が問題となろう。これらの副葬土器構成の対応は、表14に示している。黒陶器種構成A類に伴う紅陶は、鉢（盆）と小型罐（壺）からなっている。すなわち、盛食器と貯蔵器からなっており、これに飲器である黒陶の杯が伴う構成である。黒陶が認められない32号墓は、盆と罐からなる紅陶の器種構成を示し、紅陶の構成からすれば、黒陶器種

構成A類と変わらないことになり、黒陶の有無が相違点となっているとともに、土器構成上の階層差となっている。すなわち、黒陶器種構成A類の下位に紅陶のみの副葬土器からなる32号墓が位置づけられるのである。

黒陶の飲器と貯蔵器からなる黒陶器種構成B類には、紅陶の鉢と小型罐に加えて豆あるいは杯が伴う。紅陶の器種の増加が認められるが、黒陶器種構成B類に不足する盛食器である鉢を紅陶で補完していることが認められる。黒陶器種構成C類に関しても、黒陶器種構成B類と同じように豆あるいは杯が伴っている。黒陶器種構成B類とC類は、黒陶と紅陶を合わせた全体の器種構成は変わらないことになる。改めてその違いに着目すれば、盛食器を黒陶で副葬するか、紅陶で副葬するかの違いが明確となり、階層差は存在すると考えられる。

表14　四平山積石塚紅褐陶組成表

墓番号	鼎	鉢	盆	豆	杯	壺	ミニチュア罐	罐	器蓋	計
四平山32			1					3		4
四平山35A		3		1			5	1		10
四平山35A-B				1			1	1	1	4
四平山35B				1			1			2
四平山35B-C		1				1		4		6
四平山35C					1			1		2
四平山36E		2	1	8	1	3	9	9	3	36
四平山36K-L	1	1	1	3	1	5	2	2	2	18
四平山36P	1			4			2	2		10
四平山36Q	1	1	2	4	7	5	4	2	2	27
四平山36S		1			1	2		1		5
四平山36U-V			1				1	1		3
四平山36V		1	1			2	2		2	8
四平山36W		3		2		1	3	1	1	11
四平山37			1	2			3	1	1	8
四平山38E	1			2	1	1	1	3	1	11
四平山38G-H			2		2	2		5		11
四平山39		1		1			2	2	2	8

表15　四平山積石塚玉石器組成表

石室番号	黒陶器種構成	玉石器			
		牙璧	環	斧	その他
四平山32					簪1
四平山35A	C				小珠2
四平山35A-B	C	1			
四平山35B	C	1	1	1	短冊形1
四平山35B-C	B			1	
四平山35C	C	2			
四平山36E	D			2	指輪1、鏃1
四平山36K-L	D				
四平山36P	E	1		1	指輪1、小珠1、錐形器1
四平山36Q	E	1	2		小珠1、管玉1、戈形器1
四平山36S	E	1		1	指輪1、棒状垂飾1
四平山36U-V	A		1		小珠1
四平山36V	B		1		
四平山36W	B		1		簪1、円形垂飾2
四平山37	E	1	1	1	原石2、釧1、小珠3、管玉2、玉粒1
四平山38E	E		2	1	
四平山38G-H	B				
四平山39	B	1	1		管玉2

このように、紅陶がある意味では黒陶の代価物として副葬されていると仮定すれば、黒陶器種構成D類とE類では、紅陶における器種構成の差がないことに納得できるものと思われる。この黒陶器種構成D・E類の段階の紅陶の器種構成は、鉢、小型罐、豆、杯などからなり、一応の器種の増加は認められよう。以上のように、紅陶の副葬構成においても、先に示した黒陶器種構成の階層化は肯定できるのである。

さらにそのほかの副葬品との対応はどうであろう。玉器の副葬との共伴関係で検討するならば、表15に示すように、黒陶の器種構成E類の方が、器種構成の少ないA類に比べ、玉器の副葬数量が多い傾向にあることはよくわかるであろう。玉器の中でも特に貴重な存在である牙璧に注目する

表16 四平山積石塚の副葬品からみた階層関係

石室番号	黒陶器種構成	黒陶土器数	紅褐陶土器数	土器総数	玉石器 牙璧	玉石器 環	玉石器 斧	社会階層
四平山32		0	4	4				5
四平山35A	C	5	10	15				3
四平山35A-B	C	5	4	9	1			3
四平山35B	C	3	2	5	1	1	1	3
四平山35B-C	B	4	6	10			1	4
四平山35C	C	4	2	6	2			3
四平山36E	D	27	36	63			2	2
四平山36K-L	D	11	18	29				2
四平山36P	E	10	10	20	1			1
四平山36Q	E	18	27	45	1	2		1
四平山36S	E	7	5	12	1	1		1
四平山36U-V	A	3	3	6		1		5
四平山36V	B	5	8	13	1		1	4
四平山36W	B	4	11	15				4
四平山37	E	9	8	17	1	1		1
四平山38E	E	2	11	13				1
四平山38G-H	B	8	11	19		2		4
四平山39	B	2	8	10	1	1		4

ならば、四平山38号墓E石室を除くと、その他3基のすべての黒陶器種構成E類墓にこの牙璧は共伴しているのである。したがって、黒陶にみられる階層構造は、玉器の副葬においても相関関係を示していることになる。つまり、黒陶の器種的階層構造は、その他の副葬品の数量あるいは質と対応しており、黒陶の器種が増えれば増えるほど、その他の副葬品の質や量が増加する傾向にあるのである。こうしてみていくならば、四平山の黒陶の器種にみられた階層構造は、被葬者間の階層構造を示す可能性が強いと考えられる。すなわち、被葬者の身分差を黒陶の器種構成が表していることになるのである。ただここで興味深いことは、黒陶器種構成D類においては牙璧など玉石器の組み合わせが少ないのに対し、より下位に属する黒陶器種構成C類において牙璧が組み合わさっていることである。しかし一方ではD類は圧倒的多数の土器個体数が副葬されている。これは副葬品内容に土器に重きが置かれる土器型墓と玉石器に比重が置かれる玉石型墓といった違いとして現れている。この違いは社会階層とともに性差を反映している可能性があろう。わずかな例ではあるが、黒陶器種構成E類の36号墓P石室は男性被葬者であり、最上層は男性が占めていた可能性もあろう。同じことはC類墓が大半を占める35号墓においても見られる。立地上主要なB・C・A石室は同じようにC類墓であるが、B・C石室には牙璧が伴う。一方で、A石室は牙璧を伴わないものの、土器総数はB・C石室に比べ格段に多い。同一階層でありながら、B・C石室が男性被葬者であり、A石室が女性被葬者といった性差を示しているという解釈も可能であろう。

さて、こうした階層構造を簡単にまとめたものが表16である。黒陶器種構成に加え、紅陶のみからなる最下層の段階が存在するが、これと黒陶器種構成A類墓とは、土器の相対数量もともに少ないことから、これらを併せて最下層としておく。したがって、黒陶器種構成E類墓が社会階層第1階層、D類墓が第2階層、C類墓が第3階層、B類墓が第4階層、A類墓と紅褐陶のみからなる墓葬が第5階層とすることができる。合計5段階の階層構造が存在したと考えることができよう。なお、こうした階層構造と表9に示す石室規模を比較するならば、石室規模における階層格差は認められないものの、蓋石をもつものが階層上位者と比較的対応している。石室の構造やあるいは木棺の可能性を示す有機質土壌は、このような階層構造と相関している可能性があろう。

ではこうした階層構造が、墓室の配置関係においてどのように対応しているのであろうか。副葬黒陶の年代関係からは、すべてが山東龍山文化前期平行の段階に位置づけられる。さらに紅褐陶の型式差から四平山の存続年代は3時期に区分され、その3段階においては、それぞれの段階内での

時間差はほとんど認められず、同一時期に併存していたと考えられる。こうした前提のもとに、階層構造とその墓室の配置を検討してみよう。

まず山東龍山前期平行とした墓群の、黒陶器種構成A類〜D類の5段階の階層構造に応じて墓室の位置を示したのが図34である。これで示される配置からは、階層構造の最も上位に位置するものは、尾根の最も高いところに位置する36号墓P石室と36号墓Q石室、さらに36号墓S石室と37号墓である。これらの最上位集団の墓において、副葬黒陶から比較するならば、36号墓Q石室が最も優位であり、ついで4個の鼎を有する36号墓P石室が優位であり、ともに尾根の頂上部に位置している。36号墓から独立して位置する37号墓の場合も、同じように優位な状態を示している。ともかくこれら最上層集団が尾根の最高所に位置することは間違いない。第2位の階層である黒陶器種構成D類墓は、36号墓内でも南側斜面に位置している。

36号墓群より南側斜面に位置する35号墓群では、黒陶器種構成C類墓が、35号墓群の主要な石室であるB・C・A石室で認められ、それらの中間に付設されたB‐C石室は黒陶器種構成B類墓である。B石室やC石室といった中心とそれらの中間に階層構造の低い墓が位置しているように見て取れる。すなわち35号墓が第3階層を頂点として、序列化して配置された一つのまとまりとしてみることが可能である。

こうしてみた場合、36号墓群では、第1階層の黒陶器種構成E類墓を中心

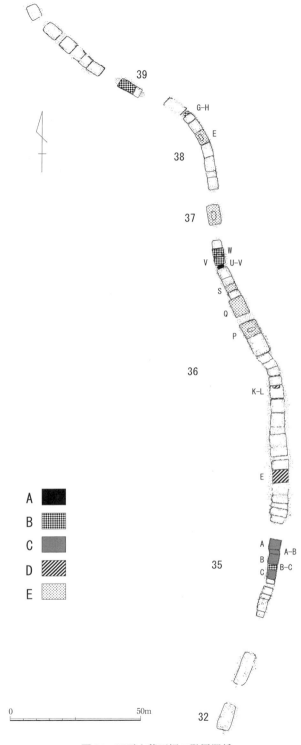

図34　四平山積石塚の階層関係

に、第2階層の黒陶器種構成D類墓が南側斜面、第4階層の黒陶器種構成B類墓が北側斜面末端にかたまっている。したがって36号墓群も真ん中の尾根頂部を中心に各階層が序列化されながら位置づけられているのである。すなわち、尾根頂部にある36号墓群と37号墓群は同等の関係として、最上位階層の墓が並列していると考えればよいのではないだろうか。ただ、37号墓は一つの石室のみからなり、下位集団を伴っておらず、墓群を構成しないものとして認められよう。こうした場合、各階層からなる36号墓群はどのように考えられるのであろうか。これは、各階層からなる一つの単位集団と考えられる。すなわち一つの氏族集団として存在していると考えられないであろうか。37号墓の場合は、最上階層のみが存在するが、後続の造墓がなされなかった氏族集団と考えられる。その場合、35号墓群も別の氏族集団と考えられるが、これは最上階層の黒陶器種構成E類をもたず、第3階層にあたる黒陶器種構成C類を最上位とする墓群であり、墓群単位でみれば36号墓群より、階層的に劣っている。したがって、これは氏族集団単位においても階層差があることを物語っているものと考えられるであろう。

　同じような情況は、38号墓群においても認められる。発掘され墓室がわずか2基であることに問題も残ろうが、副葬品の階層差と墓室位置を比べるならば、以下のようになる。すなわち、38号墓の中心に最上位階層の黒陶器種構成E類墓であるE石室が位置し、北部斜面の端に第4階層の階層構造をなす黒陶器種構成B類墓であるG‐H石室が配置されている。墓群の中心に上位階層の墓室が位置し、周辺に下位階層の墓室が位置するという墓室配置構造をなすのである。

　したがって、集団の階層差が尾根頂部を頂点として両者面に階層的に位置づけられたものではないかと考えられる。すなわち、丘陵頂部の36号墓とそれに続く尾根筋の37号墓と38号墓が第1階層、その北側斜面に位置する第4階層の39号墓、南側斜面では第2階層を頂点とする35号墓、さらに南側に下った地点に紅褐陶からのみの第5階層の32号墓が位置する。こうした墓室の配置にも氏族単位での階層化が明確に位置づけられている。その場合、37号墓や39号墓のような単一墓を氏族単位の墓と認めうるかに問題が残ろう。この場合、社会構成上一代限りの埋葬で終わり、その後の再生産が行われなかった、すなわちクラン系列が途絶えたことを意味すると思われる。

　続いて、これら3段階の時期ごとに見ていくと図35のようになる。まず、第1階層の36号Q石室が第1段階に築造される。続いて第2段階には、36号墓では引き続き盟主的な存在である第1階層の36号墓P石室が丘陵頂部に築造され、下位の第4階層以下はその下位の斜面部側に配置される。さらに第3階層を盟主とする35号墓の氏族集団が南側斜面部に選地し、中心的存在の35号墓B石室が築造される。36号墓北側では、36号墓と同列の37号墓、36号墓より下位の氏族集団である38号墓、39号墓、32号墓がそれぞれ築造される。さらに3段階になると36号墓の氏族集団はその盟主的地位を堅持しながら、第1階層のS石室が築造される。一方ではその階層秩序に変化が見られ、第1段階・第2段階までは第1階層の墓主が36号墓に限られていたのに対し、新興の氏族集団である38号墓に第1階層の38号墓E石室が構築されることになる。社会階層の安定的な秩序が次第に崩壊していく過程が読み取れるとともに、そこに四平山墓地の終焉が見て取れるのである。

　以上のように、四平山積石塚は、墓室の副葬品から5段階の階層制が存在することが判明した。

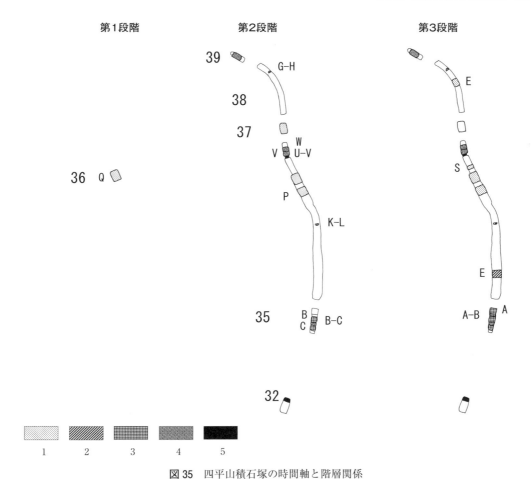

図35 四平山積石塚の時間軸と階層関係

　また、この階層制は氏族内部での階層構造を示すとともに、1氏族が列状をなすように墓室を形成していると考えられる。さらに、これら氏族は、氏族単位に階層化がなされていた可能性が存在する。その氏族単位での階層構造を端的に示すのが、すでに述べた副葬品から読み取れる階層制であるとともに、墓群の尾根状の配置においても示されているのである。したがって、この四平山積石塚の社会段階は、氏族内部での階層化とともに、氏族間での階層化が明瞭になった時期として位置づけられるであろう。

　さらに注目すべきは、積石塚という遼東半島の南端部にのみ限られた地域固有の墓制であるにもかかわらず、四平山積石塚では副葬品内容が黒陶や鬶を初めとして山東龍山文化に類似していることである。とりわけ階層構造から示された社会の発展段階は、山東半島における大汶口文化後半期から山東龍山文化前期と同段階にある。黒陶を中心とする副葬土器の社会階層を示す埋葬規範も、山東龍山文化に見られる階層規範あるいは埋葬習俗（宮本 2006a）とまったく同じものであるといえる。ここで示した5段階の階層構造は、山東龍山文化全体を通して認められる4段階の階層構造をさらに細かく細分したものに相当する。それらの階層規範を示す副葬土器の組み合わせにおいて

何ら区別のないものである。とりわけ鼎を中心とする副葬品構成が最も階層の高い位置にあることも同様である。すなわち、外見的には積石塚という地域固有の墓制を採用しながら、内面的なソフト面では山東龍山文化の社会規範や葬送行為に従っているのである。葬送にまつわる信仰や儀礼においてまったく山東龍山文化のものと同じであるということは、外的な文化の伝播を地域的に受容する過程としては、興味深い現象であると思われる。山東半島系統の移住者を象徴する山東龍山文化の黒陶や鬹と在来民の象徴である紅褐陶が、二重性とその融合を示すように、墓制においても外見的な在地性を固持するとともに、葬送儀礼などの内面性においては新来の社会基盤を採用している。

このことは、山東半島から移住者と在来民の交配によって新たなアイデンティティとして積石塚が創設されたことを意味し、一方、目に見えないところでは、山東龍山文化の葬送儀礼や葬制による移住者を中心とした階層構造の維持が計られたことを示している。こうして構築された階層構造も、第3段階において新興の氏族の台頭に見られるように社会秩序の変化が認められ、ここに四平山積石塚が終焉することとなる。

4. 積石塚からみた遼東半島先史社会

(1) 四平山積石塚の歴史的背景

積石塚は遼東半島の先端部すなわち旅順から金州以南のごく限られた地域に認められる墓制である。その初現が何に求められるものであるかは不明であるが、遼東半島先端部では龍山文化平行期から春秋時代平行期まで形態を変化させながら存続する墓制（宮本 1995a）である。その意味でも遼東半島先端部は一つの孤立した独自な社会を持続させていた。

山東大汶口文化前期から遼東半島先端部と膠東半島では両地域の相互交流が始まるが、大汶口文化後半期からは膠東半島から遼東半島への文化的な圧力が強まり、土器のみではなく石器形態や石器組成という面でも膠東半島の強い影響を受けるようになる（宮本 1990a・2003a）。その中で山東龍山文化期には、山東龍山文化それも山東東南部から膠東半島という黄海沿岸の文化伝播ルートに乗る形で黒陶文化が流入したものと考えられる。この文化伝播は、山東半島南半内においてはアワ・キビ農耕に稲作農耕が主体的に取り込まれていく生業上の変化時期にも当たっている（宮本 2009a）。この段階、遼東半島先端部は小珠山上層文化である。在地的な土器である紅褐陶においてはそれまでの深鉢から罐が出現し、在地的な土器組成が大きく転換していく段階であり、文様などにおいては在地的な系譜を引くものであった（宮本 1985）。こうした文化伝播時期や文化変容期は、日本列島とりわけ北部九州に弥生文化が成立する時期に、渡来人が一定の役割を果たしたのと同じように、膠東半島から遼東半島へと人の移動が存在したことが想定される。この人の移動とともに、山東半島から遼東半島南端にイネがもたらされている。

この段階にこそ、在地的な墓制である積石塚の副葬品に黒陶が用いられることになる。さらに鬹を加えてその副葬品構成は、山東龍山文化の習俗や規範に含められるものであった。いわば積石塚という外郭的な構造は在地的な様相が強いが、黒陶や鬹あるいは牙璧などの玉器を中心とする副葬

品構成やそれに応じた階層構造は、山東龍山文化そのものであった。いわば埋葬後外面に見える点では在地的でありながら、目に見えない社会システム面では山東龍山文化の強い影響を受けていることが見出せるのである。

　このことは、牙璧や錐形器などの玉器が、山東においてまず生産され、遼東半島に伝播したという解釈（岡村 2008）とも符合する。また、四平山積石塚にみられた巻貝や二枚貝の副葬も山東東南部の習俗を習ったものである。牙璧や錐形器の出土分布も山東の東南部を中心としており、牙璧や錐形器さらに貝副葬の習俗が山東東南部から伝播したことを物語っている。アワ・キビ農耕に稲作農耕を組み込んだ地域は、黄海沿岸の山東東南部である。黒陶の安定同位対比分析でも示されたように（三原・宮本・小池 2008）、山東東南部から山東東端の煙台地域、さらに遼東半島は稲作農耕文化を含んだ文化伝播の主要なルートであり、そこに人間の移動が介在していたことは間違いない。この段階が、筆者のいう東北アジア初期農耕化第2段階に相当する。

　その後、遼東半島は山東龍山文化の黒陶を在地的に変化させた双砣子1期を迎え、一時的に山東半島の影響が低い段階を迎えるが、再び山東半島の岳石文化の強い影響を受けた双砣子2期を経る。その後の双砣子3期は十字形楼孔や甗形器に二里岡文化や殷墟文化など商的な要素が見られるが、これは間接的な影響関係であり、次第に在地的な変化を示すようになり、山東半島との交流は認められなくなる。むしろ、この段階以降は遼東半島から朝鮮半島への一定の文化伝播・文化的影響が見られる段階であり、朝鮮半島に無文土器文化が成立していく段階である（宮本 2009）。このような膠東半島と遼東半島の文化的交流関係の変容は、この時期の山東半島における地域間関係の変化にもとづくものであろう。山東半島西半部は商王朝の影響や商人の移動を受けて、商文化圏に入っていく。さらにその東側周辺域では商的な土器文化を受容し、膠東半島にも鬲が流入して珍珠門文化期を迎え、次第に文化的な広がりは見られなくなっていく。西周には膠東半島にも黄国など周王朝の一員としての青銅器文化を展開していくが、渤海湾を挟んだ遼東半島には西周の影響は見られず、双砣子3期の伝統を内的に変化させながら、孤立的な文化様態を示す上馬石A区下層、A区上層と変化していく。さらに遼寧式銅剣文化を受容した西周後期〜春秋期平行の楼上墓・崗上墓段階を迎えていくのである。

（2）四平山積石塚の特徴とその社会

　遼東半島先端部において龍山文化期の積石塚の分布圏は大きく二つに分かれる。旅順地区と営城子地区である。旅順地区には将軍山から老鉄山に続く尾根において積石塚が認められる。一方、営城子地区では四平山を中心として文家屯塚背後の丘陵部の尾根線上に積石塚が広がっている。営城子黄龍尾半島東部にあたる。旅順地区と営城子地区ではそれぞれの積石塚群に隣接した山麓部に同時期の遺跡が存在する。前者が郭家村遺跡であり、後者が文家屯貝塚である。それぞれが墓葬である積石塚の被葬者たちが生活していた集落地域であった。後者の文家屯貝塚の場合、集落の背後にある東大山積石塚はその奥津城であるが、さらに2km離れた四平山積石塚に関しては文家屯貝塚の住民であるかには疑問視がなされている（岡村編 2002）が、現状では周辺に文家屯貝塚以外にはふさわしい集落遺跡は存在しない。また、郭家村遺跡と老鉄山・将軍山積石塚の距離からすれ

ば、文家屯貝塚と四平山積石塚の距離はそれほど違和感を覚えるものではない。郭家村遺跡の場合、小珠山中層期から始まり呉家村期、郭家村3層期を挟んで小珠山上層（郭家村上層）期まで連続し、小珠山上層期の墓葬として将軍山積石塚や老鉄山積石塚が存在する。文家屯貝塚では呉家村期、郭家村3層期、小珠山上層（郭家村上層）期まで存続している。

　四平山積石塚の副葬土器の分析から明らかになったように、四平山積石塚は黒陶の土器型式から見れば、大汶口文化期の系譜を残す龍山文化の最も古い段階のものであった。これが東北アジア初期農耕化第2段階である。これまで遼東半島の山東龍山文化期平行期が、小珠山上層（郭家村上層）と双砣子1期に平行すると考えられてきたが、四平山積石塚の黒陶からの位置づけでいえば、小珠山上層は山東龍山文化前半期に相当するものになり、双砣子1期がその後半期に位置づけられることになる。四平山積石塚を含めた小珠山上層は、在地的な系統を引く紅褐陶と山東龍山文化の系統を引く黒陶に分けうるが、前者もこの段階に大きく器種構成を変化させており、山東龍山文化の地域的な受容が認められる。外来的系譜にある黒陶も、一部には在地的な特徴を見せており、さらには黒陶そのものが在地によって生産されていたものの可能性が高い。いわばこの東北アジア初期農耕化第2段階に山東半島からの強い影響を受けながらも、地域的な受容を果たしているといえよう。これには山東半島からの人の動きをも十分に考慮されねばならないが、その人びとがいち早く在地民と交配し、地域的な文化受容を果たしたと見なければならないであろう。こうした在地化の動きは、続く山東龍山後半期平行期の双砣子1期において加速的な傾向を示すが、岳石文化の影響を受ける双砣子2期には再び山東半島の外的な影響が目立っている。これが東北アジア初期農耕化第3段階に相当する。いわば波状的に外来文化の影響が色濃く見られる段階が認識されるが、これがそのまま人的動きの規模に反映しているかどうか不明であり、文化現象として今のところ捉えるしかない。続く双砣子3期には再び在地的な展開を強くしていく。これは一方では文化発信源側である山東半島における地域文化伝統基盤が大きく変わり、中原から商代文化影響圏ないしは経済圏に山東半島が取り込まれていくことと大きく関係しているであろう。さらには西周併行期の上馬石A区下層以降は、山東半島と遼東半島との接触は表面的にはまったく認められない段階となるのである。

　こうした地域間関係の中で、四平山積石塚段階である山東龍山文化初期段階の東北アジア初期農耕化第2段階には、山東龍山文化の影響は受けつつも在地的な展開を示していることが、黒陶や紅褐陶の生産、さらには在地的墓制である積石塚によって理解できよう。しかしながら、この時期の山東龍山文化の影響という意味で注目すべきは、目に見えない制度的な面、すなわち埋葬習俗にある。すでに社会階層を示す副葬品の構成で検討したように、黒陶や鬶を中心とする副葬土器の器種構成には規範性が存在していた。その組み合わせとその他の玉器に見られる威信財的要素の相関性から見ても、その規範性は被葬者の社会的身分を標識するものであった。その身分標識はリネージなどの血縁家族を母体とするものであり、血縁家族単位での墓葬がまとまっていた可能性がある。それが積石塚の石室が列状に連なりあった列状複数埋葬墓単位とすることができるであろう。しかも、血縁家族単位での階層差は積石塚の立地にも相関しており、社会階層の高い血縁家族墓地はより山頂の見晴らしのよいところに位置している。こうした様相は時期と地域は違うが朝鮮半島南部

の支石墓群の立地にも見出される（李榮文 2002）。しかも四平山積石塚の場合は、血縁家族墓地内においてもより身分標識の高い被葬者が相対的に山頂に近いところに墓葬が設置される傾向にある。血縁家族単位あるいは氏族単位での階層化が進むとともに、被葬者個人における階層化が伸展しているのである。さらにまたその階層表現あるいは身分標識は、山東龍山文化全体を通じて見られる副葬土器の器種構成規範と同じものであった。まさしく葬送儀礼における身分標識という社会規範は、山東龍山文化社会のものを採用しているということができるのである。社会の階層化を秩序づけるというソフト面を意識的に採用したのである。

　列状群集墓や多列群集墓は、埋葬地の地形的な制約に起因する可能性が高く、ともに列状ないし集塊状にすることにより一定の関連性のある血縁家族が累々として墓域を連ねることに意味がある。その点で単列群集墓が多い四平山と多列群集墓が多い老鉄山・将軍山とは異なっている。四平山積石塚に隣接する東大山積石塚（岡村編 2002）においても集塊状をなしており、列状集団墓をなしてはいない。東大山積石塚の場合、四平山に比べて相対的に社会身分は低い家族墓を構成している可能性が高い。一方で、四平山積石塚においても、被葬者一人すなわち石室一つからなる単独の墓葬も存在する。これは血縁家族墓としての系統関係を保てなかったリネージやクランを示しているであろう。

　四平山積石塚の住民たちの構成には、黒陶文化という一連の文化変容において一定の山東半島からの渡来民の存在を考えないわけにはいかないであろう。その人びととは、東北アジア初期農耕化第2段階のアワ・キビ農耕に稲作農耕を交えた複合的な初期農耕をもっていた先進的な人びとであった（宮本 2009a）。しかし、それは一過性の人の移住であり、決して植民的なものではなく、在来民との交配が急速に進んだと想定される。現象的には、それらの人びとの影響の中にも、外面的には積石塚といった固有の墓葬を営み、また様式変化を行った紅褐陶や黒陶を在地生産しながら、新文化の受容と変容が認められるのである。その社会にあっては、比較的平等な社会ではあるが、リネージなどの血縁家族あるいはさらにそれより大きいクラン単位での階層化・序列化が次第に進んでいった。そうした序列化の身分標識は、副葬黒陶の組み合わせに見られる階層構造のように、山東龍山文化の埋葬習俗や規範というソフト面を導入するものであったのである。これは移住者を中心とした階層構造を維持するための社会装置であったかもしれない。しかしこうした集団関係も、新興の有力氏族集団の伸張とともに、四平山積石塚が終焉するのである。その後の遼東半島は、外的な文化波及は波状的には認められたが、内的な社会発展は墓制上にはほとんど認められない。首長のような傑出した個人が社会的な存在として表出するのは、西周後期〜春秋併行期の崗上・楼上墓段階まで待たねばならなかったのである。

第6章　東北アジアの農耕化と大陸系磨製石器の広がり

　縄文時代から弥生時代への転換は、灌漑農耕の始まりとして捉えられてきている（藤尾 2003a）。灌漑農耕の代表的な存在が板付遺跡などの水田遺構であり、畦畔に取り囲まれた水田面とそこに水をはるための出水や排水施設としての水路が存在している（山崎 1987a）。これが弥生早期の北部九州で始まり、時間差を置きながら瀬戸内を中心とする中四国から近畿、さらに東海、そして中部から日本海沿岸を経由することによって東北の北端である津軽平野まで広がっていく。

　水田遺構とともに灌漑農耕に伴ったと考えられるのが、穂摘み具の石包丁である。石包丁の出現は水田遺構の出現より遡り、縄文晩期の北九州市貫川遺跡に見られるが、本格的に北部九州で始まるのは唐津市菜畑遺跡など弥生早期であり、同時期の朝鮮半島南部のものに類似している（端野 2006）。こうした石包丁とともに農具と考えられるものが、木製農具である。諸手鍬、鋤、エブリなどからなり、こうした木製農具も石包丁や水田といった灌漑農耕に伴う文化コンプレックスとして、朝鮮半島南部から伝来したものであると考えるのが一般的であろう。しかし、残念ながら弥生早期に相当する朝鮮半島の木製品や木製農具は未だ充分な発見がなされていない（金権九 2008）。一方、弥生前期末から中期に北部九州の木製農具も形態変化を示すが、これはこの段階の朝鮮半島南部の木製農具の影響を受けている（山口 2000、山田 2003）。この段階の木製農具は全羅南道光州市新昌洞遺跡で発見されており、北部九州のG型鍬類と形態的な類似性が認められる。時期的には一段階遅れた弥生前期末～中期においても朝鮮半島南部から木製農具の形態的な影響を受けるところから見れば、それに遡る弥生早期段階の北部九州の木製農具初現期においても、朝鮮半島南部の影響によって生まれたものであると想定できよう。したがってその段階には、朝鮮半島南部にも弥生早期の諸手鍬、鋤、エブリと同じものが存在していたに違いないということになる。

　ところで弥生早期の北部九州に始まる木製農具は、その系譜が朝鮮半島に求められるとしても、それが朝鮮半島に自生したものか、あるいはその系譜がまた別の地域にあるかということに関してはこれまで議論されたことはない。また、弥生の木製農具のうち、弥生早期に渡来した鍬鋤とは別に、縄文時代以来の在来木製鍬鋤の系譜が弥生時代に存続するという重要な指摘もある（山田 1999・2000）。以上の考え方が妥当かどうかを検証するには、まず以て比較対象とすべき朝鮮半島の事例がないことに最大の障壁があろう。

　本稿ではこうした問題を考えるにあたって、木製農具を加工する際に利用されたと考えられる加工用石器について注目してみたいのである。灌漑農耕の始まる弥生早期には、上記した灌漑農耕に付随する農具以外に、大陸系磨製石器と呼ばれる石器群も伴うようになる。このうち、伐採斧である太型蛤刃石斧に関しては、縄文的な伝統が注目されているが（下條 2002b）、扁平片刃石斧や柱

状片刃石斧といった加工具は、石包丁とともに同時期の朝鮮半島南部のものに形態的に類似し、朝鮮半島南部から流入してきたことが明らかである（下條 1996・1997・2002a）。こうした加工具は木製品の加工に使われたものであり、とりわけ木製農具の製作に当たっては必需品であったであろう。そこでこうした加工具が木製農具とともにセット関係をなして文化的な広がりを持つとすれば、その文化的な流れは朝鮮半島に止まらず、その源流が遼東半島から、さらには山東半島東部の膠東半島にたどることができるのである（宮本 2008c）。これはとりもなおさず筆者が提唱する東北アジア初期農耕化第3段階に相当する時期なのである（宮本 2007c・2007d・2009a）。

1．農耕伝播と加工斧の伝播

　弥生早期の北部九州には、朝鮮半島南部から水田や環濠集落、支石墓といった遺構とともに、壺形土器を含む土器製作の新たな技術や習俗の影響（橋口 1985、家根 1997）が流入したことは夙に知られている。さらに石包丁に加えて、太型蛤刃石斧、柱状片刃石斧、扁平片刃石斧などの大陸系磨製石器が、この段階に朝鮮半島南部から北部九州へ流入し、その後、在地的な変化を遂げながら、東方へと暫時的に伝播し、地域的な展開を果たしていく（下條 1996・1997・1998・2002b）。

　一方、このような大陸系磨製石器群の朝鮮半島での変遷についても、太型蛤刃石斧の前身である遼東形石斧や石包丁が遼東半島を基点として、時間軸上、朝鮮半島北部から南部へと漸移的に広がり変化していく様相が理解されている（下條 1988・2000）。同じように、加工具である柱状片刃石斧は、抉入柱状片刃石斧の朝鮮半島南部での成立とともに、朝鮮半島北部から南部への時間軸上の広がりと地域的な変化過程が明らかにされている（裵眞晟 2001）。この場合も、その成立に遼東半島が大きな影響を与えた可能性が理解される。同じように扁平片刃石斧も遼東半島から朝鮮半島への広がり、さらには日本列島への広がりが理解されている（下條 1996）。しかし遼東半島より南や西といった地域への扁平片刃石斧の関係性は理解されていない。地域的に隔絶した長江下流域に扁平片刃石斧の前身を求め得るが、これは有段石斧であり、直接的な長江下流域と遼東半島以東との関係性は結びがたい。いわばこれまでに明らかになっていたことは、これら大陸系磨製石器群が、遼東半島を基点とするように漸移的に朝鮮半島へ広がり、朝鮮半島の北から南へ地域的に受容され変化したことが理解されるのである。

　私はこうした大陸系磨製石器群に対し、さらにその源流が山東半島とりわけ山東半島東部の烟台地区である膠東半島にあることを、この地域の石包丁、石斧、扁平片刃石斧、柱状片刃石斧の形態、型式、法量と、遼東半島のそれらを比較することによって明らかにしてきた（宮本 2008中国語文献）。両地域の石器の影響関係は、主に龍山文化併行期の遼東半島の小珠山上層期に始まるが、最も強い影響は岳石文化に併行する遼東半島の双砣子2期文化ないしそれに次ぐ双砣子3期文化にあることを明確にした。本稿では、再度、石斧と扁平片刃、柱状片刃石斧の分析結果を示すことにより、この時期の木材加工に関する需要の高まりや技術の変化に関して、その重要性を述べることからまず始めたい。

（1）膠東半島の遼東形石斧

　石斧の肩部に段を整形した石斧を遼東形石斧として提唱されたのは下條信行である（下條 2000）。下條の分類に従うと、有肩石斧状に両側に段部を持つものがⅠ式。その肩部の段が全周にわたって回っているのがⅡ式であり、断面が隅丸方形のものがⅡa式、断面が円形化したものがⅡb式である。さらにⅡb式が退化したものがⅢ式である。Ⅲ式は朝鮮半島南部や沿海州南部にあり、型式的に古いⅠ式やⅡ式が遼東半島にあることから、遼東半島に起源したものが朝鮮半島南部や沿海州南部へ拡散したことが理解されていた。さらに近年の日中共同研究によって、下條氏が提唱した遼東形石斧は、遼東半島よりさらに大陸側の膠東半島にも存在することが確かめられたのである（宮本 2008 中国語文献）。

　山東省棲霞県楊家圏遺跡では短側面の肩部に段を整形したⅠ式（図36-1）が存在する。海陽市司馬台遺跡ではⅡa式（図36-2）が、さらに煙台市照格荘遺跡ではⅡb式（図36-3）が存在していた。このことは、大汶口文化晩期〜龍山文化期の楊家圏遺跡にすでにⅠ式が存在し、龍山文化期〜岳石文化期の司馬台文化でⅡa式、さらに岳石文化の照格荘遺跡ではⅡb式が認められたことからも、Ⅰ式とⅡ式が時期差を示すものであり、Ⅰ式からⅡa式、さらにⅡb式への変化が時間軸上も妥当なものであることを追認したことになる。遼東半島でもⅠ式が小珠山上層期の郭家村遺跡上層に認められ、膠東半島の出現時期とほぼ同じか、膠東半島の方が早い可能性がある。Ⅱ式は遼東半島では最古のものが小珠山遺跡上層で発見されており、膠東半島の出現時期とも矛盾はないものである。さらに重要なのは、こうした遼東形石斧のⅠ式→Ⅱa式→Ⅱb式の変化が、すべて膠東半島内で追えるということにある。これまで山東半島では山東省歴城県城子崖遺跡にのみ遼東形石斧が知られていた（梁思永・董作賓編 1934）ため、下條は遼東形石斧が遼東半島からむしろ山東へ伝播した可能性を考えた。しかし、膠東半島での出土例は、遼東形石斧が主体的に変化した地域が膠東半島である可能性を高めている。また、石包丁の型式変化と規格性から、遼東半島の小珠山上層期から双砣子2期において、すなわち膠東半島の龍山文化期から岳石文化期には、

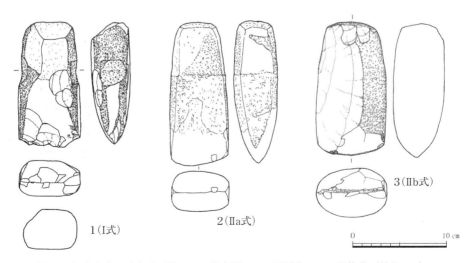

図36　膠東半島の遼東形石斧　1：楊家圏、2：司馬台、3：照格荘（縮尺1/4）

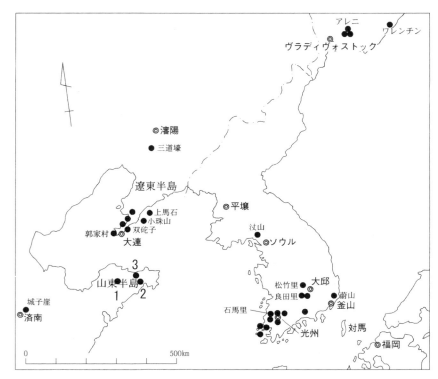

図37　遼東形石斧の分布　1：楊家圏、2：司馬台、3：照格荘（下條2000を改変）

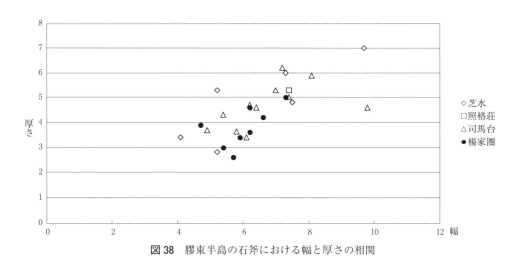

図38　膠東半島の石斧における幅と厚さの相関

膠東半島から遼東半島への石器文化の波及が示された（宮本2003a・2008中国語文献）。その点からしても、遼東形石斧も膠東半島で生まれ（図37）、ここから遼東半島へと伝播した可能性が高まったのである。

　さらに膠東半島の龍山文化期～岳石文化期における一般的な石斧も含めて最大幅と最大厚の相関関係を遺跡ごとに見たのが図38である。最大幅と最大厚の相関すなわち厚斧率は、石斧の大きさ

を基本的に反映しており、大きさが伐採そのものの強化を示しているといえよう。この図では、大汶口後期〜龍山文化期の楊家圏遺跡の石斧に比べ、龍山文化期〜岳石文化期の司馬台遺跡のものが相対的に大型化している。岳石文化の芝水遺跡のものは大きさにばらつきがあるものの、この時期から大型品が出現している。また、岳石文化期の照格荘遺跡の石斧は1点しか資料がないが、この傾向と矛盾しない。したがって龍山文化から岳石文化に時期が下るに応じて石斧の厚斧化を示している。すなわち大型化しており、伐採用の機能強化が図られたことを示している。先の遼東形伐採斧の肩部の変化はまさにこの厚斧化に伴って、最も力のかかる石斧と木製柄との装着部分を強化するためのストッパーとしての機能強化面を端的に物語っているのである。

以上の石斧に見られる厚斧化や遼東形石斧における装着部の強化方向への型式変化は、石斧の大型化と関連しており、さらには伐採斧としての機能強化を物語っている。このことは、龍山文化から岳石文化において膠東半島では、より木材利用が高まっていることを示しているものと考えられる。

(2) 膠東半島の木材加工石器

木材加工石器である片刃石斧は、平面的な大きさと厚さとの関係から、扁平片刃石斧と柱状片刃石斧に分けることができる。膠東半島の龍山文化期〜岳石文化期における片刃石斧の場合、これを数値化して厳密に提示するとすれば、図39のように、幅と厚さの厚幅比と長さとの相関関係によって示すことができる。その相関関係では、厚幅比0.6を境にほぼ明瞭に扁平片刃石斧と柱状片刃石斧を区別することができるであろう。

厚幅比0.6以下の扁平片刃石斧は、長さによって大きく三つに大別できるであろう。長さ3〜5cmの小型のもの、5〜10cmの中型のもの、10〜15cmの大型のものに、散布図（図40）から大別できる。これらの三つの大きさは、木材加工の機能による規格を示すものであり、時期差はそれほど反映していない可能性がある。ただし、大汶口文化後期〜龍山文化期の楊家圏遺跡では小型

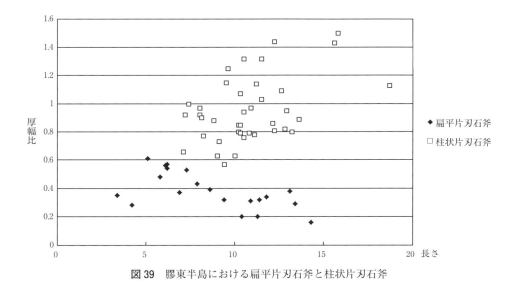

図39　膠東半島における扁平片刃石斧と柱状片刃石斧

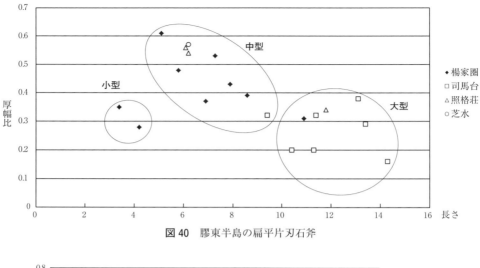

図40　膠東半島の扁平片刃石斧

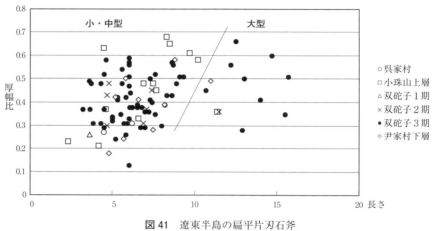

図41　遼東半島の扁平片刃石斧

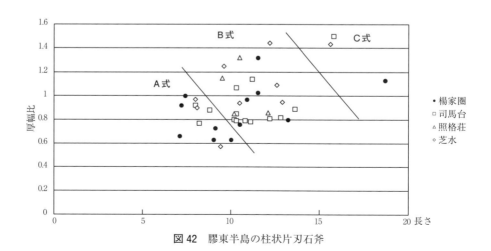

図42　膠東半島の柱状片刃石斧

と中型が主体であり、長さ11cm前後の大型品が1点のみ認められる。龍山文化～岳石文化の司馬台遺跡では大型が主体であり、さらに岳石文化期の照格荘遺跡ではわずか1点の例ではあるが大型品があることから、岳石文化期になってより大型品が普遍化することを意味している。遼東半島では厚幅比0.7～0.6以下という基準で扁平片刃石斧を見た場合、大汶口文化中期併行の呉家村期では小型品が出現してるものの、龍山文化期相当の小珠山上層期からは小型品とともに中型品が出現している。大型品は小珠山上層に1点見られるものの、岳石文化以降の双砣子2・3期になって出現しており（図41）、膠東半島と遼東半島の両地域が相似的に変化している可能性が高い。したがって、龍山文化期から岳石文化という時間変化の中に、扁平片刃石斧の大型化の可能性が存在し、より木材加工が発達していった可能性が想定できよう。

さて、厚幅比0.6以上の柱状片刃石斧も同じように、厚幅比と長さの相関関係の散布図（図42）から大きく三つの大きさに大別できる。長さ10cm以下で厚幅比1.0以下の小型、長さ10～15cmで厚幅比0.7以上の中型、長さ15cm以上で厚幅比1.3以上の大型の三つである。このうち小型とするものは石鑿と報告書で表記されるものである。これら小型、中型、大型をそれぞれA式、B式、C式と表記する。小型・中型のA・B式は龍山文化期の楊家圏遺跡で主体的であり、大型のC式は岳石文化期の照格荘遺跡と芝水遺跡で主体的となり、大型品の出現が新しい段階の岳石文化期であるとすることができよう。ただし、楊家圏遺跡にも大型品が存在するが、断面形を示す厚幅比は1.13と断面方形を示している。図42を見ると柱状片刃石斧は長さと厚幅比がほぼ相関しているように、大型化するにしたがい断面が方形から長方形へと変化していることがわかる。その意味で楊家圏遺跡のものは例外的な存在として扱っておきたい。

このような柱状片刃石斧は、遼東半島でも小珠山中層段階から見られ始めるものの、ごく少数であり、当初は石鑿と表記されるようなここでA式（図43-1）と呼ぶものに限られる。さらに小珠山上層期以降に遼東半島でも柱状片刃石斧が普及することから、遼東半島でのこれらの型式を眺めてみたい。それによると、A式（図43-1・2）、B式（図43-3）、C式（図43-

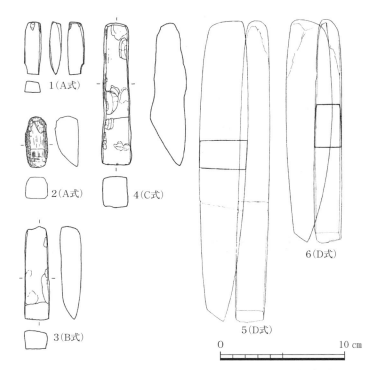

図43 柱状片刃石斧の型式　1・3・4：司馬台、2：楊家圏、5・6：濱町貝塚（縮尺1/3）

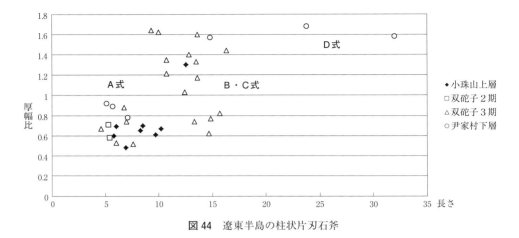

図44 遼東半島の柱状片刃石斧

4）が存在するものの、C式よりさらに大型のものが存在し、これは膠東半島には認められない大きさのものであることから、これをD式と呼ぶことにしたい（図43-5・6）。このD式は長さ20cm以上で厚幅比1.5以上と規定できる。ところで、柱状片刃石斧の刃部のある面を表面とすれば、それがない背面の側面形はA・B式では直線的であるが、C式では直線的なものとさらに刃部に向けてせり上がる曲線的なものが認められる。D式になるとさらに背面が刃部に向けてせり上がるような形態変化を示している。

遼東半島における小珠山上層から尹家村下層までの柱状片刃石斧の厚幅比と長さの相関を見たものが、図44である。この相関関係の散布図からは、大きく4つのグループに分けることができよう。これと膠東半島での規格によるA式とB式はほぼ対応するものの、C式とB式の一部が明確には区分できない。そこで、散布図のグループには、A式、B・C式、さらにより大型のD式というふうに表記した。ここでは双砣子1期と確定できる資料がないことから、その時期の資料をはずしている。図44では、各型式と時期別の柱状片刃石斧の対応関係を眺めてみた。龍山文化併行期の小珠山上層期ではA式が主体であるが、B式が僅か1点認められ、膠東半島と同じようにA式とB式の分化段階であると認められる。しかし、双砣子3期以降にA式以外にB式やC式が主体的に現れ、さらに尹家村下層期になってより大型化したD式が現れる。したがって、次第に大型品が現れることを示しており、遼東半島でも木材加工道具が次第に発達していることがうかがわれる。遼東半島の柱状片刃石斧では、また図44の散布図に示すように、B式とC式の明確な差異は見出しがたく、これらをまとめて扱うことにしたいが、D式へ変化するにしたがい長さが伸びるだけではなく、厚幅比が大きくなる傾向にある。すなわち、膠東半島で見られた長さが伸びるとともに柱状片刃石斧の断面形が方形から長方形へと変化する方向に、遼東半島でも相似した変化を示していることが明らかである。さらには膠東半島には見られなかったD式が、これらの変化方向において遼東半島で生まれているところに意味があるのである。

一方、膠東半島ではA式・B式がすでに龍山文化段階で機能分化して形成されていたが、小珠山上層期でも同じようにA式とB式が認められる。ただし、小珠山上層期ではB式はわずか1点であり、膠東半島よりB式はあまり発達していない。さらにC式が遼東半島にもたらされたと想

定できる双砣子2期にはA式のみが認められ、一段階遅い双砣子3期になってB式、C式が主体となったとすることができる。このことは、柱状片刃石斧にあっては文化伝播に伝播速度の差異があったことを示しているであろう。あるいは双砣子2期の資料が少ない現状にあっては、本来、双砣子2期にすでに伝播していたものが、双砣子3期により在地的に重用されたものであることを示していると理解するほうが妥当であると思われる。さらに在地的に機能強化のために発達したのが、D式というふうに見なすことができるであろう。

このように伐採斧と加工斧を膠東半島と遼東半島のそれぞれで見ていくと、両地域での漸移的な変化が読み取れるとともに、その影響関係には時間軸上2段階があることを設定できる。まず第一段階が龍山文化期に相当する遼東半島の小珠山上層期である。伐採斧である遼東形石斧のⅠ式やⅡ式が膠東半島から遼東半島へ伝播する。同時に扁平片刃石斧も伝播するものの、中型品までしか伝播していない。この段階は遼東半島でもその前の段階から存在する石鑿であるA式柱状片刃石斧がほとんどで、わずか1点中型のB式柱状片刃石斧が認められる。したがって第1段階は伐採斧の機能的な強化が広がる段階と位置づけできよう。第2段階が岳石文化期であり、これに相当する遼東半島の双砣子2期やそれに遅れる双砣子3期段階である。この段階はまず大型の扁平片刃石斧が膠東半島から遼東半島へ広がった可能性のある段階として位置づけできる。さらにB式やC式などの大型の柱状片刃石斧が膠東半島から遼東半島へ伝播する段階である。木材加工におけるより機能化した加工斧が伝播した段階と位置づけることができるであろう。

第1段階は東北アジア初期農耕化第2段階とする時期であり、山東半島から遼東半島へイネの農耕伝播とともに、第5章で論述したように四平山積石塚に示される人の移住が認められる段階である（澄田・小野山・宮本編 2008）。第2段階は東北アジア初期農耕化第3段階に相当し、灌漑農耕などより進んだ農耕技術が膠東半島から遼東半島へ伝播した段階であり、岳石文化段階に相当する（宮本 2008a）。遼東半島では双砣子2期に相当し、岳石文化の斉一的な土器が出現することからも、人の移住が想定される時期である。この段階は石鎌などの農具もわずかではあるが遼東半島へ伝播しており、そこに大型の加工斧が加わった段階ということができるであろう。

以上のように、伐採斧と加工斧の発達が膠東半島のみならず、遼東半島でも認められ、これらの地域でより木材利用が増したことを示している。さらにこうした木材利用が農耕においてはアワ・キビ農耕に稲作農耕が加わる複合的な農耕段階に至った段階であることが重要であろう。農耕化の進展と木材利用が相関していると考えられるのである。

2．弥生時代の木製農具の源流を求める

伐採斧と加工斧の発達から木材利用の発達が想定されたが、弥生早期の文化変化の一つに前述したような木製農具の出現がある。縄文系の鋤が北部九州の弥生早期にも存在するという意見があるが（山田 2003）、北部九州弥生早期の鍬やエブリは少なくとも縄文には存在せず、朝鮮半島の無文土器文化からもたらされたものであることに異論はないであろう。しかしこの場合でも、無文土器文化そのものに同時期の木製農具が発見されておらず、比較検討ができないことに研究上の大きな

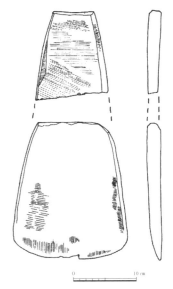

図45 石鏟の復原図（縮尺1/6）

問題を孕んでいる。さらにこうした木製農具が朝鮮半島無文土器文化でも発達したであろうことは、遼東形伐採斧、扁平片刃石斧、柱状片刃石斧（抉入柱状片刃石斧）の発達からも認められるところであろう。したがってこのような伐採斧や加工斧が発達した遼東半島、さらには膠東半島においても同じように木製農具が発達した可能性を想定できよう。

ところで、膠東半島の龍山文化期から岳石文化期には特徴的な農具あるいは土木具として石鏟が存在する。石鏟は頁岩や片岩などからなるものであり、長さ10cm前後と小振りで長方形を呈し、片刃で全面が研磨されたものである。磨製で片刃であり厚さが薄い点など、新石器時代前期・中期の耕起具である石鏟とは大きく形態を異にしている。芝水遺跡では、図45に示すように石鏟の基部である可能性のある磨製石器が出土しており、石鏟そのものは本来20～25cmと長く、撥形の形態を呈していた可能性が考えられる。柄と石鏟の基部が固定されるため、使用時に最も力のかかる装着部分で折れるために、その刃先側である石鏟部分が長さ10cm程度で残り、基部側は別に発見される場合が多いのではないだろうか。仮にこの想定が正しいとすれば、柄と石鏟の装着は鋤状に石鏟の長軸と同じ方向に柄が取り付けられていたことになる。

さて、出土する石鏟において、刃が研がれている側を表面とし、刃が研がれていない面を裏面とここでは呼んでおきたい。表面の刃部には細線状の使用痕が肉眼でも明確であるが、裏面の刃部側は刃こぼれしたように刃部が波をうっている。石鏟の使用痕分析を行った上條信彦により、表面と裏面の使用痕の違いや、裏面の使用痕跡の形態は、片刃石斧として木材加工に使われたものではなく、実験考古学の使用痕分析から土などの硬いものに突き刺した際につく痕跡であることが明らかにされている（上條 2008 中国語文献）。しかも刃先の土への進入角度が30度前後であると理解されているところから、長軸方向に柄が装着していたとすれば、鋤状に利用されていたもの（図47-1）と考えられる。また、石鏟の表面において、左右の磨り減り方に明瞭な差異が認められる場合が多い（上條 2008 中国語文献）。楊家圏遺跡、照格荘遺跡、芝水遺跡において実見した石鏟において、左右の磨り減りの差が確認できたものは、左の磨り減り（図46-1・2）が8個、右の磨り減り（図46-3）が3個である。さらに廟島群島の後口遺跡（北京大学考古実習隊ほか 1983）の石鏟も実見した結果、左側の磨り減りが富んでいた。このように左側の磨り減りと右側の磨り減りは、9個対3個すなわち3対1の割合で左側が多い。左側の磨り減りが多いということは、石鏟が鋤状に使われる場合、左方向に押し出すように使われねばならいことを意味している。これはスコップを右利きの人が使う場合に、左方向に土を掬い挙げる際に使われる運動行為である。したがって、右側の磨り減りが見られる石鏟は、左利きの人が使ったものと考えられる。先に見られた3対1の割合は、自然界の実態に比べ左利きの割合が多いように見られるが、同じように実見観察した魯中南部の尹家城遺跡の場合、約10対1の割合で左側の磨り減りや表面刃部において右傾斜

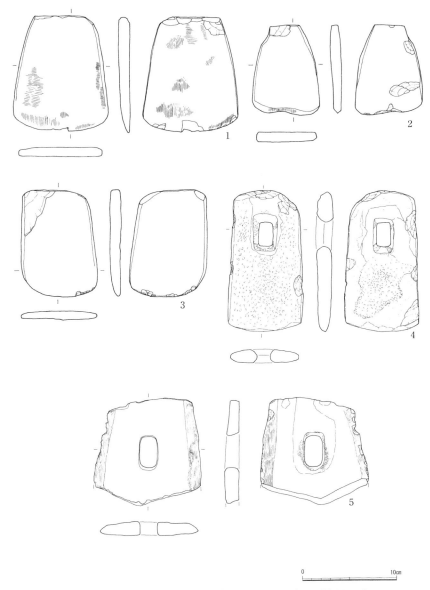

図46 石鏟と石钁　1〜3：芝水、4・5：尹家城（縮尺1/4）

した細線状使用痕が明瞭であり、明瞭な右側磨り減りはわずか1例であった。3対1という比率は、もっと左側磨り減りの比率が高くなる可能性がある。したがって、右利き、左利きといった石鏟使用時の利き手の差が反映しているという推定に問題はないといえよう。

　このような運動行為は、農作業においては頻繁に使われ、それは土を起こしたりする耕す行為に使われるというよりは、畝を起こすための運動行為であったり、水田の畔を形成するための運動行為に用いられるものである。あるいは除草などの運動行為にも用いられるといえよう。したがって、石鏟とは畝立てや除草のための農作業に使われる農具と考えられるのである。ところで、刃の進入

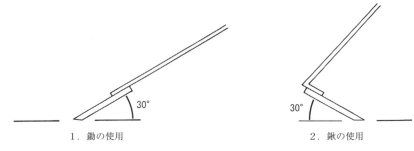

　　1．鋤の使用　　　　　　　　　　　2．鍬の使用
図47　石鏟の使用復原

角度が30度前後であれば、石鏟は鋤状に使われたのではなく、鍬状に使われたのではないかという可能性が考えられる。もし石鏟を鍬状に使った場合でも、刃先の進入角度は確かに30度前後であるが、この場合は、刃が行為者の方に向いて土に刺さることになる（図47－2）。そうすると、右利きの人にとって畝立てなどの土を掬い挙げる場合には、一般的に右方向から左方向に向けて刃が土に刺さる方向で土を掬っていく。その際に使用する刃先は表面では右に負荷が掛かることになり、右面の消耗が大きいこととなる。つまり現象的に見られる石器への右と左の磨り減り差は同じことになり、鋤か鍬かによっての磨り減りの違いは見られない。したがって使用痕からの鋤と鍬の用途は決めがたいことになる。ただし石鏟は比較的薄く、鍬のような上から打ち下ろす打力に耐えがたいように思われる。次に述べる比較的分厚く強固な石鑣こそが、形態的にも鍬としての機能を有していると考えられる。したがって、石鏟は畝立てあるいは除草用の農具として鋤状に使われたと考えてよいであろう。

　龍山文化から岳石文化にかけて畑や水田の土起こし具である耕起具と考えられるものが、岳石文化の石鑣（図46－4・5）である。方形の石斧状の形態で、石鏟より厚く、基部側に方形の穴が空いている。ここに柄を差し込み鍬状に利用したことは容易に想像がつくであろう。またその孔が空いた一方の面にのみ方形状の擦れた痕跡（図46－5）が認められ、ここに木製の柄の端部が接していたと考えられる。おそらくは柄の端部は方形状に飛び出しており、これがストッパーとしての役割を果たしていたものと想像できる。さらにこれを固定するため、ストッパーとは反対側から楔が打ち込まれていたと思われる。刃部は両刃であり、その使用痕は土を耕す際にできたものであることは明瞭である（上條 2008 中国語文献）。

　このように、龍山文化から岳石文化の山東には畝立て・除草用の石鏟、そして岳石文化期にはさらに耕起具である石鑣がそろうことになる。農耕石器として石鏟・石鑣のセットが山東の岳石文化で完成するという現象が重要である。いわば、鋤と鍬といった弥生文化の農耕具の原型がここにあるといっても過言ではないであろう。というのも、石器という形で鋤と鍬がそろっている地域は、広く中国を見渡してもこの岳石文化に限られるからである。

　ところで、石鑣は岳石文化でも魯中南部や魯東において普及しているが、膠東半島すなわち烟台地区では減少する。特に、煙台地区東部の芝水遺跡や照格荘遺跡では今のところ石鑣に相当する石器を見出すことができない。この現象をどのように理解すべきであろうか。すでに述べたように、

煙台地区の岳石文化では石斧の厚斧化や扁平片刃石・柱状片刃石斧の大型化に見られるような木材加工石器の発達が見られた。この現象から類推するならば、石鏃に変わるものとして木器で鍬が作られていた可能性はないであろうか。一方、同じ岳石文化においても石鏃が卓越する魯中南部の尹家城遺跡などでは、柱状片刃石斧は存在していても小型品しか存在せず、いわば石鑿しか存在しておらず、煙台地区のような大型の柱状片刃石斧は認められない。このことは同じ岳石文化においても地域的な違いが存在することを意味しており、今のところ煙台地区では岳石文化期に木工加工具が発達するが、それ以外の地域では岳石文化におけるこのような発達は見られない。また、生業においても、魯中南部ではアワ・キビが主たる生業であったのに対して、煙台地区にはアワ・キビに加えてイネが存在している可能性が高いのである（宮本 2008c）。少なくとも魯東南部の龍山文化において、両城鎮遺跡などではコメ作を主とする農耕であり、魯中南部のアワ作が90%以上である農耕とは大きく異なっている（趙志軍 2004）。農耕食物の差は、農耕形態をも異にするが、魯中南部では畠しか存在しないのに対して、煙台地区や魯東南部では畠に加えて水田が存在する可能性が高いのである（宮本 2008c）。龍山文化期の膠州市趙家荘遺跡では不定形の畦畔型水田が発見されており（靳桂雲ほか 2008）、こうした水田が岳石文化期の煙台地区にも存在している可能性が高い。したがって、鋤としての石鏃は、煙台地区の岳石文化では畠の畝立てのみならず水田の畦畔を作る際にも使われた可能性が高い。一方で、鍬としての石鏃は煙台地区の岳石文化では認められないが、一方で魯中南部に見られない伐採斧や加工斧の発達は木製品の発達を物語っており、石鏃に変わって木製鍬が存在していた可能性が高い。そしてその木製鍬の形態は石鏃のように長方形で基部に方形や円形の孔があけられており、柄に装着されるものであった。実物資料は発見されていないが、煙台地区においては石製の鋤と木製の鍬が存在し、これらが農耕具として畠や水田に使われていた可能性が仮説として提示できるであろう。しかも、煙台地区で木材加工具が発達した背景には、コメの栽培が普及していたように水が豊富であり、森林が豊かであった可能性が高い。これは現在の環境とは異なっているが、先史社会においては大きく生態環境を異にしていたものと想像させる。その点、乾燥化が進んだ黄河下流域の魯中南部では、アワ作などの畠作が主であり、稲作はほとんど行われておらず、さらに森林が発達しないことから、木製品への関心も低く、木材加工具である柱状片刃石斧が発達しなかったと想定できる。同じ岳石文化における地域的な違いは、生業などの古環境を背景とした生産構造の違いから生み出されたものであることを理解できたのではないだろうか。

3．初期農耕と石器

このような鍬と鋤のセットが存在し、それが煙台地区から遼東半島へ広がったのが岳石文化段階である双砣子2期である。この段階が、東北アジア初期農耕化第3段階にあたる。この段階に石鏃が膠東半島から伝播したことは、少ないながらも大連市大砣子遺跡においても出土しており（大連市文物考古研究所・遼寧師範大学歴史文化旅游学院 2006）、問題はない。しかし鍬に相当する石器は遼東半島で未発見である。一方、石斧は遼東形石斧I式・II式が存在するように伐採斧の発達が

認められる地域である。さらに双砣子2期ないし双砣子3期から扁平片刃石斧や柱状片刃石斧の大型化が認められる。

ところで双砣子2・3期に大型化した柱状片刃石斧は、岳石文化と同じB・C式であったが、さらに時期が下った尹家村下層期になるとさらに大型化したD式が出現するようになる。遼東半島において煙台地区のB・C式がさらに大型化していく方向性が見てとれるのである。このD式と同じ法量を持つのが朝鮮半島の柱状片刃石斧である。裵眞晟は、朝鮮半島の柱状片刃石斧を中心として片刃石斧の分析を行っている（裵眞晟 2001）。この分析によれば、朝鮮半島で最も古く定型的な柱状片刃石斧が出現するのは、可楽洞式期に扁平片刃石斧が出現しているのに比べやや遅れ、その次の段階である駅三洞式段階である。この駅三洞式期の柱状片刃石斧は大型であり、遼東半島のD式に相当する段階である。裵眞晟のいう朝鮮半島における柱状片刃石斧の大型、中型、小型は、長さが20〜25cm、15〜20cm、15cm以下に相当しており、朝鮮半島の大型柱状片刃石斧は、まさに遼東半島のD式に相当している。

裵眞晟の分析によれば、朝鮮半島の柱状片刃石斧は時期を追うにしたがい小型化していく方向にある。したがって、その初現期は遼東半島と同一期ということになる。あるいは遼東半島の大型化した柱状片刃石斧が祖形であったことが理解できるであろう。また、裵眞晟の柱状片刃石斧の形態的分析によれば、柱状片刃石斧は横断面形と後主面の側面形態が注目されている。図48に示すように、横断面形は縦型の長方形状ないし台形状のものから方形、そして小型の台形状のものへの変化が考えられている。後主面の側面形態は直線的なものから、弧線を描くもの、そして稜線を以て屈曲するものへと変化すると仮定する。さらに横断面形、背面の形態、大きさという三つの属性を掛け合わせることにより、それらの組み合わせと個々の属性の変化方向に矛盾がないことを示して、図48のような柱状片刃の変遷を考えている。この形態変遷にしたがえば、最古式段階の属性要素である横断面形が縦長長方形状であり、さらに後主面側面形が直線をなすものは、遼東半島のC式に類似している。大きさが類似する遼東半島のD式は後主面側面形が弧線を呈しており、裵眞晟の型式変遷によれば新しい段階ということになるが、これはD式がわずか2例と数量が少ないことに起因している可能性があるかもしれない。ただし、後主面側面形が弧線をなす傾向は、遼東半島の場合、小型のB式やC式からすでに見られ、こうした傾向が遼東半島では先行的に進んでいる可能性がある。D式の段階に後主面側面形が直線から弧線化する型式変化があったのかもしれない。そうすると、駅三洞式期の朝鮮半島最古段階の古式柱状片刃石斧は、まさに遼東半島の柱状片刃石斧を原型としてその変化方向の中に存在しているということができる。このようなあり方は遼東半島の柱状片刃石斧が、煙台地区の岳石文化の柱状片刃石斧の変化方向の延長にある点と相似的な現象として見なすことができるであろう。

そしてその朝鮮半島での柱状片刃石斧の出現時期が駅三洞式という無文土器前期前半段階であり、尹家村下層期に相当する。より細かい編年でいえば上馬石A区下層期に相当し、ほぼ西周期に相当すると考えることができるであろう（宮本1991）。ちなみに無文土器早期の可楽洞式期に扁平片刃石斧が出現することを裵眞晟は述べているが（裵眞晟2001）、これは尹家村下層期に遡る双砣子3期ということになり、土器編年の併行関係から考えても矛盾のないものである。また、双砣子3

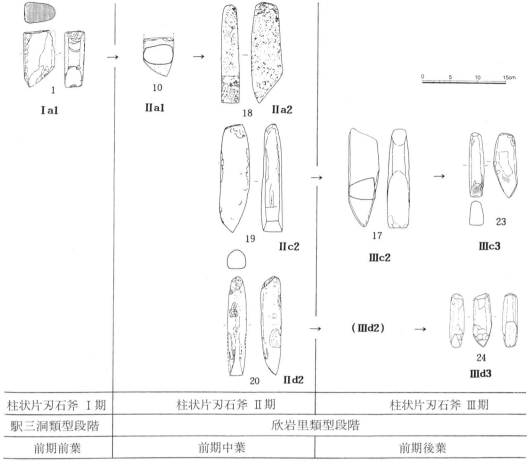

図48　朝鮮半島における柱状片刃石斧の変遷（裵眞晟2001より）

期には大型の扁平片刃石斧が成立するが、可楽洞式期に始まる扁平片刃石斧も比較的大型であり、煙台地区の岳石文化ならびに遼東半島の双砣子2期・3期に出現する大型の扁平片刃石斧に系譜的に繋がるものとなる。無文土器早期が双砣子2期あるいは双砣子3期に相当することになり、併行関係としても矛盾のないものとなるであろう。ちなみに遼東半島の扁平片刃石斧は、図41に示すように、尹家村下層期に至ると再び中・小型が主体となり、双砣子3期のような大型品は現れなくなる。その点でも、無文土器早期の比較的大型な扁平片刃石斧は、双砣子3期に系譜を引くものということができ、年代的併行関係としても妥当なところである。

　以上のように、柱状片刃石斧ならびに扁平片刃石斧が、煙台地区で大型化するが、岳石文化期相当の双砣子2期に遼東半島に伝播するとともに、遼東半島を介してやや時期差を持ちながら朝鮮半島へと広がり、さらに独自の変化を遂げていくという一連のプロセスを確認することができた。柱状片刃石斧は次第に大きさが小型化していくが、朝鮮半島南部ではさらに小型化したものの表面基部側に柄との装着の機能強化のために抉りが生まれていく。これが無文土器中期に出現する抉入片刃石斧であり、弥生時代早期には北部九州に出現していくことになる。当初は朝鮮半島南部のもの

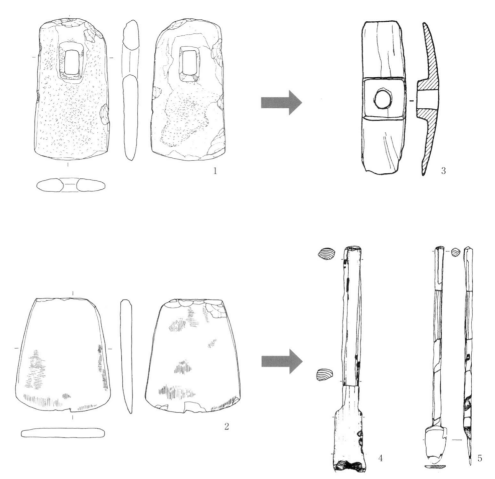

図 49 石製農具と木製農具の対比　1：尹家城、2：芝水、3：里田原、4・5：橋本一丁目

とよく類似しているが、次第に在地的な変化を遂げるようになること（下條 1996）は、遼東から朝鮮半島へ柱状片刃石斧が伝播していくあり方と類似しているといえるであろう。

　これまでの議論でいえることは、朝鮮半島に無文土器が成立していく段階も、弥生早期に北部九州で大陸系磨製石器が出現するのと同じように、一連の磨製石器が出現していく段階であったことである。それは石包丁であり、扁平片刃石斧であり、厚斧化した石斧である。さらに柱状片刃石斧であったり、遼東形伐採石斧の退化形が朝鮮半島に出現することになる。これらはすべてが遼東半島を介しての広がりということができるであろう。遼東形伐採斧や石包丁に関しては、東北アジア初期農耕化第2段階の小珠山上層期に膠東半島（山東半島東部）煙台地区から遼東半島にもたらされた可能性が高いが、それ以外の厚斧化した石斧や特に大型化した扁平片刃石斧や柱状片刃石斧は、双砣子2期の東北アジア初期農耕化第3段階に、煙台地区の岳石文化から持たらされたものである。両者ともに煙台地区からの人の動きと連動して新たな物質文化や技術がもたらされたものであると理解できるであろう。特に後者の動きの延長として朝鮮半島の無文土器文化の文化要素が形成されていった可能性が高いと見られる。また、後者の段階には、石斧の厚斧化や加工斧の大型化や多様

表 17 東北アジアにおける伐採斧・加工斧と石製・木製農具

時期	山東中南部	煙台地区	遼東半島	朝鮮半島北部	朝鮮半島南部	北部九州	柱状片刃石斧
岳石文化	石钁(石鍬) 石鏟(石鋤)	? 石鏟(石鋤)	? 石鏟(石鋤)				B・C式
双砣子3期			? ?	? ?			
尹家村下層			? ?	? ?	? ?		D式
先松菊里			? ?	? ?	? ?	木製鍬 木製鋤	抉入柱状片刃石斧

化に見られる木製品加工の高まりが見られる段階である。こうした新たな技術こそが無文土器文化を育んでいった要素の一つであろう。

　そこで問題とすべきは、先に示した東北アジア初期農耕化第3段階の岳石文化や双砣子2期に見られる鋤である石鏟とともに木製の鍬が存在した可能性である。この段階には木製品への関心が高まった段階と規定したが、このような木製品の存在の可能性は朝鮮半島の無文土器文化にも当然存在することになる。木製品を製作するために加工斧が必要であり、こうした技術が双砣子2期以降に山東の煙台地区から遼東半島を経由して朝鮮半島にもたらされたと考えることができるのである。その点で、弥生早期はほぼ先松菊里期に相当すると土器の相対比較から考えられるが（家根1997、武末 2004）、これは無文土器後期初頭に相当しよう。そして、この段階に北部九州では木製の鍬、鋤、エブリなどの木製農具が出現するのである。当然この段階に木製の鍬、鋤、エブリや木製杵が朝鮮半島南部に存在していたはずである。

　すでに、東北アジア初期農耕化第3段階に認められる農耕石器として、石鏟としての鋤、石钁としての鍬を指摘した。これらの形態は、復元した石鏟の形態を含めて眺めるならば、図49にあるように、弥生早期から前期に北部九州で出土した木製鋤と木製鍬に形態的にきわめて類似しているといわざるを得ない。弥生早期の木製鋤に関しては縄文の系譜を引くと指摘する意見もある（山田 2003）が、形態的にも石鏟の方に類似しており、木製鍬・鋤とともに朝鮮半島から伝来してきたものと考えるほうが妥当なのではないだろうか。しかも、それが機能的には耕起具としての鍬と、畝立てや畦畔を作るための鋤としてすでに岳石文化段階に存在しており、畠や水田において必然的な農耕具の形態であったと考えられるのである。もちろん鍬には土木具としての用途もあるが、機能分化した鍬と鋤が組み合わさってなされる農耕活動の成立が重要である。朝鮮半島の場合、砂質の河岸段丘での畠と沖積地や扇状地での水田はともに木製農具で十分耕作が可能である。そして当時の森林域の広がりから考えても、魯中南部の岳石文化で見られた石製の鋤や鍬よりも、加工斧によって作られた木製農具の方が機能的に優れたものとなったであろう。したがって東北アジア初期農耕化第3段階には、多様な加工斧などの伝播とともに、木製の鋤や鍬が存在していたとのではないかと想像するのである。さらにはこの段階に本格的な畠や水田技術が、これら農耕具とそれを生産する加工具といった文化的なまとまりとして、煙台地区から遼東半島にもたらされ、さらには朝鮮半島にもたらされたものではないかと推測する。

　最後に、山東から北部九州に至る農具と木材加工具との関係を示し、それとの併行関係や段階性

をまとめた表17を提示することにより、これまでの著者の述べんとすることのまとめとしたい。

4．まとめ――木製農耕具存在の推定の試み――

　屋上屋を架す議論であり、未検証仮説として誹り受ける可能性があるやもしれない。しかし、未だ発見されていない朝鮮半島での無文土器前期以前の木製農具の存在に関して、発見に至るまで議論を控えているわけにもいかない。周辺での状況証拠を積み重ねることにより、核心的な存在を実証していくのも、われわれの学問には必要であろう。存在するということを示すのは考古学では割合簡単であるが、むしろ存在しないということを実証的に示すのは難しい学問分野である。その意味では単に存在することを示すだけではなく、物質が存在している背景とその系譜、さらにその因果関係を示すことが重要である。本章ではその試みをなしたとともに、東北アジア初期農耕化第3段階と呼ぶ灌漑農耕の伝播時期に、木製農耕具が存在している可能性を述べた。そしてその状況証拠としてこの段階に煙台地区を基点として加工斧の大型化・多様化にみられる木製品利用の増大の可能性を指摘してきたのである。木製品は貯木や加工を含め水場との関係が重要である。そしてまた水場は水田などの灌漑農耕との関係も必然化している。そうした生産の様々な過程が複合しながら、山東しかも煙台地区を基点として二次的農耕地帯である遼東半島や朝鮮半島に灌漑農耕技術が広がったものと考えられる。これがさらに朝鮮半島の無文土器社会の成立においても重要な因果関係となっていたことが想像されるのである。

第 7 章　朝鮮半島無文土器社会の成立

　弥生土器が無文土器の影響で始まったことはよく知られるところである。縄文文化から弥生文化への移行に関しては、北部九州において認められるように、夜臼Ⅰ式、夜臼Ⅱ式を経て板付Ⅰ式において完成するものである。この過程を第10章でも述べるように、著者は4段階に分けて説明したことがある（宮本 2011c）。この段階の特徴は、夜臼Ⅰ式段階から無文土器の影響を受けた壺形土器が存在するとともに、わずかな板付祖形甕が存在するものの、主体は縄文系統の深鉢と浅鉢である。これらの縄文系統の土器のうち深鉢は板付祖形甕が変化した板付式甕に、浅鉢は高坏や鉢に置換する段階が板付Ⅰ式の段階である。そしてその置換が最初に起きた場所が福岡平野であると考えている（宮本 2011c）。
　このような縄文系統の深鉢と弥生系統の板付式甕との土器製作技術上の違いは、明確である（図50）。前者が粘土紐の幅の狭いものを内傾接合するのに対し、後者は幅広の粘土帯を外傾接合する違いが存在する（家根 1984）。さらに器面調整において、前者が二枚貝の条痕調整であるのに対し、後者はハケメ調整からなるものである。これら三つの土器製作上の技術的な差違以外に、さらに土器焼成技法の差違が存在することが示されており、前者が覆いを用いない開放型野焼き、後者が覆いを用いる覆い型野焼きであることが実験考古学においても明らかとなっている（小林ほか 2000）。このように縄文系統の土器は、弥生系統の土器とは器形などの違い以外に、土器製作技術の明確な違いが明らかとなっている。さらにこうした製作技法の違いは夜臼Ⅰ式以降弥生土器的技術がわずかに流入しつつ、最終的に板付Ⅰ式段階で弥生土器的技術が増加する。技術的な置換現象が起きることが明らかとなっている（三阪 2014）。しかも、こうした弥生土器系統の技術的な系譜は無文土

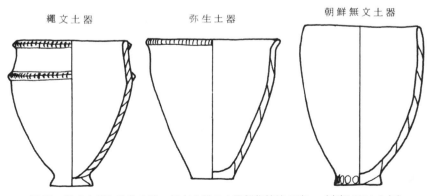

図 50　縄文土器と弥生土器・無文土器の土器製作技法の違い（家根 1984 より）

表 18 東アジア先史文化編年表と東アジア初期農耕化の 4 段階

年代	中原	山東	膠東半島	遼東半島	遼河下流域	鴨緑江下流域
BC5000	裴李崗	後李				
	仰韶半坡類型	北辛	白石村	小珠山下層	新楽下層	後窪下層
BC4000	仰韶史家類型	大汶口前期	邱家荘	小珠山下層		後窪上層
	仰韶廟底溝類型	大汶口前期	北荘 1 期	小珠山中層	馬城子	
BC3000	仰韶半坡 2 期	大汶口中期	北荘 2 期	呉家村	偏堡	闍坨子
	廟底溝 2 期	大汶口後期	楊家圏 1 期	偏堡	偏堡	双鶴里 1 期
BC2000	王湾 3 期	龍山前期	楊家圏 2 期	小珠山上層	肇工街 1 期	双鶴里 2 期
	新砦	龍山後期	楊家圏 3 期	双砣子 1 期	高台山	新岩里 1 期
	二里頭文化	岳石	昭格荘	双砣子 2 期	高台山	新岩里第 3 地点第 I 文化層
BC1500	二里岡文化	岳石	芝水	双砣子 3 期	高台山	新岩里 2 期
	殷墟期	大辛荘	珍珠門	双砣子 3 期	新楽上層	
BC1000	西周	西周		上馬石 A 地点下層	新楽上層	新岩里 3 期
			西周	上馬石 A 地点上層	鄭家窪子	美松里上層
	春秋	春秋	春秋	上馬石 B II 地点	鄭家窪子	墨房里
BC450					鄭家窪子	
	戦国	戦国	戦国	尹家村 2 期	鄭家窪子	

表 19 上馬石貝塚における土器製作技法の変遷

	粘土帯の積み上げ						器面調整				焼成			
	幅狭粘土帯	中間	幅広粘土帯	水平	内傾	外傾	非木製板工具	木製板工具	回転ナデ	平行条線タタキ	開放型野焼き	覆い型野焼き	黒色化	丹塗磨研
小珠山下層期	●	×	×	●	●	●	●	×	×	×	?	?	×	×
小珠山中層期	?	?	?	?	?	?	?	?	?	?	?	?	?	?
呉家村期	—	—	—	—	—	—	—	—	—	—	—	—	—	—
偏堡類型	?	?	△	?	?	○	×	●	?	×	?	△	?	●
小珠山上層期～双砣子 1 期	?	△	△	?	?	?	○	○	●	●	?	?	●	×
双砣子 2・3 期～上馬石上層期〔C 区〕	?	△	△	○	?	?	●	○	●	×	?	?	●	×
双砣子 2・3 期～上馬石上層期〔A 区下層〕	×	●	×	?	?	●	○	●	●	?	?	?	●	×
上馬石上層期〔A 区上層〕	×	●	×	?	○	●	×	●	●	?	?	?	●	×
上馬石上層期〔B II 区〕	×	●	×	?	?	?	×	●	●	×	?	?	●	△
上馬石上層期〔西丘〕	?	?	?	?	?	?	×	○	●	?	?	?	●	×

●存在し高い比率を占める　○存在する　△存在する可能性あり　×存在しない可能性が高い　?不明　—未分析

器にあることが知られている（家根 1984・1997、三阪 2012）。すなわち、夜臼 I 式段階に無文土器文化から影響を受け、壺形土器を成立させながらも、土器製作技術上の転換は板付 I 式段階までかかったことになる（三阪 2014）。こうした転換を朝鮮半島南部からの新たな影響ではなく、夜臼 I 式に定着した朝鮮半島南部の技術が増加したと捉える向き（三阪 2014）もある。しかし、著者はむしろそうした技術転換や板付祖形甕の系譜の中で、板付式甕が生まれる現象を、朝鮮半島南部の持続した影響（宮本 2011c）と捉えるべきであると考えている。しかもその技術的な置換に、北

朝鮮半島西部	朝鮮半島中・南部（無文土器時代区分）		北部九州	東北アジア初期農耕化
	新石器早期		縄文早期	
智塔里			縄文前期	
金灘里1期	新石器前期			
	新石器中期		縄文中期	1段階
南京1期	新石器後期			
南京2期	新石器晩期		縄文後期	2段階
コマ形土器1期	突帯文土器	（早期）		3段階
	横帯斜線文土器(可楽洞)	（前期前半）		
	横帯斜格子文土器(欣岩里)	（前期中葉）	縄文晩期	
	孔列文土器(駅三洞)	（前期後葉）		4段階
コマ形土器2期	先松菊里(休岩里)	（後期）	弥生早期	
コマ形土器3期	松菊里		弥生前期	
コマ形土器4・5期	粘土帯土器			

部九州では少なくとも300年以上かかっていることになる。

　このような無文土器を発信源とした土器製作上の転換は、朝鮮半島南部においてはどうであろうか。幅広粘土帯、粘土帯の外傾接合、土器器面のハケメ調整、覆い型野焼きといった四つの土器製作技術の要素は、基本的に朝鮮半島南部の無文土器に認められる特徴であるが、こうした要素は韓国新石器文化の土器製作には認められないことが明らかとなっている（三阪 2012）。しかも、これらの土器要素は無文土器早期の突帯文土器段階から認められるのである。韓国新石器文化にこれらの技術が認められないとすれば、無文土器の成立が内在的な過程で生まれたものではないことが明らかとなろう。縄文土器と弥生土器の関係と同じように、韓国無文土器も外来的な土器製作体系との関連を考えざるを得ないのである。

　ところで、韓国無文土器の初源を突帯文土器に求めるか（安在晧 2000・2010、千羨幸 2007）、あるいは突帯文土器、二重口縁土器、孔列文土器が系統を異にして混在するものとして捉えるか（金壮錫 2008）、において意見が対立している。また、突帯文土器を初現期の土器として認めた場合でも、その系譜関係を朝鮮半島西北部に求める考え方（安在晧 2000・2010、千羨幸 2007）、あるいは朝鮮半島東北部に求める考え方（姜仁旭 2007、金材胤 2004）の違いが存在する。近年では朝鮮半島突帯文土器に認められる節状突帯文が朝鮮半島西北部にしか存在しないところから、朝鮮半島突帯文土器の起源を朝鮮半島西北部に求める意見（裵眞晟 2010）が有力である。

　しかしながら、土器製作技術の面から無文土器の系統問題や始まりの問題にこれまで言及した論攷はなかったといえよう。本章では、この土器製作技術の問題から朝鮮半島無文土器の始まりをどのように考えるべきかを議論したいのである。

1．遼東半島上馬石貝塚からみた土器製作技法

　1941年に日本学術振興会によって調査された中国遼寧省大連市旅大区大長山島上馬石貝塚は、

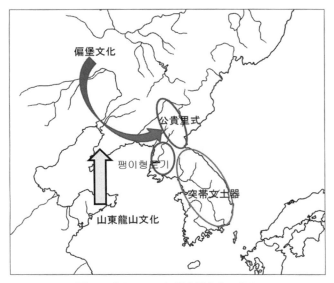

図51　東北アジア初期農耕化第2段階

近年報告書が刊行されている（宮本編 2015）。本貝塚資料は、呉家村期を除き、新石器時代前期の小珠山下層から青銅器時代の上馬石上層、さらには初期鉄器時代の尹家村2期まで連続して存続する遺跡である。また本遺跡の分析により青銅器時代を中心とした細かい編年作成が可能になり（宮本 1991・2015a）、東アジアを通じた土器編年の平行関係も明らかとなっている（宮本 2015b）。表18が東アジア土器編年表である。ここに見える遼東半島の新石器時代から青銅器時代・初期鉄器時代において、無文土器や弥生土器に認められる特徴的な土器製作技術である幅広の粘土帯、粘土帯の外傾接合、ハケメ調整といった3要素ならびに覆い型野焼きに示される黒斑の特徴が、どのように出現しているかを眺めてみたい。表19がその結果である（三坂 2015）。偏堡文化の土器は数量が少なく、比較資料として不安定なところもあるが、この段階から幅広粘土帯、粘土帯の外傾接合、ハケメ調整、さらには覆い型野焼きを示す黒斑が認められるのである。しかも、偏堡文化の次の段階の小珠山上層や青銅器・初期鉄器時代資料では、これら四つの技術的特徴が共時的に存在する例はない。たとえば偏堡文化に続く小珠山上層期には、明確な覆い型野焼きの黒斑が認められない。ただし、こうした事例を除けば、無文土器早期と^{14}C年代をほぼ同じにする（安在晧 2010）双砣子2・3期段階においても、幅広粘土帯、粘土帯の外傾接合、ハケメ調整など3要素は認められ、無文土器の土器製作技術の系譜をむしろ双砣子2・3期に求める考え方もあるかもしれない。しかし、その後の上馬石A区下層など上馬石上層文化以降には幅広粘土帯の技術が認められず、土器製作技術的には上馬石上層文化とは系譜関係がないことになる。

遼東において無文土器や弥生土器と同じ土器製作技術の4要素が一括して出現するのが偏堡文化段階であることが興味深い。特にこの段階のハケメ調整は顕著であり、上馬石貝塚以外でも、文家屯貝塚など実見できる資料においてハケメ調整が認められ、この段階はハケメ調整が始まっただけでなく普及していた段階である。さらには、内蒙古札魯特旗南宝力皋吐遺跡出土土器のように、黒斑の形態から覆い型野焼きの特徴と判断するものがありうるのである（内蒙古自治区文物考古研究所・札魯特旗人民政府砡 2010）。したがって、無文土器・弥生土器の製作技術の4要素が揃って認められるのは、今のところ偏堡文化段階ということになる。しかも、偏堡文化後期から小珠山上層期の移行期は東北アジア初期農耕化第2段階の寒冷期とともに、文化伝播や文化移動が見られる時期である（図51）。この時期は、第5章でも論じたように人間の移動（Demic expansion）を伴う段階と考えられ（宮本 2009a）、土器製作技術もその後の無文土器から弥生文化の移行段階と同じ

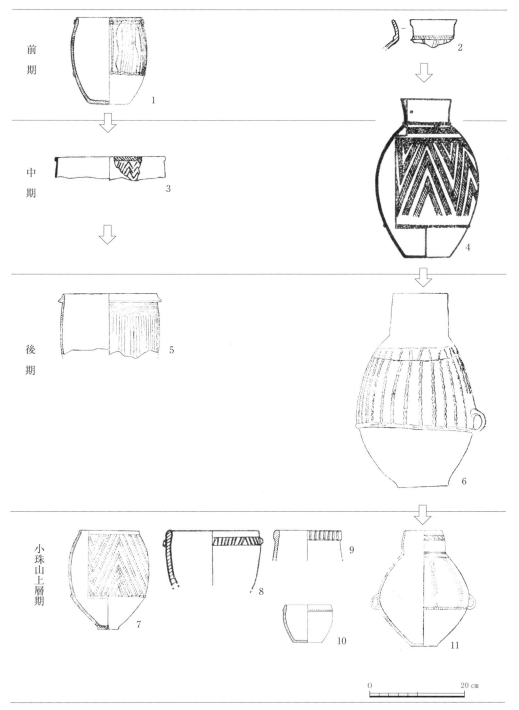

図52 偏堡文化の土器編年　1〜4：三堂、5・6：肇工街、7・11：北溝西山、8〜10：郭家村（縮尺1/8）

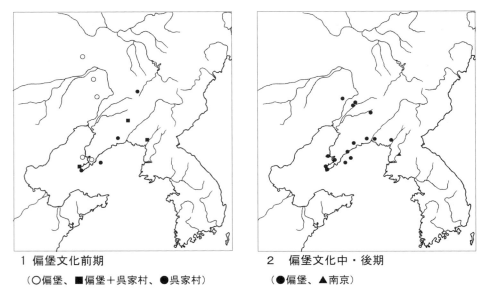

1　偏堡文化前期
（○偏堡、■偏堡＋呉家村、●呉家村）

2　偏堡文化中・後期
（●偏堡、▲南京）

図53　偏堡文化前期と偏堡文化中・後期の分布差

表20　偏堡文化の遺跡消長表

遺跡名	所在地	偏堡文化分期			小珠山上層	文献
		前期	中期	後期		
南宝力皋吐	内蒙古扎魯特旗南宝力皋吐村	○				内蒙古文物考古研究所・扎魯特旗文物管理所 2011
大沁他拉	吉林省奈曼旗大沁他拉鎮	○				朱鳳瀚 1979
高台山	遼寧省新民県高台子郷高台子村	○	○	○		遼海文物学刊創刊号
偏堡	遼寧省新民県偏堡	○	○			遼寧省文物考古研究所ほか 1992
新楽	遼寧省瀋陽市北区			○		瀋陽市文物管理辦公室 1978
肇工街	遼寧省瀋陽市鉄西区肇工街			○		中国社会科学院考古研究所東北工作隊 1989
猴侯	遼寧省瓦房店市					王嵇 1993
蛤皮地	遼寧省瓦房店市交流島	○	○			遼寧省文物考古研究所ほか 1992
三堂	遼寧省瓦房店市長興島	○	○			遼寧省文物考古研究所ほか 1992
大潘家村	遼寧省大連市旅順口区江西鎮	○		○	○	大連市文物考古研究所 1994
文家屯	遼寧省大連市旅順口区営城子	○		○		岡村編 2002
郭家村	遼寧省大連市旅順口区鉄山公社				○	遼寧省博物館・旅順博物館 1984
小珠山	遼寧省大連市長海県広鹿島		○			社会科学院考古研究所ほか 2009
上馬石	遼寧省大連市長海県大長山島		○			宮本一夫編 2015
馬城子B洞	遼寧省本渓満族自治県南甸郷	○				遼寧省文物考古研究所ほか 1994
北甸	遼寧省本渓満族自治県南甸郷			○		遼寧省文物考古研究所ほか 1994
塔寺屯	遼寧省普蘭店市城子坦鎮			○		澄田 1990
小業屯	遼寧省庄河市光明山郷			○		王嗣洲・金志偉 1997
北溝西山	遼寧省岫岩満族自治区岫岩				○	許玉林・楊永芳 1992
石仏山	遼寧東溝県石沸山			○		許玉林 1990
双鶴里			○			都宥浩 1960、李炳善 1963
新岩里					○	李淳鎮 1965
堂山		○	○	○		차달만 1992

ように、この段階に伝播した可能性がある。偏堡文化も後に述べるように、遼西西部から遼東へ文化伝播し、さらには朝鮮半島西部の櫛目文土器文化において壺形土器を生み出す発信源となっている。こうした文化発信が東北アジア初期農耕化第2段階であることはすでに述べたことがある（宮本 2009a）。また、偏堡文化段階には赤色磨研技術が認められる。これは、朝鮮半島無文土器時代の赤色磨研壺の出自を考える意味でも興味深い。さらに、

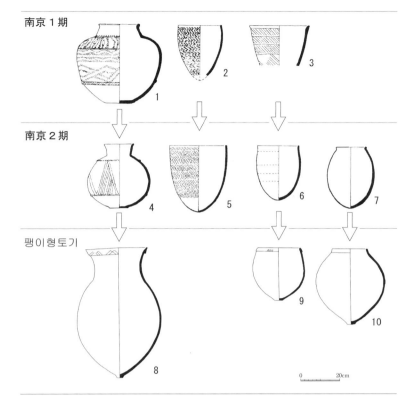

図54　コマ形土器成立のモデル図（縮尺1/20）

偏堡文化成立期には、中国大陸の新石器時代末期における地域間関係の大きな変動期に当たっている。華北地域から中国東北部にかけてはそれまで南北間の土器交流関係であったのに対し、この段階以降、東西間の交流関係へと変化している。特に、長城地帯を中心に、内蒙古中南部地域の老虎山Ⅱ期や海生不浪文化（宮本 2004c）と遼西の小河沿文化との土器の類似性が認められるように、長城地帯における文化交流が加速する段階である（宮本 2000a）。こうした長城地帯の東西間の文化接触の一端として、偏堡文化の遼西東部から遼東への広がりが理解できるのである。

ところで、偏堡文化の遼東・韓半島西北部への文化伝播が、製作技術的な根拠から韓半島の無文土器を生み出したと仮定すると、表18に示すように偏堡文化後期と無文土器文化早期の突帯文土器との間には約900年間のギャップがある。このギャップをどう考えるべきであろうか。これまでは^{14}C年代を基に、韓国無文土器早期の紀元前1500年頃と同じ年代を示す遼東半島の双砣子2・3期が候補者として議論されてきた（安在晧 2010）。こうした考え方との矛盾をどう克服すべきであろうか。

2．偏堡文化の動きと突帯文土器

偏堡文化は筒形罐と壺からなるが、筒形罐の場合、隆帯の位置やその形態によって大きく3型式

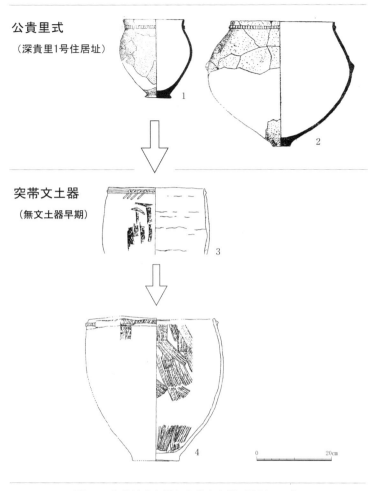

図55 公貴里式土器と突帯文土器（縮尺1/10）

に分けられ、それが3段階として時間差を示すものと考えられている（陳全家・陳国慶 1992）。これは、型式的な差異と出土遺跡や層位との差し引き関係によって証明された編年（図52）である。この編年観によれば、偏堡文化前期は筒形罐の断面方形の口縁部隆帯が口縁から離れた位置に貼られる。中期には筒形罐の口縁に接して断面方形の隆帯が貼られる。さらに後期には口縁部隆帯が断面三角形状に変化するとともに内湾するものである。一連の変化は口縁部の隆帯の接合状態の変化を示すものであり、きわめて単純な土器型式の変化方向であるが、大枠の時間変化と時間を区分するものとしては有効な型式区分と型式変化である。

　この段階に応じて遺跡分布の差異を見出したのが図53である。なお、その根拠とする偏堡文化遺跡の消長に関しては、表20に示している。かつて偏堡文化と呉家村期は一時器的に共存すると考えたように（宮本 1995b）、偏堡文化と呉家村期はきわめて明快に分布を異にするように分布している。小珠山中層が遼東全体に分布していたのに対し、呉家村は遼東でも偏堡文化の拡がりの周辺域に存在するように、遼東の東部分を円弧状に分布している（図53-1）。一方、偏堡文化は、遼西東部から遼河平原の遼河下流域を中心に遼河下流域まで分布しており、一定の棲み分けが存在しているように見える。こうした状況から、偏堡文化全体が遼西東部や遼河下流域からさらに遼東・韓半島西北部に面的に広がるのが偏堡文化中・後期ということができるのである（図53-2）。

　さらに、大同江流域の朝鮮半島西部では櫛目文土器後期段階に、この偏堡文化の影響を受けて壺形土器のみが出現していく。これが南京1期（南京37号住居址）にみられる胴部下半に隆帯を施し幾何学的文様をもつ壺型土器（図54-1）である。これに関して、従来は文様構成から遼東半島の呉家村期平行（宮本 1985・1995b）と考えていたが、古澤義久の指摘にあるように（古澤

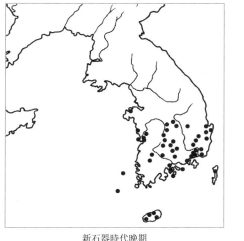 

新石器時代晩期　　　　　　　　　　　　青銅器時代早期

図56　朝鮮半島南部の新石器時代晩期と突帯文土器の分布

2007)、このような壺形土器が呉家村期に存在しないことからも、これが偏堡文化期に相当するものと考える。したがって、著者がいう東北アジア初期農耕化第2段階は、この南京1期に相当する。寒冷期における偏堡文化の南下は、さらに櫛目文土器文化圏をも一定の影響を与えたのである。さらに、南京2期にも壺形土器（図54-4）が認められるが、胴部の隆帯間に斜格子状の隆起文様を構成するところから、上馬石貝塚広口壺a式に類似しており、小珠山上層期に平行するものであろう。

一方で、偏堡文化の周辺域である鴨緑江中・下流域においても、この段階で土器型式の変化を生み出している。これが粘土帯を口縁下に施す朝鮮半島南部の突帯文土器にきわめて類似している公貴里式である。公貴里式は新貴里1号住居址を代表とするものである（図55-1・2）。

3．韓国無文土器文化の始まりに関する新たなモデル

朝鮮半島南部の無文土器早期の突帯文土器は、二重口縁土器や孔列文土器と共伴する時期もあるが、単独に存在する時期が型式学的に明らかとなっている（李隣靜 2013）。この点からも、無文土器の最も早い段階が突帯文土器であることが確かである。また、新石器時代晩期の二重口縁土器と突帯文土器の分布を比べた場合（図56）、明らかに異なっている。前者が海岸部や河川流域などの狩猟採集や漁撈に適した環境に分布するのに対し、後者の突帯文土器は沖積地など農耕に適した場所に分布しており、両者に連続性は認められない。すでに述べたように、土器製作技法の四つの特徴は、この突帯文土器段階から認められるのであり、新石器時代の土器製作技術とは完全に異なり、連続性が認められない。現在、突帯文土器に最も類似した土器形態や住居址の炉構造は、朝鮮半島西北部鴨緑江中・上流域の公貴里式（新貴里1号住居址）にある（李隣靜 2013）。突帯文土器は漢江流域まで分布しており、鴨緑江中・上流域の公貴里式と接触する関係にある（図51）。公貴里式

が突帯文土器の直接の祖形である可能性が高いといえよう。

　ところで、偏堡文化が南下する偏堡文化後期の東北アジア初期農耕化第2段階では、偏堡文化の分布域に隣接する大同江流域の朝鮮半島西部において偏堡文化の影響が認められる。南京1期では、偏堡文化の壺形土器が単独で出土しながらも、そのほかは基本的に櫛目文土器深鉢が主体を占め（図54）、新石器の櫛目文土器文化が存続している。このことは、北部九州の弥生早期の夜臼Ⅰ式と同じ様相を示しているといえよう。さらに続く小珠山上層期平行期の南京2期においても、櫛目文深鉢が主体を占めるが、深鉢の中には短斜線文をもつ深鉢（図54－6）や無文の深鉢（図54－7）も出現している。これは、北部九州でいえば夜臼Ⅱ式段階の様相に類似している。さらにこの次の段階に、このような無文化していく深鉢に偏堡文化の筒形罐の文様要素である刻目隆帯の要素が合体することにより、コマ形土器文化1期の口縁部隆帯文でわずかな平底をもつ甕（図54－9）が出現したと想定できるのである。また偏堡文化期に出現した壺形土器も、同じように口縁に刻目隆帯文をもつものに変化している（図54－8）。北部九州でいう板付Ⅰ式段階の様式転換と同じ過程を果たしたのである。このように、偏堡文化の要素が時間的な経過を経ながら櫛目文土器の様式転換を促し、朝鮮半島西部では無文土器文化であるコマ形土器文化が生まれたという変化モデルを構築することができるであろう。そして、小珠山上層期平行の南京2期からコマ形土器文化1期という移行は、おそらくは500年間ぐらいかかったと思われる。さらにコマ形土器文化が、従来からいわれたように、朝鮮半島南部の可楽洞式土器などのような二重口縁土器の祖形であった（裴眞晟2003、金壮錫2008）と考えられるのである。

　朝鮮半島南部無文土器早期突帯文土器の直接の祖先である公貴里式は、偏堡文化の筒形罐の特徴を有しながら、それより遅い小珠山上層以降に平行する段階に生まれたものと想定される。この公貴里式を介して無文土器の突帯文土器が朝鮮半島南部で生まれたとしたならば、偏堡文化からの突帯文土器までの900年間の時間差も、その移行期を挟むことにより理解が可能と思われる。そして、十分な証明はできないが、状況証拠からして偏堡文化から公貴里式（図55－1・2）を介して突帯文土器へ（図55－3・4）、幅広粘土帯、粘土帯の外傾接合、ハケメ調整、覆い型野焼き焼成といった土器製作技術が広がったと思われる。この製作技術の転換に遼東の偏堡文化の領域と朝鮮半島南部の突帯文文化の領域の間に朝鮮半島西北部（鴨緑江上・中流域）が介在し、さらにその転換に300年以上の時間がかかるとすれば、偏堡文化と突帯文土器文化の900年間も、移行過程が複数の地域を連鎖的に行われたことにより、理解が可能であるといえよう。

　そして、東北アジア初期農耕化第3段階である紀元前1500年頃の寒冷期を契機に、第6章で詳述したように、山東半島から遼東半島を介して朝鮮半島まで、大陸系磨製石器を含む稲作農耕文化が広がっていく。この灌漑農耕の普及は、東北アジア初期農耕化第2段階の偏堡文化の南下とは異なった文化伝播とそのベクトル線にある。このように、朝鮮半島南部の無文土器文化では、偏堡文化の影響を基盤として、山東半島から遼東半島を介した磨製石器を伴う灌漑農耕の伝播という二重性の中に、新たな農耕社会が生成されているのである。

第8章　朝鮮半島無文土器社会と北部九州弥生時代

　ここでいう朝鮮半島農耕文化とは無文土器時代あるいは朝鮮半島青銅器時代に相当する。朝鮮半島青銅器時代は、近年、早期、前期、後期に分けられ（安 2008）、いわゆる無文土器時代後期として分期されていた粘土帯土器段階を青銅器時代からはずし、初期鉄器時代として分期する考え方（韓国考古学会 2007）が多くなってきている。本章でもこの分期にしたがい、突帯文土器段階から松菊里文化段階以前を朝鮮半島初期農耕文化（青銅器時代）として扱うことにしたい。突帯文土器を早期、可楽洞式や孔列文土器を前期、松菊里式土器を後期と呼ぶものであり、ここでは便宜的に無文土器早期、前期、後期と呼ぶ。弥生文化の開始時期は無文土器後期初頭の先松菊里式段階にある。そして初期鉄器時代の開始は弥生前期後半ということになるであろう。

　ところで朝鮮半島初期農耕文化の成立ということを問題にすることは、弥生文化成立の問題に通ずるところがある。朝鮮半島初期農耕文化も基本的には在地的に穀物農耕を生み出す背景はなく、他地域からの農耕技術やそれに伴う文化の流入が背景となる二次的農耕地帯にある。筆者は沿海州南部から朝鮮半島、さらに日本列島を二次的農耕地帯として東アジア内部で地域区分し、これが漢代以降の歴史時代においていわゆる東夷と呼ばれた地域を指すことを述べたことがある（宮本 2007a）。さらに、こうした二次的農耕地帯に穀物農耕が流入する過程を4段階に分け、第1章では東北アジア初期農耕化4段階説を提唱した（宮本 2009a）。それは、アワ・キビ初期農耕とともに、磨盤・磨棒や石鋤などの華北型農耕石器や柳葉形磨製石鏃、さらには土器様式がセットになった農耕伝播が、朝鮮半島西北部から南部や東部へとみられ、これとは別に牡丹江上流域などの沿海州内陸部から沿海州南部海岸部へと広がるといった二つの伝播ベクトル線の軌跡が見られる第1段階である（第3・4章）。この東北アジア初期農耕化第1段階は紀元前4千年紀後半段階の動きであり、狩猟採集の補助的な食料生産段階にしかすぎず、ブルース・スミスのいう低レベル食料生産段階（Smith 2001）と位置づけできる段階である。この初期的なアワ・キビ農耕にさらに栽培イネが加わる段階が紀元前3千年紀後半の東北アジア初期農耕化第2段階であり、その伝播ルートは山東半島東端の煙台地区から遼東半島に至る段階である（第4・5章）。この段階に朝鮮半島中西部までイネが伝播した可能性もあるが、イネの存在の明確な証拠はない。朝鮮半島ではこの段階もアワ・キビ農耕の補助的な食料生産段階であり、低レベル食料生産段階に含まれる。さらにこれが転換するのが同じく煙台地区から遼東半島を経て朝鮮半島へ広がる本格的な灌漑農耕の伝播時期である紀元前2千年紀半ばの東北アジア初期農耕化第3段階にあたる。本格的な灌漑農耕とは水田や畠などの食糧生産施設の出現と共に、石包丁、遼東形石斧、扁平片刃石斧、柱状片刃石斧などの磨製石器の普及を特徴とする（第6章）。

弥生文化が北部九州に出現するのは、本章で論述するように次の東北アジア初期農耕化第4段階であり、その文化の母体が生成されたのが東北アジア初期農耕化第3段階ということになる。本章では、朝鮮半島の初期農耕化の段階性を説明するとともに、弥生文化成立後の類似性と差違性について考えることとしたい。

1．東北アジア農耕文化の段階性

　すでに概略したように東北アジア初期農耕化第1段階の朝鮮半島西北部では、遼東などの中国東北部との接触で狩猟採集社会にアワ・キビの初期農耕を受容する段階から、さらにここを起点として朝鮮半島中南部から東海岸あるいは南海岸へ、アワ・キビ初期農耕が磨盤・磨棒・石鋤など華北型農耕石器や櫛目文土器様式とともに拡散する時期である。しかしこの段階は基本的には狩猟採集社会に補助的に初期農耕を受容するにすぎず、いわゆる園耕段階にとどまっている。あるいはブルース・スミスのいう低レベル食料生産段階にあたる。次の東北アジア初期農耕化第2段階も、基本的にはこうした初期的農耕段階に、さらに山東半島から遼東半島南端に栽培イネが拡散していく。しかしこの段階も朝鮮半島では穀物栽培は補助的な生産でしかなく、主たる生業は狩猟採集にある。これが転換していくのが東北アジア初期農耕化第3段階である。

　東北アジア初期農耕化第2段階や第3段階の直接の震源地である山東半島、とりわけ山東半島東端の煙台地区あるいは膠東半島と呼ばれる地域では、すでにこの第2段階の紀元前3千年紀半ばには畦畔水田が生まれつつある（靳桂雲ほか 2008）。さらにそれにまつわる生産工具として石包丁、石鏃、遼東形石斧、柱状片刃石斧、扁平片刃石斧が発達していく。特に、後3者の遼東形石斧、柱状片刃石斧、扁平片刃石斧の3点セットは、朝鮮半島無文土器文化の基本的な磨製石器群であり、弥生文化における大陸系磨製石器と呼ばれているものの基本型をなす。これらをあえて大陸系磨製石器と呼ぶならば、これらのセットが生成した地域は、第6章でも述べたように、この山東半島東端の膠東半島にある。

　山東半島東端から遼東半島へは東北アジア初期農耕化第2段階と第3段階というふうに波状的に農耕文化が波及する。この間は山東半島側においても龍山文化期から岳石文化期へ変化する段階であり、農耕文化や農耕技術の進化が認められる。とりわけ半月形石包丁の成立に見られる小型化と共に耐久性の強化などの機能変化が認められると同時に、磨製石斧の大型化やそれに伴う遼東形石斧の柄装着面の機能変化、さらに扁平片刃石斧や柱状片刃石斧に見られる多様化と大型化がある（宮本 2008c・2008d）。こうした変化が遼東半島でも相似的に認められ、石包丁に見られる大型化や遼東形石斧の形態変化、扁平片刃石斧・柱状片刃石斧の多様化と大型化が膠東半島と併行して生じている。これらの内、特に石斧の大型化と扁平片刃石斧・柱状片刃石斧の多様化・大型化は、膠東半島と共に遼東半島における木器生産の拡大を示すものであり、木材利用の高まりを示すものである。まさにこの点が東北アジア農耕文化第3段階に付随する大きな特徴であり、朝鮮半島の無文土器文化や日本列島の弥生文化の共通の物質的特徴を形成しているのである。

　東北アジア初期農耕化第2段階では不定形の畦畔水田が膠東半島（山東半島東部）で成立してい

るが、おそらくは方形の規格的な畦畔水田が東北アジア初期農耕化第3段階の岳石文化期までには成立していたのであろう。岳石文化に見られる石鏟と石鍬は、膠東半島では石鏟のみと欠落し、さらに遼東半島では石鏟の伝播は知られるが普及はしていない。石器の使用痕研究から、石鍬は鍬として利用され、農耕地の耕起具や土木作業具としての利用が推定されるが、石鏟はスコップ状に使用され、畠の畝立てや水田の畦畔作りに使われたものと推定される（宮本 2008c・2008d）。石鍬は木器でいえば木製鍬に相当し、石鏟は木製鋤に相当するであろう。木材の伐採具と加工具が急激に発達したこの段階は、石器に代わる農具としてこれらの木製農具が盛んに作られたに違いない。またエブリなどの水田に用いられた道具や、臼や杵などの稲の脱穀具といった本来長江下流域に出現した木製農具も、この段階に山東半島の南岸を伝わり膠東半島から遼東半島へと広がったものと推定される。東北アジア初期農耕化第3段階とは、本格的な灌漑農耕を示す水田と畠が木製農具とセットになり伝播変容した段階と規定できるのである。そして、これが朝鮮半島へ本格的な灌漑農耕をもたらし、無文土器文化を成立せしめた。

　東北アジア初期農耕化第3段階とは、本格的な農耕開始とともに、まさに朝鮮半島の無文土器文化の開始期に相当する時期である。朝鮮半島新石器文化から青銅器文化にかけての土器編年は、遼東半島などの広域な編年網の中で捉えて初めてその正当な時空的な位置づけが可能であり、これについては著者自身の編年（宮本 2015a）が今のところ最も妥当なものである（表18）。近年では朝鮮半島、とりわけ朝鮮半島南部の土器編年が次第に整備され細かなものとなっているとともに、その系統性においてはいささか複雑な様相を呈している。こうした近年の朝鮮半島南部の無文土器編年を整理した一人に裵眞晟があげられるが、裵は無文土器の土器編年と遼東半島の土器編年の併行性と系統性に注目している（裵眞晟 2007a）。朝鮮半島南部の無文土器前期の横帯区画文土器に注目し、横帯斜線文Ⅰ類→横帯斜線文Ⅱ類→横帯斜格子文という変化と、遼東半島における双砣子Ⅲ期から上馬石A区下層という土器変化の相似性に着目し、両者の併行関係を中心として、朝鮮半島全体の土器編年を位置づけている。遼東半島の土器編年は私の成果（宮本 1985・1991）を基にしたものであるが、近年ではその一部に関して大貫静夫（2007b）や中村大介（2008 韓国語文献）から批判がもたらされている。しかし、ここで見ている編年の横帯斜格子文を私のいう上馬石A区下層と呼ぶか、上馬石BⅡ区というふうに呼ぶかの違いであって、これら無文土器前期の相対的な位置づけはほぼ同じであると考えられる。それらの平行期は、第12章で詳述するようにどちらにしろ西周期と位置づけられているのであり、少なくとも横帯区画文土器が位置する無文土器前期を西周期併行期以前に位置づけることには問題ないであろう。

　文様の類似性のみならず、むしろ横帯区画文土器に見られる台付き鉢の形態は、双砣子3期に見られる台付き鉢の系譜によって生まれたものと考えられる。したがって、朝鮮半島南部の無文土器前期の土器群が一定の割合で遼東半島あるいは遼東との関係を有している点は、多くの人が一致する見方であろう。さらに無文土器前期に遡る無文土器早期の突帯文土器の系譜も遼東の偏堡文化に求めざるを得ない。このように、無文土器早・前期の土器においても、遼東半島や遼東と朝鮮半島西北部・中西部から南部は一定の影響関係や系譜関係を有しているのである。まさにこうした段階において、石包丁や伐採斧・加工斧の磨製石器群が遼東半島から朝鮮半島へと広がっていく。この

文化変動期が東北アジア初期農耕化第3段階に相当しているのである。

2．朝鮮半島農耕社会の発展段階

　以上に述べた東北アジア初期農耕化第3段階から第4段階の間が、無文土器早期と前期に相当する。すなわち突帯文土器や孔列文土器段階である。そして東北アジア初期農耕化第4段階が無文土器文化後期に相当し、先松菊里段階である。朝鮮半島南部では庄田慎矢の編年（庄田 2004a・2007）があるが、表18はこれまで私が提示してきた東北アジアの編年上（宮本 2015a）に、無文土器早期から後期への相対的な年代的位置づけを示したものである。こうした段階にみられる無文土器社会の動向を、墓制や副葬される青銅器、さらには集落の構造によって眺めてみることにしたい（図57～60）。

　まず墓制から述べたい。東北アジア初期農耕化第3段階に相当するのが、無文土器早期段階であろう。墓制を含めて物質文化上の内容が明瞭ではない段階であるが、遼河下流域の廟後山中層・上層前半段階を中心とする段階である。この段階で遼東内陸部から豆満江流域にかけては石棺墓が分布している。延吉を中心としてみられる興城文化にも石棺墓がみられ、延吉小営子遺跡などがこれにあたる。太子河上流の遼寧省本渓市代家堡子石棺墓（梁志龍 2003）は、副葬土器からみると本渓市馬城子洞穴墓早期段階に平行し、廟後山中層にほぼ相当している。無文土器早期段階に相当し、この段階にすでに遼東内陸部には石棺墓が存在していたことを示している。

　卓子形支石墓は、本来石棺墓であったものが地上に露出していったものである可能性が高い。その点では遼東内陸部などに存在する石棺墓がその起源になるのかもしれないが、卓子形支石墓分布地域の遼東半島などではその変遷を跡づけることができない。かつて石光叡や甲元眞之が想定した支石墓の変遷として、朝鮮半島北部の沈村型支石墓の事例を挙げながら、地下に存在した石棺墓が次第に地上に露出するものとしている（石光叡 1979、甲元 1973b・1980）。その場合、石光叡は、石棺墓が地下から地上へ露出し複数墓から単独墓に変化する沈村型1類型～5類型と、いわゆる卓子形支石墓である五徳型1類型～3類型という大きく二系統に分ける。そして沈村型3類型の後に五徳型1類型が出現し、沈村型4・5類型と五徳型2・3類型がほぼ並行して変化することを述べている。その年代観はこれから述べるような年代観とも符合するものであり、基本的に正しいものであった。

　石棺が地下に存在する沈村型1類型のキン洞沈村型支石墓（図57-3）では、出土する石剣（同2）が、遼西の北方青銅器第2期である曲柄銅剣（同1）の剣身を模したものと推定され、商代平行期に相当するものと想定できる。無文土器前期前半段階であろう。この段階は大まかにいえば遼東半島の双砣子3期に平行する段階であるが、この段階の遼西には曲柄銅剣や有鎏斧など北方青銅器文化が広がっており、その一部は渾河流域などにみられる。遼東ではこうした青銅器が基本的には分布せず、朝鮮半島西北部の新岩里2期にみられる青銅刀子のようなごく例外的な流入も認められるが、こうした青銅器は遼東の自生のものではなく、遼西や渾河流域から搬入したものである。したがって、遼東では青銅器を模倣してその代価品として石剣が製作される。遼東半島の双砣

第 8 章　朝鮮半島無文土器社会と北部九州弥生時代　139

子3期である大嘴子遺跡で石矛などとして報告されているものがこれに当たっている。

　無文土器前期中葉には卓子形支石墓（図58-2）が遼東一帯から朝鮮半島北半にかけて分布する可能性がある。それは五徳型2類型にあたり、筆者が卓子式Aタイプと呼ぶものである（宮本2000a）。遼東半島に認められる卓子形支石墓の中にまれに副葬土器が認められるが、それは上馬石A区下層のものであり、双砣子3期から上馬石A区下層にかけて地下の石棺墓が露出して卓子形支石墓になっていくものとみられる。その土器は遼東半島の双房2号墓から出土しており、いわゆる横帯斜格子文土器に属している。これは、横帯区画文土器の併行関係からいえば無文土器前期中葉に平行するであろう（表18）。また、五徳型2類型の松新洞10号支石墓からは、朝鮮半島西北部では珍しい有柄

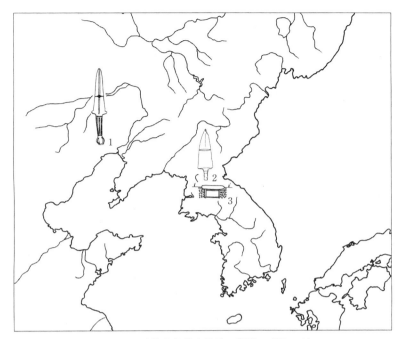

図57　長城地帯青銅器文化第3段階の東北アジア
1水泉、2キン洞、3キン洞

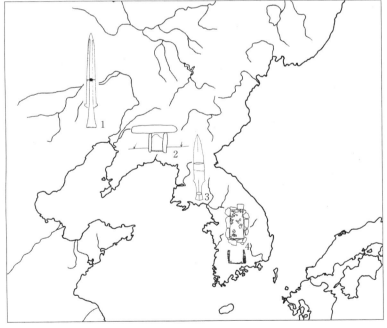

図58　長城地帯青銅器文化第4段階の東北アジア
1新地、2沈村里、3新松洞、4所谷里

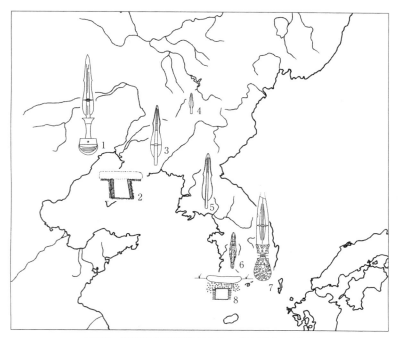

図59 朝鮮半島青銅器文化Ⅰa期の東北アジア
1 小黒石溝、2 双房、3 趙王村、4 星星哨、5 琴谷洞、6 比來洞、7 熊洞、8 石泉山

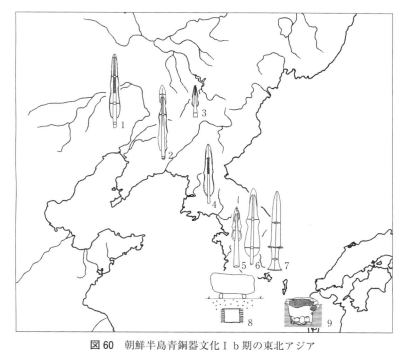

図60 朝鮮半島青銅器文化Ⅰb期の東北アジア
1 胡頭溝、2 下三台水庫、3 誠信村、4 西浦洞、5 伝保寧、6 松菊里、7 松菊里、8 谷安里、9 大友

の磨製石剣が出土している（図58-3）。石光叡はこれを古段階の遼寧式銅剣と考えるが（石光叡 1979）、鍔の形態や柄の形態からすれば、遼西に見られる矛式銅剣である筆者のいうA3式（同1）あるいはそれに遡るカラスク式銅剣のA2式銅剣（宮本 2000a）を模倣したものと考えられる。西周前半期におおむね併行している。すなわちこの段階には遼東から朝鮮半島中西部では卓子形支石墓が分布しているということができるであろう。ともあれ、地上に露出した卓子形支石墓は集団の合葬墓であり、共同体としてのシンボル的な墓葬となっている。おそらくは、1集団内の各クランやリネージの代表が再葬されるのが卓子形支石墓であり、集団の紐帯を意識した墓葬である。こうした社会は比較的等質な社会であり、共同体社会であることを物語っている。一方でこの無文土器前期中葉段階で、

朝鮮半島南部でも蓋石式支石墓が始まっていく（河仁秀 1994）。嶺南の泗川所谷里支石墓（同4）などがこれに相当する段階であり、石棺墓の形態に比較的近く、薄い板石状の上石からなる地下式の石槨構造をなしている。

　無文土器前後後半には、遼東の太子河流域や渾河流域を中心に石棺墓が広く分布する（宮本 2000a）。その始まりは、太子河上流に見られる石棺墓など遼東内陸部に由来する可能性も高く、馬城子 A 洞穴・B 洞穴などに見られる壺がいわゆる美松里型壺に変化していく段階である（大貫 2008）。この段階から石棺墓が遼東の平野部から朝鮮半島西北部へと広がっていく。また吉長地区では西団山文化の石棺墓に美松里型壺に類似した無文の壺が副葬される。こうした段階に遼寧式銅剣や遼寧式銅矛（図59-4）が伴うのであり、遼東半島と遼東内陸部で大石蓋墓が分布する段階である。遼東内陸部の大石蓋墓が火葬骨の集団合葬墓である一方で、石棺墓や遼東半島の大石蓋墓は個人墓として存在していた可能性が高い。遼東半島の双房6号墓の大石蓋墓（同2）に遼寧式銅剣が副葬されるのもその一例である。すなわち前代まで卓子形支石墓にみられた等質的な社会から、遼寧式銅剣などの所有に見られる階層関係の顕在化が始まる段階と捉えることができるであろう。そして南方では南方式支石墓が出現を始める。この一つである大田市比來洞1号支石墓に、遼東ないし朝鮮半島北部で製作された遼寧式銅剣の再加工品（同6）が副葬されることになる（宮本 2008b）。比來洞1号支石墓の年代は、庄田慎矢によれば湖西地域のⅡB期〜Ⅲ期、すなわち欣岩里式〜駅三洞式に相当し（庄田 2004b）、ほぼ無文土器前期後半に位置づけられるであろう。黄海南道白川郡大雅里石棺墓、黄海北道新坪郡仙岩里1号石棺墓や比來洞1号支石墓など初期の遼寧式銅剣が副葬された石棺墓や支石墓には無茎Ⅰc式磨製石鏃が共伴し、その年代を中村大介は欣岩里式・駅三洞式と考え、無文土器前期後半〜前期末に比定している（中村 2005）。遼東半島で見られた卓子形支石墓から大石蓋墓への変遷を根拠とするならば、遼寧式銅剣の出現は無文土器前期後葉段階にあたるものと考えておきたい。この段階に朝鮮半島北部では遼寧式銅剣とともに有樋式石剣が、朝鮮半島南部では二段柄式磨製石剣（同7）や有節式磨製石剣が分布していく。このような磨製石剣は遼寧式銅剣の代用品として副葬に用いられたのである。そして朝鮮半島南部では地下式の石槨構造の支石墓（同8）が発達していく。この段階で近年では、これまで支石墓と捉えられていたもののうち、慶尚南道陜川郡芋浦里のような墓壙の周りを敷石で取り囲んだ区画墓と呼ばれる墓葬（李相吉 1996）が出現している。

　このような遼寧式銅剣と朝鮮半島北部での石棺墓や朝鮮半島南部での支石墓が盛期を迎えるのが無文土器後期の先松菊里式から松菊里式段階であり、まさに東北アジア初期農耕化第4段階に相当している（図60）。無文土器後期は先松菊里式段階の後期前半と松菊里式の後期後半に分けられ、さらに後期後半は2型式に細分することができるであろうが、ここではまとめて後期として表現する。なお、東北アジア初期農耕化第4段階とはこの後期前半にあたっている。この無文土器後期段階には朝鮮半島西北部では、石棺墓や石槨墓が発達する。近年発掘された平壌市新成洞遺跡のような、墓壙が比較的大きく墓壙壁に沿って数段に渡って石を積み上げるような石槨墓が普及している。石槨構造内に木棺が置かれていたかは不明であるが、その可能性もある。後期後半段階には粘土帯土器の伝播に伴い（中村 2008）、木棺墓が朝鮮半島西北部まで達していた可能性が存在する。一方、

朝鮮半島南部では地下式の蓋石式支石墓（図60－8）が発達し、下部構造に石槨だけでなく石棺や土壙など多様な構造に変化していく。さらに「地上式」の支石墓も現れる。朝鮮半島南部にある全羅道や慶尚道の「地上式」支石墓は、遼東から朝鮮半島西北部に見られる卓子形支石墓とは、系統が異なるとともに、時期差が存在するものと見ておいた方がよいであろう。とともに、全羅道を中心に南方式支石墓が発達していくのも、この段階である。一方で、全羅南道の耽津江流域では、無文土器後期からさらに粘土帯土器段階においても南方式支石墓が発達し、下部構造として石槨構造の退化したもの、石棺、土壙などからなる多様な下部構造に変化し、群集したものから単独のものへと変化することが想定されている（趙鎮先 2008b）。

　以上の墓制に見られる無文土器後期段階に、朝鮮半島西北部では遼寧式銅剣Ⅱ式（図60－4）や遼寧式銅矛A式（同3）が発達し、朝鮮半島南部では遼寧式銅剣Ⅴ式（同6）や遼寧式銅矛C式（同5）が発達していく（宮本 2002・2008b・2014a）。朝鮮半島北部の遼寧式銅剣は実用武器としての発達が見られるが、朝鮮半島南部の遼寧式銅剣は非実用品として研磨がなされず大型化するところに特徴があり、武器としてではなく宝器としてまたは祭祀具としての発達を示している。朝鮮半島南部の場合、祭祀具としての利用は、慶尚北道清道郡礼田洞遺跡のような遼寧式銅剣が埋納遺構から発見されることからも理解される。朝鮮半島西北部社会と朝鮮半島南部社会における社会進化上の差違が存在することを意味している。また、同じ朝鮮半島南部でも湖西地域（忠清道）では松菊里遺跡に見られるような石棺墓が、湖南地域（全羅道）では支石墓が、さらに嶺南地域（慶尚道）では区画墓が発達し、その中に遼寧式銅剣や遼寧式銅矛が副葬される。武器ではない宝器が副葬されたこれらの墓は、社会における被葬者個人の差別化という階層分化の様相を示している。特に区画墓では、敷石や周溝によって個人を単位とした区別や差別化が認められる。さらに慶尚南道昌原市徳川里1号墓は、残長56.2m×17.5mの墓域の西壁と北壁を石積みによって区画し、その内部に支石墓を配置するもので、支石墓下部の墓壙は深さが深い二段墓壙をなすとともに石槨が築かれ木棺が配置されており、支石墓としても発達した石築式区画墓である。近年発見された慶尚南道馬山市鎮東里A群1号墓も、この時期の発達した区画墓である。こうした様相を首長の出現として捉える向きが多い。さらには弥生時代後半の北部九州で見られる「国」と同じ社会の出現を解釈する（武末 2002、裵眞晟 2007b）場合がある。湖南地域の群集した支石墓群においても群単位ごとに墓葬の密集度の差違や、副葬品の多寡、特に青銅器の有無などが認められ、墓群単位での階層差が認められる（李榮文 2002）段階である。少なくともリネージ単位での階層格差が生まれていった段階として無文土器文化後期を評価することができるであろう。そしてその後半期には徳川里や鎮東里に見られるような首長墓的な墓葬も出現するに至るが、この段階を首長制社会と呼ぶにはやや躊躇する。発達した部族制社会段階にとどまっていると評価したい。少なくとも血縁的に系列化した首長の出現は、次の細形銅剣文化に見られる多量の青銅器の副葬といった非生存財の集積した木棺墓段階を待たねばならないのではないだろうか。

　以上の無文土器社会早期から後期に至る社会の変遷過程を、住居や集落構造の変化を踏まえ、もう一度まとめるならば以下のようになるであろう。

　無文土器早期は、東北アジア初期農耕化第3段階として、山東半島東部から遼東半島を経て朝鮮

半島へ灌漑農耕あるいはそれに伴う文化が漸次的に伝播していく段階であり、こうした段階に遼東を中心として存在していた突帯文土器様式が朝鮮半島へ広がり、朝鮮半島で突帯文土器が成立したのである。磨製石器としては杏仁形・長方形石包丁や扁平片刃石斧が流入している。住居は小型方形住居が認められる（庄田 2004a）が、この段階の墓制や集落構造は明確ではない。一方で、遼東内陸部の太子河上流域から延吉にかけて石棺墓が広がる。

　無文土器前期前半は可楽洞式土器を中心とし、横帯斜線文土器がみられ、遼東半島の双砣子3期に平行する。この段階には遼東を中心に遼西から遼河下流域に広がる青銅器の代価品として石剣がみられる（図57）。この段階に朝鮮半島北西部では石棺墓が変化した沈村型支石墓が出現していた可能性がある。

　無文土器前期中葉は欣岩里式を中心とした横帯斜格子文土器からなり、遼東半島では上馬石A区下層に併行する段階である。遼東から朝鮮半島北部で卓子形支石墓が広がり、共同体として等質的な社会構成が認められる。朝鮮半島南部では石蓋式支石墓が認められる（図58）。磨製石器としては石包丁や扁平片刃石斧に加え、この段階から長さ20cm以上の大型の柱状片刃石斧が出現してくる。これは第6章で述べたように、明らかに遼東半島からの物質伝播を示すものである（宮本 2008d）。石斧が大型化し森林伐採などの耕地拡大がなされるとともに、扁平片刃石斧や柱状片刃石斧といった工具が発達し、木製農具など木製品の活用がはかられている。この段階の朝鮮半島南部の集落は、宮里修が駅三洞Ⅰ類型と分類する集落であり（宮里 2005）、大型住居と中型住居からなり、超大型住居などが存在せず、それほど住居の格差がない段階である。公共的な建物である大形住居と世帯家族の住居と思われる中型住居は丘陵の平坦地に立地する。貯蔵穴などの貯蔵施設は幾つかの住居にまばらにしか認められない。食糧資源の貯蔵は共同体全体でなされている段階として捉えられている（宮里 2005）。朝鮮半島西北部では卓子形支石墓、朝鮮半島南部は駅三洞Ⅰ類型集落といったように、ともに農耕作業を基盤とした社会格差の広がらない共同体としての社会像を描くことができる。ただし遼東から朝鮮半島西北部の卓子形支石墓は卓子形B・C式のように大形で精巧なものが作られており（宮本 2000a）、集落ごとの差違性も認められる。各集落は血縁的なリネージが複合したものであり、クラン単位での差別化も生まれていた可能性がある。

　無文土器前期後葉の駅三洞式は、鴨緑江下流域の美松里上層・遼東半島の上馬石A区上層にほぼ対応する段階である。この段階の遼東から朝鮮半島西北部では石棺墓が広がり、遼寧式銅剣や銅斧などの青銅器が副葬されるようになる。それらは基本的には刃部に研磨がなされるなど武器としての機能変化を遂げていく。一方で遼東半島や遼東内陸部では、支石墓の系譜で大石蓋墓が広がるが、遼東半島では卓子形支石墓と異なり個人墓として利用されている。これら石棺墓や大石蓋墓には遼寧式銅剣が副葬され、その墓葬の有無などから次第に社会の階層差が広がっていることが理解できる（図59）。前代までのリネージ単位あるいはクラン単位での差別化からより個人の差別化といった階層構造の進展が認められる。

　一方で、朝鮮半島南部では比来洞1号墓などで遼寧式銅剣は見られるもののごく限られておりいまだ普及しておらず、朝鮮半島南部では自家生産に達していない段階である。そこで遼寧式銅剣の代用品として二段柄式石剣や有節式石剣などの磨製石剣が発達していく（図59）。この磨製石剣

も一種の宝器であり、副葬品における有無やその格差から見れば、磨製石剣も経済的な豊かさなどの社会身分標識となっている（裴眞成 2007b）。その場合の集落環境はどうであろう。この段階は宮里修が駅三洞Ⅱ類型と分類する集落構造であり、超大型住居と小型住居といった住居間格差が広がり、貯蔵穴が超大型住居に集中し、前段階と異なった様相を見せている。貯蔵穴の配置と炉址の配置が密接な関係を持つとされる。耕作地の開発のような大規模な共同作業を行うことによって超大型住居（大形住居）ごとに労働力の提供と食料の貯蔵と再分配がなされていると想定されている（宮里 2005）。超大型建物は複数の炉址を持ち、炉址単位で部屋が仕切られているとすれば、それは複数の炉址といった消費単位をもった大型建物となる。こうした住居構造は、中国新石器時代中期後葉に見られる拡大家族の長屋式住居（宮本 2005a）に近似している。それらの消費単位が世帯を表現しているならば、複数の世帯が共同で存在していたことになり、血縁的な世帯家族の集合という拡大家族を示していることになろう。すなわち血縁的親族関係をなすリネージ単位での農耕生産とその消費や再分配が行われていた段階として位置づけうる。階層構造の単位はこうした親族関係であるリネージ単位で存在し、リネージの構成員の経済的な優位差が石剣や赤色磨研壺の副葬と相関しているのであろう。こうした階層関係の中に区画墓が出現することになる。

　無文土器後期は遼東半島の上馬石A区上層から上馬石BⅡ区に併行し、先松菊里式、松菊里式段階に相当する。遼東の渾江下流域では後期後半には木棺墓や木槨墓が出現する時期であり、朝鮮半島西北部でも石棺墓が発達した石槨墓が認められる段階である。それぞれの地域において前段階に比べてより発展している段階である。遼東では遼寧式銅剣Ⅰb式が、朝鮮半島西北部では遼寧式銅剣Ⅱ・Ⅲ式が開発され（図60）、それぞれ武器としての機能強化が見られる（宮本 2002）。社会階層分化の中で特定個人の差別化が図られていく段階である。また、この段階の終末には朝鮮半島南部にも粘土帯土器や木棺墓が流入している可能性がある（中村 2008）。

　この段階の朝鮮半島南部は、宮里修が駅三洞Ⅲ類型と分類する集落段階であり、小型住居と貯蔵穴が分離して配置される段階である（宮里 2005）。何よりも前段階まで存在した大型住居や超大型住居が存在せず、小型住居のみからなることに特徴が見られる。共同体の集会所的な建物は掘立柱建物などが存在している可能性もあるが、今のところ不明である。小型住居のみからなるという現象は、前代までの拡大家族がより発達して世帯単位で増殖していく過程を示している。核家族化することにより人口の増大とリネージやその上部構造であるクランの発達が見られる段階である。こうした人口増加の現象は、同じような集落の変化として中国大陸の新石器時代中期から後期の変化である仰韶文化後期から龍山文化への変化（宮本 2005a）と相似した現象である。さらにそうした集団の成長は、背景として農耕生産の拡大が存在しているに違いない。考古学的な事例として確実に無文土器後期には水田や畠が存在している。こうした灌漑農耕はおそらくはすでに無文土器前期から始まっていようが、この段階により加速化したものと想定できる。農耕具である石包丁において三角形石包丁が朝鮮半島南部で開発されるのもこの段階である。三角形石包丁は刃部を交互面にもつものであり、穂摘み具としてより機能的に強化されたものであろう。また、木製農具や木器の加工具である柱状片刃石斧が無文土器前期前半には遼東と同形態のものが出現していたのに対し、その後次第に小型化するとともに、抉入柱状片刃石斧が無文土器後期に生まれる（裴眞成 2001）。

このような三角形石包丁や抉入柱状片刃石斧といった地域特有の農工具が生まれるのも、農耕社会の加速的な発展の結果である。

　農耕経済の着実な発展による人口増加は、現象的には拡大家族から核家族という家族間構造によって示されるが、リネージやクラン単位での階層化がより進んでいったものと考えられる。その階層構造の標示物が、宝器化した遼寧式銅剣Ⅴ式や遼寧式銅矛Ｃ式であったのである。さらにその下位ランクとして一段柄式磨製石剣などの石剣が支石墓に副葬されることになる（図60）。それらは支石墓群単位での階層的な優劣を示しており、まさに血縁家族単位での階層格差が進んだ社会であったといえよう。それは、労働単位や生産単位さらには消費単位や耕作地の相続単位が、これら血縁家族単位であるリネージを単位としているからである。一つの集落は複数のリネージやクランから構成され、それらを消費単位としながら共同して生産と貯蔵がなされていたのであろう。この段階の住居内にはほとんど貯蔵施設がなく、外部にまとまって貯蔵穴が配置されるのも、食糧の共同管理が存在していたためである。これは部族社会の共同体社会を背景としたものであった。そして各リネージあるいはクランの中に傑出した個人が生まれていった可能性もある。無文土器後期後半に見られる大型の区画墓である徳川里１号支石墓や鎮東里支石墓は、有力血縁集団内に生まれた世襲関係を持たない傑出した個人の墓であったであろう。こうした段階は、部族社会でもより発達した職能などの突出した階層を示すビッグマン社会に相当する可能性が高い。

３．朝鮮半島農耕文化と弥生文化の接触

　弥生文化が成立する刻目凸帯文土器からなる弥生早期が、無文土器後期の先松菊里式段階にあることは、土器の併行関係などからほぼ一致した見解となっている（家根 1997、武末 2004）。この段階における朝鮮半島南部と北部九州との文化接触とはどのようなものであろうか。さらに弥生文化の成立における文化受容とその変容はどのようなものであったのであろうか。

　駅三洞式の無文土器前期後葉から無文土器後期の先松菊里式、さらに松菊里式への変遷過程で、農耕の発展とともに次第に社会が発展してきたことはすでに述べたところである。先松菊里式から松菊里式への変遷やそれらの出現が早い錦江中・下流域では、無文土器前期後葉の孔列文土器をもつ忠清南道天安市白石洞遺跡に見られるように、農耕の発展による人口増加や人口集中の中で人口維持のために集落の分散や分村が計られ、これまで孔列文土器が希薄であった錦江中・下流域において三角形石包丁や抉入柱状片刃石斧などの多様な文化系譜を持つ先松菊里式が成立し、集約的な農耕が進展しながら、さらに松菊里式の成立によって人口増加と人口が集中する拠点集落である松菊里遺跡や館山里遺跡が成立するという変化プロセスが金壮錫によって解釈されている（金壮錫 2003）。農耕の進展による人口増加とその維持のための社会基盤の変動によってダイナミックに文化や遺跡動態が変動するという解釈であり、説得力のあるものである。また、この時期は松菊里型住居にみられるように先松菊里式や松菊里式段階における錦江流域から全南地域や南江流域への住居形態の系列的な広がり（端野 2008a）があり、三角形石包丁（端野 2008b）や抉入柱状片刃石斧、土器様式なども錦江流域から同じように南江流域へと広がっていく。文化様式の拡散は、錦江

流域の集落動態からみても、錦江中・下流域を発信源とした先松菊里・松菊里式文化の拡散を示しており、人間の拡散・移住を含むものである。この点で、文化発信源の人口維持プロセスによる集落の変遷が想定されたが、それらを受容する全南地域や南江流域では、同じ地域に孔列文土器の集落とその後の松菊里文化の集落が持続している場合が多い。いわば安定的に文化変容と受容がもたらされている。前期後半の孔列文土器期から先松菊里式期にかけては寒冷期にも当たっており（甲元 2005）、錦江中・下流域の社会内部での自立的な発展による人口増加とのその維持の問題を、さらに深刻なものとしたであろう。無文土器前期から後期への変遷はこのような社会内部での人口維持の問題とともに、外的な寒冷期という食料生産への危機がさらに拍車をかけ、その文化や社会の変容を促し、さらに分村や移住という現象を引き起こしたものと推定される（宮本 2009a）。文化発信源であった地域においてはそれが非常に大きな危機となって現れているが、文化が広がっていった、いわば人びとが移住を含めて情報接触していった地域では、人間の交配を含め新たな文化を受容し、安定的な文化変容を展開している。しかし文化の広がりは、より南部である日本列島の北部九州へ向かい、朝鮮半島中南部から南部という文化伝達のベクトル線の延長線上にもたらされている。朝鮮半島南部のような安定した文化変容をした地域からさらに人の移住を含めた文化発信が存在するのは、やはり寒冷期の食料生産の制限が人口維持装置としてさらなる分村や拡散を呼んだと解釈せざるを得ないであろう（宮本 2009a）。まさにこれが弥生文化の成立を促す必要条件であったということができる。この弥生文化成立期が東北アジア初期農耕化第4段階にあたっている。

　ところで、必要条件とともに、その受容する際の十分条件が存在する。それは、たとえば先松菊里・松菊里文化を受容した全南地域や南江流域ではそれぞれで異なっている。同じように北部九州でも異なっており、これが個々の地域での文化変容や社会変容の差異をもたらすことになるのである。北部九州の場合、縄文後晩期から積極的な交流や交易の場として朝鮮半島南部が存在するが、一方では勾玉や管玉などの存在からも示されるように、朝鮮半島との関係性を示すことが縄文社会という在地社会内部でも重要であった（宮本 2004a）。北部九州では新たな文化受容を、積極的にかつ能動的に行える社会背景が存在していたのである。そしてまたこうした文化接触の媒介者である朝鮮半島南部の渡来民は、弥生早期に限らずその前の段階である縄文晩期の黒川式以来漸次少数が渡来してきている可能性が高い（田中・小澤 2001）。このような段階は、東北アジア全体の農耕化という西北から東南へといたる同一のベクトル線が認められる段階であるが、文化の受容とその再生産の個々の地域の違いとその時空上の積み重なりの違いによって、個々の地域の文化が異なっていく。こうしたプロセスは、弥生早期以来の日本列島における個々の地域の農耕の受容と変容においても同様に看取できるのである。

　次に、このようにして弥生文化が成立した際の文化変容の実体を考えてみたい。

　北部九州の弥生早期は、山の寺式、夜臼式、板付式という森貞次郎以来の編年（森 1966）と、夜臼Ⅰ式、夜臼Ⅱa式、夜臼Ⅱb式＋板付Ⅰ式という山崎純男の編年（山崎 1980）に大きく分かれるが、それらは大筋では併行している関係にあるということができ、弥生早期を二つに分けることができる。夜臼Ⅰ式を早期前半、夜臼Ⅱa式を早期後半、夜臼式Ⅱb式＋板付Ⅰ式を前期初頭と呼び分けることができよう。北部九州における弥生文化の成立の要素として、灌漑農耕を象徴す

る水田、集団性を象徴する環濠集落、これまでにない墓葬である支石墓、生活様式の変化を示す無文土器系土器様式や大陸系磨製石器などがある。これらすべては無文土器文化に見られた物質文化の要素であり、朝鮮半島南部との接触なしには存在しないことが明らかであろう。この内、弥生早期以前の縄文晩期黒川式段階に、すでに大陸系磨製石器の一部である石包丁が貫川遺跡に流入している。弥生早期前半には、板付遺跡にみられる灌漑用水路と水田や、三角形石包丁や柱状片刃石斧（抉入柱状片刃石斧）などの大陸系磨製石器、無文土器系土器様式としての壺や板付祖形甕などが存在し、これらの土器の一部を朝鮮半島南部からの搬入土器と考える研究者もいる（家根 1997）。また、江辻遺跡などに見られる松菊里型住居はこの段階から見られる。弥生早期後半には、支石墓が普及し始める。支石墓のうち曲り田支石墓や新町支石墓の一部あるいは西北部九州の一部は弥生早期前半に遡るが、唐津平野から福岡平野にかけての平野部では支石墓や木棺墓が普及するのは早期後半からであろう。そして福岡市雑餉隈遺跡の木棺墓に見られる副葬品の磨製石剣や磨製石鏃は、朝鮮半島南部から搬入したものと考えられる。この段階の唐津市大友支石墓（図60－9）は、下部構造が石槨形に最も近いものであった（宮本 2001）。また、福岡平野の那珂遺跡は、弥生早期後半に環濠が形成されている可能性がある。続く弥生前期初頭は福岡平野の板付遺跡や早良平野の有田遺跡で環濠の掘削が始まる段階であり、本格的な環濠集落が出現する。環濠集落に付随する貯蔵穴も弥生前期段階からであろう。さらに無文土器系土器様式としての如意形口縁甕と壺が定形化した板付式土器が完成する（田中 1986）のもこの段階である。さらに柱状片刃石斧や扁平片刃石斧といった大陸系磨製石器が在地的に形態変化していくのも、この段階ないし弥生早期からである（下條 1996・1997）。

　このように北部九州では段階的に無文土器文化の要素が受容され、さらにはそうした要素が在地的に変容していく過程が理解されたであろう。では、こうした段階の社会はどうであったのであろうか。直接文化接触をもった朝鮮半島南部の社会は、無文土器後期の先松菊里式段階にある。無文土器後期社会墓葬に見られる副葬品のうち銅剣と石剣を中心に分析した裵眞晟によれば、副葬品の構成から大きく3段階に分けうる（裵眞晟 2007b）。銅剣とともにその他青銅器や玉が副葬されるか、3点以上の多数の石剣が副葬される第1階層、銅剣と1点の石剣が副葬されるか、2点の石剣が副葬される第2階層、さらに1点の石剣のみ副葬される第3階層である。また、これら以外に銅剣や石剣が副葬されないさらに下位の第4階層の墓葬が存在するはずである。弥生早期後半の雑餉隈遺跡15次3号墓では有節式石剣1点と有茎式石鏃3点が副葬され、同遺跡11号墓や15号墓では1点の一段柄式石剣が副葬されるにすぎない。無文土器後期の第3階層の墓葬である。しかしこの時期の支石墓である糸島町新町支石墓や唐津市大友支石墓は、それらのほぼすべてが石剣を副葬されない第4階層の墓である。あるいは供献の小壺を除けばほとんど副葬品をもたない墓葬が大半であり、第4階層の中でもより下位に属する。したがって、無文土器後期に比べ、同時期の弥生早期は階層分化がほとんど見られない社会段階ということができるであろうし、無文土器後期ほど社会が複雑化していない段階である。これは灌漑農耕を受容したばかりの社会組織であり、人口が未だ増大していないことを含め、未だ社会の再生産がなされていないと考えられる。社会が等質的なあり方であり、無文土器前期前半以前の社会に近いものであろう。社会組織の拡大や農耕活動の増

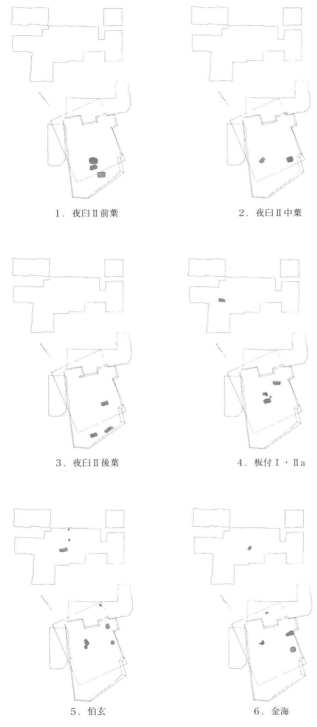

1. 夜臼Ⅱ前葉　　2. 夜臼Ⅱ中葉

3. 夜臼Ⅱ後葉　　4. 板付Ⅰ・Ⅱa

5. 伯玄　　6. 金海

図61　佐賀県唐津市大友弥生墓地の変遷

大は、環濠集落の本格的なはじまりに見られるように、受容した文化を自ら変容できた弥生前期初頭以降にならなければ始まらない。

　墓葬の系譜が系列的に追えた大友墓地では、弥生早期から中期までの連続的な墓葬の変化を理解することができた（宮本 2003e）。副葬小壺の型式と切り合い関係のある小児棺の土器型式を定点としながら、支石墓や土坑墓の下部構造の型式変化によってその変遷を追ったものである（宮本 2001）。それによれば（図61）、弥生早期後半段階で3段階に墓葬が型式変化するが、その位置を見ると谷奥部の支石墓墓地に系列的に埋葬されている。一方、前期前半の板付Ⅰ・Ⅱa式段階になると海側の新たな墓区に木棺墓が配置されるようになり、その後は大きくこの2墓群によって埋葬が進行する（宮本 2003e）。この墓群の新たな創設は、人口増加に伴うクランの新たな分節を示すものと想定できよう。大友墓地の第1段階では3基が確認され、そのうちの2基には同型式の供献小壺が認められ、各段階が限られた一定の時期を示していると考えられる。また、弥生早期後半の3段階の墓地変遷では3基ないし2基の墓群が第1段階の墓群を取り巻くように拡大している。

　このような墓葬分布の広がりは、高倉洋彰によって血縁的共同体の

家族墓として捉えられている伯玄社タイプ（高倉 1981）の典型である。しかし、こうした墓葬の増殖を一つの社会集団の構成員全員の墓とするには、3世代8人とあまりにも少ないものであり、これだけで集団を維持することはできない。1〜2tの重量がある支石墓の上石を運ぶにあたっても、10人程度ないしそれ以上の人手を必要としたのであり、少なくとも3世帯以上の大人を必要としたと想定できる。したがって、同時期に10人以上の大人を有する共同体にとって墓葬数はあまりにも少ないものであり、この墓地を集団全員の墓とすることはできない。一方、大友墓地第1段階の3基の支石墓が各世帯に仮に対応しているとするならば、この3基は異なった三つのリネージに対応するのではないだろうか。系統的に3基ないし2基がつづく墓葬は、少なくとも2ないし3の血縁集団すなわちリネージを示すものであり、世代ごとに各リネージで選ばれたものが埋葬されたと想定される。少なくとも同一集団内に2ないし3のリネージが存在し、それらが外婚することによって集団が維持できたのであろう。その点で板付Ⅰ・Ⅱa式から新たな墓群が出現することは、これまでの2ないし3のリネージからなるクランからさらに別のクランが分節したことを意味し、新たなクランの創設を意味すると考えたい。大友墓地では弥生早期から弥生前期において少なくとも一つから二つのクランへ分節し、さらにそれぞれのクランが墓葬の下部構造を変えながらも支石墓と土壙木棺墓という形で墓群を連続させている。これは個々のリネージの代表を埋葬しながら同一の埋葬様式でクランを維持していく、血縁的な連続性の表現にこだわる姿がはっきりと認められる。こうした状況は、農耕社会における労働と消費単位が血縁単位に収束していく状況を反映しているであろう。

　リネージの連続性やクランの分節という現象あるいはその連続を重視した現象は、農耕社会のはじまりによって導入された社会組織ではないのだろうか。ともかくリネージの正統な連続性を墓葬に示そうとした人びとは、大友墓地の場合、古人骨の分析からみれば大陸系の人びとと交配しなかった縄文系統の人びとである（中橋 2001）。農耕社会のはじまりが集団組織の組織化を促し、リネージ単位での労働や消費単位となっていたからであり、さらにリネージをまとめたクランを重要な単位とするものであったためであろう。新たなクランの創設は、人口増加による必然的流れであり、リネージやクラン単位で集団維持・拡大していこうとすることこそ、これまた農耕社会がもたらした大きな社会変化であった。社会進化の度合いは、弥生早期の場合、同時期の無文土器後期社会に比べれば遅れていたものであったが、物質文化上の文化受容だけでなく、こうした社会組織上のソフト面も受容していたことに重要な意味がある。

4．まとめ——北部九州における弥生文化成立の実像——

　朝鮮半島農耕文化からの渡来民の移住を契機として、文化変容によって成立した弥生文化とは、すでに述べてきたように東北アジア全体にみられる農耕化の流れの一環として生まれたのである。このような文化変動が、朝鮮半島南部と北部九州の接触という一つの側面のみによって起こったわけではないことが理解できたであろう。大きな歴史的胎動の中にあって、それらの文化変動はドラスティックな変動というよりは段階的にかつ地域的単位で生まれたものである。またその接触過程

とは、接触する側の社会構造を意識しながらも、接触される側がそれらより社会構造的には原始的なものであって、受容の際にはその限界が存在し、大きな変容がもたらされることになる。それは、弥生文化の場合、弥生前期初頭に見られる板付土器様式の生成や石包丁・柱状片刃石斧・扁平片刃石斧など大陸系磨製石器の変容に顕著に表れている。

　朝鮮半島農耕文化である無文土器文化は、東北アジア初期農耕化第3段階において生まれるが、その内的な発展過程は既に記したところである。農耕社会が進展する無文土器前期から後期という変化時期は、人口増加とともに、リネージやその上部構造であるクランの分節が加速化し、さらにリネージ単位での階層分化が進む段階であった。こうしたリネージやクランの増殖は、一方ではそうした集団単位でのアイデンティティの創出や祭祀的なまとまりを必要とする。朝鮮半島南部の遼寧式銅剣はこうした集団のまとまりを示す祭祀具とリネージ単位での階層化を象徴するための宝器として使用されたものであった。このような人口増加に伴うリネージやクランの分節は、分村などの移住現象も引き起こし、松菊里型住居や大陸系磨製石器など様々な文化現象が拡散していく。こうした内的な拡大のみならず、気候の一時的な冷涼化などもその一因として、少数の渡来人が北部九州へと段階的に移住していったのであろう。さらに縄文後晩期以来すでに朝鮮半島南部との交流を社会内部で意識していた文化受容側の北部九州縄文人は、友好的かつ積極的に灌漑農耕文化の受容と渡来人との交配を進めたと想定できる。そして、この文化受容にあっては、渡来人が携えたリネージの系列化とリネージ単位での組織的なあり方が、受け入れ側の社会にも広がっていった。こうしたシステムがまさに灌漑農耕社会のシステムであり、実際に渡来人と交配しない縄文系弥生人も、そうした社会システムを取り入れていくことにより、弥生社会が急速に広がっていったのである。

第9章　北部九州の弥生社会の始まり

　日本列島における支石墓は、北松浦半島の西北九州から唐津平野や糸島半島の玄界灘沿岸、南は佐賀平野から島原半島に広がっている（図62）。周防灘沿岸では弥生時代前期の中ノ浜支石墓の1例のみであり、基本的に福岡平野以西には支石墓はほとんど存在しない。また、熊本平野での発見例は弥生時代中期のものであり、やはり熊本平野以南の九州にも初期の支石墓は存在しない。そして、支石墓は刻目凸帯文土器といった弥生早期段階から出現し、弥生時代前期まで存続していく。その後の弥生時代中期は、墓の標石としての役割が大きくなり、筑後平野や熊本平野にも、上石を持つという支石墓の系譜が認められる。

　支石墓の下部構造は大きく二つから成り立っている。一つは箱式石棺であり、もう一つは石槨系を含んだ土壙である。箱式石棺からなる下部構造は、北松浦半島の西北九州から島原半島にかけて分布しており、石槨系を含む土壙は、唐津湾岸から糸島平野にかけての玄界灘沿岸に分布している（表21）。さらに死者の安置方法においても地域差が認められる。箱式石棺の下部構造では屈葬をなし、土壙系では屈肢葬ないし屈葬をなすが、こうした埋葬様式の違いは、在来の縄文後晩期の埋葬様式の系譜の差にある（坂本 1997）。

　以上のように、支石墓という朝鮮半島に由来する墓制が、灌漑農耕の伝播と時を同じくして北部九州に伝来したことは明らかである。しかし、上石と支石という外見上目に見える部分は、朝鮮半島無文土器社会と同じであるが、外見上目に見えない下部構造においては大きく変容している。そこに縄文社会の文化受容の自主性とその選択性が認められるとともに、縄文社会内での地域差がさらにその受容の差を生み出している。そして、こうした支石墓分布圏は、刻目凸帯文土器深鉢からなる弥生早期の夜臼Ⅰ式段階から始まっている。しかし、本格的な弥生土器様式である板付式甕を有する板付土器様式が出現する地域とは、支石墓分布圏と地域を異にしている。板付Ⅰ式などの板付土器様式が成立するのは御笠川を中心とする福岡平野にあり（宮本 2011c）、福岡平野では夜臼Ⅱa式段階の雑餉隈遺跡の土壙墓に認められるように、支石墓は発見されていない[1]。このことは、板付土器様式の出現といった本格的な弥生土器の出現を促した文化要素と、九州の支石墓をもたらした無文土器社会の文化要素とは異なるものであることを示している。

　なお、朝鮮半島無文土器早期の突帯文土器と弥生時代早期の突帯文土器は、第7章と第10章で詳述するように、系譜も時期も異なるものであるが、漢字で表すと同一なものとなり、誤解を与えやすい。そこで、本書では弥生時代早期の突帯文土器に関しては刻目凸帯文土器と表現し、朝鮮半島無文土器時代早期の突帯文土器と明確に区別したい。

図62　九州の初期支石墓の分布

第9章 北部九州の弥生社会の始まり

表21 九州における初期支石墓の集成

地域	遺跡番号	支石墓名	所在地	支石墓数	石棺	石槨I	石槨II	土壙墓(木棺)	土壙墓(石蓋)	甕棺(成人)	甕棺(小児)	副葬品	年代
糸島平野	1	曲り田	糸島市二丈町	1				○				壺	夜臼I
	2	石崎矢風	糸島市二丈町	2					○		○		板付I
	3	石崎九反ヶ坪	糸島市二丈町	1				○					
	4	木舟三本松	糸島市二丈町	4									
	5	新町	糸島市志摩町	57		○	○	○				丹塗磨研土器片 壺	夜臼I〜板付I
	6	長野宮ノ前	糸島市前原町	2		○		○			○		夜臼IIa式
	7	志登	糸島市前原	10				○				柳葉形有茎磨製石鏃6 碧玉製管玉11	
	8	石ヶ崎	糸島市前原	1				○					
	9	三雲加賀	糸島市前原	1				○				柳葉形有茎磨製石鏃6	
	10	井田用会	糸島市前原	1				○				碧玉製管玉22	
	11	小田	福岡市西区	2	○					○			
唐津平野	12	徳須江	唐津市北波多村	10									
	13	大友	唐津市	12		○	○	○		○	○	壺、貝輪	夜臼II〜金海
	14	五反田	東松浦郡玉島村	5				○			○		夜臼II〜板付I
	15	岸高	唐津市半田	9							○		
	16	葉山尻	唐津市半田	5						○	○		夜臼II〜板付II
	17	迫頭	唐津市鏡	3									夜臼
	18	瀬戸口	唐津市宇木	12		○		○			○		夜臼〜板付II
	19	森田	唐津市宇木	16				○			○		夜臼IIa〜板付II
	20	割石	唐津市柏崎	6									夜臼〜前期後半
佐賀平野	21	香田	三養基郡中原町	1					○		○		夜臼II
	22	戦場ヶ谷	神埼郡東背振村	1					○				
	23	四本黒木	神埼郡神埼町	1						○			
	24	伏部大石	神埼郡神埼町	1									
	25	久保泉丸山	佐賀市久保泉町	118		○		○			○	壺、管玉、土製紡錘車	夜臼II〜板付I 前期
	26	南小路	佐賀市大和町	1						○			
	27	礫石A	佐賀市大和町	28				○		○	○	碧玉製管玉・勾玉	夜臼〜前期後半
	27	礫石B	佐賀市大和町	23				○		○	○	管玉	夜臼〜板付IIa
	28	黒土原	佐賀市金立町	8				○		○	○	壺、管玉	夜臼〜板付IIa
	29	友貞	佐賀市金立町	1						○			金海
五島列島	30	宇久松原	北松浦郡小値賀	10				○					
	31	神ノ崎	北松浦郡宇久町	1				○					
西北九州	32	里田原	北松浦郡田平町	7	○								
	33	大野台A	北松浦郡鹿町	20	○								
	33	大野台B	北松浦郡鹿町	4	○								
	33	大野台C	北松浦郡鹿町	8	○								
	33	大野台D	北松浦郡鹿町	32	○								
	34	小川内	北松浦郡江迎町	10	○								
	35	狸山	北松浦郡佐々町	7	○							鰹節形大珠	夜臼
	36	四反田	佐世保市下本山	1						○			板付IIa
	37	天久保	西彼杵郡西海町	7	○							碧玉製管玉15	夜臼
島原半島	38	風観岳	諫早市	35	○			○					夜臼
	39	井崎	北高来郡小長井町	2									板付IIa
	40	景華園	島原市	3									
	41	西鬼塚	南高来郡有家町	1				○					夜臼
	42	原山第1群	南高来郡北有馬町	1									
	42	原山第2群	南高来郡北有馬町	6	○								
	42	原山第3群	南高木郡北有馬町	54	○			○		○	○		夜臼I〜夜臼II
熊本平野	43	梅ノ木	菊池郡菊陽町	2				○					
	44	田底	鹿本郡植木町	1									

1．支石墓の研究史と問題の設定

　九州の支石墓の出現は、基本的には朝鮮半島の支石墓の系譜の中で捉えられている。しかも、その出現が夜臼式という弥生早期に遡る段階にあり、水稲農耕の伝播を始めとする弥生の開始期の大きな文化要素の一つに挙げられている。さらには、弥生の始まりにおける渡来人との関わりで議論

されることも多い。

　したがって、研究史上の論点は大きく四つに分けられるであろう。第1が、朝鮮半島南部の南方式支石墓や碁盤形支石墓などとの系譜関係とその後の地域的変容の捉え方に関するもの。第2が、支石墓の系譜関係にもとづく伝播ルートの捉え方。さらに第3の論点は、支石墓という墓制の受容プロセスの解釈論にあるであろう。そして第4点として、支石墓という墓制に反映した社会集団の捉え方がある。

　まず第1に関しては、森貞次郎が、南方式支石墓のように支石がなく石槨状の下部構造に伸展葬をなす小田2号支石墓段階から、支石を持ち屈葬の箱式石棺を持つ段階に変化することを想定した。しかもその箱式石棺は屈葬という在来縄文墓制の伝統に根ざす変容を遂げていることを述べた（森1969）。より直接的な伝播からそれを受容した在来的変化方向は、第3の論点に繋がるものであり、重要な変化モデルではあるが、この段階の研究では支石墓下部構造の地域性や年代論が正確に把握されていなかったことに問題点がある。岩崎二郎も玄界灘沿岸の唐津平野を中心として土壙を下部構造とする支石墓が見られ、その後、石棺系の支石墓が西北九州や島原半島に認められるように、玄界灘沿岸から次第に形態変化しながら拡散し、こうした周辺地域において縄文的伝統が残存していく変化を描いた（岩崎1980）。下部構造が土壙であるか石棺であるかという違いを、地域差として捉える点は妥当であるが、それが時間軸上に変化していくものとして認めうるか問題があろう。また、甲元眞之は半島南部の支石墓において自身の編年でいう最終段階である支石を持つ谷安里型支石墓の流れの中にあることを述べている（甲元1978）。しかし、こうしたものと九州内の支石墓の下部構造との差異との関係は示されていない。さらに、筆者は、大友遺跡の発掘調査による支石墓の下部構造の分析から、石槨から土壙への構造変化を時間軸上で説明した（宮本2001）。ただし、こうした下部構造の変化過程は、大友支石墓のみで分析されたものであった。

　第2の論点に関しては、支石墓の分布が壱岐・対馬に見られないものの、朝鮮半島東南部から玄界灘沿岸への伝播と考える森貞次郎（1969）や岩崎二郎（1980）の考え方が一般的であろう。西谷正は、下部構造が石棺墓から土壙墓へ変遷することを述べた上で、早くに現れる石棺系が朝鮮半島西南部との関係で捉えられるとする。しかし、その伝播ルートは朝鮮半島西南部から東南部、さらに対馬・壱岐を経て西北九州へと伝播すると考える（西谷1980・1997）。一方、本間元樹は、半島南部の支石墓が蓋石式から碁盤式へ変化することから、西北九州の石棺系の支石墓が古く、半島西南部から済州島を経て西北九州へ伝播したものとしている（本間1991）。また、支石墓の上石、下部構造などの各要素の比較とその統計的分析から、朝鮮半島南江流域と玄界灘沿岸の北部九州との類似度が高いとし、こうした伝播ルートを想定する端野晋平の見方がある（端野2003）。森貞次郎らの考え方を踏襲したこの見方は、朝鮮半島東南部から地理勾配に伴う支石墓の各要素の類似度の欠落を示すものであり、より蓋然性の高い議論が行われている。さらに中村大介は支石墓の群集形態である列状密集型墓域の特徴などから、起源地を湖南（全羅南道）地域から嶺南（慶尚南道）西部内陸部に求めている（中村2007 韓国語文献）。

　第3の墓制の受容プロセスに関しては、森貞次郎が述べるように、弥生文化開始期における朝鮮半島無文土器文化との接触の中で支石墓を受容し、在地的な変容を遂げていくという捉え方（森

1969）が重要である。さらに近年では、朝鮮半島南部の南江流域と北部九州玄界灘沿岸の文化接触における文化受容と、下部構造である土壙内に置かれたであろう木棺から西北九州において石棺へ転換したといった、周辺地域での在地的な変容という地理的な違いにおける受容者側の選択的な受容過程が示されている（端野 2003）。一方で、九州の支石墓には朝鮮半島に求めうる要素と九州独自の要素が混在しており、単純で一元的な伝播で説明することはできないという指摘がある（武末・平郡 2009）。

　第 1 から第 3 の問題点は、相互に関連したものであり、一連のものとして理解できるものである。西北九州を中心とする箱式石棺を下部構造とする地域と、唐津平野から糸島平野を中心とする土壙を下部構造とする地域的な違いの中に、年代軸上にどのような変化が見出せるかで、その伝播ルートの解釈の違いが生まれてくる。その点で、福岡平野以東の玄界灘沿岸東部において認められる上石のない石槨墓や土壙木棺墓を、福岡平野以東で基本的に認められない上石を持つ支石墓と同列に議論してよいかという問題が残されている。西北九州から唐津・糸島平野の玄界灘沿岸西部に分布する支石墓と、福岡平野以東の玄界灘沿岸東部の石槨墓・木棺墓（土壙墓）を空間的にも時間的にも区分し、それぞれの系譜関係と変容過程を明らかにする必要があろう。まずは、下部構造の地域的な変遷と時間軸との関係を実証的に捉えるとともに、あくまでも上石のない墓制は支石墓とは異なる墓制という認識に立つことにより、地域間の時間軸上の墓制受容の違いを認識する必要がある。さらに時間軸と地域的な墓制上の構造差を三次元的に捉えることにより、単純で一元的な伝播で説明できないという指摘（武末・平郡 2009）に答えうる可能性がある。そのために、すでに行った大友支石墓での下部構造の構造変化過程（宮本 2001）が、ほかの支石墓にも当てはめることが可能かに注目する必要があろう。そして、上石を持つ支石墓と上石を持たない木棺墓には、副葬品として前者には管玉、後者には磨製石剣という排他的な副葬品構成が認められる。特に後者の磨製石剣には、型式上の分布差が朝鮮半島で認められており（朴宣映 2009）、こうした型式差が日本列島にも現れるかどうかを吟味する必要がある。先に問題となっている墓制の系譜を、このような副葬品の系譜関係からも論ずることができるであろう。

　一方、下部構造の地域差は縄文の在来墓制にもとづいている可能性がある。屈葬をなす箱式石棺は、坂本嘉弘の研究により西北九州の縄文後晩期の地域的墓制に根ざす可能性が高い（坂本 1997）。すなわち、支石墓そのものの地域的な下部構造の違いは、地域的な支石墓の受容の仕方を異にする可能性があるとともに、それが縄文後晩期の在来墓制の地域的な違いにもとづいている可能性が高いのである。したがって、下部構造の地域差とその系譜関係を、朝鮮半島の墓制との関係とともに、在来墓制との関係で解釈していく必要がある。

　第 4 の支石墓の社会集団像に関しては、支石墓が小群単独で墓地を営んでいるところから単一家族墓的性格が考えられている（西谷 1980、岩崎 1980）。弥生前期までの墓葬は伯玄社タイプとして血縁共同体の家族墓として捉えられている（高倉 1981）が、筆者はこれに対し支石墓も複数のリネージの代表が継起的に墓制を営んだものであることを第 8 章で論述した。支石墓の社会集団像を、縄文在来の集団性と新たな朝鮮半島から導入された社会システムという二つの面から検討してみたい。

2. 支石墓の構造と変遷

　九州の支石墓は、弥生時代早・前期のものは同時代の朝鮮半島南部の支石墓の上石に比べ、比較的小さい傾向にある（端野 2001・2003）。大型化するのは弥生時代中期の標石となった段階であるが、弥生時代中期に関してはすでに支石墓の意味が変質しているところから、ここでは論じない。また、九州の支石墓は、基本的に上石の下に支石を持つものである。支石を持たない朝鮮半島の蓋石式支石墓とは違い、碁盤形支石墓の系譜に連なるものということができよう。すでに、森貞次郎や甲元眞之・沈奉謹が指摘しているように（森 1969、甲元 1978、沈奉謹 1979）、蓋石式から碁盤形への移行段階の支石墓の伝統が北部九州にもたらされたとすることができるのである。

　さて、埋葬施設である下部構造は、大きく三つに分けることができるであろう。一つが箱式石棺である。二つ目が石槨に近い墓壙の縁に石を並べるタイプであり、中村大介は割石積石棺と呼ぶ（中村 2007 韓国語文献）。その系譜は後に詳述するように、石棺にあると考えられるところから、中村の呼称は妥当なものである。これをかつて石槨と呼んだことからも、ここでは石槨状石棺と呼ぶことにする。この石槨状石棺の規範が崩れ、墓壙の長側に沿って石が囲むように配置される、石槨状石棺の退化形態も、この分類に含む。最後に下部構造として土壙をあげることができる。土壙には、棺床などの石が墓壙底部に配置され、木棺が安置される場合も想定されている。あるいは土壙墓であるが、土壙の上面に板石で覆いがなされる石蓋土壙も存在し、土壙もいくつかに細分することができる。

　このような三つのタイプの中でも、箱式石棺は西北九州から島原半島に分布し、石槨状石棺や土壙は唐津平野・糸島平野などの玄界灘沿岸西部から佐賀平野、さらに土壙系は島原半島や熊本平野へと分布している。分布上は大きく箱式石棺系と石槨状石棺・土壙系に分けることができ、両者が混在する地域が島原半島というふうにも見ることができるであろう。そこで、大きく石棺系と石槨・土壙系に分け、それぞれにその構造の変遷や特徴について分析を加えてみたい。まず、石槨・土壙系から考えてみよう。

（1）石槨状石棺・土壙系

　このグループには、すでに述べたように石槨系の退化形態と想定できる石囲いタイプや、土壙の地域的な変種である石蓋土壙を含めて考えることができる。森貞次郎は、支石墓下部構造において、福岡市西区小田2号支石墓の石槨状の石室構造から土壙墓への変化を想定していた（森 1969）。この小田2号支石墓は残念ながら聞き取り調査によるもの（鏡山 1942）で、正確さに問題があるものの、扁平な石を墓壙に沿って立て並べ石槨状の構造を構築するものである。この構造に類似するものが、佐賀県唐津市大友6・7・21号支石墓である（宮本編 2001・2003e）。大友6・7号墓には墓壙上面に供献用の小壺が安置されており、棺外副葬の一例である。こうした棺外副葬は慶南地域の松菊里段階の墓制から北部九州の支石墓に認められるものであり（中村 2006、武末・平郡 2009）、必ずしも支石墓とは限らないが、朝鮮半島南部の習俗の伝播を示す要素である。しかし、

第 9 章　北部九州の弥生社会の始まり　*157*

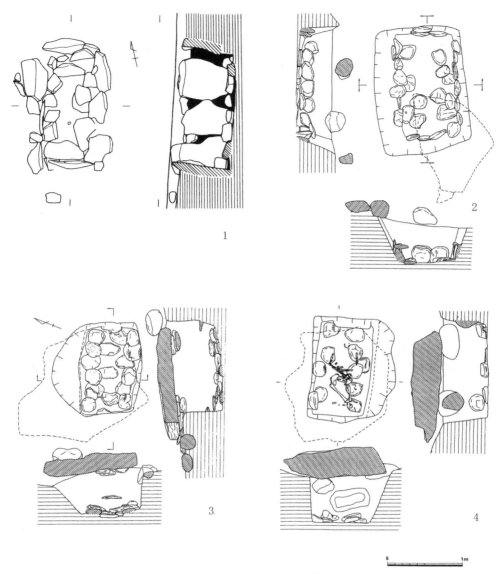

図 63　石槨状石棺・土壙系下部構造（縮尺 1/50）
1：瀬戸口 7 号支石墓、2：大友 21 号支石墓、3：大友 8 号支石墓、4：大友 4 号支石墓

　ここで石槨とした構造（図 63 - 1）も、朝鮮半島南海岸に認められる石槨墓のように石を積み重ねる石室タイプのものとは異なっており、その変異型であるといえる。むしろ、これらの石槨状構造において、扁平な石を立て並べる特徴は、松菊里型石棺（金賢 2003）など、石棺の構造に類似したものであり、半島南部の支石墓下部構造の石棺系を引く構造と認識すべきであろう。また、この段階の支石墓下部構造は、大友支石墓の発掘所見からして、木棺を墓壙内部に安置するものではなく、死体を直接石槨状石棺内に置くものである（宮本 2001）。この点も、石棺をその系譜とする一つの根拠となる。そこでこうした下部構造を石槨状石棺と呼ぶことにする。

さて、大友支石墓に関しては、下部構造の変遷と墓地の変遷とを対応させながら時間軸上の変化を示したことがある（宮本 2001）。下部構造における石の配列とその変化方向を想定し、供献土器や墓壙を切る小児用甕棺の土器型式から、その時間軸上の妥当性を示すものである。さらに墓群の拡大過程を読み取るものであった。Ⅰ式は、墓壙壁に沿って石を1段程度に立て並べ、墓壙の底には石が敷き並べられるものである（図63-2）。ただし、発掘時にはここに木棺が置かれていた痕跡を確認することはできず、直接被葬者が安置されたものと考えられる。Ⅱ式は、墓底の敷石が残るが、墓壙の長側辺に沿ってのみ石が1段立て並べられるものであり、短側辺の石が欠落するといった退化傾向を示す（図63-3）。長側辺の石は、本来縦置きであったものが横置きになっている。Ⅲ式は墓壙壁に沿った石が認められず、そうした行為が退化するとともに、墓底の敷石がまばらになり、棺台状の石のみが墓底に置かれるものである（図63-4）。このような一連の墓壙壁に沿って石を配置する行為の退化傾向を時間的な変遷過程と想定しうる。その場合、Ⅰ式の6・7号支石墓には夜臼Ⅱa式の小壺が伴っている。一方、Ⅲ式の5号支石墓に接して10号小児甕棺が認められるが、その甕棺は壺の口縁を打ち欠いたものであり、型式的には板付Ⅰ式から板付Ⅱa式にかけてのものであろう。こうした年代関係は下部構造の型式差と矛盾がないと同時に、Ⅰ式→Ⅱ式→Ⅲ式と墓葬配置が中心から次第に周辺へと拡大していくように認められ（宮本 2001）、墓群の変遷としても矛盾のないものである。したがってこの下部構造の変化を一連の変化と考えることができよう。

　この下部構造の変化型式を代表とし、他の唐津平野から糸島平野にかけての玄界灘沿岸西部や佐賀平野の支石墓を見ていきたい。墓壙壁に沿って石を立て並べる大友Ⅰ式と大友Ⅱ式は、もともとの石棺形態の規範の退化過程を示すとすることができ、これらを石槨状石棺Ⅰ式と石槨状石棺Ⅱ式と見なしたい。

　石槨状石棺Ⅰ式には小田2号支石墓・瀬戸口7号支石墓や大友6・7・21号支石墓、佐賀平野の久保泉丸山支石墓SA42・SA61があたるであろう。この内、小田2号支石墓、瀬戸口7号支石墓（図63-1）、久保泉丸山SA42・SA61は、より本来の石棺に近い形態を示しており、大きな割石が墓壙壁に沿うように貼り付けられている。これに比べ、墓壙の下底部に沿って比較的小さな割石が貼られている大友6・7・21号支石墓は、それらの退化形態と考えることができよう。そこで、瀬戸口7号支石墓、小田2号支石墓、久保泉丸山SA42・SA61を石槨状石棺Ⅰa式と呼び、それらから構造的に退化した大友6・7・21号支石墓を石槨状石棺Ⅰb式と呼んでおく。石槨状石棺Ⅰ式は、箱式石棺を意識して作られたものと考えることができる。しかも、石槨状石棺Ⅰa式には支石が認められない可能性があり、これは朝鮮半島南部の蓋石式支石墓を模倣している可能性がある。

　石槨状石棺Ⅰb式がさらに構造的に退化した石槨状石棺Ⅱ式には、大友3・8号支石墓をあてることができる。これは石槨状石棺Ⅰ式の退化形態ということができるとともに、すでに石棺の製作意識を失った段階といえよう。また、この型式には、木棺墓の裏込めとして木棺と長側壁の間に石が詰め込まれる状態を指している場合もあろう。石ヶ崎支石墓（原田 1952）や新町遺跡56号墓も石槨状石棺Ⅱ式にあてはまる。石槨状石棺Ⅱ式段階平行期から木棺墓が導入された可能性がある。

大友Ⅲ式は、下部構造の土壙底部に棺台状の石が置かれるものである。そこでこれを土壙墓とみなし、木棺が置かれる場合もあると想定され、土壙Ⅰ式と呼ぶ。この棺台状の石は、底部全面に敷かれる場合もあるが、小口部分のみの土壙短側壁に沿って石が置かれる場合がある。これは土壙と木棺の間の小口部分のみに裏込め状の石を入れ込むことも想定される。こうした小口部分のみに棺台状の石が配置されるものを土壙Ⅱ式と呼ぶ。さらに土壙底部に棺台状の石などがまったく認められない、単なる土壙からなる下部構造を土壙Ⅲ式と呼びたい。土壙Ⅰ式から土壙Ⅲ式は、棺台状の墓壙底部に配置される石が減少していくような単純な変化方向にあるのではなく、土壙内での木棺の配置方法の差異を示している場合があり、一元的な時間軸の流れの中にあるものとは判断されない。実際、新町支石墓墓地では56号墓が石槨Ⅱ式1例のみで、その他は土壙Ⅰ式・Ⅱ式・Ⅲ式からなっており、これら土壙墓間には供献土器の型式から見ても時期差は認められない。確実に支石墓に木棺が配置されているものは、糸島平野の石崎矢風1号支石墓のように、土壙Ⅲ式に類似するが二段墓壙からなるものである（古川 2010）。この二段墓壙に関しては、後に木棺のところで詳述するが、土壙Ⅲ式とは区別し土壙Ⅳ式と呼ぶ。

むしろ分類上難しいのは、こうした土壙には確実に上石や支石を持つ支石墓も存在するものの、上石・支石のない単なる土壙墓も存在しているところである。後に、支石墓下部構造の土壙墓と同じ基準で、北部九州の木棺墓（土壙墓）を分類することになる。支石墓下部構造の土壙墓は、支石墓下部構造の石槨状石棺の退化形態として土壙墓も成立する場合もあろうし、一方では朝鮮半島からの系譜のもとに木棺墓（土壙墓）が北部九州で成立した後に、それが北部九州の支石墓へ影響を与える場合も想定される。後者の木棺墓の代表的な型式は、後に詳述するように、墓壙底面に木棺の痕跡が認められる二段墓壙をなす土壙Ⅳ式である。支石墓においても新町支石墓に土壙Ⅳ式が存在している（表22）。

さて、石槨・土壙を支石墓下部構造としている唐津平野や糸島平野では、大友支石墓の分析で示したように、石槨状石棺Ⅰa式→石槨状石棺Ⅰb式→石槨状石棺Ⅱ式→土壙Ⅰ・Ⅱ・Ⅲ式といった支石墓下部構造の変化が追える。表22に示したように、志登支石墓では石棺状石棺Ⅱ式と土壙Ⅰ式、新町支石墓では石棺状石棺Ⅱ式と土壙Ⅰ・Ⅱ・Ⅲ式、さらに木棺墓の影響と見られる土壙Ⅳ式が存在している。このように支石墓下部構造の組合わせが墓地ごとに差異をみせているのは、こうした流れの妥当性をある程度示していることになる。また、石槨状石棺Ⅰb式は大友6・7号墓の供献小壺から夜臼Ⅱa式に、石槨状石棺Ⅱ式は長野宮ノ前2・10・11号墓で夜臼Ⅱa式に遡る可能性が、土壙Ⅰ・Ⅱ・

表22 支石墓墓群と下部構造の分類

	支石墓名	石槨Ⅰ	石槨Ⅱ	土壙Ⅰ	土壙Ⅱ	土壙Ⅲ	土壙Ⅳ
糸島	曲り田					1	
	石崎矢風						1
	新町		1	6	1	4	6
	長野宮ノ前		3	7	4	14	5
	志登		2	1			
	石ヶ崎			1			
	小田	1					
唐津	大友	3	2	4			
	森田			1		1	
	葉山尻					3	
	瀬戸口	1				10	

Ⅲ式は新町支石墓群から夜臼新段階から板付Ⅰ式段階には出現していることが示唆される。より初源的な型式である瀬戸口7号墓（図63-1）の石槨状石棺Ⅰa式は夜臼Ⅰ式など刻目凸帯文土器初段階まで遡る可能性があろう。そこで、石槨状石棺Ⅰa式（夜臼Ⅰ式）→石槨状石棺Ⅰb式（夜臼Ⅱa式）→石槨状石棺Ⅱ式（夜臼Ⅱa式）→土壙Ⅰ・Ⅱ・Ⅲ式（夜臼Ⅱa式～板付Ⅰ式）といった段階に始まり、それぞれの型式が順次重なり合いながら、次第に消失していくといった下部構造の変化を想定できる。なお、夜臼Ⅰ式に相当する曲り田支石墓の下部構造は土壙であるが、円形土壙であり、一般的な土壙Ⅲ式とは異なっている。屈葬用の縄文的な土壙墓であると考えられる。支石墓導入期にみられる、縄文的な選択的な受容の一つであり、特異な例と見なしたい。

（2）箱式石棺系

箱式石棺系は北松浦半島などの西北九州から島原半島にかけての支石墓下部構造にあまねく認められるものである。箱式石棺は長崎県大野台遺跡の分析で示されたように（正林・松尾編 1983）、大きく4類に分けることができる。ここでは箱式石棺の構造変化を想定して、大野台遺跡の型式分類とは異なるが、同じように4類に分けてみたい。

Ⅰ類：長側壁を挟み込むように短側壁が井桁状に組まれるもの（図64-1～3）。

Ⅱ類：一辺の短側壁のみが長側壁の外側に配置されるように、Ⅰ類と同じ特徴を示すが、もう一辺の短側壁の配置には規則性がなく、長側壁に挟み込まれたり、長側壁と短側壁の接点が互い違いに取り付くもの（図64-4・5）。

Ⅲ類：長側壁の一辺には短側壁が必ず長側壁の内側に取り付くものの、他の長側壁と短側壁との取り付きには規則性が認められないもの（図64-6・7）。

Ⅳ類：石棺のプランが四角形ではなく多角形になるなど、側壁の配置が不規則なもの（図64-8・9）。

このうち、Ⅰ類が最も多いタイプであり、継いでⅡ類の数量が多いことが認められる（表23）。類例が少ないのがⅢ類やⅣ類である。最も数量の多いⅠ類を規範としながら、次第にその原則が崩れるあり方としてⅠ類→Ⅱ類→Ⅲ類→Ⅳ類といった変化を想定した分類であるが、数値的にはそのことを示している。しかし、共伴遺物などからはこのような石棺の構造的な変遷は厳密には検証できない。また、島原半島の原山支石墓に夜臼Ⅰ式段階のⅠ類石棺墓が存在することからも、必ずしも西北九州から島原半島への漸移的な伝播過程を示すことはできない。

むしろ石棺の大きさが、内法が一般的に 90cm × 50cm ×高さ 60cm 以下と小さいところに特徴がある（図65）。図65は、箱式石棺の内法の長さと幅から平面積を算出し、それと内法の高さをかけ合わせ容量を示したものである[(2)]。石槨状石棺・土壙系の墓壙平面積と高さが示す容量とは、明確な差違が示される。この差違が被葬者の葬法を反映している可能性がある。石槨状石棺・土壙系の大友支石墓や新町支石墓では、古人骨の遺存状態から基本的に仰臥屈肢葬であることが知られている。したがって、このような箱式石棺の容量の小ささでは、支石墓下部構造の箱式石棺の場合、屈葬という形でしか埋葬できないと考えられる。なお、西北九州の支石墓下部構造を、その法量の狭隘さから火葬骨と想定する見解も見られるが（秀島編 2006）、西北九州の支石墓では火葬の実体

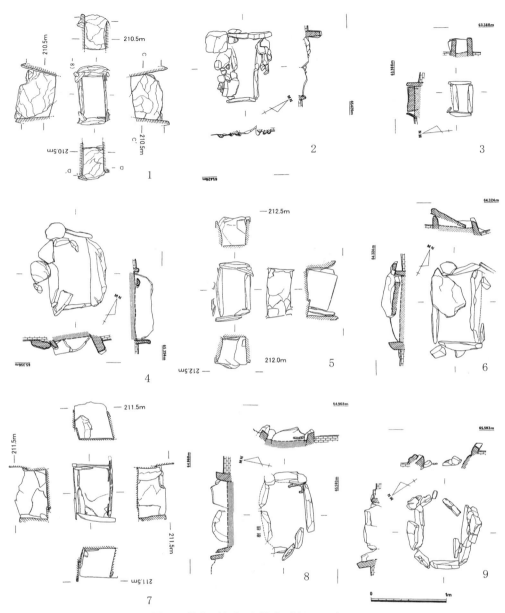

図64 箱式石棺系下部構造（縮尺1/50）
1：風観岳30号墓、2：大野台E34号墓、3：大野台E32号墓、4：大野台E20号墓、5：風観岳33号墓、6：大野台E7号墓、7：風観岳31号墓、8：大野台E24号墓、9：大野台E31号墓

表23 支石墓群単位の箱式石棺下部構造分類

石棺型式	大野台A	大野台C	大野台E	小川内	狐山	天久保	風観岳	原山第3	計
I類	1	3	10	2	1	1	3	8	29
II類		4	1	3	1	1	1	8	19
III類			1				2	2	5
IV類			4					1	5

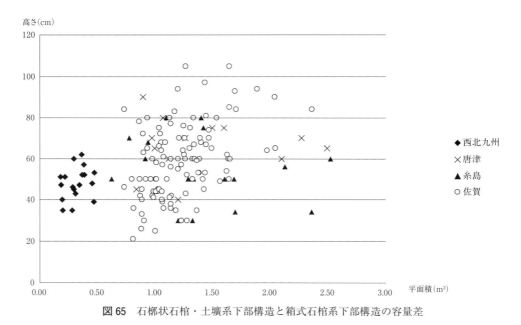

図65 石槨状石棺・土壙系下部構造と箱式石棺系下部構造の容量差

的な証拠はまったく得られていない。もともと西北九州の縄文墓制に火葬が知られていないことからも、箱式石棺内の葬法は屈葬と考えるべきであろう。また、図64や図65の箱式石棺の一部には大きさから見て、子供用の箱式石棺が含まれている。

　支石墓下部構造の箱式石棺系の特徴は、朝鮮半島南海岸にも存在する支石墓下部構造の石棺の系統を引くものとすることができるであろう。森貞次郎は玄界灘沿岸に伝播した石槨状石棺・土壙系の支石墓下部構造が、西北九州に至って箱式石棺へ転化したと考える（森 1969）。この考え方は端野晋平にも受け継がれ、石槨状石棺・土壙系支石墓内の木棺が石棺に置き換わったものと想定する（端野 2003）。しかしながら、朝鮮半島南部で認められるこの時期の組合わせ式木棺や箱式石棺とは、一般的に短側壁を長側壁の内側に挟み込む型式のものであり、西北九州・島原半島のⅠ類石棺（図64-1～3）とは構造を異にしている。Ⅰ類石棺では、長側壁を短側壁の内側に挟み込むといったまったく逆の構造から成り立っているのである。この点から見るならば、木棺を石棺に写すということはあり得なくなる。先に述べたように、玄界灘沿岸西部の石槨状石棺も、もともと石棺を意識したものであるならば、北部九州の支石墓の原型は、共に石棺タイプを模倣したとすることができ、この系譜の中で、西北九州から島原半島では地域的に固有な受容を果たしたのが箱式石棺であったとすることができるであろう。しかも、西北九州から島原半島では、縄文以来の墓制である屈葬習俗をそのまま維持しながら、支石墓ならびに下部構造としての箱式石棺を選択的に受容したとすることができる。

　なお、島原半島では支石墓下部構造に関して、箱式石棺以外に土壙墓も出現している。これは風観岳C群やD群において、箱式石棺墓系支石墓が支石墓分布の中心をなし、その周囲に土壙墓系支石墓が分布すること（秀島編 2006）から、支石墓下部構造において箱式石棺墓から土壙墓へと変化するといった時間差が存在することが予想される。この時空的な下部構造の変化は、箱式石棺

から土壙墓への構造的な退化という機能的な変化を想定することもできるが、佐賀平野における石槨状石棺・土壙墓系支石墓の系譜による変化の可能性もあろう。

（3）支石墓の系譜

　石槨状石棺・土壙系の場合、型式的に古い石槨状石棺Ⅰ・Ⅱ式が分布するのが唐津平野や糸島半島などの玄界灘沿岸西部であり、さらには一部が佐賀平野に認められる。相対的に新しい土壙系下部構造は佐賀平野からさらに島原半島や弥生中期を中心として熊本平野に分布している。したがって、石槨状石棺・土壙系の系譜は玄界灘沿岸西部から背振山系の西部を迂回して佐賀平野へ、そしてさらに南進していくといった地理勾配が認められ、玄界灘沿岸から内陸部へと広がっていくとした森貞次郎らの考え方（森 1969、岩崎 1980、端野 2003）を追認することになる。これに対し、箱式石棺系は西北九州から島原半島へと順次伝播するという積極的な証拠は認められず、むしろ夜臼Ⅰ式の段階で島原半島まで箱式石棺系支石墓が一気に広がっていることを、箱式石棺内に安置されている刻目凸帯文土器からなる甕棺によって知ることができる。したがって、玄界灘に現れる石棺系と西北九州に出現する石棺系は、弥生早期の初段階からそれぞれ地域を異にして広がっていったことが理解できるであろう。問題は、森貞次郎が想定したような、石槨状石棺が在地的な支石墓の受容の中で、箱式石棺へ変化するという解釈（森 1969）が成り立つかである。これに対し、朝鮮半島側で存在する木棺を介して石棺への石槨内部の変化を想定することが、西北九州・島原半島の石棺構造では成り立たないことを述べた。すなわち、玄界灘沿岸地域と西北九州地域がそれぞれ選択的に石槨状石棺・土壙系と箱式石棺系の下部構造を受容したと考えることができるであろう。その受容が、地域内でのそれまでの縄文墓制に応じて、西北九州・島原半島では屈葬、玄界灘沿岸から佐賀平野では仰臥屈肢葬が採用されているところに、地域の主体性を理解することができる。また、このような選択的な文化受容は、縄文後晩期に認められる勾玉や管玉などの模倣、さらには孔列文土器の模倣など縄文人の志向的な文化導入（宮本 2004a）の延長にあるであろう。

　一方で、副葬品や供献土器に注目してみよう（表21）。副葬品として大陸系のアイテムと考えられるものが、柳葉形磨製石鏃や碧玉製管玉である。柳葉形磨製石鏃は志登支石墓や三雲加賀支石墓など玄界灘沿岸でも糸島地域に限られる。また、碧玉製管玉は糸島地域の石ヶ崎支石墓、井田用会支石墓のほか、西北九州の天久保支石墓の副葬品にある。副葬品に限れば、このように半島南部との強い結びつきを見せるのが糸島地域であり、次いで西北九州ということになる。さらに、半島南部との埋葬習俗として注目されるのが、棺外への供献土器の配置である（武末・平郡 2009）。慶南地域の泗川市梧谷里遺跡や梁山市所土里遺跡などで見られる壺が棺外に供献される習俗が、糸島地域の新町支石墓や佐賀平野の久保泉丸山支石墓や礫石支石墓などに認められることが指摘されている。さらにこのような壺の棺上供献は、唐津平野の大友6・7号支石墓に認められるし、北松浦半島の狸山支石墓や島原半島の風観岳支石墓や原山支石墓にも見られる現象である。いわば、支石墓分布圏の玄界灘沿岸西部から佐賀平野そして西北九州から島原半島にかけて認められる埋葬習俗ということになる。これに対して、供献土器の伝統は縄文以来の伝統とする解釈も見られる（中村 2006）が、どちらにせよ供献土器の習俗分布が支石墓分布圏と一致している点を注目すべきであろ

う。
　このように供献土器の埋葬習俗は玄界灘沿岸西部から島原半島などの支石墓分布圏に、大陸系副葬品も糸島地域を中心とする玄界灘沿岸と西北九州に認められた。これらの点からは、やはり糸島平野など玄界灘沿岸を中心に受容された支石墓墓制を、玄界灘沿岸と西北九州でそれぞれ選択的に受容したと解釈できるであろう。さらに支石墓墓制の発信源は、朝鮮半島の南海岸地域の慶南にあることが理解される。その中でも、学史的には湖南地域から南江流域の関連性が指摘されているが（端野2003、中村2007）、その直接的な発信源はこうした副葬品や供献土器からすれば、南江流域を含む慶南地域とすることができるであろう。そして、こうした支石墓の墓制情報が、今のところ、唐津・糸島地域など玄界灘沿岸西部を中心にまず受容され、時をおかずに西北九州へも伝達されるが、西北九州では選択的に下部構造として箱式石棺を受容するとともに、屈葬という縄文葬制をそのまま残すこととなった。そして、その選択的需要は瞬く間に島原半島まで拡散している。

3．木棺墓の系譜と磨製石剣

　さて、ここで問題になるのは、福岡平野以東の動きである。この地域には基本的に弥生早期の支石墓が認められない地域である。これらの地域で弥生早期から弥生前期前半にかけて出現するのが土壙墓（木棺墓）である（図66-2）。雑餉隈遺跡、天神森遺跡、伯玄社遺跡、江辻遺跡、田久松ヶ浦遺跡などからなる。その分布は、図66に示すように、糸島半島に分布上の重なりがあるものの、基本的に支石墓の分布（図66-1）と土壙（木棺墓）の分布（図66-2）は異なっていることが明瞭である。そして、これらの土壙墓は、支石墓より出現時期が遅れ夜臼Ⅱa式以降に認められ、特に板付Ⅰ式以降に増加する傾向にある。これらの中には、すでに支石墓のところで分類した土壙Ⅰ式・Ⅱ式・Ⅲ式に相当しない墓葬構造を有している。それは朝鮮半島南部の無文土器時代木棺墓で分類された石築形石棺墓B型に相当する（金賢2003）。これは墓壙壁に沿って板石を積み上げ竪穴式石室状に構築してのち蓋石で覆うものである。昌原上南里支石墓や金海内洞支石墓などの下部構造に認められる。本稿ではこうした土壙墓を石蓋石槨土壙墓と呼んでおきたい。この石蓋石槨といった構造は、支石墓の下部構造で示した石槨状石棺Ⅰ式やⅡ式とは系譜を異にしたものである。そしてこの石蓋石槨土壙墓には木棺を伴っていることが、田久松ヶ浦SK206・SK216の事例（図67-1・2）などからも明らかである。これらは、金賢の分類で言う石築形石棺墓B型S類に相当する（金賢2003）。基本的に木棺墓と呼んでもかまわないものである。その点で、これまで検討した支石墓が石棺を基本とするものであり、少なくとも支石墓石槨状石棺Ⅰ式段階では木棺を伴わないものであるのに対し、石蓋石槨土壙墓は完全に異なっている。
　また、木棺が安置されていた土壙墓は、支石墓のような上石や支石を持たないが、埋葬構造は支石墓下部構造の土壙系のものに近い傾向にある。ここでも同じ分類基準で埋葬構造を分類してみたい。まず石蓋土壙と石蓋を持たない土壙に分けることができる。土壙そのものは、墓底の四周に沿ってまばらに石が置かれたり棺台状の石が置かれる土壙Ⅰ式（図67-3）、小口部のみに裏込め状に石が置かれる土壙Ⅱ式（図67-4）、単なる土壙である土壙Ⅲ式がある。そして、土壙の底面

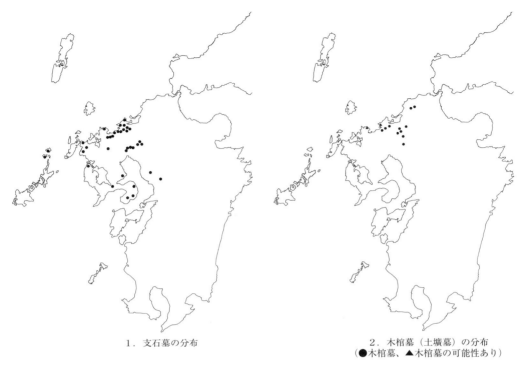

1. 支石墓の分布　　　　　　　　　　2. 木棺墓（土壙墓）の分布
　　　　　　　　　　　　　　　　　　　（●木棺墓、▲木棺墓の可能性あり）

図66　支石墓と木棺墓（土壙墓）の分布

に木棺の痕跡が残り二段墓壙をなすものを土壙Ⅳ式（図67-5）とする。この土壙における四つの分類にさらに石蓋の有無を踏まえ、石蓋土壙Ⅰ式、石蓋土壙Ⅳ式、土壙Ⅰ式、土壙Ⅱ式、土壙Ⅲ式、土壙Ⅳ式の6類に分けることができる。これら6類から、北部九州における木棺墓墓地の様相を見たのが、表24である。石蓋石槨や石蓋土壙Ⅰ・Ⅳ式は基本的に少なく、土壙Ⅲ式や土壙Ⅳ式が主体であることが理解される。また、木棺構造は刳り抜き式と組合わせ式の2種類が存在している。

　一方、朝鮮半島の確実な木棺墓は、石蓋石槨や土壙Ⅰ式・Ⅱ式・Ⅲ式・Ⅳ式からなっている（金賢 2003）。こうした遺跡の例としては、昌原新村里1地区16号墓や泗川梨琴洞B-3-1号墓の石蓋石槨、咸安梧谷里5号墓や梨琴洞D-12号墓の土壙Ⅰ式、梧谷里24・25号墓の土壙Ⅱ式、松菊里54-1号墓の土壙Ⅲ式、晋州市大坪玉房1地区10・45号墓の土壙Ⅳ式などをあげることができ、これらには確実に木棺が存在している。こうした地域との情報の流れの中から木棺墓が夜臼Ⅱa式以降に福岡平野以東に流入したことが想定されるのである。

　また、木棺墓の副葬品としては、表25に示すように磨製石剣と有茎式磨製石鏃をあげることができる。表21と対比すれば、有茎式磨製石鏃は支石墓の副葬品にも認められるが、磨製石剣は支石墓に副葬された例はない。一方で、支石墓に副葬された管玉などの玉類が木棺墓に見られない点も、排他的である。これらの磨製石剣は有節式磨製石剣と一段柄式磨製石剣からなり、木棺墓（土壙墓）の特徴的な副葬品ということができるであろう。また、木棺墓（土壙墓）は支石墓とは異なり、小壺などの土器を棺内に副葬する習俗の差異が指摘されている（中村 2006）。

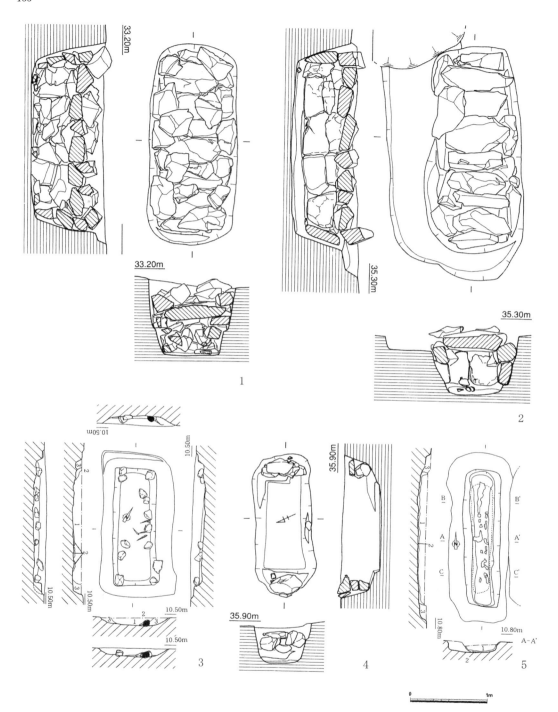

図 67　木棺墓の構造（縮尺 1/50）
1：田久松ヶ浦 SK218、2：田久松ヶ浦 SK206、3：江辻 SK20、4：田久松ヶ浦 SK208、5：江辻 SK12

表24 木棺墓墓地と土壙分類

墓壙型式	雑餉隈	天神森	江辻	田久松ヶ浦	久原	寺福童
石蓋石槨				2		
石蓋土壙Ⅰ		1				
石蓋土壙Ⅳ		1				
土壙Ⅰ式			1		2	
土壙Ⅱ式			2	2	1	
土壙Ⅲ式	2	9	4	9	4	11
土壙Ⅳ式	2	12	4			2

表25 木棺墓の副葬品

墓葬名	埋葬型式	副葬品	年代
雑餉隈 SR003	土壙Ⅲ	有節式磨製石剣1、有茎式磨製石鏃3	夜臼Ⅱa
雑餉隈 SR011	土壙Ⅳ	一段柄式磨製石剣1	夜臼
雑餉隈 SR015	土壙Ⅳ	一段柄式石剣1、有型式磨製石鏃5	夜臼
江辻 SK20	土壙Ⅰ	有茎式磨製石鏃5	
江辻 SK36	土壙Ⅲ	幅広形磨製石鏃	
田久松ヶ浦 SK201	土壙Ⅲ	一段柄式磨製石剣1、有茎式磨製石鏃3	板付Ⅰ
田久松ヶ浦 SK203	土壙Ⅲ	有茎式磨製石鏃2	板付Ⅰ
田久松ヶ浦 SK206	石蓋石槨	一段柄式磨製石剣1、有茎式磨製石鏃1	板付Ⅰ
田久松ヶ浦 SK208	土壙Ⅱ	扁平片刃石斧1	板付Ⅰ
田久松ヶ浦 SK210	土壙Ⅲ	有茎式磨製石鏃4	板付Ⅰ
田久松ヶ浦 SK218	石蓋石槨	有茎式磨製石鏃2	板付Ⅰ
久原 SK8	土壙Ⅲ	一段柄式磨製石剣1、有茎式磨製石鏃4	
寺福童 R3	土壙Ⅲ	磨製石鏃1、打製石鏃1、壺1	
寺福童 R4	土壙Ⅲ	磨製石鏃2	
寺福童 R5	土壙Ⅲ	磨製石鏃1	
寺福童 R8	土壙Ⅲ	有節式磨製石剣1、磨製石鏃3、打製石鏃1	
寺福童 R10	土壙Ⅲ	磨製石鏃1	
寺福童 R12	土壙Ⅲ	磨製石鏃1、壺1	
寺福童 R15	土壙Ⅲ	磨製石鏃1	
寺福童 R16	土壙Ⅲ	打製石鏃3	
寺福童 R17	土壙Ⅳ	磨製石鏃2	
寺福童 R19	土壙Ⅲ	磨製石鏃1、打製石鏃4	

表26 朴宣暎による朝鮮半島の磨製石剣の型式と時期区分(朴宣暎2009から)

無文土器時代	北部九州	時期区分	二段柄石剣	一段柄石剣
前期	黒川式	1期	1a期(Ⅰ式) 1b期(Ⅱ式)	1期(A1)
後期前半	夜臼Ⅰ 夜臼Ⅱa	2期	2a期(Ⅲ式) 2b期(Ⅳ式)	2期(A2、B2)
後期後半	夜臼Ⅱb〜 板付Ⅰ・Ⅱa	3期	3a期(Ⅴ式) 3b期(Ⅵ式)	3期(A3、B3)

ところで、朝鮮半島の磨製石剣については、二段柄式から有節式へ、さらに一段柄式へと変化すると考えたことがある（宮本 2004b）。近年の朴宣映の磨製石剣の分析では、二段柄式から有節式への変遷を認めながらも、二段柄式の出現後やや時間差を以て一段柄式が出現し、二段柄式と一段柄式は共存するという考え方を示した（朴宣映 2009）。二段柄式石剣や一段柄式の属性分析による型式変化の妥当性、さらには磨製石鏃などを中心とした共伴遺物の編年関係から、朴宣映の磨製石剣の変遷観は妥当なものと見なされる。さらには一段柄式をA〜D式の5類の組列に分けうることを示すとともに、それらの分布差を検証している。さらにこの分布差においても、無文土器後期の一段柄式B式と二段柄式石剣の分布が、同時期の一段柄式A式あるいは一段柄式C式と大きく異なっていることを示した。その型式分類と型式変遷の時期を示したのが表26である。この無文土器時代後期後半段階こそ、北部九州へ木棺墓が広がった時期である。

さて、九州出土の磨製石剣を、朴宣映の磨製石剣の分類基準に照らし合わせながら、分類可能なものを再分類し、その集成を示したものが表27と図68である。九州出土の磨製石剣は一段柄A式とB式さらには有節式石剣である二段柄Ⅴ・Ⅵ式石剣が主体を占めていることが理解できるであろう。また、時期差で見れば無文土器前期に相当する一段柄A1式と、無文土器後期の一段柄B2・B3式と二段柄Ⅴ・Ⅵ式に大きく大別できると感じられる。朝鮮半島においても、朴宣映によれば一段柄A式と一段柄B式・有節式（二段柄Ⅴ・Ⅵ式）石剣には、分布差が明瞭に見て取れる（朴宣映 2009）。前者は湖南から南岸を含む洛東江西岸までの半島南海岸に、後者は湖西（忠清道）地域から嶺南地域（慶尚道）にかけて分布が認められる。

図69-1が一段柄A式の分布である。さらに、朝鮮半島では同じ分布域圏に入る一段柄D式系を分布図に示した。ここで一段柄D式系としたもの（図68-13・14）は、柄の下端に突出部を持つなど特異な点も見られ磨製石剣の未成品である可能性もあるが、剣身と柄に段差がなく鍔部分も節状をなさない点からも、一段柄D式の系統としておきたい。さて、一段柄A式は、対馬の浅茅湾から糸島・唐津平野などの玄界灘沿岸西部と遠賀川中・下流に分布が集中している。さらに北部九州の二つの分布域において、ともに無文土器時代前期に相当する一段柄式A1式が集中している点も興味深い。一方で図69-2に示したのが、一段柄B式石剣と有節式（二段柄Ⅴ・Ⅵ式）石剣である。その分布は、対馬北端と福岡平野以西の玄界灘東部から内陸部、さらには図示してはいないが松山平野などの瀬戸内沿岸に至っている。大きく、分布差を示しているとともに、この段階が有節式（二段柄Ⅴ・Ⅵ式）石剣や一段柄B3式石剣などの無文土器後期後半の磨製石剣である点である。そしてまた、図69-1と図69-2の分布差は、図66-1と図66-2で示した支石墓と木棺墓（土壙墓）の分布差にほぼ相当しているということができるであろう。

まず図69-1に分布を示した一段柄A式石剣の詳細に注目したい。伝糸島郡志摩町大字稲留出土の一段柄式磨製石剣は、剣身と柄の部分が段をなす朴宣映のいう一段柄A式石剣である（図68-12）。この稲富出土のものは鍔の突出がしっかりしたものであり、朴宣映のいうA1式に相当しており、福岡平野以西の木棺墓出土の磨製石剣より古い段階のものである。一段柄A式磨製石剣は、全羅南道から南江流域、さらには洛東江下流域以西の嶺南地域に分布するものであり、すでに想定した北部九州支石墓との系譜関係をたどれる地域である。この点で、福岡平野以東の木棺墓に

表27 九州出土の磨製石剣

地域	図68番号	遺跡名	所在地	石剣型式	出土遺構
対馬	1	泉	長崎県対馬市上対馬町	Ⅵ式	箱式石棺
	2	船志	長崎県対馬市上対馬町	B2式	
	3	金幕	長崎県対馬市上馬町	Ⅵ式	箱式石棺
	4	ガヤノキH地点	長崎県対馬市峰町	Ⅵ式	箱式石棺?
	5	チゴノハナ	長崎県対馬市峰町吉田	A2式	箱式石棺
	6	太田原丘	長崎県対馬市峰町吉田	A3式	箱式石棺
	7	仁位堂ノ内A	長崎県対馬市豊玉町	A3式	箱式石棺?
	8	(伝)仁位	長崎県対馬市豊玉町	D式	
	9	加志志中学校A	長崎県対馬市豊玉町	A2式	箱式石棺
唐津	10	松浦川川底	佐賀県唐津市	A1式	
糸島	11	曲り田	福岡県糸島市二丈町	A式系統	33号住居址
	12	(伝)福富	福岡県糸島市志摩町	A1式	
	13	宇田川原	福岡県糸島市前原町	D式系統	
	14	今山	福岡市西区今宿	D式系統	
福岡平野	15	雑餉隈3号木棺墓	福岡市博多区新和町	Ⅵ式	木棺墓(土壙Ⅲ)?
	16	雑餉隈11号木棺墓	福岡市博多区新和町	B2式	木棺墓(土壙Ⅳ)
	17	雑餉隈15号墓	福岡市博多区新和町	C式	木棺墓(土壙Ⅳ)
	18	片縄浦ノ原	福岡県筑紫郡那珂川町	Ⅴ式	
	19	宇美	福岡県糟屋郡宇美町	B3式	
宗像	20	田久松ヶ浦SK201	福岡県宗像市田久	B2式	土壙墓(土壙Ⅲ)
	21	田久松ヶ浦SK206	福岡県宗像市田久	B3式	木棺墓(石蓋石槨)
	22	久原SK8	福岡県宗像市久原	B2式	木棺墓(土壙Ⅲ)
	23	玄海町	福岡県宗像市吉田	B3式	
遠賀川流域	24	垣生遠賀川河床	福岡県中間市垣尾	Ⅳ式	
	25	仲間中学校校庭	福岡県中間市垣尾	C式	
	26	御館山山麓	福岡県中間市御館町	A1式	
	27	御館山山麓	福岡県中間市御館町	B1式	
	28	垣生猿喰	福岡県中間市垣生	B3式	
	29	上底井野	福岡県中間市井野	A3式	
	30	嘉麻川川床	福岡県飯塚市鶴三緒	A1式	
	31	原若狭	福岡県田川市	B2式	
	32	天生田	福岡県行橋市	B3式	
筑後平野	33	寺福童R-8木棺墓	福岡県小郡市寺福童	Ⅴ式	木棺墓(土壙Ⅳ)
	34	永吉	佐賀県鳥栖市	B2式	
	35	馬田上原	福岡県甘木市馬田	A2式	
	36	馬田上原	福岡県甘木市馬田	A3式	
	37	吹上原	大分県日田市吹上町	B3式	
熊本平野	38	清和村	熊本県上益城郡大和町	B2式	
	39	(伝)大久保	熊本県球磨郡多良木町	Ⅵ式	
大野台地	40	千歳	大分県豊後大野市千歳町	B2式	

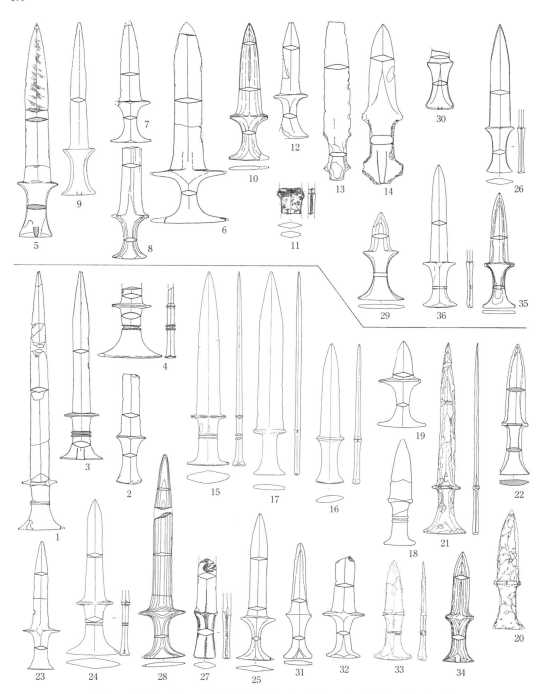

図68 一段柄A式・D式系石剣（上段）と一段柄B式・有節式石剣（下段）

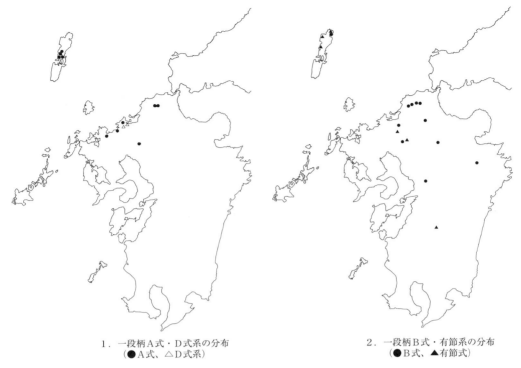

1．一段柄A式・D式系の分布　　　　2．一段柄B式・有節系の分布
　　（●A式、△D式系）　　　　　　　　（●B式、▲有節式）

図 69　九州出土磨製石剣の分布

伴う磨製石剣と糸島平野での磨製石剣の系譜関係が違うことに注目できるのである。糸島平野出土の一例（図 68 - 12）や松浦川川底発見（同 10）の一段柄 A1 式が必ずしも支石墓に伴うものかは不明であるが、比較的古い段階の磨製石剣であるという年代差に加え、その発信地がここで想定している石槨状石棺を下部構造に持つ支石墓の分布域と重なる。

　さて、九州の木棺墓（土壙墓）出土の磨製石剣は、福岡平野の雑餉隈、宗像の田久松ヶ浦・久原、小郡の寺福童から出土している。これら磨製石剣は、わずかに 1 点 C 式一段柄式石剣（図 68 - 17）が認められるほかは、二段柄Ⅴ（同 15）・Ⅵ式（同 33）石剣の有節式磨製石剣と一段柄 B2（同 16・20・22）・B3 式（同 21）石剣に限られている。有節式石剣（二段柄Ⅴ・Ⅵ式石剣）と B 式石剣の分布は、湖西地域（忠清道）から洛東江以東の嶺南地域が多数を占めている。これは、一段柄 A 式石剣が一致し北部九州支石墓との系譜関係にある湖南から南江に至る嶺南地域とは、異なった分布関係あるいは異なった発信源を示している。したがって、糸島平野以西に分布する支石墓ならびに磨製石剣が、夜臼Ⅰ式段階に嶺南から南江流域を含む嶺南地域からの系譜であるのに対し、福岡平野以西の木棺墓や磨製石剣は夜臼Ⅱa 式以降に洛東江以東の嶺南地域との文化接触から受容されている可能性が想定できるのである。しかも、分布域の途中にある対馬においても分布差が認められ、前者の支石墓系は対馬中部の浅茅湾にあり、後者の木棺墓系は対馬北端にある（図 69）。北部九州内での地域において、磨製石剣の系譜関係に差異が認められるとともに、その伝播ルートにも差違が存在するところが注目される。すなわち、文化接触の発信源が時空上異なっている可能

性があるのである。
　ここで注目したいのが、板付土器様式成立の問題である。夜臼Ⅰ式の段階で、刻目凸帯文土器とともに、壺型土器さらには板付祖形甕が出現し、後２者が朝鮮半島南部の無文土器文化との接触によって生まれたのに対し、前者の刻目凸帯文土器は西日本一帯の縄文晩期深鉢の系譜関係から生まれている。さらにこうした土器型式が夜臼Ⅱａ式・Ⅱｂ式と変化し、板付土器様式が生まれる。これに関しては、福岡平野を中心として一貫して板付祖形甕の系譜があり、その系譜の中から福岡平野を核として板付Ⅰ式土器様式が成立し、板付Ⅰ式新段階ないし板付Ⅱａ式段階に遠賀川以東から瀬戸内・近畿や山陰などに伝播・拡散していくこと（宮本 2011c）を述べたことがある。この場合、板付Ⅰ式土器様式が成立するにあたって、夜臼Ⅰ式段階には唐津・糸島・福岡平野において、個々に一定の無文土器文化との接触が認められ、個々の地域において板付祖形甕が認められているものの、その後の夜臼Ⅱａ式以降には、その土器型式が個々の地域で独自な変化衰退を見せるのに対し、板付遺跡を中心とする福岡平野では夜臼Ⅱａ式以降も板付祖形甕に連続した変化が存在し、これが直接的に板付Ⅰ式甕を生み出すことを主張した。さらには、この過程で、他の地域とは異なり朝鮮半島無文土器文化との連続した文化情報の接触があることを述べたのである（宮本 2011c）。夜臼Ⅱａ式以降も福岡平野に一貫してもたらされた朝鮮半島無文土器文化の文化情報とは、それ以前とはそのチャンネルを異にした木棺墓や有節式磨製石剣やＢ式磨製石剣を代表とする情報であったと考えられるのである。
　糸島半島と唐津平野を中心とする玄界灘沿岸西岸部から西北九州において、この地域の刻目凸帯文土器初期の夜臼Ⅰ式段階に、湖南地域から南江流域を含む嶺南地域に広がる石棺墓系の支石墓という墓制を、北部九州の受容地域が選択的に受容しながら、その後は持続的に情報を受容することなく、地域的に独自な変化を見せるという傾向にあった。こうした中で、福岡平野では夜臼Ⅱａ式以降に、新たな朝鮮半島側からの文化情報がもたらされた。それは洛東江東岸を中心とする嶺南地域の木棺墓や磨製石剣といった情報や物質の動きであった。こうした新たな無文土器文化との接触こそが夜臼Ⅱｂ式段階に板付Ⅰ式土器様式を福岡平野を核として出現させることに至るのである。そして、板付Ⅰ式新段階から板付Ⅱａ式初段階において、板付土器様式の遠隔地への拡散が進む。瀬戸内における愛媛県松山市持田遺跡、徳島県庄・蔵本遺跡、山陰の堀部第一遺跡などはこのような板付土器様式の拡散とともに広がった木棺墓などの墓制であったと考えられるのである。
　北部九州においても、木棺墓は福岡平野から筑紫野地峡帯を越え、佐賀平野やさらには熊本平野へと広がっていった。筑後平野では寺福童遺跡や三国の鼻遺跡などで木棺墓墓地が板付Ⅰ式以降に広がっていく。佐賀平野の久保泉丸山遺跡で支石墓とされたものにも下部構造は土壙系のものが多く、こうしたものの大半は木棺墓であり、板付土器様式の拡散の中でこうした墓制が広がっていくということがいえるであろう。
　さて、木棺墓とした墓制は、本貫地である朝鮮半島南部では仰臥伸展葬であるが、北部九州ではどうであろう。初期の木棺墓あるいは土壙墓とされるものは、福岡平野の雑餉隈遺跡、天神ノ森遺跡、粕屋平野の江辻遺跡、宗像平野の田久松ヶ浦遺跡、久原遺跡などがあげられるであろう。これらの木棺墓は、墓壙の大きさと確認される墓壙内の木棺の大きさには差違がある。この中で、木棺

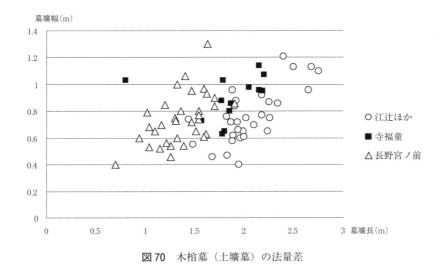

図70 木棺墓（土壙墓）の法量差

の大きさが分っている遺跡は天神森、江辻、田久松ヶ浦遺跡であり、その墓壙の大きさを散布図で表すならば（図70）、ほぼ同じ大きさとして認められる。その木棺の長さは平均的に見るならば1.5～1.7mの大きさの中にあり、仰臥伸展葬でも問題はないであろう。あるいは朝鮮半島の墓制を忠実に模倣している可能性がある。一方、福岡市雀居遺跡第7・9次調査区から出土した板付Ⅱb式段階の土壙墓人骨は、仰臥屈肢葬であり、導入された木棺墓（土壙墓）においても縄文以来の仰臥屈肢葬が継続していた可能性が高い。このように、玄界灘沿岸東岸部では、木棺墓といった大陸的な墓制要素を受容しており、墓葬の構造や大きさにおいては忠実な模倣が認められるが、支石墓導入段階と同じように葬法においては縄文的な在地的な伝統を守っている。一方、筑後平野の寺福童遺跡では、検出された木棺の大きさが1.1～1.3m前後とかなり小さいものであり、唐津平野の大友遺跡などの支石墓に認められた仰臥屈肢葬に相当する大きさである。そして、糸島平野の長野宮ノ前遺跡の木棺墓（土壙墓）は、さらに墓壙が小さい傾向を示しており（図70）、地域的な変容が認められる。このことは、玄界灘沿岸東部を基点として、地理勾配を伴いながら、本来持つ墓制上の属性要素が欠落していく現象を示している。遠隔地においては次第に同じ墓制の採用はあるものの、葬法的には縄文的なものが採用されたことを物語っているとともに、大きさや構造が変容している可能性が高い。すなわち、地域的な墓制の選択が行われていることを意味している。こうした点は、唐津平野の大友墓地にもあてはまり、支石墓下部構造として土壙墓ないし木棺墓を採用するあるいは単純に土壙墓ないし木棺墓を採用する段階においても、仰臥屈肢葬や土壙Ⅰ式を選択的に採用しているのである（宮本編 2001・2003）。

4．移行期における文化受容と社会組織

唐津市大友遺跡では、下部構造の型式的な変遷と供献小壺や小児甕棺の型式を基に、支石墓を4段階に分けてその変遷を眺めることができた（宮本 2001）。さらに漸移的に、支石墓から土壙墓

（木棺墓）、さらに甕棺墓へと変遷していく状況を把握することができた（宮本 2003）。大友遺跡では、10基前後の支石墓が群集しており、北部九州における支石墓群としては一般的なあり方を示している。その群集の仕方はいわゆる集塊状を呈しており、中村大介はこれを密集型と呼んでいる（中村 2007 韓国語文献）。しかし、その集塊状墓域も、大友遺跡の分析で示したように（宮本 2001）、当初3基あったものから次第にその周りへ墓葬が配置されていって墓地全体が集塊状を呈するものである。そして、このような支石墓を含めた弥生時代早・前期の墓地は一般的に家族墓と考えられている（岩崎 1980、高倉 1981）。しかし、大友遺跡では夜臼Ⅱa式～板付Ⅰ式ないし板付Ⅱa式初段階にかけて3段階の墓葬が認められ、各段階には4基ないし2基の墓が知られる。平均すれば3基の墓が各段階に存在することになるが、この3基の墓が家族の構成を表しているとすることが可能であろうか。

　大友支石墓の上石が1.5～2t以上の重さをなすところから、これを運ぶ成人を10人前後と見込んだ場合、少なくとも3世帯以上の成人を必要とし、おそらくは三つ以上のリネージの家族集団が共同で葬送作業を行ったことを、前章で復原した（宮本 2009b）。この労働作業に関しては李榮文らの説（李榮文 2002）を参考にした復原であった。李宗哲の試算によれば1トンの石材を運搬するのに3名の人力で可能とされる（李宗哲 2003）が、これが正しい場合でも大友支石墓の上石は4名から6名の成人を必要とし、複数世帯の成人による共同作業であることは間違いない。したがって、大友支石墓の葬送行為も少なくとも二つ以上のリネージ単位による氏族共同作業であることが考えられる。そしてまた、それは決して各世代の全構成員が埋葬された墓地ではないことになる。各段階を各世代と仮定すれば、2ないし3のリネージの代表が各世代に埋葬されたことが想定されるのである。こうした各リネージないし各氏族の代表が同一の墓地に埋葬される原理は、北部九州においても縄文後期にすでに認められる。福岡県遠賀郡芦屋町山鹿貝塚は、各氏族の代表を墓地空間にまとめて埋葬することによって氏族間の社会的まとまりを再確認する場であったことが、田中良之によって示されている（田中 2008）。その意味では、大友支石墓に認められるリネージの代表を一つの墓域に固めて埋葬する原理は、縄文の社会組織の原理を引いているものであるといえよう。しかし、その行為が世代ごとに継起的に進んでいる点が、大友支石墓に見られるような集塊状墓地の拡大に認められるのである。継起的なリネージの代表を埋葬する行為こそ、継起的な耕作地の相続などの世代間の連続行為の承認を示すもので、この点においては、無文土器文化のような農耕社会の家族原理が導入されているといえよう。いわば、玄界灘沿岸西部に導入された支石墓墓制も、一方では縄文社会の伝統を引きながらも、もう一方では世代間の連続性を示す灌漑農耕社会の無文土器的社会秩序が導入されていると考えられるのである。

　同じことは、木棺墓導入以降に認められる福岡平野の天神森遺跡の列状埋葬墓にもあてはまる原理であろう。天神森遺跡の場合2列ではあるが、各列には継起的に埋葬が行われており、各氏族ないしは各リネージの代表がそれぞれの列に埋葬されていったとすることができるであろう。その意味では、先の大友支石墓と同じように双分制原理の縄文的な社会秩序を背景としながら、そこに継起的な氏族ないしリネージの連続性が示された社会に移行していることを示している。より家族集団の系列化が重んじられた社会といえる。これは、灌漑農耕社会を発達させた松菊里文化などの無

文土器社会に見られるように、農耕地を媒介とする相続権の正統性を示す世代間の家族の連続性が重んじられたことを示している。このような縄文的持続性と新たな社会システムの導入の融合こそが、縄文から弥生への移行期における文化接触の実態であった。そして、こうした社会原理が、板付土器様式の拡散に伴い瀬戸内西部の愛媛県松山市持田 3 丁目遺跡のような列状埋葬墓地習俗の拡散にも繋がっているのである。

5．移行期と墓制の変遷

　縄文から弥生への移行期に見られる北部九州の文化変動の一つに、支石墓の出現が認められる。支石墓は糸島平野や唐津平野などの玄界灘沿岸西部から西北九州にかけて分布する。北部九州の刻目凸帯文土器初段階である夜臼Ⅰ式段階に導入されたものである。それは、朝鮮半島南部で蓋石式から南方式（碁盤式）が生まれる段階の湖南地域から南江流域を含む嶺南地域にかけて分布する支石墓習俗の文化受容によるものであった。その流れは、半島南海岸から玄界灘沿岸西部を経て西北九州へと広がるものと想定される。この段階の玄界灘沿岸への点的な渡来人の流入による文化接触からもたらされたものの可能性がある。その支石墓下部構造の原型は石棺が基本にあり、玄界灘沿岸西部では、その下部構造の退化形態によって石梆状石棺Ⅰa式→石梆状石棺Ⅰb式→石梆状石棺Ⅱ式→土壙Ⅰ・Ⅱ・Ⅲ式といった変化を考えることができた。すなわち半島南部の支石墓の一時的な受容とともに、その変容過程が支石墓下部構造の石梆状石棺・土壙系に表されているのである。そして支石墓受容時には、構造的な側面での模倣的な導入が認められるものの、埋葬習俗はこの地域固有の仰臥屈肢葬であり、その導入には受容地域の選択的な意志が認められるのである。そして、こうした支石墓下部構造の石梆状石棺・土壙系が佐賀平野へと広がり、石蓋・土壙の支石墓下部構造を特徴とする地域的な変容が認められる。

　この夜臼Ⅰ式段階の玄界灘沿岸西部への文化流入は、有柄式磨製石剣の分布からも示される。一段柄 A 式石剣の分布（図 69 - 1）と支石墓の分布（図 66 - 1）は、基本的に一致しているといえる。この中で、一段柄 A1 式石剣という無文土器前期に遡る一段柄式石剣の分布が、玄界灘沿岸西部（唐津・糸島平野）と遠賀川中・下流域に認められる。このことは、縄文晩期黒川式段階に無文土器前期の石包丁が認められる北九州市貫川遺跡（前田・武末 1994）と一致した事例であるかもしれない。すなわち、黒川式段階にすでに始まる移行期第 1 段階での文化波及や渡来人の動き（田中・小澤 2001）を示している可能性がある。そして、その文化波及の後に、無文土器後期初頭の先松菊里式段階のより強い文化波及や渡来人の動きがある。それを示しているのが、有柄式石剣 A 式や D 式系の分布であるといえないであろうか。そしてまた、玄界灘沿岸西部では、曲り田遺跡や菜畑遺跡で石剣の破損品が認められる。特に曲り田遺跡（図 68 - 11）のものは、一段柄 A 式石剣の特徴である剣身と柄との境が段をなす形状であり（橋口編 1984）、一段柄 A 式石剣を模倣した在地生産が始まった可能性がある。すなわち朝鮮半島南部からの一過性の情報であったことを示している。このように、弥生早期初頭の夜臼Ⅰ式段階における半島からの情報は、支石墓の系統性や一段柄式 A 式・D 式石剣の半島内の分布からして、朝鮮半島南部の湖南地域から南江流域を

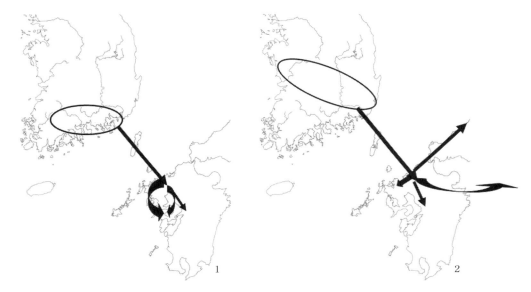

図71　弥生早期における文化接触の二重構造モデル

含む洛東江下流域西岸の嶺南地域を発信源とし、対馬の浅茅湾を介して、唐津・糸島平野の玄界灘沿岸西部に達したものであった（図71‐1）。曲り田遺跡の松菊里型住居址を半島からの情報とするならば、それは方形住居である南江流域の大坪里式（端野 2008a）であり、同じ情報ルートの中にあるであろう。

　一方で、同じ支石墓が受容された西北九州から島原半島は、支石墓下部構造に箱式石棺が採用されている。これはもともと導入期の支石墓下部構造が石棺にあったことからも、自然な導入過程ということができるであろう。しかし、その構造は半島南部の箱式石棺とは違い、基本的に長側壁を短側壁で塞ぐといった大陸とは異なった構造となっている。これは、この地域の葬制として縄文時代以来の屈葬が用いられることによる、石棺の小型化と関係していよう。これもまた地域での選択的な受容過程を示すものである。

　このように、刻目凸帯文土器初段階すなわち夜臼Ⅰ式段階に受容された支石墓は、支石墓下部構造から大きく玄界灘沿岸西部から佐賀平野の石槨状石棺・土壙系と西北九州から島原半島の箱式石棺系の二つの系譜関係に分かつことができるであろう。この過程での大陸との文化接触は玄界灘沿岸西部を中心とする点的な受容であるとともに、その原型は石棺系という一致した流れの中にあった。しかし、その受容と変容はそれぞれの地域の縄文伝統の葬制に由来し、仰臥屈肢葬と屈葬という二つの系譜で選択的な支石墓受容とその変容が存在したということができるであろう。また、その造墓する社会も基本的には縄文的な集塊的墓地を営むが、一方では氏族内部の各リネージの代表を継起的に埋葬していくように、相続権の正統性を示す家系（リネージ）の継続性が強調される。これはまた水稲農耕社会の始まりに呼応した新しい社会システムの導入を物語るものである。そして、この系譜関係の中に、支石墓下部構造の簡易形として変化した土壙墓は、佐賀平野から熊本平野の熊本市八ノ坪遺跡へと上石を欠落した状態で広がっていく。

一方で、夜臼Ⅱa式段階になると、支石墓の分布とは対比的に福岡平野以東の玄界灘沿岸東部に木棺墓（土壙墓）が出現していく（図66-2）。その系譜は、副葬品である一段柄B式石剣や有節式磨製石剣（二段柄Ⅴ・Ⅵ式石剣）の分布（図69-2）と対比して考えるならば明瞭である。その発信源は洛東江下流から上流の嶺南地域にあり、半島南部におけるこれまでの支石墓に関わる情報との系譜関係あるいは発信源からの変化を知ることができるであろう。そして、この新たな情報は、対馬北部を介して玄界灘沿岸東部に達する。その年代は、雑餉隈遺跡の木棺墓（土壙墓）を上限年代として夜臼Ⅱa式とすることができるであろう。北部九州から瀬戸内にかけて出土する一段柄B式石剣はB2・B3式から、二段柄式石剣は有節式である二段柄Ⅴ・Ⅵ式からなり、朴宣映の年代観でいえば2期後半〜3期にあたり（朴宣映 2009）、いわゆる松菊里式段階に相当する。いわば先松菊里式段階とは異なり、松菊里式段階における新たな文化流入を示している（図71-2）。

 そして、この夜臼Ⅱa式段階にも渡来人が福岡平野を中心とする玄界灘沿岸東部に達していた可能性がある。あるいはそうした地域の文化が玄界灘沿岸東部に接触したということができるであろう。こうした新たな文化接触は、福岡平野を中心とする持続的な板付祖形甕の存在を生みだし（宮本 2011b）、これを契機に福岡平野を中心に板付式土器様式が出現していくことになる。また、松菊里型住居の伝播もこの段階から本格的に始まったのであり、江辻遺跡を中心に認められる。それらは東川洞式（端野 2008a）の系譜にある形態をしており、前段階の系譜とは異なっている。

 さらに板付Ⅰ式新段階ないし板付Ⅱa式古段階における板付土器様式の拡散とともに、副葬小壺習俗を持った木棺墓（土壙墓）の墓制が拡散していくことになる。これが瀬戸内や山陰での墓制の拡散を示すことになるであろう。この時期から始まる福岡市天神森遺跡などの列状埋葬墓も、朝鮮半島無文土器文化の墓制と同じように農耕社会として導入された世代間の氏族やリネージの継続性が重視された墓制である。その際、直接的な文化接触をもつ玄界灘沿岸東部では半島南部と同じように伸展葬あるいは縄文的な仰臥屈肢葬が採用されるが、地理的に少し離れた、たとえば筑後平野では、寺福童木棺墓地において仰臥屈肢葬でより墓壙の小型化した在地的な変容が生まれている。このように板付土器様式の拡散の中で、瀬戸内や近畿あるいは山陰ではより能動的な墓制の受容が認められるのに対し、筑後平野や支石墓分布圏である玄界灘沿岸西部や佐賀平野では地域的な墓制への変容が見られ、これが仰臥屈肢葬として連続することとなる。このあり方が、支石墓分布圏の大友遺跡、新町遺跡、久保泉丸山遺跡などにおける上石や支石を持たない土壙墓（木棺墓）の展開に反映しているのである。また、夜臼Ⅱa式以降、たとえば糸島平野の長野宮ノ前遺跡では、石棺状木棺Ⅱ式や土壙Ⅳ式において、伝来した木棺墓墓制の受容が認められる。さらに、玄界灘沿岸西部から佐賀平野の支石墓分布圏にも、板付土器様式の拡散とともに木棺墓が導入されていく。糸島市二丈町石崎矢風支石墓の下部構造が土壙Ⅳ式の木棺墓であること（古川 2010）も、その1例である。

 ここに、弥生早期の玄界灘沿岸の西部地域と東部地域を分けた半島南部との文化接触における時期差を伴う二重構造とも呼ぶべき現象が指摘できた。この半島南部との文化接触における二重構造こそが、縄文から弥生移行期の文化様態を複雑にしているとともに、刻目凸帯文土器土器様式から板付土器様式への転換を理解する上で、最も大きな解釈の手助けとなると考えられる。この過程で、

支石墓と木棺墓が時期差とともに発信源と受容地を異にしながら、北部九州へ導入されることになった。そして、後者こそが弥生文化の主体的な要素として日本列島に展開していくことになる。

6．まとめ——弥生成立期における文化波及の二重構造——

　発信源とそのルートを異にする朝鮮半島南部との文化接触の二重構造が、北部九州の刻目凸帯文土器時期である弥生早期に認められた。支石墓や水田といった新たな文化様式を夜臼Ⅰ式段階に玄界灘沿岸西部を中心として受容し、木棺墓と環濠集落や貯蔵穴といったさらなる灌漑農耕社会の文化要素を夜臼Ⅱa式段階以降に玄界灘沿岸東部を中心に受容していく。また前者は、朝鮮半島無文土器文化の系譜を引く壺の出現を伴う夜臼式土器様式の成立を示す。そして、後者の文化受容の中心地である福岡平野において、板付式甕の誕生による板付土器様式が成立していくのである（宮本2011c）。
　さて、こうした移行期の文化様式の成立の段階性とその発信源や受容地の変化を、さらに発信側の渡来人の動向と気候の寒冷化の関係を踏まえて、まとめておきたい。
　第1に、無文土器時代前期の一段柄式A1式石剣の分布において示したように、貫川遺跡の石包丁とともに、黒川式段階にも玄界灘沿岸西部や遠賀川中・下流域に無文土器文化の要素が存在し、この段階にも少数ながら渡来人が北部九州に達していた可能性が高い（田中・小澤 2001）。
　第2が弥生早期の二重構造の第1段階であり、夜臼Ⅰ式段階における渡来人の動きである。それは湖南地域から南江流域までの半島南海岸から対馬の浅茅湾を経由し、玄界灘沿岸西部に至る文化接触であり、ここにも渡来人が介在した可能性がある。しかし、支石墓を中心とする文化受容は一過性のものであり、玄界灘沿岸西部を中心とした在来縄文人の主体的な選択や模倣が存在している。
　第3が弥生早期の二重構造第2段階であり、夜臼Ⅱa式以降の文化受容である。木棺墓や環濠集落（松菊里型住居）といった社会システムの受容は、洛東江中・下流域の嶺南地域から対馬北部を経由して玄界灘沿岸東部を中心とする文化波及であった。玄界灘沿岸西部に近接する玄界灘沿岸東部の福岡平野は、前段階には糸島平野など玄界灘沿岸西部を介在して水田や新たな土器様式を選択的に受容していたが、この段階にはさらに直接的な文化受容を果たすことになる。そうした持続的な文化受容の中で板付土器様式を成立させることになるとともに、その新たな土器様式の拡散が木棺墓などの新たな弥生前期文化様式の西日本への波及を促すことになるのである。この場合、第2段階からの持続的な文化接受地帯である福岡平野には、持続的に朝鮮半島南部との文化接触や渡来人との接触が存在していたであろう。そのため、弥生早期二重構造第1段階に一過性の文化受容を果たした大友支石墓や新町支石墓の住民が在来縄文人の形質を引き継いでいるのに対し、福岡市雀居第7・9次調査木棺墓人骨は、渡来人との交雑を果たした渡来系弥生人の形質をもつ人びと（中橋 2000）へと転換しているのである。
　この3段階にわたる渡来人の波及は、ともに寒冷期における人の動きと対応している（宮本2011d）。^{14}C の生成率から示される寒冷期（今村・藤尾 2009）は、紀元前900年頃、紀元前850〜700年頃、紀元前670年頃に相当している。本章で示した第1から第3までの渡来人の波及

は、この寒冷期にあたっていると考えられる。紀元前 900 年頃の第 1 の寒冷期が黒川式段階、紀元前 850〜700 年頃の寒冷期が弥生早期二重構造第 1 段階、前 670 年頃が弥生早期二重構造第 2 段階の渡来人の動きを牽引したのである。

　特に紀元前 850〜700 年頃の寒冷期は、この三つの寒冷期の中では最も寒冷化し長期化した段階である。この段階こそ福岡平野など北部九州の河川下流の沖積地が安定化し、畦畔水田を造成する環境に至り、丘陵地から沖積地へと遺跡の中心が移動する段階である（宮本 2011c・d）。それは、まさに弥生早期二重構造第 1 段階の夜臼 I 式にあたっており、第 2 の寒冷期直後の紀元前 8 世紀段階であろう（宮本 2008b・2011c）。弥生早期に相当する先松菊里式を含む松菊里文化期の ^{14}C 年代は、紀元前 800〜紀元前 400 年に相当することが明らかとなっており（端野 2010b）、半島南部と北部九州の相対年代（宮本 2011e）からも、弥生早期の始まりが紀元前 8 世紀であるのは妥当な年代である。弥生早期二重構造第 1 段階の夜臼 I 式の成立、さらに弥生早期二重構造第 2 段階の夜臼 II a 式を経て、福岡平野を中心として成立する板付土器様式とその拡散期である板付 I 式新段階から板付 II a 式初段階までが、ほぼ紀元前 8 世紀から紀元前 5 世紀ということになるであろう。

　かつて佐原真が夜臼式段階を弥生時代早期と設定し、水稲農耕社会の到来を意義づけた（佐原 1983）。しかし、そのような水稲農耕社会を享受したのは、福岡平野など北部九州の玄界灘沿岸の極限られた地域にすぎない。西日本一帯の水稲農耕社会を生み出す背景は、板付 I 式から II a 式初頭における板付土器様式の拡散、すなわち遠賀川式土器様式の拡散期以降にほかならない。そのような意味において、弥生時代時代の開始は板付 I 式という弥生前期の始まりを以て考えるべきと改めて主張するところである。そしてその拡散期の年代は紀元前 5 世紀頃ということになるであろう。

注
（1）早良平野の四箇船石は支石墓であることが判明している（福岡市教育委員会 2003）が、下部構造は発掘されていないため、年代・構造とも不明である。これは狭義の福岡平野には属さない支石墓であることから、検討の対象としていない。
（2）図 65 は、墓壙や箱式石棺内法の長さと幅を掛けた墓壙・箱式石棺内法平面積と墓壙・箱式石棺内法の高さとの相関関係を見たものである。図 65 において、墓壙や箱式石棺内の容量とは、平面積と高さを掛け合わせたものによって示される。西北九州は大野台支石墓と風観岳支石墓、唐津平野は大友支石墓、葉山尻支石墓、瀬戸口 7 号支石墓を扱っている。また、糸島平野は新町支石墓、佐賀平野は久保泉丸山支石墓で代表させている。
（3）図 69 - 2 において、一段柄 B 式石剣と有節式石剣が同一遺跡から出ている場合は、前者を代表させて記号をプロットしている。
（4）図 70 の江辻ほかとした墓壙面積は、江辻遺跡、田久松ヶ浦遺跡、久原遺跡の木棺墓（土壙墓）資料から成り立っている。

第10章　板付土器様式の成立

　1951～1954年に行われた板付遺跡の調査ならびに1967・1968年に行われた有田遺跡の調査は、どちらも弥生時代初期の環濠を発見する調査であった。その後の調査により、板付遺跡は南北110m、東西86mの平面楕円形の環濠であることが判明した。そして、有田遺跡では南北約300m、東西約200mの大型環濠が弥生時代前期初頭に存在し、その後、弥生時代前期には小型環濠が一つないし二つに分かれて存在する可能性が想定されるに至っている。二つの遺跡ともに福岡平野と早良平野に存在する拠点的な環濠集落である。あるいは御笠川流域と室見川流域に位置する弥生初期の環濠集落ということができるであろう。福岡平野ではほぼ同時期の環濠集落である那珂遺跡が那珂川流域に存在しており、福岡市内の大河川の下流域にほぼ同時期に三つの環濠集落が存在したことになるのである。河川流域の沖積地に開発された水田域を経済基盤として拠点的に成立した環濠集落ということが可能であろう。

　弥生時代早期段階にはすでに井堰や水路を伴った灌漑による畦畔水田が生まれている。それは今のところ板付遺跡や野多目遺跡あるいは橋本一丁田遺跡などに限られ、それらの畦畔水田の構造においても乾湿型と低湿地型といった多少の違いが認められ、地形環境に応じた灌漑構造の違いが認められる（吉留2008）。こうした灌漑農耕である畦畔水田が生まれるのが夜臼Ⅰ式の弥生時代早期段階である（山崎1987a・1991）。支石墓などの大陸系墓制もこの段階に始まるが、福岡平野では弥生時代早期後半の夜臼Ⅱa式段階の雑餉隈遺跡の木棺墓から確実に大陸系墓制が出現している（堀苑ほか2005）。そして、板付Ⅰ式段階ないしそれに遡る段階から河川流域単位で少なくとも一斉に環濠集落が出現している。まさに弥生時代早期から灌漑水田といった生産域、次いで墓制、さらに環濠集落の出現といった段階的な変遷が示されるに至るのである（宮本2009b）。

　板付遺跡と有田遺跡は、このような弥生文化出現期を代表する遺跡であり、その遺跡の内容を吟味することはまさに弥生文化成立過程を明らかにすることに繋がるのである。ここでは、まず土器型式の内容を検討することにする。特に板付式土器成立過程を再検討してみたい。さらにはそこにどのような属性が加味しているのかを検討することにより、縄文系統の刻目凸帯文土器と新たに成立する板付式土器の関係とともに、後者の成立の意味を探ることができるであろう。また、こうした土器様式の問題を有田遺跡を含めた福岡平野と早良平野の小地域単位で比較検討することによって、板付式成立の問題と縄文系統の土器との関係がより鮮明化するであろう。さらには、こうした板付式土器の成立の問題と、福岡平野・早良平野における遺跡の動態と照らし合わせることにより、実際の社会動態に関するモデルを提示することができるであろう。本章ではこうしたモデルの提示まで踏み込むことを目的としたい。

1．板付遺跡出土土器の検討

　板付遺跡を中心とする板付Ⅰ式成立過程の土器編年は、板付遺跡53・54次調査G7a・7b調査区の層位資料を中心に、山崎純男によって示された（山崎 1980）。これは層位単位の一括遺物の相対比較によって、縄文系統の刻目凸帯文深鉢の変化とそれに伴う壺の変化、さらには板付式甕の成立を時期的に刻目凸帯文深鉢のある段階と平行するとするものである。これは、これまで森貞次郎らによって示された山ノ寺式、夜臼式、板付式という一元的な型式変化（森 1966）に対し、刻目凸帯文深鉢系統と板付式甕系統という二つの系統の漸移的な変化を示すものであった。同じ時期に示された唐津市菜畑遺跡の層位的資料を基に組まれた土器編年（中島 1982）、さらには前原市二丈町曲り田遺跡の層位資料から曲り田遺跡の細分型式として示された土器編年（橋口 1985）も、基本的にこの2系統の漸移的な変化を示すものであり、多少の異同はあるものの、総じて変化の方向性としてはこれら3者の編年には共通した部分が認められるということができよう。こののち、福岡平野内のさらなる資料の増加から弥生早期から前期までの土器編年が田崎博之、吉留秀敏によって示されている（田崎 1994、吉留 1994a）。後者の編年は、山崎編年の弥生早期部分を3段階に分けるものであり、中島編年、橋口編年に通ずるところもあるが、むしろ刻目凸帯文深鉢の細分型式をどのように考え、さらにそれと板付Ⅰ式あるいは板付祖形甕がどのように平行しているかの捉え方の違いにもとづいているといえよう。その点でも板付式の成立の過程を明らかにする必要がある。これまで板付Ⅰ式の成立以前に板付祖形甕が刻目凸帯文深鉢と共存することが考えられてきた（藤尾 1987）。この板付祖形甕がどのようにして生まれたのかを考えることも、縄文から弥生が成立する上で重要な課題ということができよう。その点で、1951～1954年の第1次板付遺跡発掘環濠資料（略して第1次資料と呼ぶ）には比較的多くの板付祖形甕が認められる。こうした点を踏まえて、第1次資料を細かく検討してみよう。

（1）土器の分類
　すでに1951～1954年板付遺跡発掘資料の再分析（宮本 2011a）で壺形土器と甕型土器の分類を行ったが、ここでも同様な分類を再度提示したい（図72）。ただし、ここでは刻目凸帯文土器ならびにそれより古い段階から存在する縄文深鉢の土器型式を含み検討することから、深鉢の分類が必ずしも再分析のもの（宮本 2011a）とは同じ名称で呼ばれていないことを断っておきたい。

壺形土器の分類
　Ⅰ類：頸部から口縁部が直立するかあるいはやや内傾気味に立ち上がり若干口縁端部が外反するもの。
　Ⅱ類：外反気味の口縁端部に粘土帯が貼り付けられ肥厚するもの。口縁部の肥厚の度合いにより二つに分類することができる。
　　Ⅱa類：断面長方形の粘土帯が口縁に接して貼られることにより口縁が肥厚するもの。
　　Ⅱb類：粘土帯が口縁肥厚部の下端にのみ貼られるもので、粘土帯は断面三角形を呈し、肥厚

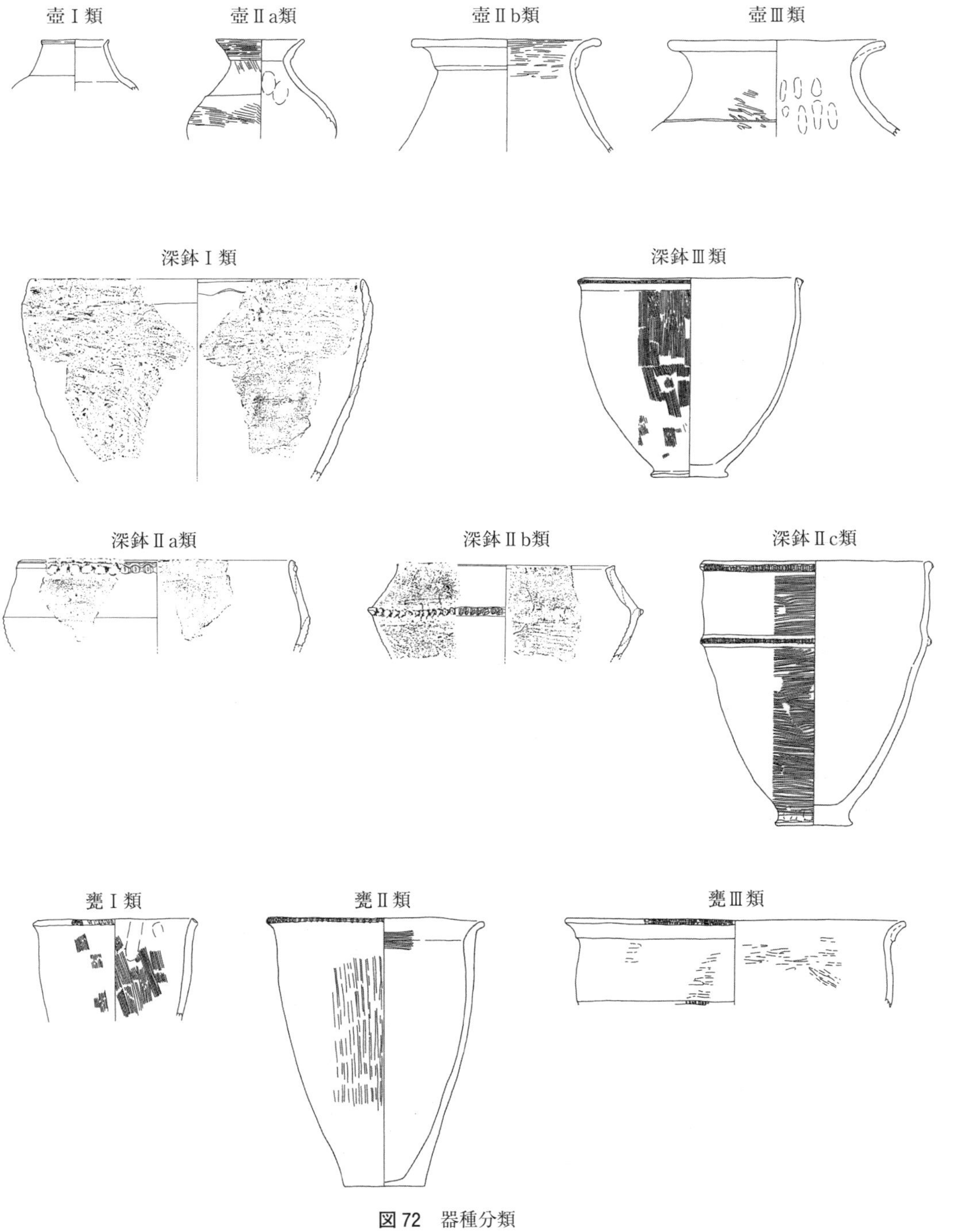

壺Ⅰ類　壺Ⅱa類　壺Ⅱb類　壺Ⅲ類

深鉢Ⅰ類　深鉢Ⅲ類

深鉢Ⅱa類　深鉢Ⅱb類　深鉢Ⅱc類

甕Ⅰ類　甕Ⅱ類　甕Ⅲ類

図72　器種分類

の度合いが弱いもの。

Ⅲ類：口縁の肥厚部がなくなり、口縁の外反度が強まるとともに、頸部と胴部の境に平行沈線文が施されるもの。

深鉢・甕型土器の分類

深鉢Ⅰ類：縄文後晩期に認められる粗製深鉢の系統を引くもので、文様や凸帯を持たず砲弾形の深鉢を呈するもの。

深鉢Ⅱ類：逆「く」の字口縁をなし、口縁端部あるいは胴部屈曲部に刻目凸帯文が施される刻目凸帯文深鉢である。この深鉢Ⅱ類は刻目凸帯文の貼り付け状態において大きく三つに分けることができる。

Ⅱa類：口縁端部にのみ1条の刻目凸帯文が施されるもの。

Ⅱb類：胴部屈曲部のみに1条の刻目凸帯文が施されるもの。

Ⅱc類：口縁端部と胴部屈曲部のそれぞれに刻目凸帯文が施されるもので、2条の刻目凸帯文土器からなるものである。

深鉢Ⅲ類：砲弾形の深鉢で、胴部で屈曲することなく、口縁から直口しながら次第にすぼんでいく器形であり、口縁端部のみに1条の刻目凸帯文が施される刻目凸帯文深鉢である。

甕Ⅰ類：口縁が直口ないし若干外反するものであり、口縁端部に刻目が施されるもの。いわゆる板付祖形甕を指す。

甕Ⅱ類：如意形口縁甕であり、口縁端部に刻目が施されるものや施されないものがある。また、口縁の外反度によってさらに細分が可能である。

甕Ⅲ類：口縁がやや外反し、凸帯文が口縁端部に施されたり、胴部の屈曲部に凸帯文が施されるかまたは刻目が施されるものである。甕Ⅱ類と深鉢Ⅱc類の折衷的な土器であり、両類の系譜を引く土器である。

　従来の型式でいえば、夜臼Ⅰ式段階に壺Ⅰ類、深鉢Ⅰ類、深鉢Ⅱ類、深鉢Ⅲ類、甕Ⅰ類、夜臼Ⅱa式段階に壺Ⅰ類、深鉢Ⅱ類、深鉢Ⅲ類、甕Ⅰ類、板付Ⅰ式段階に壺Ⅱ類、深鉢Ⅱ類、深鉢Ⅲ類、甕Ⅱ類、板付Ⅱa式に段階に壺Ⅲ類、甕Ⅱ類、甕Ⅲ類が伴うというふうに考えることができるであろう。これについては、山崎純男が板付遺跡第53・54次調査の水田遺構などの層位資料によって、その段階性あるいは相対編年の関係性をすでに示している（山崎1980）。その層位的な一括遺物と本分類との対応関係を考えてみたい。なお、深鉢Ⅱ類の胴部破片の場合、胴部凸帯文だけからは深鉢Ⅱb類か深鉢Ⅱc類であるかを判断できない。しかしながら、深鉢Ⅱb類は唐津平野を主体として分布しており、福岡平野や有田平野はごくわずかな出土となっている。また、深鉢Ⅱb類は、近畿や瀬戸内の刻目凸帯文土器出現地において存在しない。きわめて地域的な特徴を持った土器型式であるといえよう。そこで、胴部破片のみで凸帯文があるものはすべて深鉢Ⅱc類として数えた。また、以下において同様な分析に際しては、同様な手続きを行うこととする。このようにして、上記した土器型式と土器分類組成との対応関係が明らかとなったであろう。

　さて、層位的な一括遺物に対しては、山崎純男（山崎1980）、あるいはその後の資料を加えた吉留秀敏（吉留1994a）や田崎博之（田崎1994）、さらには小南裕一（小南2005）においても、ほぼ共通した相対的な位置づけをしている。たとえば、板付遺跡E-5・6区の9層・8層・7層の層位資料（山口編1981）、G7a・G7b区の下層・中層・上層の層位資料（山崎1980・2000）などがある。それぞれの器種構成を示すと表28のようになり、第1次資料がほぼE区5・6区7層

表28　器種組成の変遷

		壺				深鉢				甕		
		Ⅰ	Ⅱ		Ⅲ	Ⅰ	Ⅱ			Ⅲ	Ⅰ	Ⅱ	Ⅲ
			Ⅱa	Ⅱb			Ⅱa	Ⅱb	Ⅱc				
E区-5・6区	9層	○				○	○		○	○			
	8層	○				○			○	○			
	7層	○				○			○	○	○		
G7a・7b区	下層	○							○	○	○		
	中層	○							○	○	○		
	上層	○	○						○	○	○		
1次調査		○	○	○	○				○	○	○	○	○

表29　板付遺跡1次調査遺構別の器種変遷

遺構		壺				深鉢					甕		
		Ⅰ類	Ⅱ類		Ⅲ類	Ⅰ類	Ⅱ類			Ⅲ類	Ⅰ類	Ⅱ類	Ⅲ類
			Ⅱa	Ⅱb			Ⅱa	Ⅱb	Ⅱc				
弦状溝	第Ⅰ溝	1	4	1	1				2		1	9	2
	第Ⅰ-Ⅱ溝		1	2								6	1
	第Ⅵ溝	5							1	2	1	7	2
環濠	第Ⅱ溝	5	3	3	1	1			11	15	2	3	1
	第Ⅲ溝	1			1				14	14	2	10	2
	第Ⅴ溝	9	6	6	3				26	18		23	1
貯蔵穴	7号土坑		2	1						1		2	
	15号土坑		1	1					2	2		2	

やG7a・G7b区上層に相当していることが理解できるであろう。

（2）板付遺跡の土器群

以上の土器分類をもとに、板付第1次調査における環濠ごとの型式組成を比較してみたい。表29に環濠ごとの型式組成を示してみた。なお、

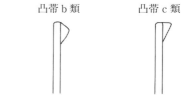

図73　凸帯文の分類

これは1951～1954年板付遺跡発掘資料の再分析で作図した資料（宮本 2011a）のみを対象として行ったものである。第Ⅰ溝、第Ⅰ-Ⅱ溝、第Ⅵ溝が弦状溝にあたり、第Ⅱ溝、第Ⅲ溝、第Ⅳ溝、第Ⅴ溝が環濠に相当している。両者には大きな組成差は認められないが、弦状溝の方が刻目凸帯文である深鉢Ⅱ類・Ⅲ類の割合が甕Ⅰ・Ⅱ類に対して少ない傾向にあり、弦状溝の主体が板付Ⅰ式以降にあることが推測される。また、刻目凸帯文土器の型式としては深鉢Ⅱc・Ⅲ類にのみ限られており、深鉢Ⅱa類・Ⅱb類はほとんど認められない。

ついで、さらに土器の細分型式を検討することにしたい。深鉢Ⅱ類や深鉢Ⅲ類においては、口縁部に貼り付けられる凸帯文の位置や刻目の形状という属性の組み合わせが、土器の変化の尺度となる可能性が高い。そこでこれらの属性の内容をまず提示しておきたい。

凸帯文の口縁部への貼り付け位置は以下の3種類に区分することができる（図73）。

| 刻目ア類 | 刻目イ類 | 刻目ウ類 |

| 刻目エ類 | 刻目エ類 | 刻目オ類 |

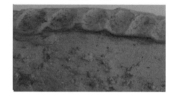  

図74　刻目の形態分類

凸帯文 a 類：口縁端部より離れた位置に凸帯文が貼り付けられるもの。
凸帯文 b 類：口縁端部に接して凸帯文が貼り付けられるもの。
凸帯文 c 類：口縁端部に接して凸帯文が貼り付けられるとともに、凸帯と口縁端部が同時になでつけられるところから、凸帯文の上端部が平坦になるもの。

そして、このような凸帯の貼り付け位置が、a 類→ b 類→ c 類というふうに変化していくものと想定する。

凸帯文上を刻む刻目の形状は大きく五つに分類できる（図74）。

刻目ア類：刻目の形状が O 字形あるいは楕円形を呈する。ないし横方向に広がった楕円形をなすもの。
刻目イ類：刻目の形状が D 字形をなすもの。すなわち、ヘラ状工具での刻みに際してそれを凸帯に垂直にあててから、一方向に傾けることによって D 字形の刻目を施すものである。
刻目ウ類：刻目の形状が菱形状の角形をなすもの。刻みに際し、ヘラ状工具を凸帯に垂直にあてた後、それを両側に傾けることにより、菱形状の刻目を施すものである。
刻目エ類：刻目の形状が U 字形あるいは V 字形をなすもの。凸帯に対してやや浅めにヘラ状工具を押して素早く両側に傾けることによって、刻目ウ類に比べ幅の狭い刻目を施すことができる。
刻目オ類：刻目の形状が細い V 字形をなし、刻目の中心線が沈線状を呈するもので、その沈線部が凸帯下の胴部表面にまで残るものもある。

この場合、刻目ア類→刻目イ類→刻目ウ類→刻目エ類→刻目オ類と刻目の形態が変化するものと想定する。刻目ア類では、O 字形ないし横長 O 字形で指頭などによって圧痕状に刻みを施し、比較的大きな刻目が施される。これに対し刻目イ類は、ヘラ状工具で凸帯に垂直に押してさらに横に

傾けることによってD字形の文様を施すものであり、刻目の規格化が図られている。また、その施文方法は、指頭によって連続的に刻目を施す刻目ア類と関連しており、より効率化した施文技法に変化している。さらに、刻目ウ類では、ヘラ状工具を凸帯に垂直に押し当ててから両側に傾けることにより、菱形の刻目を施すものであり、より刻目の規格化が志向されている。一方で、このような菱形の刻目施文技術を簡略化してより迅速に施文を行おうとしたものが刻目エ類であり、刻目はU字形ないしV字形を呈する。さらに刻目を簡略化し、ヘラ状工具を凸帯の上から下方に向けて垂直に押し引くように刻目を施したものが、刻目オ類である。このように、刻目ア類から刻目オ類までは連続した変化であると想定できる。

これら凸帯文の位置と刻目の形状の対応関係を見たものが表30である。これは第1次～第4次調査資料である1951～1954年板付遺跡発掘資料の再分析（宮本 2011a）で図示したものを含め、それ以外のすべての資料を対象としたものである（表31）。なお、表31では、再分析（宮本 2011a）で実測図が掲載されたものと未実測のものを分けて、その破片数を示している。この表30により、先に想定した凸帯の位置の変化と刻目の形態変化とは、ある程度の相関があることが理解できるであろう。表30で示した比率の内、任意に15％以上のものを出現頻度の高いものとするならば、凸帯a類＋刻目ウ類、凸帯a類＋刻目エ類、凸帯b類＋刻目ウ類、凸帯b類＋刻目エ類、凸帯b類＋刻目オ類、凸帯c類＋刻目エ類、凸帯c類＋刻目オ類の出現頻度が高いことがわかる。これらを深鉢Ⅱc類や深鉢Ⅲ類における第1次調査資料の主要な細分型式とすることができよう。

次に第1次調査資料で各溝ごとなど遺構単位で、凸帯の位置と刻目の形状の相関を見たものが、表32である。先に深鉢Ⅱc類や深鉢Ⅲ類の細分において主要な細分型式として抽出したものの中でも、第1次調査資料は環濠と弦状溝で出現頻度の差異を見せている。凸帯a類＋刻目ウ類と凸帯c類＋刻目オ類が弦状溝において認められない。このことは、弦状溝自体での刻目凸帯文土器深鉢の数量が少ないことと関連している可能性が大きいであろう。一方で、先の表29で示されるよう

表30 刻目凸帯文の分類と刻目形態の相関関係

	凸帯a		凸帯b		凸帯c	
刻目ア			1	1.1%		
刻目イ	4	11.4%	9	10.1%	2	3.4%
刻目ウ	15	42.9%	29	32.6%	6	10.3%
刻目エ	13	37.1%	31	34.8%	39	67.2%
刻目オ	3	8.6%	19	21.3%	11	19.0%
合計	35		89		58	

表31 遺構別分析資料内訳

遺構		弦状溝			環濠			貯蔵穴		
		第Ⅰ溝	第Ⅰ-Ⅱ溝	第Ⅵ溝	第Ⅱ溝	第Ⅲ溝	第Ⅴ溝	7号	13号	15号
実測	口縁部	1	0	5	19	21	22	1	0	3
	胴部	1	0	4	10	8	6	0	1	0
未実測	口縁部	2	0	0	18	8	51	2	3	8
	胴部	1	0	1	32	7	39	3	1	9
合計		5	0	10	79	44	118	6	5	20

表32 遺構別による凸帯文と刻目形態の相関関係

凸帯文の形状		凸帯a					凸帯b					凸帯c				
	刻目	ア	イ	ウ	エ	オ	ア	イ	ウ	エ	オ	ア	イ	ウ	エ	オ
弦状溝	第Ⅰ溝	1						1	1							
	第Ⅰ-Ⅱ溝															
	第Ⅵ溝			1			1								3	
環濠	第Ⅱ溝	1		7			3	12	7	4		1		3	1	2
	第Ⅲ溝	1	4	1	1		1	2	3	8	3			3	2	
	第Ⅴ溝		1	8	4	1		2	10	10	11	1	6	28	8	
貯蔵穴	7号						1	1	1							
	13号		1		2	1			1							
	15号			2				2	3	1				2	1	

な器種構成の様相から見るならば、環濠では夜臼Ⅱa式の壺や深鉢の量が比較的多いのに対し、弦状溝の方は板付Ⅰ式以降の壺・甕の量が多く、何らかの時期差が存在する可能性もある。

さて、第1次調査の後に同じ環濠と弦状溝の確認のために1988～1989年にかけて実施された福岡市教育委員会の第54・59次発掘調査資料（山崎 2010）では、どうであろうか。表33に示すように、第54・59次第2区の環濠資料は、第1次調査の環濠の刻目凸帯文土器深鉢と同じ状況である。一方、第54・59次の弦状溝資料も、環濠とほぼ同じ型式の出現頻度を示している。このことから、第1次調査資料の場合、弦状溝の出土資料が少ないことから明確にはできないが、弦状溝と環濠では深鉢の型式ごとの出土状況には差違が存在しないことが想定される。

そこで、このような現象を解釈するために、こうした細分型式が板付遺跡内での他の一括遺物とどのように対応しているかを考えてみたい。すでに表33で示したように、板付遺跡内でも一括遺物による相対差が器種構成の差異としても理解された。ここでは、刻目凸帯文土器が比較的まとまった数量として出土している板付G7a・G7b区下層と板付E-5・6区9・8・7層の刻目凸帯文深鉢を対象に、凸帯の位置と刻目の形状を比較してみた（表34）。層位的な差異が見られる板付E-5・6区の資料は、凸帯の位置と刻目の形状の相関における層位的な優位な差を抽出することができる。この場合、層位的に古い段階に出現している優位な型式は、上層にも含まれる可能性があり、上層ではそれらの優位な組み合わせを無視することができる。そのような前提に立つと、表34からは、E-5・6区では9層が凸帯a類＋刻目イ類、凸帯a類＋刻目ウ類、8層が凸帯b類＋刻目ウ類、7層が凸帯b類＋刻目エ類、凸帯c類＋刻目ウ類、凸帯c類＋刻目エ類、凸帯c類＋刻目オ類を代表的な組み合わせとして抽出することができるであろう。

この他、板付G7a・G7b区下層と板付E-5・6区9層を比較するならば、これらは刻目凸帯文深鉢の内容からもほぼ同時期であるということができよう。その点では、この段階の凸帯と刻目形状の相関に、さらに凸帯a類＋刻目ア類を加えることができるであろう。

また、板付遺跡に近接する二重環濠として有名な那珂遺跡の環濠SD02を比較してみると、刻目凸帯文深鉢の相関内容は、板付E-5・6区7層の抽出した組み合わせの一部を形成していると見ることができるであろう。すなわち、那珂SD02では、E-5・6区7層の凸帯a類＋刻目ウ類と凸帯b類＋刻目エ類を主体としながら、那珂SD02に存在しない凸帯c類＋刻目ウ類、凸帯c類＋

刻目エ類、凸帯 c 類＋刻目オ類を分離することができる。あるいは第 1 次調査の深鉢細別型式の出現頻度から見るならば、凸帯 c 類＋刻目エ類、凸帯 c 類＋刻目オ類を抽出することができるであろう。

表33 板付遺跡 54・59 次調査における凸帯文と刻目形態の相関関係

		刻目ア	刻目イ	刻目ウ	刻目エ	刻目オ
板付 54・59 次第 2 区環濠	凸帯 a		1	10	15	
	凸帯 b		1	10	24	6
	凸帯 c			4	12	4
板付 54・59 次弦状溝	凸帯 a			2	6	
	凸帯 b			1	1	
	凸帯 c				1	1

これまでの刻目凸帯文深鉢に見られる凸帯の位置と刻目の形状の相関関係の段階性をまとめるならば、表 35 のようになるであろう。第 II 段階とした板付 E-5・6 区 8 層段階は、分析では凸帯 b 類＋刻目ウ類という組み合わせしか抽出できず、すでに凸帯 b 類＋刻目

表34 板付遺跡・那珂遺跡における凸帯文と刻目形態の相関関係

		刻目ア	刻目イ	刻目ウ	刻目エ	刻目オ
板付 G7a・G7b 区下層	凸帯 a	5	6	5		
	凸帯 b	1	2	1		
	凸帯 c					
板付 E-5・6 区 9 層	凸帯 a	2	5	4		
	凸帯 b		1	2		
	凸帯 c					
板付 E-5・6 区 8 層	凸帯 a		4	5	2	1
	凸帯 b	1	4			
	凸帯 c		1			
板付 E-5・6 区 7 層	凸帯 a		1	18	4	
	凸帯 b			5	6	1
	凸帯 c			3	3	2
那珂 SD02	凸帯 a			7	5	1
	凸帯 b			3	7	
	凸帯 c					

ア類や凸帯 b 類＋刻目イ類という組み合わせは、板付 G7a・G7b 区下層や板付 E-5・6 区 9 層に存在するが、理念的に凸帯 b 類からなる段階を一段階年代的に新しいものと設定し、様式的にこの二つの組み合わせが存在すると仮定した。また、従来、板付 E-5・6 区 7 層あるいは板付 G7a・G7b 区上層として同一時期とされてきたものを、那珂 SD02 との組み合わせの差し引きとともに、板付遺跡第 1 次調査の環濠資料と弦状溝資料との比較によっても、2 段階に分けることが可能となった。なお、凸帯 b 類＋刻目オ類は那珂 SD02 には存在しないが、板付 E-5・6 区 7 層の細分結果から、ここでは那珂 SD02 段階に含めておきたい。こうした結果は、基本的には吉留秀敏の見解（吉留 1994a）を追認する見解となったといえよう。

以上のように、これまで山崎純男が提起した板付遺跡の型式細分（山崎 1980）を基本とする形で、刻目凸帯文深鉢の細分型式を示すことができたであろう。これは、基本的には板付遺跡を中心

表35 板付遺跡における段階別深鉢細別型式

	型式名	板付E-5・6区	板付G7a・7b	板付第1次調査	那珂	刻目凸帯文深鉢
I 段階	夜臼 I	9 層	下層			凸a＋刻ア 凸a＋刻イ 凸a＋刻ウ
II 段階	夜臼 II a	8 層	中層			凸b＋刻ア 凸b＋刻イ 凸b＋刻ウ
III 段階	夜臼 II b				SD02	凸b＋刻エ 凸b＋刻オ
IV 段階	夜臼 II b＋板付 I	7 層	上層	環濠 弦状溝		凸c＋刻ウ 凸c＋刻エ 凸c＋刻オ
V 段階	板付 I					

とする層位資料や遺構単位の一括資料を基にするものであった。ここでは、これまでのこうした資料にさらに板付遺跡第1次調査資料を加えることによって、また、凸帯文の位置と刻目の形状の組み合わせから、その段階性を提示した。さらには、板付遺跡に隣接する那珂遺跡SD02の一括遺物を加え、板付遺跡第1次の環濠と弦状溝の比較からも、板付E-5・6区7層や板付G7a・G7b区上層を3分することが可能となった。こうした3分案は吉留秀敏の見解を追認するものではあるが、これを板付遺跡内の資料からも検証できたことに意味がある。

そして、板付遺跡を中心に検討してきた資料が基本的に2条凸帯である深鉢Ⅱc類が出現した段階のものであることは、すでに表28で示したところである。しかも1条凸帯である深鉢Ⅱa類は、板付遺跡E-5・6区9層に1点のみ認められる。刻目凸帯文土器の近畿や瀬戸内の基本編年によれば（泉1990、宮地2004）、2条凸帯が見られない1条凸帯だけの段階が存在している。福岡平野の周辺では江辻遺跡第4地点SX1においてのみこうした土器群が認められる。これらの型式は浅鉢の共伴型式との対応からも夜臼Ⅰ式よりも古い段階のものである。この江辻遺跡第4地点SX1段階から夜臼Ⅰ式というふうに刻目凸帯文土器が変化していくことになる。さらに、無刻目の1条凸帯を持つ刻目凸帯文土器が北九州市長行遺跡において確認される。これが最古の刻目凸帯文土器段階となる。

（3）板付遺跡出土土器の土器調整技術と板付甕の成立

このような土器型式の変化過程を理解できた上で、板付遺跡1次調査資料の土器の成形技法や最終調整技法を注目してみたい。深鉢は基本的に内傾接合であり、甕は外傾接合が一部に見られる。そして甕はハケメ調整が一般的であり、ハケメ調整がナデ消されていたり摩滅などで残っていない場合もある。一方、縄文土器の系譜を引く刻目凸帯文の深鉢は、二枚貝による条痕調整（図75-1）やナデ調整が一般的である。しかし、一部の深鉢には擦痕状の器面調整（同2）やハケメ調整（同3・4）が認められる。擦痕状の器面調整はごく少量であり、器面を掻き削るという意味では、技法的にも条痕調整に含めて考えてよい。しかし、板目の小口を使って器面調整するハケメ調整は、板付祖形甕（図76-1・2）あるいは無文土器に求められるものであり、外傾接合の技術（家根1984）とともに無文土器文化の土器製作技術として伝播してきたものと考えられている（横山2003）。そのため、板付Ⅰ式以降の板付甕には一般的な調整技法となるが、縄文系の深鉢に基本的に存在しないものである。ところが、このようなハケメが縄文土器の伝統を引く深鉢Ⅰ～Ⅲ類にも施されることがある。図76-5～8は深鉢であるが、深鉢の外面を中心にハケメが施されている。また、図76-5～7のような刻目エ類の刻目にもハケメ状の痕跡が認められる。このことは、刻目を施すヘラ状工具にもハケメの工具が使われていることを示している。

さて、このようなハケメ調整が板付第1次調査資料の深鉢においてどれほど出土しているのであろうか。表36は、凸帯の形状と刻目の形状との相関による深鉢Ⅱ・Ⅲ類の細別型式と器面調整の対応を示したものである。この表からは、ハケメが凸帯c類や刻目エ類・オ類の様な比較的新しいと考えられる属性と組み合う状況が読み取れる。表37では凸帯の形状という属性と器面調整との相関関係を遺構ごとに示し、最終的にその全体的な比率を示したものである。これによっても凸帯

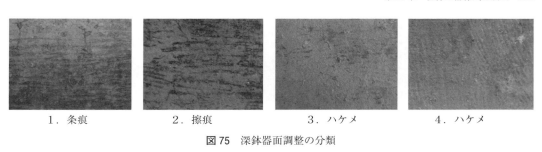

1．条痕　　　　　2．擦痕　　　　　3．ハケメ　　　　　4．ハケメ

図75　深鉢器面調整の分類

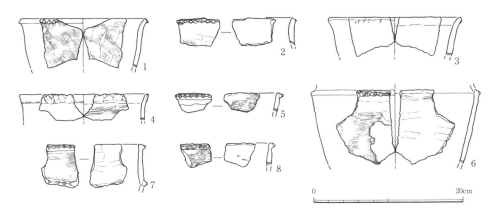

図76　板付祖形甕とハケメ調整の深鉢
1・4・6：第Ⅱ溝、2・5・7・8：第Ⅴ溝、3：第Ⅲ溝（縮尺1/5）

a類から凸帯c類という比較的新しい段階に至るにつれてハケメの施される比率が高まる状況が示される(1)。また、表38では口縁部破片のみならず胴部破片を含める形で、刻目の形状と器面調整の相関を遺構単位で示したものである。最終的に集計したものの比率で見るならば、刻目ア類の総数が少ないことから比率の議論ができないものの、刻目イ類から刻目オ類という時間軸に応じて条痕調整の比率が少なくなるとともにナデ調整やハケメ調整の比率が上がっていく傾向にある。ナデ調整やハケメ調整は、板付甕の基本的な器面調整であり、そこに向けて漸移的な変化を示すものであるが、一方では、深鉢と板付甕との間には器面調整においても大きな飛躍があるということもできるであろう。ともかく、表36～表38において、縄文系の深鉢においても少数ながらハケメ調整が存在するとともに、それが時間軸上次第に増加していく傾向を読み取ることができるであろう。

このような深鉢におけるハケメ調整が漸次増加していく傾向は、板付式甕あるいは板付祖形甕のハケメ調整の癖が採用されていることを示しており、両者が並存していることを示すとともに、甕と深鉢という二つの異なった系譜である土器製作技法の折衷的な様相を示している。こうした現象は福岡市内の他の遺跡でも知られており（菅波 2009）、板付甕と縄文系の深鉢の融合により板付Ⅱ式に示される亀ノ甲式などの在地的な土器成立の契機となっている（宮地 2009b）。

ここで、縄文系土器の中に弥生系土器がどのように成立していくかを考えていきたい。これまでに夜臼Ⅰ式→夜臼Ⅱa式→夜臼Ⅱb式＋板付Ⅰ式という土器の変遷観を探ってきた。ここではこれらの各段階に見られる深鉢Ⅰ式や甕Ⅰ式をどのように位置づけていくかということを考えてみる。

表36 板付遺跡1次調査の深鉢細別型式と器面調整の相関関係

	凸帯a			凸帯b			凸帯c		
	条痕	ナデ	ハケメ	条痕	ナデ	ハケメ	条痕	ナデ	ハケメ
刻目ア									
刻目イ	1	3		4	5	1	2		
刻目ウ	7	8		15	15		1	4	2
刻目エ	5	8		16	11	3	15	19	4
刻目オ	1	1	1	6	12		3	7	2
合計	14	20	1	41	43	4	21	30	8

表37 板付遺跡1次調査の遺構別凸帯文と器面調整の相関関係

	第Ⅰ溝			第Ⅱ溝			第Ⅲ溝			第Ⅴ溝			第Ⅵ溝			合計		
	条痕	ナデ	ハケメ	条痕	ナデ	ハケメ	条痕	ナデ	ハケメ	条痕	ナデ	ハケメ	条痕	ナデ	ハケメ	条痕	ナデ	ハケメ
凸帯a	1	0	0	1	7	0	2	4	1	5	9	0	1	0	0	10	20	1
凸帯b	1	1	0	10	15	1	9	6	0	16(2)	16	2	0	0	1	36	38	4
凸帯c	0	0	0	3	1	1	4	1	0	13(1)	24	6	1	1	0	21	27	7

	貯蔵穴7			貯蔵穴13			貯蔵穴15			合計		
	条痕	ナデ	ハケメ	条痕	ナデ	ハケメ	条痕	ナデ	ハケメ	条痕	ナデ	ハケメ
凸帯a	0	0	0	2	0	0	2	0	0	4	0	0
凸帯b	1	2	0	1	0	0	3	2	1	5	4	1
凸帯c	0	2	0	0	0	0	0	2	1	0	4	1

( )は擦痕調整を示す

	合計				比率		
	条痕	ナデ	ハケメ	合計	条痕	ナデ	ハケメ
凸帯a	14	20	1	35	40.0%	57.1%	2.9%
凸帯b	41	42	5	88	46.6%	47.7%	5.7%
凸帯c	21	31	8	60	35.0%	51.7%	13.3%

表38 板付遺跡1次調査の遺構別刻目形態と器面調整の相関関係

	第Ⅰ溝			第Ⅱ溝			第Ⅲ溝			第Ⅴ溝			第Ⅵ溝			合計		
	条痕	ナデ	ハケメ	条痕	ナデ	ハケメ	条痕	ナデ	ハケメ	条痕	ナデ	ハケメ	条痕	ナデ	ハケメ	条痕	ナデ	ハケメ
刻目ア	0	0	0	0	0	0	1	1	0	0	0	0	1	0	0	2	1	0
刻目イ	1	0	0	3	6	0	3	1	0	3	2	0	0	0	1	10	9	1
刻目ウ	0	1	0	10	8	0	5	2	0	13(1)	13	4	0	0	0	28	24	4
刻目エ	1	1	1	21	19	3	14	5	0	31(2)	34	6	1	1	0	63	60	10
刻目オ	0	0	0	5	4	2	2	5	1	12	15	1	2	1	0	21	25	4

	貯蔵穴7			貯蔵穴13			貯蔵穴15			合計		
	条痕	ナデ	ハケメ	条痕	ナデ	ハケメ	条痕	ナデ	ハケメ	条痕	ナデ	ハケメ
刻目ア	0	0	0	0	0	0	1	0	0	1	0	0
刻目イ	1	0	0	0	0	0	0	0	0	1	0	0
刻目ウ	0	1	0	2	0	0	4	1	0	6	2	0
刻目エ	0	1	0	2	0	0	3	4	3	5	5	3
刻目オ	1	2	0	1	0	0	0	4	0	2	6	0

( )は擦痕調整を示す

	合計				比率		
	条痕	ナデ	ハケメ	合計	条痕	ナデ	ハケメ
刻目ア	2	2	0	4	50.0%	50.0%	0.0%
刻目イ	11	9	1	21	52.4%	42.9%	4.8%
刻目ウ	34	26	4	64	53.1%	40.6%	6.3%
刻目エ	73	65	13	151	48.3%	43.0%	8.6%
刻目オ	23	31	4	58	39.7%	53.4%	6.9%

いわゆる板付祖形甕をどのように理解するか、あるいはその成立をどこに求めるかにより、縄文から弥生へという移行期の変化やそこに介在する渡来人の解釈に大きく変異を来す。すなわち甕と壺が無文土器系製作者であり、深鉢と浅鉢が縄文系土器製作者というふうに見る考え方（宮地2009b）と、無文土器からの渡来要素を認めながらも、板付Ⅰ式甕の祖形を縄文系の刻目凸帯文土器に基本的に求める考え方（藤尾 1987）があるのである。

　板付１次調査資料で注目されるのは、環濠内から甕Ⅰ類の板付祖形甕が認められるところにある。これらは図76の１～４がそれにあたるであろう。第Ⅲ溝出土のもの（図77-2）は、土器外面を底部から口縁部に向けて縦方向のハケメで掻き上げさらに口縁部では横方向にハケメが施されるものである。やや器壁が厚いものの、器形的には砲弾形を呈しており、直口ないし内湾気味の口縁を呈し二枚貝条痕などが施される縄文系の深鉢Ⅰ類とは、大きく異なっている。器形とハケメ調整の様子などからは、朝鮮半島の無文土器甕に最も近い器形であると思われる。ただ、第Ⅲ溝出土の深鉢Ⅱ類や深鉢Ⅲ類の内容は、すでに表32で示したように、板付遺跡Ⅲ・Ⅳ段階のものであり、この甕Ⅰ類の図77-2は、その中でも古段階のⅢ段階すなわち夜臼Ⅱb式段階に属するものであると考えられる。これに先立つと考えられる深鉢Ⅰ類は、板付E-5・6区の9層や8層に存在し、板付祖形甕との融合の中に生まれたのが、この甕Ⅰ類の図77-2であると考えられる。器形は深鉢Ⅰ類という縄文系統を基本としながら、板付祖形甕の砲弾形やハケメ調整が受容された折衷土器としてのあり方を呈している。また、全面に丹塗りが施されるなど特殊な土器としての扱いを受けていたであろう。このような土器型式を、一般的な板付祖形甕と分離して甕Ⅰb類と呼んでおきたい。

　一方、口縁端部を刻み若干外反気味の口縁を持つ甕Ⅰ類は、すでに板付遺跡G7a・G7b区下層に認められる（図77-1）。これが最も朝鮮半島無文土器甕に形態的に近似した特徴を持っている。ただし、この段階では器面調整は板ナデが施されておりハケメ調整ではない。この甕Ⅰ類こそが如意形口縁をなす板付甕の直接の祖形であり、板付祖形甕と呼ばれるものである。この板付祖形甕をここでは甕Ⅰa類と呼んでおきたい。したがって、甕Ⅰa類は板付遺跡第Ⅰ段階から存在している。

　さて、こうした甕Ⅰa類から、口縁を面取りし口縁端部を刻む如意形口縁の板付式甕である甕Ⅱ類がどのようにして生まれていくのであろうか。板付遺跡では、板付遺跡第Ⅱ段階には甕Ⅰa類の板付祖形甕が明確ではないが、板付遺跡Ⅲ段階～Ⅴ段階の第１次調査環濠や弦状溝からは、比較的まとまって甕Ⅰa類が発見されている。これらの年代は、これらが如意形口縁の甕Ⅱ類の祖形とすれば板付遺跡Ⅲ・Ⅳ段階に相当することは問題ないが、それらの細分は難しい。ここでは任意の形態変化の想定の下に甕Ⅰa類を並べ、変遷過程を想像してみよう。すでに藤尾慎一郎が指摘しているように（藤尾 1987）、第１次調査資料には、口縁端部全面に刻目が施される板付祖形甕Aタイプと、口唇下端部に片寄って刻目を刻む板付祖形甕Bタイプがある。板付祖形甕Aタイプは、甕Ⅰa類において、板付遺跡第Ⅰ段階の板付G7a・7b下層のA1式（図77-1）から、より口縁の面取りと刻目が明確でかつ器面がハケメ調整からなるA2式（同3）を経て、さらに口縁端部をより外反させたA3式（同4）に変化することにより、板付遺跡Ⅳ段階には、より口縁が外反し縦方向のハケメ調整をなす甕Ⅱ類の板付Ⅰ式甕（同7）が出現すると想定される。板付祖形甕A3式は

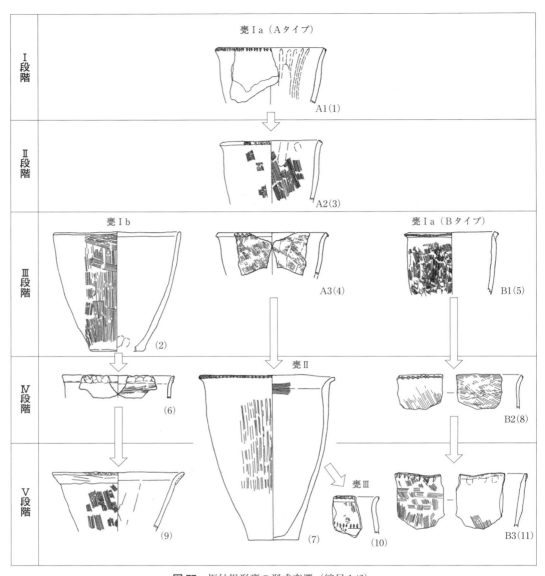

図77 板付祖形甕の型式変遷（縮尺1/6）

板付遺跡Ⅲ段階に位置づけられることからも、板付祖形甕A2式は板付遺跡Ⅱ段階まで遡るものと考えておきたい。

　一方、板付祖形甕Bタイプはどうであろう。弦状溝の第Ⅰ溝出土の甕Ⅰa類は、わずかな凸帯文を口縁に接して貼りそこを刻むもの（図77-5）であり、口縁端部の形状は刻目凸帯文深鉢に類似している。一方で口縁部の粘土帯は外傾接合であり、さらには器面がハケメ調整されている点は無文土器の製作技法の特徴を示している。縄文系の刻目凸帯文土器と無文土器系の甕Ⅰa類の折衷的な土器と考えれば、こうした土器の存在が無文土器系と縄文系の二つの土器製作系譜や技術の融合によって、すなわち折衷土器として甕Ⅰa類の中に板付祖形甕Bタイプが生まれたと考える

ことができるであろう。これを甕Ⅰa類のB1式と呼ぶ。B1式は弦状溝である第Ⅰ溝から出土しており、弦状溝の第Ⅰ溝からは板付遺跡Ⅳ段階の刻目凸帯文深鉢が出土しないことからすれば、B1式は板付遺跡Ⅲ段階に位置づけられる。さらにB1式から口縁面取りを行い口縁下端部のみを刻む典型的な板付祖形甕BタイプであるB2式（図77-8）に変化している。図76-3の板付祖形甕にはハケメ調整は認められないが、口縁部の形態からすれば、B1式とB2式の中間に位置づけられ、B2式の古い段階のものということができるかもしれない。那珂遺跡SD02の共伴関係から見れば、B2式はすでに板付遺跡Ⅲ段階に出現しているが、B2式が板付遺跡Ⅳ段階においても存続するものと想定する。さらにこれが型式変化し、口縁端部の面取りを行わず、口縁部下端面の刻目が小V字形の刻目形態オ類の刻目が施されるB3式（同11）となる。これは板付遺跡Ⅳ段階からⅤ段階に平行するものであろう。

　すでに指摘したように、板付遺跡Ⅲ段階には口縁の刻目を持たず砲弾形の器形をなしながらハケメ調整が施される甕Ⅰb類（図77-2）が存在した。これが板付遺跡Ⅳ段階には幾分器壁を薄くしながら、さらには甕の口縁に粘土帯を貼り付け（同6）、さらに口縁端部を刻むもの（同9）へと変化していくものと想定される。図77-2の場合、口縁端部の刻みをもたず、さらに器壁内面には縄文系の条痕調整を残している。この粘土帯の貼り付け方は（図77-6・9）、板付Ⅰ式の壺の口縁部の特徴を彷彿とさせるものであり、粘土帯外傾接合としては無文土器系統の技術が見られるものである。別の形態としての折衷土器であり、板付Ⅰ式壺が出現する板付遺跡Ⅳ段階〜Ⅴ段階に相当するものであると考えられる。

　さらに、板付遺跡Ⅳ段階には刻目凸帯文深鉢の凸帯c類+ウ類、凸帯c類+エ類、凸帯c類+オ類が存在するが、これら刻目凸帯文深鉢と板付祖形甕Aタイプ、とりわけ板付Ⅰ式甕との折衷土器として凸帯文系如意形口縁甕（図77-10）がおそらく板付遺跡Ⅴ段階に出現するであろう。これは、後に甕Ⅲ類に系統的に繋がっていくものであり、甕Ⅲ類の祖形ということができるであろう。

　以上のように、板付遺跡においては、甕Ⅰa類を中心に板付祖形甕Aタイプの系譜的な変化とともに、一方では縄文系の刻目凸帯文深鉢との折衷形態を示し、板付祖形甕Bタイプあるいは甕Ⅰb類を生み出していく多様な様相が示された。しかしその中でも、甕Ⅰa類の板付祖形甕Aタイプが変化の母体となりながら板付甕である甕Ⅱ類が成立する背景あるいは系譜関係に無文土器甕があることは、その器形や口縁端部刻目だけでなく、漸移的にハケメ調整や粘土帯の外傾接合の導入という形で示されていく。その数や全体の土器における比率は決して高くないが、土器作りの情報が大陸側から常に発信されていた過程を示しているであろう。そしてその情報は常に縄文系の深鉢と折衷していく傾向を示している。この背景には、大陸から継起的な少数の渡来民の移住とその2世や3世の存在とともに、頻繁な縄文人との交配を示していると思われるのである。

　さて、藤尾慎一郎は、板付祖形甕を大きく二つの系統に分ける（藤尾1987）。それは、前述したように、口縁端部全面に刻目が施される板付祖形甕Aタイプと、口唇下端部に片寄って刻目を刻む板付祖形甕Bタイプである。前者から板付Ⅰ式が生まれ、後者は板付Ⅰ式に変化していかない組列の祖形甕と考えており、本稿でも同じ立場に立った議論を行った。そして、藤尾は、板付祖形甕Aタイプから板付Ⅰ式が生まれるのが板付遺跡であると結論づけている（藤尾2009b）。雀居遺

跡などでは板付祖形甕 A タイプが雀居遺跡 12 次 SK024 で若干認められるものの、主体は板付祖形甕 B タイプである。板付遺跡に近接する雀居遺跡や那珂遺跡では、板付祖形甕 B タイプが主体であり、板付Ⅰ式甕が非常に少ないことから、板付祖形甕 A タイプから板付Ⅰ式が板付遺跡を中心に生まれていることが、菅波正人によっても追認されている（菅波 2009）。板付祖形甕である甕Ⅰa類 A1 式は、菜畑遺跡 12～9 層や曲り田遺跡で認められるが、菜畑遺跡ではその後に板付祖形甕 B タイプが主となり、曲り田遺跡では明確に板付Ⅰ式の甕Ⅱ類への変化を追える状況にない（藤尾 2009b）。板付祖形甕 B タイプが先に指摘したような刻目凸帯文土器深鉢との折衷タイプであるとするならば、祖形はすでに変容していることになり、唐津平野では菜畑遺跡 12～9 層段階の一過的な大陸からの情報発信や情報の受信ということになる。一方、曲り田遺跡など糸島平野の場合は明確ではないものの、やはり現在の資料状況からは、曲り田（古）式（橋口 1985）の一過的な大陸からの情報発信である可能性が高い。一方で、板付遺跡に見られるように、板付遺跡Ⅰ段階のみならず板付遺跡Ⅲ・Ⅳ段階においても甕Ⅰa類 A2 式など板付祖形甕 A タイプが存続している現象や、甕Ⅰb類に見られる多様な縄文系深鉢と無文土器系技術との折衷化現象は、微量ながらも継起的に朝鮮半島からの無文土器の情報が到達していることを意味しているであろう。こういう環境であるからこそ、板付遺跡を中心とした福岡平野で板付祖形甕 A タイプから板付Ⅰ式甕である甕Ⅱ類が成立していくことになるのである。その点、夜臼Ⅱa式の雑餉隈遺跡の木棺墓に副葬された磨製石剣などは、このような朝鮮半島無文土器の情報が夜臼Ⅰ式という弥生早期の初期段階だけでなく、その後も継起的に福岡平野に流入していたことを物語るものである。このような継起的な朝鮮半島無文土器文化の情報伝達があったことこそ、板付遺跡を中心に福岡平野を基点として板付Ⅰ式が成立する背景となったのであろう。

　さて、口縁部が肥厚する板付式壺は、田畑直彦が想定するように浅鉢や高坏の口縁部形態の模倣（田畑 2000）あるいはその口縁部形態の粘土帯の接合の癖が壺の製作に転写したものであると想定される。また、胴部文様に関しては亀ヶ岡式土器壺などの東方系土器壺の文様要素の転写である可能性がある（設楽・小林 2007）。そのような板付Ⅰ式土器壺の型式的な統合も福岡平野を中心として生まれた可能性が高いであろう。

2．板付遺跡の編年上の位置づけ

　板付遺跡 1 次資料を中心に、板付遺跡 G7a・7b 区ならびに板付遺跡 E-5・6 区の資料を比較対象としながら、板付遺跡内での土器変遷を示したのが、図 78 である。これは前章で示した壺、深鉢、甕などの器種間での比較を基にしたものである。こうした編年は基本的には山崎純男（1980）や吉留秀敏（1994a）が構築した土器編年すなわち夜臼Ⅰ式→夜臼Ⅱa式→夜臼Ⅱb式→板付Ⅰ式＋夜臼Ⅱb式→板付Ⅰ式単純という編年観を再検証したものにすぎないであろう。ただしこうした編年観は板付遺跡の資料において確認されたものであり、福岡平野内での他の遺跡、たとえば隣接する雀居遺跡や諸岡遺跡の資料を比較するならば、ここでいう夜臼Ⅰ式に遡る可能性が指摘されている。それは小南裕一がすでに指摘している（小南 2005）雀居遺跡下層出土土器（松

村編 1995）や諸岡遺跡 G 区 1 号住居址（柳沢・横山 1980）・諸岡遺跡 F 地区出土土器（山口 1976）の一部などを挙げることができるものである。このような資料は条痕調整からなる深鉢 I 類、凸帯文 a 類と刻目ア類からなる深鉢Ⅱc 類・Ⅲ類、壺 I 類、逆「く」の字口縁でありながら夜臼 I 式の浅鉢に比べ長い逆「く」の字口縁をなす浅鉢である。属性内容も夜臼 I 式に比べ若干古い要素から成り立つものである可能性があるものの、板付遺跡の夜臼 I 式に含めて考えてよいであろう。これは、唐津平野の菜畑 12〜9 層の土器型式に一致するものである。このような型式を山ノ寺式と呼び、夜臼 I 式に遡る段階とする考え方もある（中島 1982、小南 2005）が、これらは平行する時期として捉えることができ、伴出する浅鉢も同段階とすることができる。浅鉢の型式から近畿の口酒井式に相当すると考えられている（宮地 2007）。

　さらに遡る型式として、糟屋郡粕屋町江辻遺跡 4 地点 SX-1 が挙げられる（宮地 2004、小南 2005）。基本的に深鉢Ⅱa 類が 1 条凸帯文深鉢からなるものであり、2 条凸帯文深鉢が成立する前段階のものとして捉えられ、近畿の滋賀里Ⅳ式に相当するであろう（表 39）。刻目凸帯文土器成立期として近畿最古と考えられている滋賀里Ⅳ式内での鬼塚 H 地点下層を北九州市長行併行期と考える（宮地 2007）ならば、凸帯文成立期段階の土器群が東北部九州まで情報伝達されていたと考えることができよう。さらにそれに連続する滋賀里Ⅳ式段階である江辻遺跡 4 地点 SX-1 の存在は、刻目凸帯文土器が次第に東方から西方へと拡大し、この段階において福岡平野の東端部まで進出していたことが理解できるのである。

　以上にまとめた板付遺跡土器編年（図 78、表 39）を基に、福岡平野や有田平野での縄文から弥生への遺跡立地の変遷を簡単にまとめておきたい。ここでいう弥生文化の成立は、水田遺構が発見された板付遺跡第 I 段階からであるが、単に水田遺構の存在だけではなく、壺の成立とともに板付祖形甕である甕 I a 類の存在を以てここに様式的な画期を認めるところであり、弥生文化の成立と規定することができる。従来の土器編年でいえば夜臼 I 式あるいは唐津平野の菜畑 12〜9 層を山ノ寺式と呼ぶのであれば、夜臼 I 式・山ノ寺式段階に相当する。さらにこの段階には刻目 2 条凸帯文土器深鉢・浅鉢が伴出する段階であり、むしろ主体は深鉢 I c 類の刻目 2 条凸帯文土器にある段階であるといえよう。さて、前述したように、この段階以前には江辻遺跡 4 地点 SX-1 さらにそれに遡る長行が存在する。刻目凸帯文土器に関しては近畿を中心に成立し、それが瀬戸内から九州へ拡大していったと考えられている（宮地 2004・2007）。長行は北九州市に位置し、東北部九州に位置する。また、江辻遺跡も御笠川流域や那珂川流域の狭義の福岡平野とは異なり、多々良川上流

表 39　西日本刻目凸帯文土器の編年

		福岡平野	北部九州	瀬戸内	近畿
縄文晩期		黒川式（中）	黒川式（中）	谷尻式	篠原
		黒川式（新）	（長行）	前池式	滋賀里Ⅳ式（鬼塚 H 下層）
		（江辻 SX-1）	（江辻 SX-1）		滋賀里Ⅳ式（京大 BD33 区）
弥生早期		板付 I 段階	夜臼 I 式	（阿方）	口酒井期
		板付Ⅱ段階	夜臼Ⅱa 式	津島岡大式	舟橋式
		板付Ⅲ段階	夜臼Ⅱb 式	沢田式	
弥生前期		板付Ⅳ段階	夜臼Ⅱb 式・板付 I 式		
		板付Ⅴ段階	板付 I 式	（川津下樋）	長原式

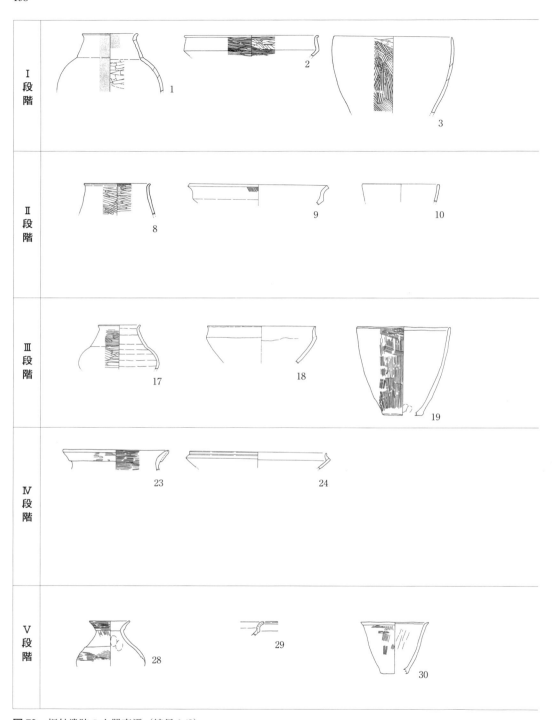

図78 板付遺跡の土器変遷（縮尺1/8）

第10章 板付土器様式の成立　199

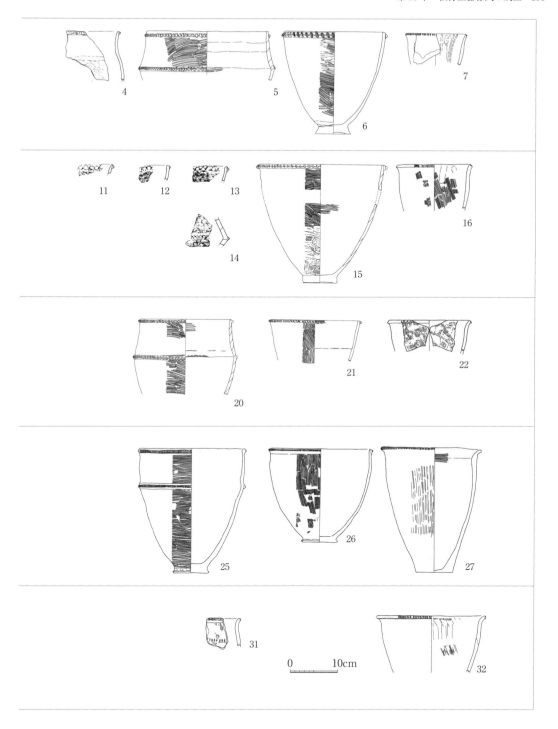

域の粕屋平野北端に位置している。現在の分布域だけから想像するならば、最古段階の刻目凸帯文土器段階が東北部九州の長行など遠賀川下流域まで到達し、次の段階である江辻遺跡4地点 SX-1が粕屋平野まで広がったかのように見える。そして、この次の段階である夜臼Ⅰ式・山ノ寺式が福岡平野からさらには唐津平野までの北部九州全体に広がったかのようなイメージが展開できるのである。果たしてこのような見方は可能であるのであろうか。

　福岡平野や早良平野では、縄文晩期の黒川式から刻目凸帯文土器の夜臼Ⅰ式が連続する遺跡がいくつか知られている。この場合、黒川式と刻目凸帯文土器には型式の空白が存在することになる。すなわち、長行遺跡や江辻遺跡4地点 SX-1段階の土器群が存在しないことは、黒川式から夜臼Ⅰ式の2条刻目凸帯文土器段階の間が空白であり、土器型式の空白が存在することになる。黒川式から夜臼Ⅰ式が連続している遺跡において、時期的な空白が存在することは、人間集団が一時的に遺跡内での居住を放棄していることを意味する。しかし、発想を変えて、上記したような漸移的に刻目凸帯文土器が瀬戸内から東北部九州、さらには粕屋平野、そして福岡平野へと広がっていくとするならば、福岡平野や早良平野の黒川式は夜臼Ⅰ式直前まで存続している可能性を考えることもできるであろう。一方で、縄文後期土器編年とりわけ黒川式土器の細分を試みている水ノ江和同は、黒川式土器と刻目凸帯文が共存する事実は、唐津市菜畑遺跡の層位例から見て、まずあり得ないとしている（水ノ江 2009）。確かに同じ遺跡において二つの種類の土器が同時存在することはあり得ないだろうが、空間的には異にしながらも、同時期に黒川式終末期の土器を担う集団と新たに創造された刻目凸帯文土器の製作集団が存在することはあり得ることであろう。ここでの論点は、刻目凸帯文土器が近畿や瀬戸内などの東方でまず成立しているという立場（宮地 2004）にもとづいてその後黒川式土器分布圏へ広がっていくという考え方にある。

　ところで、刻目凸帯文土器の広域編年の併行関係を考えるにあたり、浅鉢に注目する見方がある（泉 1990、宮地 2004・2007）。深鉢の型式での比較よりは、より広域にわたって型式間の比較が可能である浅鉢に注目するものである。浅鉢の型式によって、近畿から瀬戸内、北部九州までの広域な刻目凸帯文土器の地域別編年の併行関係やさらには東日本の亀ヶ岡式との併行関係を決定するに至っている（宮地 2009a）。そこで、福岡平野や早良平野の黒川式段階あるいは夜臼Ⅰ式より古い段階の浅鉢に注目してみたい。

　有田遺跡七田前遺跡（有田遺跡群第62次調査地点）は、丘陵部に位置する有田遺跡から室見川に向って緩傾斜をなす沖積地に立地しており、周辺には生産遺跡が存在する可能性が想定される。自然河川の埋没後にできた浅い溝状の窪みに堆積した包含層からは、夜臼Ⅰ式・Ⅱa式の刻目凸帯文土器とともに縄文晩期の黒川式土器が出土している（松村編 1983）。黒川式の浅鉢の一部（図79-2・3）は、頸部で一度段をなして屈曲し、口縁端部内面が摘み上げ状にわずかに肥厚するものであるとともに、胴部の屈曲位置が胴部下半に近いところに特徴が見られる。水ノ江和同がいうところのA3式浅鉢である（水ノ江 1997）。A3式浅鉢は黒川式新段階の標識となるものであり、無刻目凸帯文深鉢を有する長行段階にも存在している。こうした浅鉢は、長行遺跡にも存在しており、A3式浅鉢はこの段階まで存続していると考えたい。また、逆「く」の字形に近く胴部で屈曲しながら口縁端部がわずかに肥厚気味のB類浅鉢も存在し、長行遺跡と同時期の浅鉢である可能

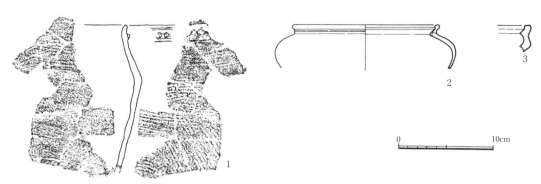

図79 初期刻目凸帯文期の土器（1：古田、2・3：有田七田前、縮尺1/4）

性がある。このように、長行遺跡段階の土器が、有田七田前遺跡でも存在していることを示している。しかし、それに伴う明確な1条凸帯の屈曲型無刻目凸帯文土器ないし刻目凸帯文土器が存在していない。すなわち、長行遺跡あるいは江辻遺跡第4地点SX1段階の刻目凸帯文土器初期段階と同時期に有田七田前遺跡も使用されていたが、刻目凸帯文土器様式に転換していなかった段階と想定できる。

　黒川式と刻目凸帯文土器との交雑として注目できるのは、唐津市菜畑遺跡13・12層の遺物である。田﨑博之が指摘するように13～11層では層ごとに土器の出土分布に平面的な偏りが見られ、単発的な投棄による堆積層と見なされ（田崎 1994）、菜畑13・12層は比較的一括性の高い土器群と考えられる。中島直幸は13～9層を山ノ寺式として設定している（中島 1982）が、13・12層には1条刻目凸帯文土器とともに黒川式の浅鉢A3類が出土している。かつて森貞次郎が「この山ノ寺式土器を広義の夜臼式のなかに含めて、夜臼Ⅰとし、山ノ寺遺跡の黒川式を山ノ寺式とした方がよいのではないかと考えるようになった」とする見解を示している（森 1982）のは、この現象のことを指しているのであろう。すなわち山ノ寺遺跡13・12層に見られる浅鉢A3類の存在からも、この段階は黒川式新段階あるいは黒川式終末期でありながら、ごく少数の1条刻目凸帯文土器が見られる江辻遺跡第4地点SX1段階のことを示していると考えられるのである。さて、江辻遺跡第4地点SX1段階の浅鉢は別として、深鉢Ⅰ式である屈曲型の深鉢の1条刻目土器は、福岡平野では雀居遺跡SD003下層（松村編 1995）、板付遺跡E-5・6区9層と古田遺跡（図79-1）でそれぞれ数点が確認されるのみで（池田・屋山 1997）、糸島の怡土小学校庭遺跡下層（上田 2001）や曲り田遺跡、唐津平野の菜畑遺跡でごく少量発見されているのみで、安定して存在している器種組成とはなっていない。さらに長行遺跡段階の無刻目凸帯文土器は、福岡平野以西ではほとんど存在しない。したがって、福岡平野以西から唐津平野にかけては、長行～江辻遺跡第4地点SX1段階までは、点的に無刻目凸帯文土器や1条屈曲型刻目凸帯文土器が進入している可能性はあるが、主体としては黒川式新段階が存在していたと考えることができるであろう。中島直幸の示す山ノ寺遺跡13～12層は黒川式新段階と夜臼Ⅰ式を合わせた土器群として解釈することができるであろう。

　以上の事例から、長行遺跡、江辻遺跡第4地点SX1といった初期の刻目凸帯文期は、福岡平野以西には存在せず、黒川式土器が依然存続していたと考えることができる。ただし、糸島平野の曲

田遺跡・怡土小学校庭遺跡や唐津平野の菜畑遺跡では、型式的に江辻遺跡第4地点SX1と同じ屈曲型の刻目凸帯文土器深鉢Ⅰ類で1条凸帯のものもあり（橋口編1985）、江辻遺跡第4地点SX1段階の刻目凸帯文土器も黒川式土器の中に次第に土器組成を形成し始めていたと想定できる。あるいは刻目凸帯文土器の情報の接触やその西方への広がりが存在していたであろう。しかし、土器様式として北部九州一帯に刻目凸帯文土器様式が形成されるのは夜臼Ⅰ式段階ということになるであろう。以上の土器様式の空間的に漸移的に変容していく解釈は、これまでの泉拓良による刻目2条凸帯文土器が北部九州に成立し、それが瀬戸内や近畿に拡散するという理解（泉1990）とは、方向を逆にするものであり、刻目凸帯文土器は基本的に瀬戸内や近畿において一元的に変化していき（宮地2004・2007・2008b）、そうした土器様式圏が次第に東から西へと拡散・拡大して北部九州に定着していくという理解に立っている。

　さて、別の土器様式の空間的な問題として、板付Ⅰ式の成立と拡散の問題がある。本章でも板付祖形甕Aタイプが系統的に変化したものを板付Ⅰ式甕すなわち甕Ⅱ類と考え、それが板付遺跡を中心とする御笠川流域にあると考えた。また、環濠集落の成立時期を刻目凸帯文深鉢の編年から那珂遺跡の環濠（SD02）が板付遺跡Ⅲ段階、板付遺跡の環濠が板付遺跡Ⅳ段階にあると考えた。さらに板付遺跡の弦状溝が同時期かやや遅れて掘削され、この段階から環濠と弦状溝の間に集中的に貯蔵穴が設置されている。早良平野では有田遺跡の大環濠が板付遺跡Ⅳ段階に掘削されたと考えられる。これは大環濠内出土の刻目凸帯文土器が、1967〜1968年有田遺跡発掘資料（宮本2011b）で示したように、有田遺跡第1・2次調査資料の場合、凸帯c類＋刻目ウ類、凸帯c類＋刻目エ類、凸帯c類＋刻目オ類から成り立っており、板付遺跡Ⅳ段階に相当しているからである。この場合、有田遺跡第1・2次調査環濠資料には板付Ⅰ式甕が1点のみ（宮本2011b図45-17）含まれているが、それはやや器壁が厚く定型的な板付Ⅰ式甕ではなく、むしろ板付祖形甕Aタイプに類似したものである。また、夜臼Ⅱb式段階の有田平野は、板付Ⅰ式土器の出土比率が福岡平野に比べ低いことが知られている（池田2000）。こうした点から見た場合、板付遺跡第Ⅳ段階に福岡平野の御笠川流域で成立した板付Ⅰ式甕の製作情報が、次第に早良平野にも拡散している状況を理解できる。

　こうした状況は、夜臼Ⅰ・Ⅱ式段階の壺・甕・鉢の組成比にも表れている。唐津平野の菜畑遺跡、糸島の曲り田遺跡や早良平野の浅鉢10〜20％、壺10％に対し、福岡平野の板付遺跡G-7a・7b区では壺が40％、板付遺跡E5・6区8・9層は壺20％に達するとされる（田崎1994）。この壺の比率は板付土器様式の完成した板付Ⅱa式には30〜40％に達しており、組成的にも板付土器様式の先行的なあり方を示している。

3．福岡平野と早良平野の弥生の始まり

　以上の理解の基に、福岡平野から早良平野の縄文時代から弥生時代の遺跡の変遷についてまとめてみたい。それは、時期別の遺跡立地の動態について眺めることから、歴史的な解釈が可能である。その場合、時間軸の尺度を設定する必要があろう。まず刻目凸帯文土器以前の縄文晩期の黒川式は

現在 3 段階に細分して型式変化が考えられている（宮地 2008a）。その 3 段階とは黒川式前段階、中段階、後段階である。また、北部九州の黒川式は、西日本の広域編年において縄文晩期初頭の古閑式に続いて位置づけられる土器型式である（宮地 2008a）。北部九州では縄文晩期が古閑式と黒川式でカバーできることになる。そこで、古閑式を除き黒川式前段階と中段階をまとめて縄文晩期 1 期とし、黒川式後段階すなわち黒川式新段階を縄文晩期 2 期とする。黒川式後段階は、無刻目凸帯文土器併行期である長行段階にも浅鉢 A3 式が伴うところから、長行段階もこの段階に含まれる。また、江辻遺跡第 4 地点 SX-1 段階は、逆「く」の字形浅鉢や深鉢 I 類の刻目凸帯文期土器から、型式の抽出が可能である。刻目 2 条凸帯文深鉢が盛行する夜臼 I 式から夜臼 II b 式＋板付 I 式までの板付遺跡第 I 段階〜第Ⅳ段階までが弥生早期である。弥生早期を板付遺跡第 I・第 II 段階の早期 1 期、板付遺跡第Ⅲ・Ⅳ段階の早期 2 期に分けて遺跡立地の変遷を見ることにする。さらに、板付遺跡第Ⅴ段階の板付 I 式単純期を弥生前期 1 期として、その動向を眺めてみよう。図 80 が遺跡GIS（地理情報システム）によって遺跡の位置を時間軸に沿って示したものである。

　図 80 に示すように、晩期 1 期の遺跡は丘陵部ないし丘陵から平野へと変化する結節点に位置している。山崎純男はこうした遺跡立地の展開を半径 5km 前後に一つの拠点的な集落が存在し、そうした一つの拠点集落がもつ領域圏内において平野を囲む丘陵斜面に小規模遺跡が多数存在すると想定している（山崎 2007）。山崎はさらにこの小規模遺跡を耕作用の出作り小屋が位置する遺跡と考え、焼き畑耕地であったと想定し、拠点集落が生活拠点であったと考えている。図 80 の縄文晩期 1 期に示された遺跡は、山崎のいう拠点集落に相当しており、その周辺に焼き畑耕地が広がっていたかは別にしても、河川の中・上流域や山間部に立地している。そうした遺跡の立地や遺跡間の間隔は縄文後晩期の集落環境と類似している。いわば縄文的な遺跡立地が展開しているといえよう。晩期 2 期には、丘陵から平野への結節点すなわち丘陵裾部や扇状地の扇奥部に遺跡の立地が集中していくようになる（図 80）。そして遺跡数が激減しており、その減少のピークを江辻遺跡第 4 地点 SX-1 段階と見ることも可能である（図 80）。これは、この時期の寒冷化（甲元 2005・2008、田崎 2008）などにより、扇状地や沖積地の地形環境が安定化したことと関係があり、人間の活動領域がより低地に向かっていることと関連しよう。狩猟採集社会を基盤としながらも、焼き畑耕地やあるいは沖積地を利用した粗放な天水田の開発など初期農耕とも関連していたかもしれない。そしてこの段階に、多々良川上流域の江辻遺跡第 4 地点 SX-1 のように刻目凸帯文土器様式が次第に広がりつつある。

　一方、弥生時代早期 1 期になると遺跡立地が急激に変化し、河川の沖積地などの平野部に広がっていく（図 80）。縄文晩期 1 期の丘陵部を中心とする遺跡立地から、縄文晩期 2 期には次第に丘陵の裾部に遺跡の中心が移っていくが、さらに低地に向かって遺跡の立地が移動して行くようにして弥生早期 1 期には、沖積地に遺跡が拡大しているとともに、遺跡数が急激に増加している。沖積地に遺跡が拡大する状況は、沖積地の地形の安定に伴うものであり、西日本の刻目凸帯文期に通有の遺跡立地の変化状況と合致している。さらには、御笠川流域では板付遺跡、那珂川流域では野多目遺跡、室見川流域では橋本一丁田遺跡で水路を伴う水田遺構が発見されているように、灌漑水田の始まりと一致した現象でもある。この段階は刻目凸帯文土器様式が北部九州で広く確立するととも

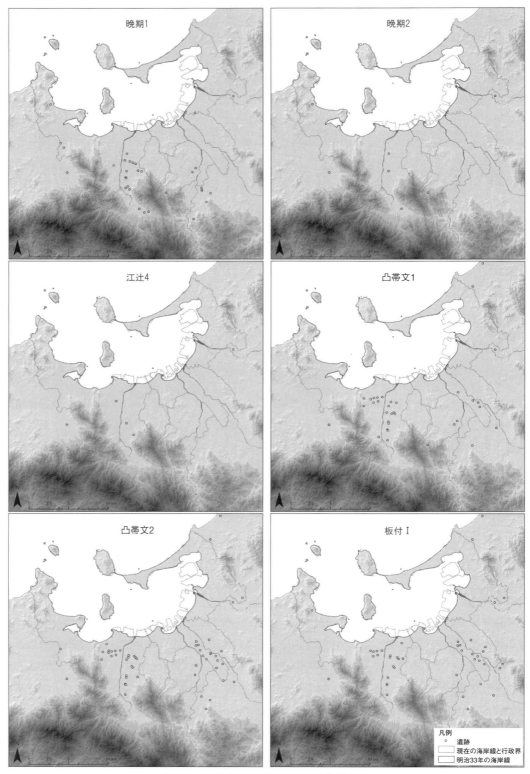

図80　縄文・弥生移行期の遺跡分布の変遷

に、壺形土器や板付祖形甕の成立など朝鮮半島無文土器文化の影響を一定程度受容した段階でもある。少数の渡来人が、唐津平野の菜畑遺跡、糸島平野の曲り田遺跡、福岡平野の板付遺跡など北部九州の各平野に点的に渡来していった可能性が高い。福岡平野や早良平野ではこうした渡来人によって灌漑水田技術が導入されたのであろう。同じ段階に唐津平野や糸島平野では支石墓という朝鮮半島の無文土器段階の墓制も流入している。灌漑水田や墓制という形で、渡来人を介した新来の文化が流入してきたのである。

　弥生早期2期は、こうした沖積地での遺跡立地がより普及するとともに、御笠川流域の板付遺跡、那珂川流域の那珂遺跡群、室見川流域の有田遺跡で環濠集落が出現する。各流域で拠点的な集落が形成されるに至るのである。これは、この前段階に始まった灌漑水田の発展における本格的な初期農耕の展開と関連していよう。安定した生産力を基盤としながらの人口増加とともに、集団組織の新たな紐帯が見られ、その新たな集団組織の紐帯が環濠集落として出現するのである。また生産力の増大は、環濠集落という拠点的な集落の始まりとともに、遺跡数の増大を沖積地において引き起こすことに繋がろう。一方で福岡平野では雑餉隈遺跡で磨製石剣や有茎式石鏃を副葬品とする木棺墓が認められる。これがもともとは支石墓であったかは不明であるが、木棺墓であることとともに副葬品の内容は無文土器文化のものにきわめて似ている（宮本 2009b）。また、こうした環濠集落が福岡平野と早良平野に集中し、かつ御笠川流域を中心に板付祖形甕において縄文系深鉢との多様な折衷土器が出現する背景には、弥生時代早期1期以来の継起的な渡来人の移住あるいはその情報の継起的な流入が存在している。こうした背景の中に、木棺墓とともに環濠集落という新たな集団組織が導入されたのである。

　弥生前期1期は、板付Ⅰ式や板付Ⅱa式の土器様式圏がさらに地域的に拡大していく。その土器様式圏の拡大は従来の刻目凸帯文土器様式圏の情報帯の中での展開を示しており、九州東北部や瀬戸内へと様式圏が拡大していく。いわゆる遠賀川式土器様式の展開である。こうした土器様式の拡大とともに、沖積地に拡大した集落において、多々良川流域の江辻遺跡で環濠集落が形成され、さらには福津市今川遺跡でも環濠集落が成立していく。集団組織そのものが空間的に拡大再生産されていく動きが見てとれるのである。そしてこのような集団組織の新たな紐帯は、御笠川流域の月隈丘陵部の天神森遺跡に見られるような列状埋葬墓の出現を促すのである。ここでは2列をなし、双分的な配列形態は縄文時代以来の集団組織の可能性があるが（田中 1998）、列単位で各リネージ（出自集団）の代表が埋葬されることになる。葬送を通じ、列単位でのリネージやクラン（氏族単位）という血縁組織を確認する行為は、朝鮮半島無文土器文化に由来する土地などの相続権の表示行為であり、新たな集団組織のソフトが導入されたことを意味する（宮本 2009b）。

4．列島の縄文から弥生へ

　縄文時代から弥生時代へという一大変革期が、日本列島でまず最初に起こるのが北部九州である。唐津平野、糸島平野、福岡平野などにおいて、それぞれの濃淡はあるものの、壺や板付祖形甕といった朝鮮半島無文土器系統の土器の流入とともに、支石墓あるいは木棺墓が漸移的に流入してい

く。その過程は、在来の縄文系の刻目凸帯文土器文化を母体としながら、そこに壺や板付祖形甕が複合した土器様式を構成するものであり、壺は特に縄文系の浅鉢に置換する形で主要な器種として展開していく。こうした過程が、在来の縄文人と朝鮮半島南部からの渡来民との交配や交雑の過程を示すものとして解釈されてきた。そして、しばしば刻目凸帯文土器と壺や板付祖形甕などの無文土器系土器の比率から、朝鮮半島から渡来した人びとの規模に関する解釈が分かれている（橋口1985、田中1991・2002、家根1993）。とりわけ渡来人の第1世代が持ち込んだり製作したものをどのように見出すかで、その人口規模の解釈に差違をもたらしてきている。一方で、土器製作に見られる形態や製作技術が必ずしも製作者個人を表すわけではなく、様々な情報の伝達を反映したものとする立場（田中1986）に立てば、土器様式の転換を以て簡単には人間集団の置換現象を理解することにはならない。いわば、縄文の刻目凸帯文土器文化と朝鮮半島無文土器文化との文化的な接触とそれに伴う受容と変容過程が存在することは確かであるが、そこに見られる人間集団の具体的な交配・交雑過程を考古学資料のみから正確に復原することは、理論的に難しいものであろう。

　さらに、刻目凸帯文土器文化は、北部九州とりわけ本稿で明らかにした福岡平野や早良平野にあっては、刻目凸帯文土器の型式細分から見て東方から西方へという地理勾配をもちながら広がる伝播現象を示しており、その中でも夜臼I式段階に定着するあり方を示している。すなわち、黒川土器様式の漸移的な展開の中に、近畿・瀬戸内から新たな土器様式である刻目凸帯文土器が九州へと拡散していく現象とともに、その遺跡の占地がこれまでの黒川式土器様式とはかなり異なり、丘陵部から沖積地へと拡大していく傾向にある。こうした縄文文化側での大きな変革期と呼応するように無文土器文化との接触が見られたのである。もちろん無文土器文化の北部九州での接触は、無文土器文化側にその要因があることは確かである（宮本2009a・2009b）。しかし一方では縄文側にも居住地の占地を大きく異にするという現象が認められる。この現象は北部九州にとどまらず、瀬戸内や近畿の刻目凸帯文土器期における通有な現象であり（高橋2003）、一時的な寒冷期により沖積地が地形的に安定し、そこに縄文人が新たな生業域を求めたことを意味していよう。

　近年の土器圧痕研究などから見るならば（小畑編2007）、九州を越えて西日本に栽培穀物が確実に広がっているのは刻目凸帯文時期である。これは一般的には無文土器との接触を果たした灌漑農耕による農耕伝播と結びつけられがちであるが、果たしてそうであろうか。九州とりわけ中部九州以北では縄文後期後葉以降にはダイズやアズキなどの栽培植物の痕跡が認められ（小畑2011）、第1章でも述べたようにこの段階を成熟園耕期と筆者は呼んでいる（宮本2005b・2009a）。その中でも成熟園耕期第2段階とした縄文晩期黒川式以降は、補助的な生業としてイネなどの栽培穀物が流入している可能性がある。表39の刻目凸帯文土器編年表に示す前池式段階に、島根県板屋III遺跡ではイネ圧痕が発見されている（中沢2005）。北部九州では黒川式新段階に相当し、北部九州の縄文晩期（黒川式）にはイネが流入している可能性が高いのである。それは山崎純男が想定するような焼き畑農耕（山崎2007）であったかもしれないし、天水田などを含んだ粗放的な農耕であったであろう。南部九州の坂本A遺跡の縄文時代晩期刻目凸帯文土器期の天水田も、成熟園耕期段階の一様相として捉えられている（桒畑2009）。こうした成熟園耕期第2段階が西日本全体に広がっていったのが遅くとも刻目凸帯文土器期であり、これは灌漑農耕によるものではなく、縄文人

による農耕への志向過程によって生まれたものである。そこで、無文土器文化と直接的な接触をもたない瀬戸内や近畿地域でもこれまで利用されていなかった沖積地に向けて遺跡立地が広がっている。こうした遺跡立地の移動現象は、刻目凸帯文土器期に限らず晩期前半から一部の地域には認められる現象であり、このことと成熟園耕期とが関係あると見られる。

　こうした現象を、ヨーロッパにおける初期農耕の過程をモデル化したズヴェルビルの有効性モデル（Availability model）によって再構成してみたい（Zvelebil 1986）。有効性モデルでは、初期農耕に至る過程を有効段階（Availability phase）、置換段階（Substitution phase）、統合段階（Consolidation phase）に分けて、次第に農耕への生業の依存度が高まる過程が設定されている。有効段階は農耕を導入しながらも補助的な生業段階にとどまるものであり、置換段階は農耕の導入による集約的な農耕段階の移行段階であり、集約的農耕が完成する段階が統合段階を意味している。この内、日本列島では、有効段階が九州の成熟園耕期であり、置換段階が北部九州の弥生時代早期である。北部九州では渡来人との接触の中に灌漑農耕が導入される一方、九州以外の西日本では一時的な気候の冷涼化の中に刻目凸帯文土器様式圏の拡大が認められる。成熟園耕としての粗放的な農耕が西日本にも導入され、それが刻目凸帯文土器様式圏を構成したものと考えられる。置換段階に北部九州では渡来人と農耕を志向する刻目凸帯文土器様式社会が結合することにより灌漑農耕社会に移行しながら、統合段階としての板付土器様式が確立する。この統合段階こそ、環濠集落やリネージの系列化を示す墓制、共同貯蔵施設の出現など、無文土器社会の社会システムが北部九州において受容された段階である。この灌漑農耕社会としての社会的なソフトを携えた板付Ⅰ式・Ⅱa式土器様式が西日本に広がる段階こそ、西日本が本格的な灌漑農耕社会を受容する段階であり、農耕化を果たす段階である。

　ところで置換段階の灌漑農耕期は、畦畔水田を持つ北部九州の弥生時代早期にある。ただし、日本列島あるいは西日本一帯を眺めた場合には、時空的な地理勾配を考えておかなければならない。少なくとも畦畔水田など水路を持った灌漑農耕は、福岡平野を中心とした北部九州のごく一部において、夜臼Ⅰ式段階に始まる。この段階のこれらの地域以外はまだ灌漑農耕を持たない段階ではあるが、少なくとも西日本一帯で成熟園耕期に至っている段階と考えることができよう。すなわち西日本一帯に有効段階がやはり時空軸上・地理勾配を以て存在していた。そこに福岡平野など北部九州を核として成立した灌漑農耕である置換段階が広がるというモデルを構築することができるであろう。この変化過程では、やや遅れて福岡平野以西に広がる刻目凸帯文文化そのものが近畿・瀬戸内において成立した有効段階の社会を基盤にしている。この有効段階は北部九州では成熟園耕期としてすでに成立していたものではあるが、刻目凸帯文土器情報帯としては新たな社会が広がる時期に呼応しているのである。まさに農耕を志向する有効段階において西日本の一体的な社会において刻目凸帯文土器が成立した段階に、渡来人を伴う灌漑農耕からなる無文土器文化との接触が北部九州において果たされたのである。この夜臼Ⅰ・Ⅱa式段階は集約的な農耕の揺籃期であるとともに、縄文土器の一員である刻目凸帯文土器を基礎に壺や板付祖形甕が導入された段階であり、まさに置換段階を意味している。ただし、この段階に穀物農耕が生業においてどの程度の比重を置いていたかという実態は不明である。その過程とは、あくまでも有効段階であった縄文人側における農耕へ

の志向性がすでにあった条件下において、渡来人側の人口拡大と寒冷化という二つの原因によって北部九州において生まれた現象だったのである（宮本 2009a・b）。

　こうして成立した灌漑農耕を伴う夜臼Ⅰ式以降を弥生時代早期と呼ぶことができる。本章では、板付遺跡における第１次調査資料を中心にその他の調査資料を比較検討しながら、刻目凸帯文深鉢と板付祖形甕や板付式甕の型式分類を中心として土器編年を再構築してみた。その内容は基本的には先学と同じものであるが、分期においては多少の違いを見せている。これは、板付遺跡の資料を中心に考えたところにその理由がある。板付式土器の標識遺跡である板付遺跡こそこうした分類や編年の中心となるべき資料と考えるのである。そして、このような分期の中で周辺の同時期資料の検討を経ることにより、板付遺跡における板付祖形甕と刻目凸帯文土器深鉢との多様な折衷土器の出現などから見て、板付遺跡あるいは御笠川流域において夜臼Ⅰ式以降すなわち板付遺跡第Ⅰ段階以降、終始板付祖形甕に関する情報の存在や受容があることを想定した。すなわち板付遺跡第Ⅰ段階において唐津平野や糸島平野あるいは福岡平野では朝鮮半島無文土器文化の情報を得るものの、その後はそうした情報が変容していくのに対し、板付遺跡を中心とする御笠川流域では絶えず無文土器文化の情報が流入していると考えるのである。あえていうならば、絶えず少数の渡来民との接触が存在したと想定できるのである。こうした状況こそが、板付遺跡を中心とする御笠川流域で先行的に板付Ⅰ式が成立する背景であり、その後に定形化した板付Ⅰ式が周辺へと広がっていき、早良平野における板付Ⅰ式の成立という板付遺跡第Ⅴ段階が存在することになるのである。

　一方、こうした板付第Ⅰ段階から第Ⅴ・Ⅵ段階の変化を、縄文時代晩期に遡って遺跡の分布と立地の差違から眺めてきた。そうした縄文時代晩期から板付遺跡第Ⅰ段階の弥生早期の展開は、丘陵部から沖積地への遺跡立地の転換として示すことができた。そしてまた、そうした背景が縄文社会である刻目凸帯文文化にあり、農耕への志向性の中で渡来民との接触・交配によって弥生早期が生まれるが、それは時空上において北部九州というごく狭い範囲においてのみ成立することを述べたいのである。このような過程で生まれた灌漑農耕は、板付遺跡第Ⅰ・Ⅱ段階に、まず福岡平野や早良平野を中心とする沖積地に限られて成立していく。御笠川流域の板付遺跡、那珂川流域の野多目遺跡、室見川流域の橋本一丁田遺跡である。山崎純男の分析によれば、唐津平野の菜畑遺跡の水田は夜臼Ⅱb式と板付Ⅰ式共伴期であり、これらより後出することとなる（山崎 1987a）。そして、板付遺跡第Ⅲ・Ⅳ段階に那珂川流域の那珂遺跡、御笠川流域の板付遺跡、室見川流域の有田遺跡で環濠集落が出現することとなる。第９章でも論述したように、こうした人びとの墓制は木棺墓であった可能性が高く、板付遺跡第Ⅰ段階の夜臼Ⅰ式において唐津平野や糸島平野には支石墓という墓制が流入したのに対し、その後は木棺墓が墓制という情報の主体となっていったであろう。板付遺跡第Ⅱ段階の雑餉隈墓地の木棺墓もこの伝統にある。さらに、環濠集落や木棺墓という墓制は、板付遺跡第Ⅴ段階あるいは板付Ⅱa式初段階に多々良川流域の江辻遺跡、福津市今川遺跡や宗像市田久松ヶ浦遺跡へと広がっていく。また、宗像市光岡長尾遺跡や苅田町葛川遺跡などでも環濠が出現する（吉留 1994b）が、環濠内部は貯蔵穴のみあり、板付遺跡の弦状溝と同様に、貯蔵穴すなわち食料源の集団管理のためにも環濠が発達していく。

　このような社会的な変化は、板付Ⅰ式・Ⅱa式という板付土器様式が一つの大きなうねりとなっ

て瀬戸内や近畿へと一気に広がっていくのである。その年代は紀元前5世紀にあたるが、この段階も寒冷期に相当しており、板付土器様式の拡散にも寒冷期の農耕社会における人口圧が一つの導引になっていたことを示している。そして、ズヴェルビルのいう統合段階（Zvelebil 1986）である板付Ⅰ式や板付Ⅱa式が、新たな農耕社会民として拡散していくことになる。それが山口県中の浜遺跡・土井ヶ浜遺跡や島根県古浦遺跡の始まりに相当している（田中 2002）。これがまさに弥生時代前期の転換ということができるであろう。その背景には、西日本一帯の刻目凸帯文土器様式という成熟園耕期としての農耕への志向が存在した。そして統合段階において灌漑農耕を生業基盤として、さらには墓制に見られるリネージの系列化などを重視する新たな社会組織として西日本の社会を転換させていくことになる。愛媛県松山市持田遺跡の列状埋葬墓もこの例であろう。さらに近畿に見られる方形周溝墓もこうした過程の中にあるであろう。

注
（1）表36と表37で各属性単位での数値が一致しない場合がある。これは、凸帯があるものの無刻目であり調整痕（たとえばハケメ調整）が明確なものを含める場合があるからである。また、凸帯の形状と刻目の相関はわかるものの、器面が摩滅していて器面調整が不明のものは計算されていない。そのため、時として総数が他の表と一致しない場合もある。

第11章　朝鮮半島粘土帯土器の成立と初期鉄器時代

1．遼東先史時代土器編年と尹家村2期

　遼東半島の南島の沖合に大長山島が浮かんでいる。この大長山島に位置する上馬石貝塚は、1941年に日本学術振興会による助成のもと、京都帝国大学の梅原末治らによって発掘調査がなされている。その発掘報告書は長らく未公開のままであったが、筆者らの努力により近年ようやく報告書が発刊され、その全貌が明らかにされた（宮本編 2015）。

　上馬石貝塚の地点別・層位別の分析にもとづいて、土器の型式学的変化とともに様式的な変化として示した土器編年（宮本 2015a）は、遼東半島においてこれまでにない系統的な土器変遷を示すことができた。遼東半島土器編年こそ、山東半島を介して中原と、さらに遼東から朝鮮半島北部を介して、朝鮮半島南部や日本列島との平行関係を探ることができるものであり、東北アジアの地政学的にも最も重要な場所である。そのようにして東北アジアを繋ぐ土器編年を示したのが表18である。すでにこの編年観の中に、私が述べる東北アジア初期農耕化第2段階と第3段階を位置づけるとともに、第7章で無文土器の成立過程を検討してきた。続いてこのような遼東から朝鮮半島南部までの編年観を、さらに北部九州を代表とする日本列島の土器編年観と相対化することにより、問題の弥生開始期を東北アジア全体で位置づけることを可能にする。本章では、朝鮮半島の初期鉄器時代を扱うところから、遼東半島の青銅器時代から初期鉄器時代である双砣子2・3期から尹家村2期までの土器編年を掲げておく（図81）。

　さて表18では、遼東から朝鮮半島南部までの相対編年の併行関係を示すとともに、北部九州と朝鮮半島南部での相対的な併行関係を示している。特に遼東から朝鮮半島南部までの平行関係の根拠は、すでに上馬石報告書で詳細なものが示されている（宮本 2015b）が、次の12章でその概略を示すことにしたい。後者の朝鮮半島南部の新石器時代と北部九州の縄文土器との平行関係については、両地域に認められる互いの外来系土器の位置づけから交差編年として示されるもので、従来の筆者の編年観（宮本 1991・2004a）によっているし、この両地域の相対関係については^{14}C年代の対比においても示しうるものである（宮本 2009a）。また、弥生時代の両地域の相対的併行関係については、武末純一による土器の交差編年から示されているものであり（武末 2004）、次の12章で述べる両地域の実年代観を示すことに繋がっている（宮本 2009a・2011e）。特に、弥生の開始年代において重要な先松菊里式（休岩里式）と弥生開始期の夜臼Ⅰ式が並行することは、家根祥多（1997）や武末純一（2004）によって示されており、これらの土器の平行関係に異論を唱える人は

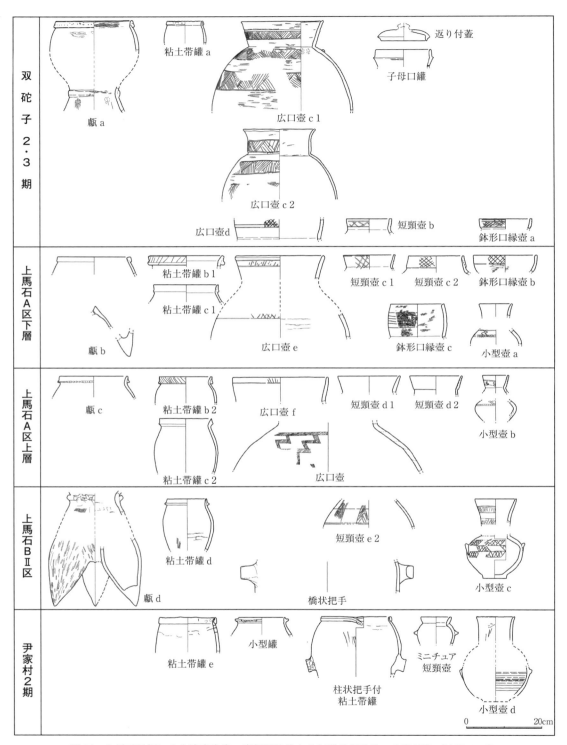

図81　上馬石貝塚による遼東半島の青銅器時代から初期鉄器時代の土器編年（縮尺1/10）

ほぼおらず、妥当なものであろう。そして、これに遡る無文土器前期あるいは早期の遼東地域との併行関係については、すでにその根拠を報告書（宮本編 2015）によって示したところである。したがって、問題の先松菊里式の相対年代の位置づけが、遼東半島の上馬石BⅡ区にあることは間違いない。

　上馬石貝塚の分析により、上馬石上層がA区下層、A区上層、BⅡ区の順に分かれ、さらに上馬石BⅡ区の一部は尹家村2期に分離できることを、上馬石報告書で論証してきた（宮本編 2015）。中原との平行関係でいえば、上馬石A区下層・A区上層がほぼ西周期に相当する。そして上馬石BⅡ区の代表的な土器である小型壺c式が、遼寧式銅剣1a式を伴う崗上墓から出土しており、その年代に相当することは問題がない。遼寧式銅剣1a式の実年代を紀元前9～8世紀と考えること（宮本 2008b）から、BⅡ区がほぼ紀元前9～8世紀以降のものとすることができるであろう。上馬石BⅡ区から分離した尹家村2期の年代は、同じく小型壺d式を鄭家窪子6512号墓段階と考え、紀元前6世紀以降と考えうる。燕文化の影響を受けた尹家村2期を紀元前3世紀と考えるならば、これが尹家村2期の下限年代となる。したがって、上馬石A区下層・上層が紀元前11～9世紀、上馬石BⅡ区が紀元前9～6世紀、尹家村2期が紀元前6世紀～3世紀というふうに押さえることができるであろう。

　ところで、朝鮮半島における青銅器時代から初期鉄器時代への推移を考える上で重要なのが細形銅剣文化を生み出した粘土帯土器文化である。朝鮮半島の粘土帯土器に関しては、その出自を遼東の涼泉文化に求め、この土器文化が次第に朝鮮半島を南下して、朝鮮半島南部では無文土器文化の松菊里式に置き換わることが理解されている（朴淳發 2004、朴辰一 2006、中村 2012）。その涼泉文化に相当するのが、上馬石貝塚では尹家村2期（図81）である。

　尹家村2期は、粘土帯罐と小型壺から構成された様式であるが、図81に見られるように、粘土帯罐は双砣子2・3期から、小型壺は上馬石A区下層から系譜的に変遷する器種である。また、双砣子2・3期から上馬石BⅡ区にかけては鬲が煮炊き道具として主要な構成をなすが、尹家村2期からは鬲が消失し、土器の様式構造を大きく異にしている。そしてこの尹家村2期から燕文化の影響が認められるとともに鉄器が出現している。この尹家村2期こそ、遼東における初期鉄器時代の開始期ということができるであろう。

　また、燕の遼東郡設置（紀元前300年頃）以降は、燕系の土器が出現している。しかし、燕系土器は郡治などの燕の直接支配地域のみであり、その周辺では尹家村2期が存続しているということができよう。尹家村2期の粘土帯罐は、遼東の在地的な土器として認めることができるとともに、燕系土器である燕式釜との融合により、滑石混入系土器であり型作りの遼東式釜が紀元前3世紀末から紀元前2世紀にかけて遼東に成立する（宮本 2012b）。また、滑石混入土器深鉢が紀元前3世紀から紀元前2世紀初頭に遼東半島で認められる（宮本 2014b）。

2．粘土帯土器の変遷

　遼東半島における粘土帯罐と小型壺の変遷は図81に示すように変化していく。粘土帯罐の場合、

粘土帯罐 a 式〜粘土帯罐 e 式は黒褐陶に属する。粘土帯罐 a 式が断面方形の粘土帯を貼り付け、粘土帯上に円点の刺突文が施される。粘土帯罐 b 式は断面方形ないし三角形状の粘土帯を口縁端部からやや離した位置に貼り付けるもので、粘土帯上に斜線文などが施されるものが次第に粗雑な文様へと変化していく。粘土帯罐 c 式は断面三角形状の口縁端部からやや離した位置に貼り付け無文化している。粘土帯罐 d 式は粘土帯を口唇に載せるように貼り付けるものである。さらに粘土帯罐 e 式は断面方形ないし三角形の粘土帯を口唇に載せるように貼り付けるものである。そしてこの粘土帯罐 e 式からは褐陶も出現している。この様に、粘土帯罐は双砣子 2・3 期の a 式から b 式→ c 式→ d 式から尹家村 2 期の e 式へと変化していく。また、土器の製作技法の特色として、少なくとも粘土帯罐 d 式や粘土帯罐 e 式段階では、粘土紐積み上げによる土器製作技法が認められる。この技法は、明らかに偏堡文化や無文土器文化の特徴である幅広粘土帯で外傾接合技法とは異なっている。

一方小型壺も同じく黒褐陶であるが、上馬石 A 区下層段階から認められ始める（図 81）。小型壺 a 式は頸部に複線による平行沈線文間にクランク状文様が充填される。小型壺 b 式は口縁部と頸部に平行線文間にクランク状文が退化した Z 字状文が施されように変化する。小型壺 c 式は、口縁部が伸びて長頸化するとともに、胴部と頸部に平行区画帯文が施される。さらに小型壺 d 式は口縁が筒状に長頸化するとともに無文化するものである。小型壺はこの様にして a 式→ b 式→ c 式→ d 式へと変化していく。また、注目すべきは、上馬石 B Ⅱ 区段階の小型壺 c 式と尹家村 2 式の小型壺 d 式段階から黒色加彩された黒陶が出現することにある。これは、朝鮮半島南部の粘土帯土器文化に黒色磨研壺が存在するが、その起源がこの小型壺 c・d 式の黒色加彩された黒陶にあることを知ることができたということである。これまで粘土帯土器文化から黒色磨研壺がどのようにして生まれたかがまったく理解されていなかったが、この黒陶の小型壺 c・d 式の存在により理解が可能になったのである。また、この黒陶が黒色加彩である点も重要であり、朝鮮半島南部の黒色磨研土器も同じ技術で生まれたものと考えられる。北部九州の弥生前期末・中期初頭に黒色の加彩が見られるが、これも粘土帯土器の黒陶技術の影響であるかもしれない。

さて、尹家村 2 期の粘土帯罐は粘土帯の断面が方形に近く朝鮮半島の粘土帯土器と差異が認められるが、この時期の遼東における鄭家窪子や涼泉文化では断面円形に近い粘土帯罐もみられる。その尹家村 2 期は、紀元前 6 世紀から紀元前 3 世紀の実年代が与えられる。朝鮮半島南部の粘土帯土器に伴う黒色磨研壺は、図 82 に示すように、遼東半島上馬石貝塚小型壺 c 式（図 82-1）、上馬石貝塚小型壺 d 式（遼東の鄭家窪子 6512 号墓の長頸壺、図 82-3）、朝鮮半島北部大同江流域の新成洞の黒色磨研壺（図 82-5）、そして朝鮮半島南部の槐亭洞の黒色磨研壺（図 82-6）に繋がるものであり、連続的な変化が示される。粘土帯土器文化が粘土帯土器のみならず、黒色磨研壺においても、遼東に起点があることが示されたであろう。そして、その年代が紀元前 6 世紀にあることからも、槐亭洞など細形銅剣文化が生まれる朝鮮半島南部の粘土帯土器の始まりは紀元前 5 世紀とするこれまでの見解（宮本 2011e）は、問題ないものと考えられる。

そして、またこの涼泉文化、あるいは鄭家窪子文化、または尹家村 2 期文化が、上馬石貝塚の検討でも明らかなように、上馬石上層文化に見られるような鬲を持たない文化であり、新たな土器様

式が確立した文化である。その文化の基点はおそらくは遼東を中心とするものであり、カマドなど新たな生活様式を背景とした土器文化である可能性が想定される。その土器文化が新たに朝鮮半島へ広がることにより、朝鮮半島では初期鉄器文化が形成されたことになる。西北朝鮮の明沙里式土器とされるものも、この尹家村2期と同じ内容である。一方で、沿海州南部のクロウノフカ文化、団結文化さらには朝鮮半島東北部の五洞文化を含めた古代の沃沮に相当する地域は、こうした尹家村2期文化と異なった土器様式を持っている（宮本 2009c）。こうした沃沮の土器やオンドルなどの文化要素も朝鮮半島東部を中心に無文土器文化から初期鉄器文化時期に一定の影響が認められる（宮本 2009c）。

3．燕の東漸と粘土帯土器文化の拡散

このような遼東の尹家村2期は朝鮮半島の初期鉄器文化である粘土帯土器文化の母体となった土器文化である。一方で、遼西では尹家村2期と同じような粘土帯罐や小型壺c・d式が、遼寧式銅剣出現期の上馬石下層平行期ないしそれに遡る段階から認められる。それは朝陽市袁台子墓地（遼寧省文物考古研究所・朝陽市博物館 2010）においてである。袁台子

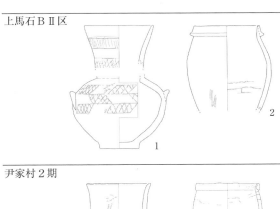
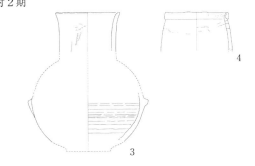

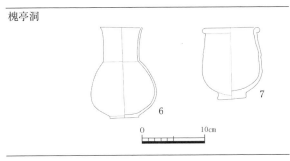

図82 粘土帯土器の変遷と伝播（縮尺1/6）

では、墓の副葬品として粘土帯罐（図83-2・3）と文様はないが小型壺c式と同じような長頸壺（同1）あるいは筒状化した小型壺d式が認められるのである。そしてそうした土器は褐陶からなっており、遼寧式銅剣出現期ないしはそれ以前の北方青銅器文化の系統の中に認められる。遼東では崗上墓などの上馬石BⅡ区時期から遼寧式銅剣が出現する（宮本 2000a）が、その時期に長頸化した小型壺c式（図81）が出現し、その後の尹家村2期において黒褐陶から褐陶主体とい

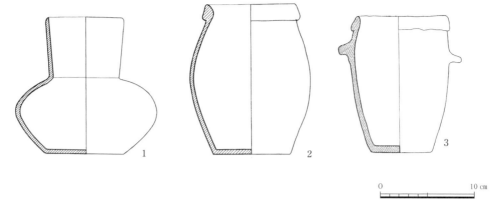

図 83 凌河文化の粘土帯土器
1：袁台子122号墓、2：袁台子127号墓、3：袁台子79年1号墓（縮尺1/4）

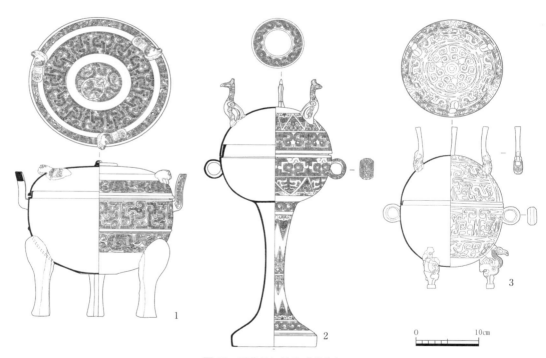

図 84 副葬品に見る「燕化」
1・2：東大杖子11号墓、3：東大杖子5号墓（縮尺1/6）

う土器様式の変化が認められる。粘土帯罐や小型壺は遼東の青銅器文化の伝統の中で生まれてきたことを述べてきたが、一方で北方青銅器文化の東端に発する遼寧式銅剣文化が遼西から遼東へと広がる過程で、このような粘土帯罐や長頸壺の成立も遼西から遼東へ一定の影響関係が存在した可能性があろう。すなわち遼寧式銅剣文化圏として土器様式においても一定の情報の共有が存在していたのである。こうした粘土帯罐や長頸壺をもつ遼寧式銅剣文化は、凌河文化とも呼ばれている（遼寧省文物考古研究所・朝陽市博物館 2010）。いわば遼西東部の凌河文化が遼東の土器様式に一定の

影響を与えていたのである。

　この時期こうした土器文化が南下して朝鮮半島の土器文化に影響を与えた原因としては、第1章で述べたように、環境的な要因というよりは人間集団の移動や政治的な領域支配体制と関係している。すなわち遼西地域における燕の影響をあげることができよう（宮本 2007a、Miyamoto 2014）。この紀元前6・5世紀の時期は燕山地域までは完全に燕の領域に取り込まれ、さらに遼西において「燕化」と称した強い燕との政治的な関係が認められる時期である（宮本 2000a）。河北省遷西県大黒汀1号墓などの燕墓の存在から、少なくとも紀元前5世紀前半には燕の直接の領域が灤河下流域まで達していたことは確かである。遼寧省建昌県東大杖子11号墓（遼寧省文物考古研究所ほか 2015）・32号墓（遼寧省文物考古研究所ほか 2014a）・45号墓（遼寧省文物考古研究所ほか 2014b）などでは、紀元前5世紀前半の遼寧式銅剣2a式や遼西式銅戈など北方青銅器文化とともに、燕などの中原系青銅彝器の副葬品（図84）を持っている。木槨墓であるが、木槨の上部の墓壙内に比較手大きな石を充塡させる封石墓と呼ばれる在地的な墓制であり、地域首長の墓と考えられる。副葬品において、武器は遼寧式銅剣などの在地のものであるが、その他の礼器など威信財と考えられるものは燕系の青銅彝器から成り立っており、在地首長が燕から下賜された青銅彝器を保有している状況を認めることができる。在地の遼寧式銅剣文化の首長が、燕の庇護下に在地首長として認められていた段階であろう。いわば在地首長が燕に政治的に従属した段階と考えられる。こうした段階の下限は、東大杖子5号墓（遼寧省文物考古研究所ほか 2015）や遼寧省建昌県孤山子1号墓（遼寧省文物考古研究所ほか 2006）で、遼寧式銅剣2b式と燕系青銅器の副葬が認められるように、紀元前5世紀後半と考えられる。その後、紀元前4世紀には東大杖子や袁台子などで燕系青銅器や燕系副葬陶器を持つ燕墓が現れることから、遼西が完全に燕の領域化に入ったことを物語っている。たとえば、東大杖子40号墓（遼寧省文物考古研究所・吉林大学辺疆考古研究中心ほか 2014a）は、燕系の副葬陶器（図85-1〜5）と燕系の木槨墓からなる完全な燕墓であり、紀元前4世紀には燕墓に変化している。さらに紀元前300年頃を境に遼東地域から朝鮮半島の清川江以北までが燕の直接統治下に降ることになる（宮本 2000a）。東大杖子47号墓（遼寧省文物考古研究所・吉林大学辺疆考古研究中心ほか 2014b）は、この段階の紀元前3世紀の燕墓（図85-6〜9）である。このような在地首長の燕への従属から燕の直接の支配下に入っていく過程で認められる燕の文化要素の出現過程を、ここでは「燕化」と呼んでいる。

　尹家村2期が南下して影響を与え、朝鮮半島に細形銅剣文化を含む粘土帯土器文化が生成される導因としては、この「燕化」現象があげられる。燕の地域支配の東漸に従い（図86）、在地的に存在していた袁台子墓地の凌河文化（遼寧省文物考古研究所・朝陽市博物館 2010）が東漸するという因果関係が存在するのである。凌河文化の東漸によって遼東に尹家村2期文化が成立し、さらに朝鮮半島に尹家村2期文化をもとに粘土帯文化が成立する。

4．まとめ――粘土帯土器拡散の契機――

　粘土帯土器文化は、現在、韓国考古学会では初期鉄器時代に時代区分されている（韓国考古学会

218

図 85 遼西の燕墓の副葬陶器
1〜5：東大杖子40号墓、6〜9：東大杖子44号墓（縮尺1/16）

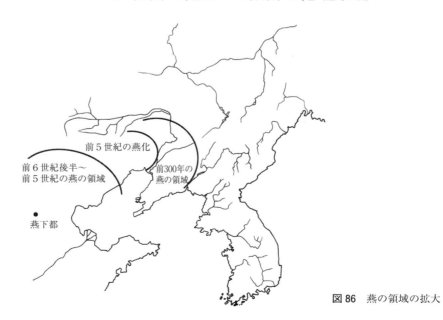

図 86 燕の領域の拡大

2007)。実際、韓国全羅北道完州郡葛洞遺跡では、円形粘土帯土器とともに鋳造鉄斧などの鉄器が出土している。そして、この段階の朝鮮半島は細形銅剣文化期に相当している。細形銅剣Ⅰb式（宮本 2003c）の忠清南道大田市槐亭洞墓地では、円形粘土帯土器と黒色磨研壺（図82-6・7）が出土している。一方、黒色磨研壺（同5）は北朝鮮の平壌市順安区新成洞石槨墓からも出土しているが、共伴する銅剣は遼寧式銅剣AⅡc式である（宮本 2008b）。また、慶尚北道金泉文塘洞Ⅱ地区1号木棺墓からは、遼寧式銅剣AⅢ式とともに粘土帯土器と黒色磨研壺が出土している（宮本 2014a）。遼寧式銅剣AⅡ式の系譜の中に細形銅剣が成立するのであり（宮本 2002）、朝鮮半島では粘土帯土器文化の伝播過程の中、細形銅剣が成立していることを示している。

　このような粘土帯土器の直接の母体は、遼東の尹家村2期の粘土帯罐や小型壺d式にあり、朝鮮半島北部の新成洞などを経て朝鮮半島南部の粘土帯土器文化として伝播し拡散している（図82）。このように、尹家村2期文化の粘土帯土器が朝鮮半島を南下し、朝鮮半島南部では青銅器時代の松菊里式土器から初期鉄器時代の粘土帯土器へ置き換わることが理解されている（朴淳發 2004、朴辰一 2006、中村 2010）。さらに、円形粘土帯土器の一部が日本列島の弥生前期に流入している。翻って尹家村2期の粘土帯土器も、それに遡る上馬石BⅡ区段階から遼西東部の凌河文化の土器や遼寧式銅剣の影響関係（宮本 2000a）に生まれたものである。そして尹家村2期の粘土帯土器と黒色磨研壺が朝鮮半島へ伝播する契機が、遼西における燕化あるいは燕の領域支配の拡大と関係しているのである。その時期は、遼西の在地首長が政治的に燕の配下に入る紀元前6～5世紀代であり、さらに加速化するのが燕の領域支配が遼西東部に及ぶ紀元前5世紀代であろう。紀元前6～5世紀の遼西における燕の東漸が、燕の脅威からの避難民の移住として、遼西東部や遼東から朝鮮半島へと尹家村2期の粘土帯土器を拡散させることとなったのである。

第12章　弥生時代開始の実年代を問う

　東北アジアの実年代は、東アジアの実年代の上限である前841年を遡らない。『史記』年表で遡れる上限年代が西周の共和元年であることは周知の事実である。それ以前は、実年代の確実な決め手はないともいっても過言ではない。確率的に高いあるいは妥当な実年代という言い方がよりよいのかもしれない。使われる^{14}C年代にしろ、それは相対的な年代関係の根拠の一つにはなりうるが、それだけでは絶対的な実年代になり得ない。考古学的諸現象を理解するにあたって、相対的な編年こそ重要であり、この相対関係の枠組みが崩れば、解釈そのものが瓦解する。モノや遺構の変化を理解するにあたっては、相対的な関係性の中に時空間の枠組みができあがっていてこそ可能なのであって、実年代という枠組みからはこれを解決するものではない。実年代上の事実が直ちにモノの変化やモノのなりたちに関係しているかは不明である。考古学的な事実にあってその解釈を行う際に重要なことは、モノとモノの相対的な時空間の関係性であると改めていうことができよう。

　一方で、モノの実年代がある程度わかっているのは、東アジアでは文字資料をもつ殷周社会であり、さらに紀年のわかる前841年以降となるが、基本的には殷周社会の領域内でのモノの年代ということになる。紀年のわかる遺物は、殷周社会さらにはその後続である漢王朝の領域内あるいはその接触地域に限られる。そうした紀年のわかる資料が東北アジアに見られるようになるのも、殷周社会と漢王朝の領域の広がりと呼応するモノであり、具体的にいえば燕の領域化・郡治の設置や漢の楽浪郡の設置と関係している。朝鮮半島への紀年遺物は燕の遼東郡設置以降であり、日本列島とりわけ北部九州へは漢の楽浪郡設置以降ということになる。こうした戦国燕や漢王朝以前の東北アジア青銅器文化は、基本的には北方青銅器文化の系統にあるのであり、殷周社会とは異なった文化・社会領域に位置しており、文字資料すなわち紀年を持ち得ない社会である。したがって、実年代とは関係ない社会にある。さらには、戦国燕や漢王朝の実年代のわかる資料が東北アジアに出現したとしても、上限が定められるだけで、流入の仕方や資料の入手埋没過程において様々な要因があり、その入手埋没時の年代は解釈の幅を持つものとなり、当然正確なものではない。

　ここでは、今問題になっている弥生開始期前後から弥生前期末・中期初頭における東北アジアの相対編年を考えてみたい。その上で、弥生開始期から弥生前期までの実年代を議論したい。

1．東北アジアの相対編年

　ここでいう東北アジアとは、中国東北部から朝鮮半島さらに日本列島であるが、相対編年として論ずる地域は、遼東、朝鮮半島、そして北部九州という地域である。いわば、黄海を囲むように弧

状に連なる環黄海圏とでもいう地域である。個々の隣接地域で相対的な併行関係を示すことにより、環黄海圏全体の連鎖を示すことができる。その地域編年は、土器、青銅器・石器、墓制などにおいて個々に進められ、さらにそれらを横断してみた場合に、そこには矛盾がないということが重要である。型式学における個々の形式や組列のように、それぞれで推定された変化の方向性が、一括遺物において検証されたように、土器などの個々の文化要素の編年が、総合化した場合に全体を通しての矛盾がなければ、その相対編年は妥当なものとみなすことができる。ここではそうした矛盾のない相対編年を示すことにより、東北アジア全体の歴史的な事実を掘り起こし解釈することができると考えられる。以下に、土器、青銅器・石器、墓制という個々の文化要素ごとに、当該期の編年を示すことから始めたい。

2．土器の編年

朝鮮半島南部の土器編年での問題は、新石器時代から青銅器時代の移行期の土器編年が明確でないことにある。さらに青銅器時代早期の突帯文土器から青銅器時代前期の孔列文土器への変化過程において、その変化の系統や変化の要因における解釈の違いから、突帯文土器と孔列文土器を時期変化とみる考え方と両者が並存するという土器編年に分けることができる。ただ問題の縄文から弥生の移行期である北部九州の縄文晩期の黒川式から刻目凸帯文土器の夜臼I式への変化時期は、夜臼I式に共存する壺型土器や板付祖形甕の位置づけから、大枠で孔列文土器から先松菊里式すなわち駅三洞式から休岩里式段階であること（家根 1997、武末 2004）は、ほぼ一致した見解であろう。少なくとも縄文から弥生への移行期の北部九州と朝鮮半島南部との併行関係は、一致しているのである。ただし、同様に黒川式以前の縄文後期段階の土器編年の併行関係が、いわゆる無文土器を中心とする研究者と新石器時代を中心とする研究者とでズレがみられる。このズレを無文土器と新石器土器の両者から眺める必要がある。さらに朝鮮半島北部や遼東との土器編年の併行関係から正していく必要がある。

さて、遼東と遼西で土器編年上の相対関係を構築する上では、必ずしも相互の地域に相互の土器が存在し、交差編年を行う状況にはない。むしろ遼東半島の方が中国大陸との相対関係を示すにふさわしい地域である。それは山東半島の東端である膠東半島と遼東半島にみられる土器を介した交差編年によって示されるのである（宮本 1990a）。遼東半島、遼東、朝鮮半島西部、朝鮮半島南部の相対編年によって、山東から北部九州が相対編年として連結できることにより、日本列島を東アジアにおいてあるいは中国大陸と相対化することが可能になる（表18）。著者はその連結をめざして30年前から相対編年の構築を行ってきた（宮本 1985・1986）。

遼東半島から遼東（朝鮮半島西北を含む）までは新石器時代から青銅器時代までの編年を構築した（宮本 1991）が、こうした編年と新石器時代までは別として朝鮮半島無文土器編年との対応は明確なものではなかった。その試みを示したことはあった（宮本 1996）が、遼東半島の上馬石BⅡ区と中原との平行関係に問題があり、また粘土帯土器の出現期の位置づけなどにも問題があり、全体的な平行関係の設定において様々な問題を内包していたことを認めないわけにはいかない。そ

れらの相互の平行関係については、見直しせざるを得ないのである。

　今日、朝鮮半島南部の無文土器編年も、青銅器時代早期・前期前半の状況にはやや意見を異にすることがあるが、おおよそ青銅器時代後期までの相対的編年観はまとまってきているように見える。こうした無文土器の編年と遼東半島・遼東の青銅器時代の土器編年の対応において鍵となるのが、青銅器時代前期の横帯区画文土器と遼東半島の双砣子3期の土器である。裵眞晟によれば、横帯区画文土器は、横帯斜線文Ⅰ類→横帯斜線文Ⅱ類→横帯斜格子文という変化を示す（裵眞晟 2007a）。この変化が遼東半島における双砣子3期から上馬石A区下層における変化に平行するものである。横帯斜線文の変化は、横帯区画内にハッチング状の組帯文や鋸歯状文などを施した横帯斜線文Ⅰ類から、横帯区画内に斜格子文や斜線文を施す横帯斜線文Ⅱ類へ、さらに横帯区画がなく単なる斜格子沈線文からなる横帯斜格子文という流れである。このうち横帯斜線文Ⅰ類から横帯斜線文Ⅱ類への変化は、双砣子3期の近年の細分案にみられる（張翠敏 2006）。これは大嘴子第3期の住居址一括遺物をその開口面や切り合い関係からA〜D段の4段に区分するものである。層位的には2層下のA・B段、2層のC段、1層のD段に分けうる。ここではその三つの区分を前（図87-1〜3）・中（同4〜6）・後期（同7〜9）と呼び変えて用いたい。なお、こうした流れは大貫静夫の近年の双砣子3期の細別にも踏襲されている（大貫 2007a）。先の横帯斜線文Ⅰ類からⅡ類への変化は、双砣子3期前期から中・後期への変化に対応している。さらにこの横帯斜線文土器にみられる甕（同13）や台付小壺（同14）の器形は、双砣子3期にみられる台付罐（同2）や簋形器（同3）の器形と類似するものであり、両者の平行性が保証されている。また、横帯区画内に施文する双砣子3期中・後段階（同4・5・7・8）と横帯斜線文Ⅱ類（同15〜17）が様式的に平行し、斜格子文が罐の口縁に接して施される上馬石A区下層（同10・11）と斜格子文土器（同18・19）が平行している。

　近年、大貫静夫（2007b）や中村大介（2007・2008）は、このような双砣子3期→上馬石A区下層という変化方向に異議を唱え、双砣子3期→上馬石BⅡ区→上馬石A区下層→上馬石A区上層という編年観を打ち出している。中村大介は二重口縁罐の口縁部形態の変化を基に戦前の上馬石貝塚の資料を論述するものであったが、上馬石貝塚の正式報告が出版され（宮本一夫編 2015）、中村のいう二重口縁罐は甗と粘土帯罐を含んだものであり、それぞれに異なった口縁部形態の変化があり、中村の仮説は検証されなかった。一方、大貫静夫の論点は、これまでの上馬石A区上層と鄭家窪子6512号墓が同一時期であれば、編年上春秋後期平行までくだらなければならず、遼寧式銅剣1式段階の上馬石BⅡ区がさらに年代的に遅くなり、矛盾を来すというものである。そこで、遼寧式銅剣1式と同時期である上馬石BⅡ区を、上馬石A区下層より前出するものとすれば、編年的矛盾を解消できると主張する。一方、私は上馬石A区上層などに見られる逆Z字形文長頸壺は、鄭家窪子第3地点にも認められるところから、鄭家窪子M6512号墓の年代を編年上の定点と考えた（宮本 1991）。しかしM6512号墓に逆Z字形文長頸壺は共伴せず、これらが同一時期という証拠が存在しない。鄭家窪子第3地点の土器は鄭家窪子1期とされるもので、瀋陽地域において高台山文化より新しい段階に置かれている（中国社会科学院考古研究所東北工作隊 1989）。いわば時期幅を持つものであり、これだけで時期の絞り込みは難しい。さらに、上馬石BⅡ区の特徴的

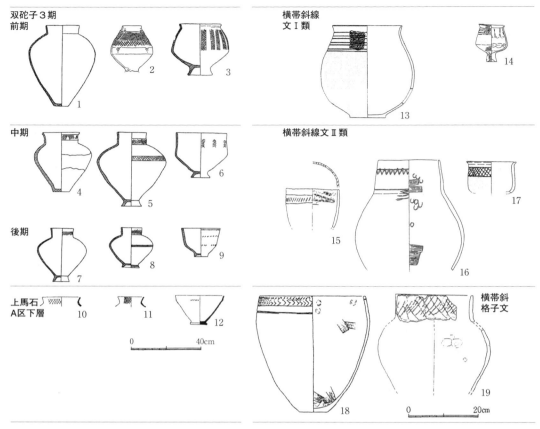

図87　遼東半島と朝鮮半島中西部の土器比較
1〜3：大嘴子F4、4：大嘴子F6、5・6：大嘴子F15、7：大嘴子F5、8・9：大嘴子F8、10〜12：高麗寨、13：渼沙里、14：雲田里、15：新梅里、16：甲山里、17：松岱里、18：新岱洞、19：豊基洞

な長頸壺が上馬石A区下層より前出するものとすれば、双砣子3期の連続性としてこのような長頸壺が生まれる系譜関係が見あたらない。鄭家窪子第3地点に存在する長頸壺が、遡って西周期併行の上馬石A区下層に存在し、その後、春秋後半期まで存続していると解釈することは、何ら問題のないものである。この長頸壺とは上馬石貝塚報告書（宮本編 2015）や第11章で述べた小型壺にあたっている。しかも上馬石A区下層から上層、そして上馬石BⅡ区から鄭家窪子M6512号墓に移行するにつれ、長頸壺の長頸部が次第に上方に延びて細口状に直線的に開く変化を示している。この間に、上馬石A区下層・上層の逆Z字形文長頸壺、上馬石BⅡ区の多段区画文帯の長頸壺、鄭家窪子M6512号墓の無文長頸壺へと変化する（図81）。また、上馬石BⅡ区の資料には数量的な限界があり、型式の差し引きの仕方においては、大貫静夫が主張するような変遷観にはならない。むしろ広口壺の口縁部の文様における双砣子3期の文様変遷をみていくならば、平行沈線文の間に斜線文を入れる双砣子3期から、横帯区画を消失した斜格子文へと変化した上馬石A区下層といった変化の方が理解しやすいものである。依然として私が旧来に示した変遷観の方が妥当であることが、上馬石貝塚の土器分析によって明らかとなったのである（宮本 2015a）。

なお、従来から双砣子3期後期は商代後期平行と考えられていたが、上馬石BⅡ区に関しては、崗上墓の副葬土器に平行する段階と考えられていた（宮本 1985）。崗上に続く楼上墓に関しては、かつては明刀銭の存在を根拠に年代を引き下げる考え方があった（秋山 1969）が、明刀銭が楼上墓に伴うことは否定されている現在（大貫 2004・2005）、崗上墓に副葬された遼寧式銅剣からは上馬石BⅡ区は西周末〜春秋前半期に平行するものである。したがって、その中間に位置づけられる上馬石A区下層とA区上層は、西周代に併行することになる。これにより、瀋陽地区において逆Z字形文の壺をもつ鄭家窪子第3地点は、上馬石A区下層から上馬石BⅡ区に平行することになろう。鄭家窪子M6512号木槨墓から出土した遼寧式銅剣は、崗上墓の遼寧式銅剣1a式より型式学的に遅い遼寧式銅剣1b式であり、春秋後半期に併行するものと考えている（宮本 2008b・2008e）。鄭家窪子第3地点以降の遼東の動きは比較的難しいが、相対的にいえば粘土帯土器をもつ涼泉文化があたるであろう（朴淳發 2004）。あるいは第12章で述べてきた尹家村2期に相当している（宮本 2015a）。それは遼西で燕文化の影響が見られ始める時期に相当しており、燕の影響は遼西に燕系の遺物や遺構がみられ始める紀元前6〜5世紀に相当している。さらに燕文化が直接的に流入するのが戦国後期の遼東郡などの郡治の設置時期に相当している（宮本 2000a）。およそ紀元前300年以降の動きであり、燕の墓制や灰陶などの文物を含めて全面的な燕化が果たされる段階である。

以上に述べた遼東半島から朝鮮半島、北部九州に至る東北アジア全体の相対編年が第7章の表18である。

3．銅剣・石剣の編年

遼西・遼東さらに朝鮮半島の青銅器は遼寧式銅剣から始まる。それ以前は遼西を中心として、一部遼東の渾河流域に認められる北方青銅器文化である。遼西以東の青銅器文化は北方青銅器文化の流れの中から地域的に生まれたものであり（宮本 2000a）、北方青銅器文化第4期に位置づけることができるものである（宮本 2008a）。この地域的に生成された青銅器文化が遼寧式銅剣を代表とする青銅器である。遼寧式銅剣の成立を筆者は遼西と考えている。それは遼寧式銅剣だけではなくその他の青銅器の複合体を推し量ってみた場合に、それが最もよく揃っているのは、遼西、遼東、朝鮮半島を比べた中では遼西であり、遼西がその起源と考えるためである。また、遼寧式銅剣は一般的に剣身と柄が別鋳であるが、いわゆる矛式銅剣と呼ばれ剣身が遼寧式銅剣の琵琶型をなすが柄が中空の矛の形態を示すものが遼西のみに認められる。これは、カラスク銅剣など北方青銅器のA2式銅剣の系譜を引くものであり、A3式→A4式→A5式として遼西で変化していく（宮本 2000a）。さらに、C式とした遼寧式銅剣は、燕山地域のB3式銅剣が遼西で在地的に変化したものである（宮本 2000a）。その特徴は、柄と剣身が別鋳であることと剣身の突起部にある。このように、遼西の遼寧式銅剣文化は北方青銅器文化の系譜の中にあり、その東端として地域的に変容していったことを示している。そして遼東、朝鮮半島と青銅器組成を減じながら、遼寧式銅剣が主体となって青銅器文化が形成されている。遼西、遼東、朝鮮半島は遼寧式銅剣を以て一つの文化的まと

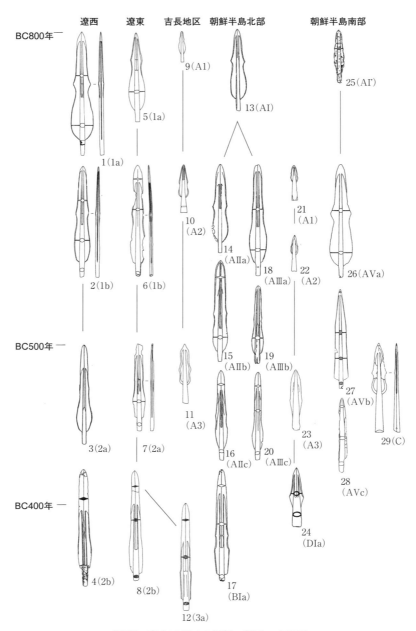

図88 東北アジアの銅剣・銅矛の変遷図
1：十二台営子、2：胡頭溝、3：三官甸、4：孤山子、5：趙王村、6：下三台水庫、7：杏家荘、8：趙家堡、9：星星哨、10：誠信村、11：小郭山、12：大房身、13：金谷里、14：西浦洞、15：伝平壌、16：伝成川、17：平壌付近、18：中央博物館蔵、19：平壌付近、20：龍興里、21：表岱、22：南陽里、23：弥屯里、24：イズヴェストフ、25：比來洞、26：松菊里、27：鎮東里、28：徳峙里、29：円光大学博物館蔵

まりとして理解できるが、それぞれの遼寧式銅剣には法量の地域差などが存在し、それぞれの地域で系統的に変化していく（宮本 2000a）。しかし、その変化には地域を越えた様式的な変化属性の同一性が存在している。それは突起の退化と脊の隆起の退化、脊の隆起を中心とした研ぎ分けの退化過程にある（宮本 2008b）。それぞれの地域的な遼寧式銅剣の系譜を縦軸とし、同一の変化属性

表40　銅剣型式の平行関係と朝鮮半島青銅器文化

朝鮮半島青銅器文化	遼西	遼東	吉長地区	半島北部	半島南部
朝鮮半島青銅器文化Ⅰa段階	1a	1a	1a、矛A1	AⅠ	AⅠ'
朝鮮半島青銅器文化Ⅰb段階	1b	1b	1b、矛A2	AⅡa、AⅢa、矛A2	AVa、矛B
朝鮮半島青銅器文化Ⅰc段階	2a	2a	触角Ⅰ、矛A3	AⅡb・Ⅱc、AⅢb・Ⅲc	AVb・Vc、矛C
朝鮮半島青銅器文化Ⅱ段階	2b	2b、3a	2b、触角Ⅱa	BⅠa・Ⅰb	BⅠa・Ⅰb
朝鮮半島青銅器文化Ⅲ段階		3b、4	3b、触角Ⅱb	BⅠc	BⅠc

を横軸とし、遼寧式銅剣から細形銅剣への変化を示しながら、さらに遼寧式銅矛などの型式変化を組み合わせて変遷図を示したのが図88や表40である。これらの詳しい変化過程やその位置づけの根拠は別稿で詳述している（宮本 2008b・2008e）が、遼西から朝鮮半島まで一定の変化方向を共有しているところが特徴的であるとともに、編年図の妥当性を示している。

さて、銅剣に対比されるのが石剣である。石剣は、かつて有光教一らによって細形銅剣を模倣して製作されたものと考えられていた（有光 1959）。しかし、石剣と細形銅剣の共伴例は長い間知られていなかったのに対して、松菊里石棺墓において一段柄式石剣と遼寧式銅剣が共伴して出土したことは、両者が同一時期に存在していることを明確に示している。さらに、慶尚南道蔚山郡東部採集品や慶尚南道義昌郡熊洞箱式石棺墓出土の二段柄式石剣（図89-8）は、柄末端が円形に膨らむものであり、小黒石溝8501号墓の銅剣の柄末端の飾り金具を模倣したことが、近藤喬一によって初めて指摘された（近藤 2000）。これによって、有柄式石剣は遼寧式銅剣を模したものであることが明確となったのである。

石剣の編年に関しては、朝鮮半島南部において、共伴する土器編年から二段柄式から有節式（図89-9）さらに一段柄式（同10）という変化が考えられており、さらに二段柄式の年代の一点は、モデルとした銅剣を遼寧式銅剣1a式の小黒石溝8501号墓のもの（同3）に求めるように、遼寧式銅剣最古段階に位置づけられている（宮本 2004b）。これは剣身から柄さらには柄の末端の飾り金具まで、遼寧式銅剣の全体形を忠実に模したものであり、二段柄式石剣でも最古段階に位置づけできよう。これら慶尚南道蔚山郡東部採集品や慶尚南道義昌郡熊洞箱式石棺墓出土の石剣の出土位置からするならば、こうした地域が銅剣を入手できないあるいは銅剣生産ができない周辺域であると位置づけできるであろう。すなわち石剣は銅剣の代価品であり、銅剣が入手できない地域では当初は配布されたものかあるいはそれを周辺地域で模したものを持ち、その後は石剣を自家生産するようになる。

このような有柄石剣以外に有茎式石剣がみられるが、有茎式石剣は朝鮮半島北部に主として分布している。有茎式石剣は、剣身が比較的幅広の有茎式石剣1式（図89-5）、剣身は1式に比べ細くなっているが剣身下端と茎部の境の鍔部分に突起が認められる2式（同6）、剣身が細長く樋を持ち茎も細い3式（同7）に分かれる。

有茎式石剣1式は遼東から西北朝鮮にかけて分布するものであり、その一部は遼東半島の双砣子3期にも認められ、年代の1点を知ることができる。これは商代後期に併行する段階であり、遼西から渾河流域にまで認められる北方青銅器に併行する段階である。この段階の北方青銅器は北方青銅器文化3期にあたり、曲柄銅剣（図89-1）が特徴的な段階である。幅広の剣身をなす石剣1

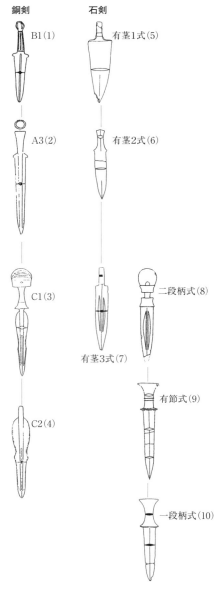

図 89　銅剣と石剣の変遷
1：水泉、2：新地、3：小黒石溝、4：山湾子、5：キン支石墓、6：松新洞、7：牛山里、8：熊洞、9：上紫浦里、10：雲岱里

式（同5）は、この曲柄銅剣の幅広の剣身部分に形態的に類似しており、この剣身形態を模したものと考え得る。

　有茎式石剣2式（図89-6）は鍔部分の突起に特徴がみられるが、これは北方青銅器文化の銅剣の特徴をなしている。鍔の突起は曲柄銅剣にも認められるが、その後の北方青銅器文化4期であるA2式銅剣などカラスク式銅剣の特徴をなすものである。有茎式石剣2式は今のところ黄海北道燕灘郡五徳里松新洞10号支石墓に1点しか知られないが、それは茎である柄の部分が下端に向けてやや開き気味であり、剣の茎という剣の柄を模しているように見える。柄の断面は石剣でありながら円形ないし六角形を呈し、柄の下端に向けて開く形態を示している。このような形態は柄が中空の矛式銅剣の柄の形態とよく類似している。矛式銅剣であるA3式（同2）は、鍔に突起を呈するものであり、剣身はまだ琵琶型を呈しておらず、まさにこの有茎式石剣2式のモデルとしてふさわしい形態を示している。遼寧式銅剣出現以前と考えられるこのA3式銅剣こそが、この有茎式石剣2式の雛形ということができるであろう。それは北方青銅器文化4期に相当している。

　一方、有茎式石剣3式の樋部分は、かつて甲元眞之によって中原の春秋前期の柱背式銅剣を模したものと考えられた（甲元 1972）。意図するところは、これが細形銅剣よりも古いものを模したものであるという主張であった。しかし、洛陽中州路2415号墓の柱背式銅剣は、中国式銅剣成立以前の銅剣であるが、分布も中原に限られ、むしろ遼寧式銅剣など北方青銅器文化の銅剣の影響で中原で成立したものの可能性があり、柱背式銅剣を祖形と考えることはできない。一方、有茎式石剣3式の樋は細形銅剣だけではなく、遼寧式銅剣にすでに見られるものである。特に朝鮮半島北部を中心にみられるAⅡ・AⅢ式の遼寧式銅剣には稚拙な樋を作ろうとする意志が明確に見てとれる（宮本 2002）。すなわち青銅器でも意識的に鋳造されようとした樋を意識的に掘り込もうとした有茎式石剣3式の雛形は、朝鮮半島北部の遼寧式銅剣AⅡ・AⅢ式にあるということができるであろう。

　有茎式石剣1式は遼西から渾河流域に分布する曲柄銅剣（B1式銅剣）をモデルとしながら、遼

東から西北朝鮮に分布する。有茎式石剣2式は遼西に分布する矛式銅剣をモデルとしながら西北朝鮮に位置する。有茎式石剣3式は、遼東から朝鮮半島北部に分布する遼寧式銅剣をモデルに朝鮮半島北部から南部に分布する。また、有柄式石剣は二段柄式の一部が遼西の遼寧式銅剣1式をモデルとしながらも、遼寧式銅剣全般をモデルとしつつ朝鮮半島南部を中心に北部九州や瀬戸内西部まで分布している。このように、石剣の分布はモデルとなる銅剣の非分布域あるいはそれに接触する地域にあり、銅剣を作ることができない地域あるいはそれが使用されない地域において、それの代価品として流通あるいは使用していたものであることが明確であり、ともにモデルとなる銅剣と石剣が同時性をもつことを明確に物語っている。そしてこのことは、青銅器文化が西から東に向けて広がることとともに、次第にそれぞれの地域で銅剣が自家生産されていった様子が表れている。そして自家生産されない地域あるいはその供給が少ない地域では、代価品として石剣が生産流通していた様子が理解できるのである。

　次に朝鮮半島に多鈕粗文鏡が流入生産し、さらに多鈕細文鏡が生産される段階に銅戈の生産も始まっている。多鈕粗文鏡や多鈕細文鏡の編年に関しては、多くの研究者がそれを示しているが、近年のまとまった多鈕粗文鏡研究には甲元眞之（1990）、宮里修（2001）、趙鎭先（2008a）、李清圭（2010）らの編年研究がある。この中で趙鎭先による多鈕鏡の縁断面の形態変化に注目した研究は、縁断面形の変化と鏡背面の文様変化が相関することを基に多鈕鏡の変化方向を示すものである。こうした編年研究は、たとえば戦国式鏡の編年（宮本 1990b）などにみられるように、銅鏡の編年研究として方法的に妥当なものである。ただし、多鈕鏡の細部の変化やその地域的な捉え方、年代観に関しては、趙鎭先のものに大きく異論がある。本来であればもう一度自分なりの方法によって編年の再構成を示さねばならないが、ここでは紙幅の関係からも、趙鎭先の変遷観を基にその再構成の輪郭を述べておきたい。

　趙鎭先の型式分類は、鏡面の形態と縁の形態との組み合わせからなる（趙鎭先 2008a）。鏡面は、凸面あるいは平面で縁が外反するⅠ式、鏡面が平面のⅡ式、鏡面が凹面のⅢ式に分ける。縁の形態は、平縁や方縁のものをA式、三角縁のものをB式、半球縁のものをC式に分ける。そして、これらの組み合わせ、すなわちAⅠ式、BⅡ式、BⅢ式、CⅠ式、CⅡ式、CⅢ式から型式が成り立つ。またこの他に、文様系列から雷文鏡、太陽文鏡、星文鏡、葉脈文鏡に分け、鏡式の組列を示すが、この内、文様の変化系譜がたどれるのは雷文鏡のみである。さらにA～C式は、地域性を示すものとし、A式は遼西、B式は遼東から西北朝鮮、C式は朝鮮半島に分布するとする。趙鎭先の変遷観によれば、雷文鏡の場合、文様変遷から、雷文鏡AⅠ式は1～3期に相当し、雷文BⅢ式は4・5期とする。

　さて、このような趙鎭先の多鈕鏡の変遷観を、すでに示した銅剣の型式変遷との対応で検証してみるとするならば、以下のようになるであろう。1期の十二台営子鏡は遼寧式銅剣1a式、3期の鄭家窪子6512号墓は遼寧式銅剣1b式、4期の新成洞はAⅡc式銅剣が伴出しており、遼寧式銅剣2a式に併行する段階である。実年代でいえば、1期は紀元前8～7世紀、3期は紀元前6世紀、4期は紀元前5世紀というふうに置くことができるであろう。BⅡ式・BⅢ式多鈕鏡が出土した遼東の趙家堡子では遼寧式銅剣2b式が、同じくBⅡ式多鈕鏡が出土した劉家哨では遼寧式銅剣2b

表41　多鈕粗文鏡の変遷と朝鮮半島青銅器文化

朝鮮半島青銅器文化	遼西	遼東	吉長地区	半島北部	半島南部
朝鮮半島青銅器文化Ⅰa段階	AⅠ				
朝鮮半島青銅器文化Ⅰb段階	AⅠ	AⅠ			
朝鮮半島青銅器文化Ⅰc段階				AⅠ	
朝鮮半島青銅器文化Ⅱ段階		BⅡ・BⅣ		BⅡ・BⅢ	CⅡ・CⅢ
朝鮮半島青銅器文化Ⅲ段階			BⅡ・BⅢ		CⅡ

式が共伴しており、紀元前5～4世紀に相当する。一方、趙鎭先はC式とした朝鮮半島に分布する多鈕鏡をCⅠ式、CⅡ式、CⅢ式に区分するが、遼西のⅠ式と朝鮮半島のⅠ式では、前者は鏡面が凸面であるのに対し、後者は縁が外反するものであり、これを同一の基準としたところに問題がある。同じⅠ式でも形態は大きく異なり、同一基準とするわけにはいかない。朝鮮半島のⅠ式とⅡ式はほぼ同じものであり、Ⅰ式をⅡ式に編入してまとめてⅡ式として取り扱った方がよいと考える。ここでは趙鎭先の分類のCⅠ式・CⅡ式多鈕鏡をまとめてCⅡ式と表現しておきたい。CⅡ式は槐亭洞、南山里、東西里、九鳳里などに認められ、CⅢ式は槐亭洞などにみられ、細形銅剣BⅠa・Ⅰb・Ⅰc式やBⅡc式が共伴しており、紀元前5～2世紀の細形銅剣と共伴している。

　以上のように趙鎭先に多鈕粗文鏡の型式分類を筆者の銅剣の編年との共伴関係から再構成してみると、遼西、遼東、朝鮮半島と次第に鏡面の縁型が平坦なものから三角形へ、さらに半球型へと変化していくとともに、時間差として、鏡面の形態が凸面から平坦面へ、さらに凹面へと変化していく変化方向が東北アジア全体を通じて眺めることができるであろう。ところで、趙鎭先は、鏡面の分類であるⅠ～Ⅲ式が朝鮮半島ですべての型式が見出されることから、この属性を時間差として認識することを否定している。しかし、それはⅠ式という同一の型式の中に鏡面が凸面のものと、縁が外反するという地域差を伴う異なった属性をおいた混乱によるものであった。

　ここまで再構築した多鈕鏡の変遷は、銅剣の変遷と矛盾なく変遷するもので、東北アジアでの一定の変遷過程を理解することができたであろう。こうした多鈕粗文鏡の型式変遷を、先に示した銅剣にもとづく朝鮮半島青銅器文化区分に併せて地域別に表したのが表41である。これにより遼西から朝鮮半島に向けて段階的に多鈕粗文鏡が広がっていったことと、CⅡ・CⅢ式が朝鮮半島南部を中心に自家生産されたものであることが理解できよう。以上のような見解は、李清圭の多鈕粗文鏡・細文鏡の変遷観にも認められる（李清圭 2010）。

　一方、銅戈は「内」の形態変化から大きく1式、2式、3式に区分されているが（岡内 1973）、1・2式銅戈は多鈕細文鏡1式（甲元 1990）とともに細形銅剣BⅠc式段階から出現し始める。朝鮮半島の銅戈の直接の祖形に関しては、近年注目されてきている遼西式銅戈とする説があるが（小林ほか 2007）、遼西式銅戈と朝鮮式銅戈とにはまだ型式変化のブランクがある。それを埋めるのが遼東に今後発見されることを期待する遼西式銅戈の変化型式である。遼西式銅戈の内で、梁家嶺子例の位置づけに関しては異なった見解があるが、弧山子例から傘金溝B例への変化方向は異論のないところであろう。遼西式銅戈の年代の一点は、弧山子例と遼寧式銅剣2b式が共伴するところから、紀元前5世紀半ばから後半に相当する（小林ほか 2007）。また、弧山子例と同型式である傘金溝A例が建昌県東大杖子14号墓から出土しているが、ここからは遼寧式銅剣2a式が出土

しており、紀元前5世紀前半に位置づけうる（小林ほか 2007）。このように遼西式銅戈の年代の1点は紀元前5世紀に置くことができるであろう。燕の影響が遼西に現れる段階は紀元前6～5世紀代にあり（宮本 2000a）、年代的に一致している。この段階に遼西の西端である燕山地域では燕の墓葬が出現し始めるとともに、遼西では東大杖子墓地をはじめとして燕製の青銅彝器が副葬される段階である。燕墓の出現は遼西西端の燕山地域まで燕が直接管理する領域が北上したことを示し、さらにその東の遼西に燕製青銅彝器がこの段階にもたらされることは、燕を頂点として遼西の地域首長との間に青銅彝器を媒介とした威信財システムが進行していた可能性がある。いわば地域首長との燕の間接的な政治的関係が広がっていったのであろう。そこには当然、燕と遼西の地域首長間に軍事的な緊張も存在したに違いない。こうした段階に新たな武器として遼西で遼西式銅戈が自己開発されたのである。

さて、朝鮮半島の銅戈が出現するのは、今のところ九鳳里を最古型式として、共伴する細形銅剣はBⅠc式やBⅡc式段階にある。また、易県燕下都の辛荘頭墓区2号墓出土の細形銅戈の位置づけが問題になる。この細形銅戈は、岡内三眞の分類におけるⅠ式銅戈に分類されるが、その中でも後藤直は最古段階に置く（後藤 2007）。一方、趙鎭先はこれを自身の型式分類の細形銅剣文化発展Ⅱ期とおさえ、やや新しい段階に位置づける。遼西式銅戈との系譜から型式変化を眺める小林青樹は、自身のA3式という新式の銅戈に位置づける（小林 2008）。ただし、辛荘頭墓区2号墓の年代に関しては、副葬土器の編年から相対的な位置づけを行えば、戦国後期後半に置くことができ、前3世紀の半ばから後半にあたるものであり、かつて紀元前260～220年と指摘したことがある（宮本 2000a）。そして、岡内三眞は紀元前311～226年とみる（岡内 2003・2008）。また、近藤喬一は燕の将軍である秦開の墓と考え、戦国後期とする（近藤 2006）。一方、趙鎭先は、志賀和子が燕下都30号墓伴出の金製帯金具の年代観を前漢初期（志賀 1996）とすることから、辛荘頭の年代の一点を紀元前2世紀前半まで下げるが（趙鎭先 2009）、志賀自らが辛荘頭墓区2号墓を戦国後期と認める（志賀 2002）ように、これが前漢あるいは統一秦まで下がる根拠はない。辛荘頭墓区2号墓は遅くとも戦国後期後半とすべきであろう。であるとすれば、この細形銅戈は墓葬年代より前に朝鮮半島あるいは遼東で製作されていたものの可能性が高い。したがって、この細形銅戈を紀元前3世紀前半から半ばに位置づけることができるであろう。後は細形銅戈内の位置づけの問題であるが、遼西式銅戈から朝鮮式銅戈への変遷過程が明確でないことからも、Ⅰ式銅戈のうちのどこに置くかを明示できない。しかしながら上記年代観からすれば、細形銅戈の始まりを前3世紀とみておくことにはそう違和感を抱く研究者はいないであろう。遅くとも戦国後期の前3世紀には細形銅戈が出現していたとすることができる。そしてこの年代観は伴出する細形銅剣の年代観とも矛盾しないものである。そしてこうした段階から朝鮮半島内では多鈕細文鏡が多鈕粗文鏡に代わって製作され、流通していくことになる。

4．墓制の変遷

この段階の東北アジアの墓制として支石墓を挙げることができるが、支石墓は卓子形支石墓と碁

盤型支石墓に分けられ、前者が遼東から朝鮮半島北部、後者が朝鮮半島南部を中心に分布することが知られている。あるいは蓋石式である南方式支石墓と呼ばれるものも存在する。これら3者は地域性を示す場合もあるが、一方では朝鮮半島南部を中心に同じ地域内で混在して存在する場合もある。まずは地域的視点を重視し、一定の地域内での墓制の変遷過程を正しく位置づけておく必要がある。そこでここでは大きく遼東から朝鮮半島北部と朝鮮半島南部に分けて、墓制の変遷をまとめておきたい。

　まずは遼東から朝鮮半島北部である。この地域の墓制に関しては、大きく二つに考え方が分かれる。まず一つは、地下に位置する石棺墓が次第に地上に露出するように配置され、卓子形支石墓が生まれ、これが大型化していくとする考え方が、石光叡（1979）や甲元眞之（1973b・1980）によって示されている。もう一つは、遼東の支石墓の現地調査を踏まえ、卓子形支石墓の変遷過程とその後に大石蓋墓が出現するといった変遷観が示されている（宮本 2000a）。両者は一見互いに方向性が逆の関係にあるように見えるが、実際はそうではなく、二つの考え方を合体させたものが最も蓋然性の高い墓制の変遷観となる。それは、共伴する土器や石器などから、相対的な年代的な位置づけを明らかにすることによって可能となった。

　東北アジアの青銅器時代は、北方青銅器文化第2期の紀元前2千年紀中葉に始まると考えてよいであろう。その段階で知られる墓制は、遼東内陸部から豆満江流域にかけての石棺墓にある。遼河下流域の廟後山中層・上層前半に相当する段階であり、太子河上流域の遼寧省本渓市代家堡子石棺墓（梁志龍 2003）は廟後山中層にほぼ相当している。戦前に調査された延吉小営子石棺墓もこうした段階に相当しよう。

　卓子形支石墓は、地下に位置する石棺墓が次第に地上に露出することによって成立することが、先に述べた石光叡や甲元眞之によって指摘されているが、卓子形支石墓に繋がる石棺墓とはこうした遼東内陸部の石棺墓をあてることができるかもしれない。ただし、今のところ遼東半島では石棺墓が発見されておらず、こうした変遷を遼東半島から探ることはできない。

　さて、石光叡は、朝鮮半島北部の沈村型支石墓の事例を挙げながら、支石墓の変遷を示している（石光叡 1979）。石棺墓が地下から地上へ露出し複数墓から単独墓へ変化する沈村型1類型～5類型と、いわゆる卓子形支石墓である五徳型1類～3類型という大きく二系統に分ける。そして沈村型3類型の後に五徳型1類型が出現し、沈村型4・5類型と五徳型2・3類型がほぼ並行して変化することを示している。石棺が地下に位置する沈村型1類型のキン洞沈村型支石墓では、石剣が共伴している。この石剣は、前述したように曲柄銅剣を模した有茎式1式石剣であり、遼西の北方青銅器文化第3期に平行するものである。土器編年でいえば、大連市大嘴子遺跡での石剣の共伴関係からも双砣子3期に併行するものである。次いで卓子形支石墓が出現していくが、これは遼東から朝鮮半島北部にかけて斉一的に分布している可能性がある。これが石光叡のいう五徳型2類型であり、筆者が卓子形Aタイプと呼ぶものである（宮本 2000a）。遼東半島の卓子形支石墓にはまれに土器の共伴関係が明らかなものがあり、この卓子形Aタイプには上馬石A区下層の土器が共伴している。また、五徳型2類型の松新洞10号支石墓からは、上述した矛式銅剣を模した有茎式石剣2式が副葬されていた。矛式銅剣は西周期平行の北方青銅器文化第4期に出現するものであり、土

器の年代関係とも矛盾がない。したがって、双砣子3期から上馬石A区下層という相対的な年代変化の間に、沈村型1類型から五徳型2類型への変化があることがわかる。すなわち石光叡や甲元眞之が提起したように地下の石棺墓からそれが地上に露出していくという変化過程が検証できたのである（石光叡 1979、甲元 1973b・1980）。そしてこの後に遼東半島ではより大型化しさらには切石で加工された石板を使った卓子形B・Cタイプへと変化していく（宮本 2000a）。遼東内陸部では、卓子形Aタイプから卓子形Dタイプへの変化がみられる。卓子形Dタイプは卓子形石室の周りに礫が積み上げられるものであり、墨房里型と呼ばれるものである。甲元眞之や石光叡は、墓室が地下にあるものを墨房里Ⅰ類、墓室が地上にあるものを墨房里Ⅱ類として、墨房里型の場合にⅠ類からⅡ類への変化を考えている（甲元 1973b、石光叡 1979）。しかし、ここでいう卓子形Dタイプは墨房里Ⅱ類に相当するものであり、墨房里Ⅱ類から墨房里Ⅰ類へという変化が妥当であろう。墨房里Ⅰ類の墨房里24号墓からは美松里型土器の新しい型式である墨房里型土器が出土しているが、美松里型土器は遼東半島では大石蓋墓に伴出するものであり、その初源は上馬石A区上層にある（宮本 1985）。卓子形Aタイプが上馬石A区下層に相当することからも、美松里型土器の退化型式である墨房里型土器を伴出した墨房里Ⅰ類の相対的な位置づけは妥当ということになる。さらに墨房里Ⅰ類は遼東内陸部の大石蓋墓の構造とも類似する。

一方、遼東半島や遼東内陸部で大石蓋墓あるいは墨房里Ⅰ類が分布する段階に、遼河中下流域や渾河流域には新たに遼寧式銅剣を含む石棺墓が出現する。そしてこの石棺墓の広がりは朝鮮半島北部にまで達していく。その一部が朝鮮半島南部の松菊里遺跡などにも認められるのである。同時期に遼東半島と遼東内陸部では下部構造が多様である大石蓋墓が出現する。大石蓋墓には双房6号墓のように遼寧式銅剣を副葬品に持つものがある。この段階が上馬石A区上層に平行する段階であり、北方青銅器文化第5期に相当している。なお、遼東半島の先端地は新石器時代後期から積石塚が連続する地域であるが、上馬石BⅡ区段階の崗上墓では、遼寧式銅剣1a式が副葬されている。

では、次に朝鮮半島南部が問題となるが、この地域での墓制の変遷は基本的には伴出する土器の年代を基本として決定されねばならない。その変遷は地域性とともにやや複雑であるが、ここでは単純化しておおよその変化方向を示しておきたい。古段階の支石墓は、欣岩里式土器段階の慶南泗川所谷里支石墓の蓋石式支石墓から始まっている（河仁秀 1994）。蓋石式とはいわゆる支石を持たないで上石のみからなるものであり、遼東半島の大石蓋墓に類似する。しかし系統的には無関係なものとここでは考えておきたい。そして蓋石式は主として嶺南地域（慶尚道）に分布している。この形態は下部構造が薄い板石からなる石棺系から石槨系への変遷が想定されているが（河仁秀 1994）、板石からなる石棺ではなく小型の板石を積み上げるという意味ではもともと石槨系に属するものである。朝鮮半島北部の板石の石棺からなる構造とは異なるが、地下に墓室を持つ点では沈村型と同じ範疇に入る。さらに沖積地や平地に墓葬が群集する傾向にある。

一方、南方式には支石を持つ碁盤形支石墓などがあたり、南方式支石墓と蓋石式支石墓を区別して考えておきたい（河仁秀 1994）。南方式はその初源は明らかではないが、孔列文土器の大田比來洞1号支石墓などからみられ始める。比來洞1号支石墓には遼寧式銅剣の再加工品が副葬され、朝鮮半島南部の最も古い段階の遼寧式銅剣である。南方式は湖南地域（全羅道）から嶺南地域を中心

として分布するものであり、この地域に出土傾向の多いAⅤ式遼寧式銅剣もこの南方式支石墓に副葬されている。また、南方式は湖南地域では群集しているが、嶺南地域では丘陵部に単独ないし数基ずつまとまって分布している。南方式支石墓と蓋石式支石墓ともに地下式から地上式へという変化が一部に認められるが、これらの変化は朝鮮半島北部から遼東の支石墓の変化とは連動しない別の時限のものと考えておくべきであろう。南方式支石墓と蓋石式支石墓ともに孔列文土器から松菊里式段階のものがほとんどであり、湖南地域などの一部で細形銅剣期の粘土帯土器段階まで残っている。また、松菊里式平行期の嶺南地域には南方式支石墓の周りを敷石や周溝によって区画した個人墓が出現していく。慶南昌原市徳川里1号支石墓は残長50m以上の石積によって基壇状に区画され、その中に支石墓が形成される。支石墓の下部は二段墓壙をなすとともに石槨が築かれ木棺が配置されていた石積式区画墓が出現している。また、近年発見された慶南馬山市鎮東里1号墓も、この段階の発達した区画墓である。

　朝鮮半島において支石墓に続いて登場するのが、細形銅剣が副葬される土壙墓である。この土壙墓は囲石木棺墓とも呼ばれるように、土壙墓に木棺が安置されているものと考えられ、単純に木棺墓と呼ぶことができる。木棺墓は、渾河流域の鄭家窪子墓地の木槨墓や木棺墓の墓制が粘土帯土器文化とともに朝鮮半島に流入していったものと考えるべきであろう。遼東内陸部の涼泉文化などを発信源として粘土帯土器文化が南下する動きを述べた朴淳發の意見（朴淳發2004）に従えば、朴淳發のいう粘土帯土器Ⅱ段階の鄭家窪子段階から木棺墓が広がったとすべきであろう。朴淳發のⅠ段階は、たとえば遼寧省遼陽二道河子は石棺墓であり、遼東半島の大石蓋墓に平行する段階である。遼寧式銅剣の型式分類に従えば、遼河中下流域や渾河流域では、遼寧式銅剣1a式段階は石棺墓であり、遼寧式銅剣1b式段階になって木棺墓が出現する。この段階に、鄭家窪子6512号墓のような木槨墓も出現するが、これは木棺墓文化の中の階層上位者の墓ということがいえよう。ちなみに遼西では東大杖子14号墓で遅くとも遼寧式銅剣2a式段階に木槨墓の存在が認められ、副葬される燕国青銅葬器の存在からも、木槨・木棺墓といった墓制が燕との接触の基に採用された墓制である可能性もあろう。

　ともかく木棺墓という墓制が、遼寧式銅剣1b式以降に粘土帯土器とともに朝鮮半島へ広がっていったことを示すものであり、この動きは朴淳發のいう粘土帯土器第Ⅱ段階以降の動きを示している。青銅短剣の編年でいえば、朝鮮半島であれば遼寧式銅剣2a式以降に細形銅剣が生まれるのであり、青銅短剣の編年とも墓制の変遷は矛盾していない。なお、朝鮮半島南部への粘土帯土器の伝播時期として、金泉文唐洞1号木棺墓出土の遼寧式銅剣AⅢc式を挙げることができる。共伴する粘土帯土器は、中村大介の粘土帯土器分期のⅡ-2期のものと考えられる（中村2008）。遼寧式銅剣AⅢ式は遼東の遼寧式銅剣2a式と、突起の形状、脊の隆起の欠如、脊の研ぎの形態といった三つの属性要素が同じであることから、同一時期と判断されるものである。一方、同じ三つの属性要素から同時期と考えられる遼寧式銅剣AⅡc式が出土した平壌市新成洞石槨墓は、副葬土器の壺の形態から、遼寧式銅剣1b式を持つ鄭家窪子6512号墓の壺に次ぐ段階ということができ、文唐洞1号木棺墓はさらに新成洞石槨墓に続く段階のものである。したがって、遼寧式銅剣AⅢc式の下限年代と細形銅剣BⅠa式の上限年代が時期的には重なる可能性もある。細形銅剣BⅠb

式が伴う槐亭洞木棺墓は、粘土帯土器Ⅱ－2期である。このように、朝鮮半島南部においても粘土帯土器Ⅱ－2期には細形銅剣とともに木棺墓が出現していたことになる。

5．相対編年からみる東北アジアの青銅器文化

　これまで、土器編年、銅剣・石剣の編年、墓葬の編年を個別に議論してきた。これら3者を組み合わせて東北アジア全体の物質文化の変遷を語った場合に矛盾がないとすれば、それは現段階での最も確かな相対年代ということができ、その中に弥生の始まりや弥生時代前半期を位置づけるべきであろう。まず、これら3者を共通の土台に置くこととし、長城地帯青銅器文化2～4段階（宮本2008a）、さらに5段階以降をそれに平行する朝鮮半島青銅器文化Ⅰ～Ⅲ段階に分けて説明することにしたい。この朝鮮半島青銅器文化の時期区分は、表40に示すように遼西から朝鮮半島南部までの銅剣・銅矛からなる型式群の組み合わせから成り立っている。

　長城地帯青銅器文化第2段階の青銅器時代早期は、東北アジア初期農耕化第3段階として、山東半島東部から遼東半島を経て朝鮮半島へ灌漑農耕あるいはそれに伴う文化が漸次的に伝播していく段階である（宮本2009a・b）。こうした段階に遼東を中心として存在していた突帯文土器様式が朝鮮半島へ広がり、突帯文土器が成立した。一方で、遼東内陸部の太子河上流域から延吉にかけて石棺墓が広がる。

　長城地帯青銅器文化第3段階は、遼西・渾河流域まで北方青銅器文化の曲柄銅剣が広がる段階である（図57－1）。朝鮮半島の無文土器前期前半は、可楽洞式土器を中心とし、横帯斜線文土器がみられ、遼東半島の双砣子3期に平行する。この段階の朝鮮半島では、遼東を中心に生まれた遼西の曲柄銅剣の代価品としての有茎式石剣1式が製作されている（同2）。この段階に朝鮮半島北西部では石棺墓が変化した沈村型支石墓（同3）が出現していた可能性がある。

　長城地帯青銅器文化第4段階は遼西にA3式銅剣が見られる段階である（図58－1）。同段階の朝鮮半島の青銅器時代前期中葉は、欣岩里式を中心として横帯斜格子文土器からなり、双砣子3期から上馬石A区下層に併行する段階である。遼東から朝鮮半島北部で卓子形支石墓（同2）が広がり、共同体として等質的な社会構成が認められる。ここではA3式銅剣を模倣した有茎式石剣2式が副葬されている。朝鮮半島西北部では卓子形支石墓、朝鮮半島南部は石蓋式支石墓（同4）といったように、ともに農耕作業を基盤とした社会格差の広がらない共同体が構成されている。ただし遼東から朝鮮半島西北部の卓子形支石墓は卓子形B・C式のように大形で精巧な支石墓が作られており（宮本2000a）、集落ごとの差異性も認められる。各集落は血縁的なリネージが複合したものであり、クラン単位での差別化も生まれていた可能性がある。

　朝鮮半島青銅器文化Ⅰa段階の青銅器時代前期後葉である駅三洞式は、鴨緑江下流域の美松里上層にほぼ対応する段階である。この段階の遼東から朝鮮半島西北部では石棺墓が広がり、遼寧式銅剣（図59－3）や銅斧などの青銅器が副葬されるようになる。それらは基本的には刃部に研磨がなされるなど武器としての機能変化を遂げていく。一方で遼東半島や遼東内陸部では、支石墓の系譜で大石蓋墓（同2）が広がるが、遼東半島では卓子形支石墓と異なり個人墓として利用されてい

る。これら石棺墓や大石蓋墓には遼寧式銅剣が副葬され、その墓葬の有無などから次第に社会の階層差が広がっていることが理解できる。これまでのリネージ単位あるいはクラン単位での差別化から、より個人の差別化といった階層構造の進展が認められる。一方で、朝鮮半島南部では比來洞１号墓などで遼寧式銅剣（同６）は見られるもののごく限られており、いまだ普及しておらず自家生産に達していない段階である。そこで遼寧式銅剣の代用品として二段柄式石剣や有節式石剣などの磨製石剣（同７）が発達していく。この磨製石剣も一種の宝器であり、副葬品における有無やその格差から見れば、磨製石剣も経済的な豊かさなどの社会身分標識となっている（裴眞成 2007b）。階層構造の単位はこうした親族構造のリネージ単位で存在し、こうした階層関係の中で朝鮮半島南部では区画墓が出現している。

　朝鮮半島青銅器文化Ｉｂ段階の青銅器時代後期は、上馬石Ａ区上層から上馬石ＢⅡ区に併行し、先松菊里式、松菊里式段階に相当する。遼東の渾江下流域では後期後半には木棺墓や木槨墓が出現し、朝鮮半島西北部でも石棺墓が発達した石槨墓が認められる。それぞれの地域において前段階に比べてより発展している段階である。遼東では遼寧式銅剣Ｉｂ式（図60－2）が、朝鮮半島西北部では遼寧式銅剣Ⅱ・Ⅲ式（同４）が開発され、それぞれ武器としての機能強化が見られる（宮本 2002）。社会階層分化の中で特定個人の差別化が図られていく段階である。この時期、農耕経済の着実な発展による人口増加が、現象的には拡大家族から核家族という家族間構造によって示されるが、リネージやクラン単位での階層化がより進んでいったと考えられる。その階層構造の標示物が、宝器化した遼寧式銅剣ＡⅤ式（同６）や遼寧式銅矛Ｃ式（同５）であった。さらにその下位ランクとして一段柄式磨製石剣（同７）などの石剣が支石墓に副葬されることになる。それらは支石墓群単位での階層的な優劣を示しており、まさに血縁家族単位での階層格差が進んだ社会であったといえよう。それは、労働単位や生産単位さらには消費単位が、これら血縁家族単位であるリネージを単位としているからである。一つの集落は複数のリネージやクランから構成され、それらを消費単位としながら共同して生産と貯蔵がなされていたのであろう。この段階の住居内にはほとんど貯蔵施設がなく、外部にまとまって貯蔵穴が配置されるのも、食糧の共同管理が存在していたためである。これは部族社会の共同体社会を背景としたものであった。この時期に北部九州にも支石墓（同９）が出現するように、灌漑農耕による弥生文化が北部九州で始まっていく（宮本 2009a・b）。

　朝鮮半島青銅器文化Ｉｃ段階は、遼東の尹家村２期文化や涼泉文化などを母体に朝鮮半島北部に粘土帯土器や木棺墓が流入した段階であり、その一部は朝鮮半島南部に拡大していく。この段階の遼西は、燕の軍事的脅威を受ける段階でもあり、遼西式銅戈（図90－2）が成立している。遼西までは燕の間接支配が始まる段階である。しかし朝鮮半島南部の大部分は支石墓段階にあり、変形遼寧式銅剣のＡⅤｃ式（同７）を有する松菊里式文化後半期に相当している。社会集団は血縁家族を単位としながら、各リネージあるいはクランの中に傑出した個人が生まれていった可能性もある。無文土器後期後半に見られる大型の区画墓である徳川里１号支石墓や鎮東里支石墓は、有力血縁集団内に生まれた世襲関係を持たない傑出した個人の墓であったであろう。こうした段階は、部族社会でもより発達した職能などの突出した階層を示すビッグマン社会に相当する可能性が高い。同段階にＡⅤ式遼寧式銅剣の一部が福岡県今川遺跡にもたらされている（同８）。

朝鮮半島青銅器文化Ⅱ段階は、粘土帯土器文化に相当するが、細形銅剣が朝鮮半島で確立する段階である（図91-5）。湖西地域（忠清道）では槐亭洞、東西里、南城里木棺墓に認められるように、細形銅剣以外に多鈕粗文鏡（同7）とともに剣把形銅器、ラッパ形銅器、防牌形銅器などが副葬されている。剣把形銅器、ラッパ形銅器、防牌形銅器は、もともと遼西で馬具の一部であったものが遼東の渾河流域（鄭家窪子6512号墓）で装飾化した青銅器に変化している。さらに、こうしたものが、朝鮮半島で特殊な青銅器として生産されたのである。このような特殊な青銅器や多鈕鏡は、遼東から粘土帯土器文化とともに広がり、在地生産されたものと考えられ、墓の副葬品としては威信財的な要素となっている。これらの特殊青銅器を持つ墓は、首長墓的な存在として出現したのであろう。首長

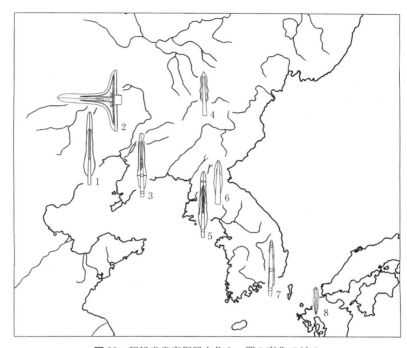

図90　朝鮮半島青銅器文化Ⅰc期の東北アジア
1：三官甸、2：孤山子、3：杏家荘、4：小郭山、5：伝成川、6：弥屯里、7：徳峙里、8：今川

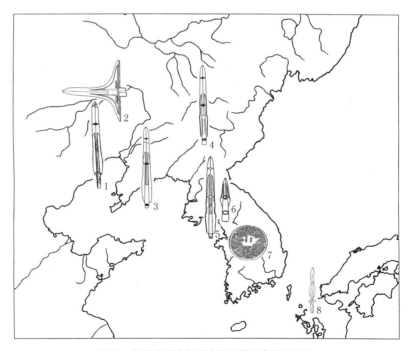

図91　朝鮮半島青銅器文化Ⅱ期の東北アジア
1：孤山子、2：傘金溝、3：趙家堡、4：大房身、5：平城付近、6：イズヴェストフ、7：東西里、8：雀居

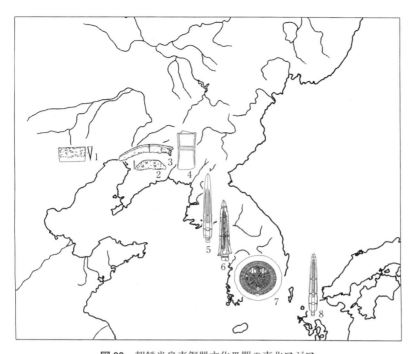

図92　朝鮮半島青銅器文化Ⅲ期の東北アジア
1：安杖子、2・3：蓮花堡、4：龍淵洞、5：八達洞、6：九鳳里、7：草浦、8：吉武高木

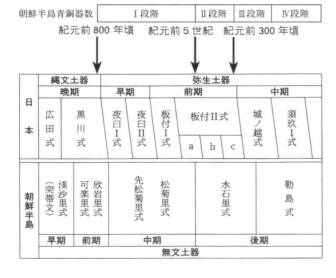

表42　朝鮮半島青銅器文化と半島南部・北部九州の平行関係

の出現という社会的な成長も、粘土帯土器文化社会の広がりと関係していると考えざるを得ない。また、この社会自身が、遼西における燕の間接支配の広がりに反応した遼東の粘土帯文化の南下に淵源があるものであり、燕という周社会の一部による軍事的脅威を含めた文化刺激が、粘土帯文化社会の社会発展を引き起こしたものと考えられる。また同様に、遼東（同3）や吉長地区（同4）でも独自の銅剣が発達していく。この段階には北部九州に木棺墓が導入されているが、福岡市雀居遺跡出土の木剣（同8）も細形銅剣を希求した模倣品であろう。

朝鮮半島青銅器文化Ⅲ段階は、遼東や西北朝鮮には細竹里・蓮花堡類型など燕文化の影響で生まれた灰陶系の土器文化や鉄器が広がる段階である（図92-2～4）。朝鮮半島南部は粘土帯土器文化段階であるが、細形銅剣BⅠc式（同5）や多鈕細文鏡（同7）が出現するとともに、朝鮮式銅戈（同6）や鉄斧などが出現していく段階である。こうした新しい武器や技術の開発は、燕の領域が清川江流域以北までを直接及んだことによる、軍事的な緊張を含めた文化接触に由来しているであろう。北部九州では弥生時代前期末・中期初頭に相当している。この段階に、銅剣（同8）、銅矛、銅戈や多鈕細文鏡が朝鮮半島から北部九州へもたらされるとともに、渡来人を介した北部九州の青銅器生産が始まっていく。

なお、本稿とは直接関係しないが、朝鮮半島青銅器文化Ⅳ段階は衛満朝鮮時期に相当しており、朝鮮半島北部は燕ないし漢文化の影響をより直接的に受けるようになる。

最後にこうした段階性を、武末純一（2004）が示す朝鮮半島南部と北部九州の土器の併行関係上に示す（表42）ことにより、弥生時代前半期の東北アジア上の相対的な位置づけが明らかとなったであろう。

6．弥生開始期の実年代に関する議論

弥生時代後半期は漢鏡や五銖銭・貨泉のような漢系遺物が弥生時代遺跡から出土することから、その実年代観を以って弥生時代の実年代が推定される。早くには、岡崎敬によって北部九州の甕棺墓などから出土する漢鏡の実年代観にもとづき、弥生時代中期後半を紀元前1世紀、弥生時代後期前半を紀元後1世紀と推定されていた（岡崎 1971）。しかし、当時は古墳の開始期を伝世鏡論から紀元後4世紀とする小林行雄の説が信奉されていたところから、弥生時代全体の年代観を引き下げる必要があり、たとえば弥生中期後葉に見られる高地性集落を後漢書などの倭国の大乱に相当するとし、弥生中期後葉を紀元後2世紀後半と考える（田辺・佐原 1966）などの見解が優勢であった（宮本 2003d）。そのため、弥生前期の年代も必然的に新しい段階のものと推定され、たとえば前漢の始まりや戦国時代の燕の遼東郡などの5郡設置などを漠然とした目安として、紀元前2世紀や紀元前3世紀と考えられていた。さらに宇木汲田遺跡などから^{14}C年代値が知られるようになると、当時は^{14}C年代の較正値が知られていなかったものの、^{14}C年代値から紀元前5世紀頃と推定されるに至っている。さらに曲り田遺跡で弥生早期の鉄器が発見されるに至り、中国での鋳造鉄器出現の上限年代が前6～5世紀であるものの、曲り田遺跡の年代もその上限年代を超えていないということとともに、いち早く鉄器が伝播したという仮説から、弥生開始期を紀元前5世紀に引き上げられることに問題がなくなった。さらに池上曽根遺跡の大型建物の前に位置する井戸の年輪年代測定が紀元前52年であったことから、弥生中期後葉も紀元前1世紀後半ということになり、弥生から古墳の実年代が相対的に遡る傾向にあった（宮本 2003d）。

このような中、^{14}C年代もAMSなどの高精度年代測定が可能になるとともに、較正年代がより精巧になったことで、年代測定が実年代において有効な武器となった。この方法を使い、国立歴史民俗博物館では、土器型式とそれに付着する炭化物の高精度年代測定によって、弥生の実年代を定めるプロジェクトを立ち上げた（藤尾 2009a）。その成果によって、弥生早期の夜臼Ⅰ式の年代が紀元前965-935～840-835年と定められた。しかし、この土器付着炭化物の年代決定には二つの方向から批判が出た。一つは土器型式の認定や土器型式の相対的な平行関係という考古学サイドからの問題である（宮地 2009a）。もう一つが付着炭化物そのものに存在する誤差、すなわち炭化物に存在する古木効果の問題からである。樹木は年輪の中心と樹皮側では当然成長年代が違うところから、炭化物の測定年代も異なることになる。樹齢が長い樹木ほどこの古木効果が存在し、土器付着炭化物を本来の年代より古くしている可能性があるのである（田中ほか 2004）。また、炭素には海棲由来のものがあると海底の古い二酸化炭素によって海洋リザーバー効果といった年代値が古く

なる傾向にある（三原ほか 2003、田中ほか 2004、田中 2011）。

　まず土器型式の認定や相対関係の疑義に関しては、より厳密な資料の扱いや資料数を増やすことにより、疑義を解消することができる。また、海洋リザーバー効果に関しても、より厳密な資料の扱いとともに、地域ごとの一定の較正値を求めることが可能である（三原ほか 2003）。しかし、古木効果に関してはその誤差値を特定できないとともに、古木効果による誤差を法則的に是正することはできないのである。したがって、歴博が提出した弥生早期の実年代は、これを上限としてこれよりも新しいといった実年代を想定することができる。

　一方、弥生開始期の実年代を求めるにあたって、弥生の始まり、特に半島南部から渡来人による無文土器文化の流入の原因として寒冷期があげられている（甲元 2005・2008）。この寒冷期とその後の地形環境の変遷とともに沖積地での水田農耕の始まりを特定することにより、弥生開始期の実年代を探ることができる（宮本 2011d・2013b）。寒冷期は太陽活動と関係しており、太陽活動が衰えると地球への熱エネルギーの供給量が低くなることから気候の寒冷化がもたらされる。太陽活動が盛んなコロナ現象が認められるときには宇宙線の照射量が少ないが、太陽活動が衰えると反対に宇宙線の放射量が増加する。そのため地球の大気圏に存在する窒素と宇宙線が反応する割合が増加し、不安定同位体である^{14}Cが増加するのである。この^{14}Cの増加により、炭素量を測定して年代を測る^{14}C年代測定法において、年代値が本来の年代より古くなる傾向が認められる。これが、測定された^{14}C年代と年輪年代との相関から析出された樹輪年代較正値において、イレギュラーな数値を示すことになるのである。

　図93のOxcal4.2の較正曲線において、理論的には右下がり45°の直線をなすべきであるが、より左方向に線がぶれるところが^{14}Cの炭素量が多い時期を示し、宇宙線の増加時期、すなわち太陽活動の衰えた時期、地球上では寒冷化した時期を示しているのである。図93の較正曲線における寒冷期は、紀元前850～720年頃、紀元前680～660年頃、紀元前420～340年頃である。田中良之はこの^{14}Cの生成量がその破壊量を凌駕する時期を、較正曲線が右上がりか水平方向にぶれた時期として紀元前700～400年をあてている（田中 2011）が、これは、上記したように理論的には左にぶれる時期が^{14}Cの生成量が多い時期であり、誤解である。^{14}Cの炭素量の生成率からも、この時期の寒冷期は紀元前900年頃、紀元前850-700年頃、紀元前670年頃と推定されている（今村・藤尾 2009）。

　上記した紀元前850～720年頃、紀元前680～660年頃、紀元前420～340年頃の寒冷期の内、最も生成率が高く長期に続くのが紀元前850-720年頃であり、この段階が最も寒冷な時期であったと考えられる。この寒冷期に海岸線が後退し、そこに浜堤（砂州）が形成され、その陸側の背後に後背湿地が形成され、沖積低地が形成される。そこがまさに水田の適地であったのである。緯度がより低く朝鮮半島の南側にある北部九州は、渡来人にとって温暖であり水稲農耕の適地と映ったと思える。安定した沖積地には縄文人もやってきたのであり、渡来人と交配しながら、水稲農耕を営み始めたのである（宮本 2011c）。その年代は紀元前8世紀であった。近年、原遺跡第26次調査では貯木遺構（SK211）が発見され、夜臼Ⅰ式段階の土器とともに木材が出土している。その木材の^{14}C年代は、762～738 cal. BC（95.4％確立、2σ暦年範囲）であり、紀元前8世紀の年代を示

している（比嘉編 2012）。

韓国の無文土器時代の AMS による実年代を集成し、より確実な実年代の資料批判の後に朝鮮半島南部の実年代を議論した端野晋平によれば、無文土器前期と後期の境は 800 cal. BC 頃とされている（端野 2010b）。先松菊里式（休岩里式）が無文土器後期の始まりである。その始まりの年代が紀元前 800 年頃となり、さらにその先松菊里式がすでに土器の平行関係で示されている（家根 1997、武末 2004）ように、弥生早期に相当している。したがって弥生早期の始まりは紀元前 800 年ごろ以降

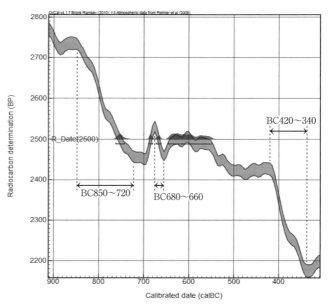

図 93　較正曲線にみられる弥生時代早・前期の寒冷期

ということになり、上記での想定のように、弥生早期の始まりは紀元前 8 世紀ということになる。

なお、このような理化学的年代などからの実年代議論とともに、実年代の議論には東北アジア青銅器の年代からの推定がある。これも遼西地域に出土する中原系の青銅彝器の実年代からである。しかし、中国大陸での文字資料上の実年代がわかるのは、すでに述べたように紀元前 841 年以降、つまり紀元前 9 世紀以降にすぎない。さらに、遼西において伴出する青銅彝器と遼寧式銅剣からの実年代が根拠となるが、遼寧式銅剣の起源地をどこに考えるかで、遼西での共伴関係の評価が分かれてくる。

第 1 の観点としては、著者らの考え方である遼西遼寧式銅剣起源説から、遼西の古式遼寧式銅剣と中原系の青銅彝器との共伴関係から紀元前 9 ～ 8 世紀を遼寧式銅剣の初現期と考え、それが時間を置かずに朝鮮半島南部までに広がったと仮定する。さらに朝鮮半島南部では無文土器前期末期には遼寧式銅剣が出現しており、その年代が紀元前 9 ～ 8 世紀とすれば、その直後の無文土器後期初頭の先松菊里時期は紀元前 8 世紀頃を上限とすることができるであろう。したがって、先松菊里式に平行する弥生の起源は、紀元前 8 世紀頃（宮本 2008b・2014a）となる。

第 2 の観点は、遼東遼寧式銅剣起源説から、遼西の遼寧式銅剣が紀元前 9 ～ 8 世紀であっても、遼東では遼寧式銅剣が紀元前 9 世紀以前の紀元前 11 ～ 9 世紀頃には出現していた可能性があり、それが伝播した朝鮮半島の遼寧式銅剣も年代が古いという主張である。近年発見された京畿道完州駅洞石槨墓では古式の遼寧式銅剣が出土しているが、古人骨の実年代は 1265 ～ 1056 cal. BC であり（宮本 2014a）、その年代通りに考えれば、韓国の遼寧式銅剣も古いことになる。無文土器前期末の年代をそのあたりに置けば、無文土器後期初頭の先松菊里に平行する弥生開始の実年代は、紀元前 11 ～ 10 世紀頃（春成 2006）、紀元前 9 世紀頃（大貫 2007b）という主張になる。

一方、これらとは反対に韓国の遼寧式銅剣の実年代をかなり遅いものとする考え方もある。遼寧式銅剣の新しい段階の遼寧式銅剣Ⅱｃ式やⅢｃ式が粘土帯土器と共伴する事実などから、その年代を細形銅剣の出現時期に近いものとみて、韓国の遼寧式銅剣年代下降説から弥生の起源を紀元前6・5世紀と考える（岩永 2011）。しかし、この韓国南部の遼寧式銅剣の年代を新しくとらえる考え方は成り立たない。すでに前章で示したように、遼寧式銅剣Ⅱｃ・Ⅲｃ式に伴う粘土帯土器の年代が紀元前6～5世紀と考えられることは明確であり、それに先立つ韓国の古式遼寧式銅剣の年代がその年代を遡ることは道理である。したがって、弥生開始期の年代も当然紀元前6～5世紀より遡るものである。

　以上のように、東北アジアの遼寧式銅剣の実年代をどのように考えるかでも、弥生起源の実年代は異なっていく。本書では、理化学的な年代あるいは寒冷期の実年代から推測した弥生の起源が紀元前8世紀とする年代観と、遼寧式銅剣という相対年代観を基にした中国青銅彝器からの実年代推定による弥生の起源が紀元前8世紀とする実年代観を提示した。いわば、理化学的年代と相対年代による実年代観が一致したわけであり、ここに北部九州における弥生の起源時期を紀元前8世紀と主張するものである。

7．まとめ——弥生時代開始の実年代への視座——

　北部九州では、弥生時代中期後半以降に認められる前漢鏡によって、おおよその実年代をはじめて示したのは岡崎敬であった（岡崎 1977）。それは、漢の楽浪郡の設置という因果性によってその年代観を歴史的な俎上に載せる試みでもあった。しかしそれが長い間学会での定説にならなかったのは、古墳時代のはじまりに関する年代観やそれに伴った畿内第Ⅳ様式を紀元後2世紀末の倭国の大乱に結びつける解釈によって、年代の矛盾が存在したことによる。しかも、この年代観は古墳時代前期の大和王権に対する解釈と結びついていたものであって、さらには中国文明の周辺に存在するという文化伝播観から起きる傾斜編年によるものであった（宮本 2003d）。AMS年代による弥生の開始年代に関する問題提起以来、筆者の一貫した主張は、AMS年代の精度問題やその疑義にあるのではなく、東北アジア全体の考古学的な相対編年の枠組みの中で、弥生時代前半期を相対化することが必要というものである。そしてまた、漢鏡出現以前の弥生時代は、大きくいって殷周から漢王朝に至る中国文明とは直接関係のないもので、むしろ中国北方から東北アジアに至る北方世界の枠組みの中で歴史的な理解がなされるべきであるという主張である。ただし、そういった流れの中でも、中国北方に位置する燕の領土的拡張という中国文明の成長と拡大が、東北アジアの歴史的動態を大きく変えたということも重要であり、これが二つ目の主張にあたる。

　本章では弥生の始まりから弥生前期末・中期初頭に至る間を、東北アジア全体の中に位置づけた。それは大きく次のような朝鮮半島青銅器文化段階区分（表40）や、朝鮮半島と北部九州の平行関係（表42）によってまとめることができる。

　先松菊里式に併行関係が認められる北部九州の弥生早期は、東北アジアで遼寧式銅剣が普及する段階に一致している。それは朝鮮半島青銅器文化Ⅰｂ段階であり、紀元前8世紀に始まる。そし

てその実年代観は、理化学的年代や寒冷期の実年代に一致するものであった。この段階の灌漑農耕からなる弥生文化の成立は、直接的には渡来民によってもたらされたものではあるが、東北アジア全体の農耕化の流れにあることは、すでに第8章や第9章で詳述している（宮本 2009a・b）。北部九州の弥生前期前半である板付Ⅰ式・Ⅱa式は松菊里式段階に併行し、朝鮮半島青銅器文化Ⅰc段階にある。遼西で燕の影響が見られ始める段階であり、遼西型銅戈が出現する段階である。さらに板付Ⅱa式〜Ⅱc式の弥生前期後半期は、朝鮮半島青銅器文化Ⅱ段階で粘土帯土器や細形銅剣・木棺墓が朝鮮半島に広がる段階であり、列島にも円形粘土帯土器がもたらされている。紀元前5世紀のこの段階に、遼西では燕文化の影響が次第に強くなり、燕による政治的な間接支配が認められる。遼東半島の尹家村2期文化や遼東内陸部の涼泉文化をはじめとする粘土帯土器文化の南下現象は、遼西における燕文化の間接支配を含めた文化的かつ政治的圧力によるものであり、朝鮮半島の文化変動はここに因果性が認められる。またこのような燕の軍事的な脅威の中に、朝鮮半島で細形銅剣が自己開発されたと理解できる。さらに紀元前3世紀の弥生前期末・中期初頭は、朝鮮半島青銅器文化Ⅲ段階の始まりに一致している。紀元前300年頃の遼東郡を含む5郡の設置があり、遼東郡までの燕の直接支配が生まれる。これにより、朝鮮半島ではその軍事的緊張の中に細形銅戈や鉄製品が開発されることになる。そして、その一部が北部九州にまで渡来民の接触とともにもたらされる。さらに、渡来民を中心として北部九州で青銅器生産が始まっていく。

　以上のように、弥生の実年代を実証することにより、弥生時代を含めて、日本列島の先史時代を東アジア史で正当に位置づけることが可能となったのである。

第13章　板付土器様式の拡散と西日本の弥生時代前期

　弥生時代早期は縄文から弥生の移行期であり、その移行過程は北部九州に限られている。水田による稲作農耕が始まったのは北部九州に限られる。しかも板付遺跡などの福岡平野を中心として遅れて菜畑遺跡などの水田（山崎 1987a）が認められる。水稲農耕を以て弥生時代の始まりとするならば、水田という灌漑農耕の出現を以て時代設定が可能であり（佐原 1983）、それは弥生時代早期とされる時代ではあるが、唐津平野から福岡平野の北部九州の一部に限られるといえるであろう。

　弥生時代早期、朝鮮半島南部の無文土器文化とりわけ先松菊里段階の無文土器の影響を受けて、壺や板付祖形甕のような新たな土器組成が生まれるとともに、深鉢や浅鉢といった縄文文化の伝統的な器種が混在しているのが、夜臼Ⅰ式・Ⅱ式であった。弥生時代早期は縄文から弥生への移行期に相当しており、夜臼Ⅰ式から急激な変化が生まれたわけではない。

　夜臼Ⅰ式段階には水田や支石墓といった朝鮮半島南部伝来の生業や墓制が登場し、夜臼Ⅱa式段階から福岡平野にさらに土壙墓が出現している。夜臼Ⅱb式から那珂遺跡などの環濠集落が福岡平野に始まる。このように、朝鮮半島無文土器文化の文化要素である支石墓、水田、環濠集落などは弥生時代早期においても漸移的に採用されており、しかもその受容の母体は、夜臼Ⅰ式段階には唐津平野から糸島平野の玄界灘西部にあったが、夜臼Ⅱa式以降はむしろ福岡以東の玄界灘以東に移っていることは、第9章で論じた。そうした中で、第10章で論述したように、福岡平野を中心に板付祖形甕から板付Ⅰ式甕が生まれ、壺、甕、鉢（高坏）といった弥生土器様式である板付Ⅰ式が成立するに至ったのである（宮本 2011c）。しかも、無文土器文化の土器製作技術であった幅広粘土帯、粘土帯の外傾接合、ハケメによる器面調整、さらには覆い型野焼き焼成技術などの大陸的な土器製作技術が普及するのが、この板付Ⅰ式段階であり、弥生時代早期の移行期にはこの無文土器的製作技術はあまり受容されていない（三阪 2014）。

　こうした板付Ⅰ式様式こそ、水田、環濠集落と貯蔵穴、土壙墓による列状埋葬墓といった無文土器に起源を持つ文化様式を複合化させた新たな初期農耕文化を成立させたのである。この複合化した初期農耕文化は、福岡平野を核として瀬戸内や近畿へ、あるいは日本海岸を伝わって山陰へ、また太平洋沿岸を伝わって四国南岸へ、さらには南方の鳥栖地域へと拡散していく（図94）。まさにこの拡散の動きは、無文土器文化が北部九州へ拡散したのと同じように、こうした地域で新たな縄文から弥生の移行過程が見られる段階である。こうした段階を、考古学的資料から西日本全体でどのように移行していくかを地域ごとの差異とともに眺めてみたい。そこで、土器、磨製石剣、墓葬、水田、環濠集落などの文化要素ごとにその伝播過程を見ながら、西日本における初期農耕の拡散過程ならびに弥生文化の成立過程を眺めることにしたい。

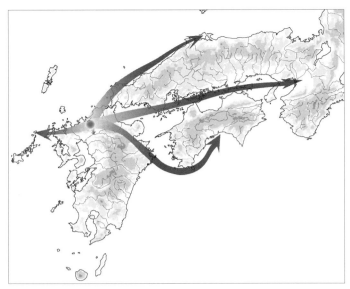
図94　板付土器様式の伝播過程

1. 板付土器様式の拡散

　板付土器様式がどのようにして生成してきたかについては、第10章でその内容を述べてきた。夜臼Ⅰ式・Ⅱ式の弥生時代早期段階の北部九州では、無文土器との接触によって生まれた壺形土器と、縄文以来の伝統にある深鉢である刻目凸帯文土器と浅鉢といった弥生文化と縄文文化の土器系統が複合した状態を示していた。この中で、無文土器の系統ないしは無文土器文化との接触の中で生まれた板付祖形甕が夜臼Ⅰ式以来わずかに存在していたが、夜臼Ⅱ式以降もその系譜が存在し板付式甕に変化していった地域は、福岡平野であることは第10章で詳述した。あるいは、板付祖形甕から板付式甕が生成する過程を追えるのは、福岡平野のみであることを述べてきた。こうした一貫した無文土器文化との接触は、第9章で述べたように、夜臼Ⅱ式以降、無文土器文化の接触主体の故地が洛東江下流域にあり、対馬北岸、福岡平野という伝播経路に変化したこと（宮本 2012a）と関係しているであろう。

　しかし、こうした福岡平野を核として板付土器様式が確立し、これが遠賀川式土器として瀬戸内・近畿へと拡散するとする見方に対し、北部九州（玄界灘）東部ないし九州東北部で遠賀川式土器が成立したのではないかとする考え方がある（田畑 2000、小南 2012）。特に板付Ⅰb式の板付式甕に認められる頸部の段部の成立が、縄文の突帯文のうち二条突帯の頸部から生まれたとするものである。こうした甕が福岡平野などの板付式には存在せず、遠賀川式土器として区分される場合がある（田畑 2000）。二条突帯は福岡平野など玄界灘西部にはあまり認められず、むしろ一条突帯文が主流であることも、この考え方の根拠の一つになっている。最近では、こうした考え方を踏まえ、松尾奈緒子が宗像市今川遺跡などの分析によって、この板付Ⅰb式の有段甕の成立過程を説明し、遠賀川式土器の成立を宗像以東の玄界灘東部に求めている（松尾 2012）。特に瀬戸内・近畿の遠賀川式である板付Ⅱa式以降の特徴として甕の頸部に平行沈線が成立していくが、この成立がこのような頸部有段甕にあると考える（家根 1993、豆谷 1995）からである。

　ところでこうした頸部有段甕は玄界灘東部にのみ存在するものであろうか。近年公表された福岡市西区長浜貝塚では、板付Ⅰ式土器が単純に出土している（宮本 2015c）。長浜貝塚A貝塚という小貝塚から出土したものである。ここで注目されるのは、板付Ⅰb式の頸部有段甕が存在するという点である（図95-7）。また、口縁から頸部までを撫でてハケメを消すような頸部を区分する

第13章 板付土器様式の拡散と西日本の弥生時代前期　247

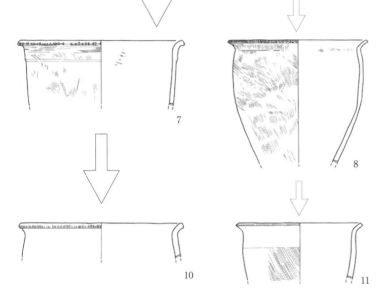
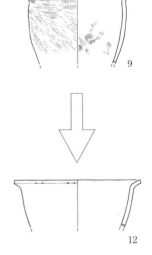

図95　福岡市長浜貝塚出土板付式甕の変遷（縮尺1/6）

意識が存在する板付Ⅱa式（同11）や無文の板付Ⅱa式（同10・12）が認められる。長浜貝塚の位置は、福岡平野より西で早良平野よりさらに西部の糸島平野に近い位置に存在する。このことは、宗像平野など玄界灘東部に頸部有段甕が生まれただけではなく、福岡平野より西部の糸島平野にも頸部有段甕が生まれていることを意味している。すなわち福岡平野を中心として同心円状でこのような新しい型式の板付Ⅱa式が生まれていることになる。そして頸部のハケメをナデ消すことによって、沈線ではない方法で頸部有段部の痕跡器官を残すことになるのである（同11）。こうした

頸部をナデ消す板付Ⅱa式甕は、糸島平野や唐津平野など福岡平野以西の玄界灘西部の地域的特徴となっていく。すなわち、型式変化の新しいものが同心円的に拡散している現象として理解できると思われる。こうした根拠からも、福岡平野を核として板付土器様式が生まれ、それが地理的に離れた地域で型式的に新しい段階のものが生まれていくというふうに見ることができるであろう。

　興味深いことに、板付式の新しい型式である板付Ⅱa式は遠賀川式と呼ばれているが、それは九州東北部から瀬戸内・近畿に一般的な頸部沈線をもつ板付式甕を以て特殊な型式として遠賀川式と認識されたと考えるべきであろう。その意味で、板付Ⅰ式が変化した福岡平野以西の板付Ⅱa式甕と福岡以東の板付Ⅱa式甕には地域差が存在しているのである。福岡平野以西の板付Ⅱa式甕は、頸部に平行沈線文をもつものもあるが、すでに指摘したように頸部をナデ消す特徴が主体を占める。こうした特徴は佐賀県唐津市菜畑遺跡（唐津市教育委員会 1982）、長崎県佐世保市四反田遺跡（佐世保市教育委員会 1994）、佐賀県鳥栖市八ツ並金丸遺跡（佐賀県教育委員会 2003）などで認められる。

　その地域差からみられる玄界灘西部から瀬戸内・近畿の板付Ⅰb・Ⅱa式を学史的には遠賀川式と呼んでいるが、地域差を含め系統的な変化としては板付土器様式と呼ぶべきであろう。したがって、遠賀川式を含め、板付土器様式が福岡平野を核として、玄界灘東部から瀬戸内や近畿あるいは山陰、あるいは四国南岸へと広がっていったのと同時に、福岡平野を核として玄界灘西部、さらには三郡山地を越えて鳥栖地域へと広がっていったのである（図94）。また、藤尾慎一郎が呼ぶところの岡山平野から近畿に見られる外反口縁甕（藤尾 2003b）も、この地域の板付Ⅱa式の地域性を示すものである。とともに大阪府讃良郡条里遺跡にみられるように、板付Ⅰ式〜板付Ⅱa式段階に板付式土器が近畿に到達しており、この地域化したものとして外反口縁甕が近畿に認められると考えるべきであろう。

　次の14章で詳述することになるが、縄文土器と板付式甕などの弥生土器との間には、特に炊具にみられるような土器の製作技法に大きな差異が認められる。そしてそうした土器製作技術が朝鮮半島の無文土器から伝来したこともよく知られた事実である（家根 1984、三坂 2014）。それらの新たな土器製作技術とは、幅広粘土帯、粘土帯の外傾接合、甕など土器表面のハケメ調整、覆い型野焼き焼成といった技術である。しかし、そうした技術が揃うのも北部九州では板付Ⅰ式以降の弥生時代前期にあり、夜臼式などの弥生時代前期に認められない（三阪 2014）。土器の製作技術が無文土器化するのは、北部九州では、水田、木棺墓、環濠集落といった弥生文化の要素が漸移的に揃っていったように、その最後の段階である板付土器様式の完成後であったといえよう。水田などの新たな文化様式と無文土器的製作技術を持った板付土器様式が、各地に伝播していくことになる。特に無文土器的土器製作技術に関しては、100％に近い形で採用された板付土器様式が、岡山平野や近畿に広がっていくのである。そうした板付土器様式の伝播過程とは、下條信行がいうような（下條 1993）、湾伝いのリレー式な文化伝播であり、それぞれの湾においてそれぞれの縄文文化との融合が始まっていくのである。こうしたリレー式の伝播様相を他の考古資料からも解き明かしたい。

2．一段柄磨製石剣Ｂ式の拡散

　朝鮮半島の磨製石剣が北部九州へどのように入ってきたかを、朝鮮半島の磨製石剣の型式分類を基に第９章で検討してきた。型式学的な検討では、すでに黒川式段階から、貫川遺跡に見られるような石包丁（前田・武末1994）と同じように、北部九州へ流入していた可能性がある（宮本2012a）。夜臼Ⅰ式段階では唐津・糸島平野など玄界灘沿岸西部に分布し、夜臼Ⅱ式以降は福岡以西の玄界灘東岸に出土するという分布差が認められるだけでなく、それらの磨製石剣の型式に差異が認められる。Ａ・Ｄ式とＢ式・有節式であるが、前者は朝鮮半島南海岸に、後者は錦江流域から洛東江流域に認められ、朝鮮半島からの発信源を異にしている。さらに途中の対馬での分布も異にし、朝鮮半島からの無文土器文化の接触の差、すなわち渡来民の地域的な差異と北部九州への流入経路・渡航先の差異を推定してきた（宮本2012a）。ここでは、板付Ⅰ式以降の土器様式の拡散とこうした磨製石剣の拡散が存在するかに興味が持たれるところである。九州以外での磨製石剣は、瀬戸内沿岸とりわけ松山平野を中心に出土が認められる。瀬戸内の磨製石剣についてはすでに下條信行の詳しい論考がある（下條1994）。この論考を踏まえ、第９章で提起した北部九州の磨製石剣の型式を基に、九州・瀬戸内の磨製石剣を再検討してみたい。

　日本出土の磨製石剣に関してはすでに武末純一によって示され（武末1982・1991）、さらに瀬戸内の磨製石剣に関しては下條信行の論考（下條1994）がある。瀬戸内以西で出土している磨製石剣（表43）は、伝徳山の二段柄式を除き、すべてが一段柄式のＢ式に属する。第９章で言及したように、一段柄式磨製石剣Ｂ式は玄界灘沿岸東部に分布が集中している。このＢ式がさらに瀬戸内以西に伝播したとすることができよう。鍔部が有節を示すＢ式は、さらに細分が可能である（図96）。鍔部が有節そのものであるＢⅠ式（図96-1）、有節の鍔部が形骸化して稜線を残すのみのＢⅡ式（同2・3）、さらに有節鍔部が扁平化して方形状をなすＢⅢ式（同4・5）である。ＢⅢ式は一見Ａ式の系統の可能性も考えられるが、鍔が方形状で扁平をなすものは朝鮮半島や九州には存在せず、瀬戸内以西でＢⅠ式の系譜の中で変化したものと考えることができる。また、

表43　瀬戸内・近畿出土の磨製石剣集成

番号	地域	遺跡名	所在地	石剣型式	石材	備考
1		伝徳山市		二段柄式	凝灰質頁岩	出土地不詳
2	道後平野	宝剣田	愛媛県伊予郡松前町	ＢⅠ式	凝灰質頁岩	
3	道後平野	田の浦	愛媛県伊予郡砥部町	ＢⅡ式	頁岩	
4	道後平野	寺山	愛媛県伊予市	ＢⅡ式	頁岩	
5	道後平野	東谷	愛媛県伊予市宮の下	ＢⅢ式	頁岩	
6	道後平野	石手寺所蔵	愛媛県松山市	ＢⅢ式	頁岩	
7	道後平野	乳母懐	愛媛県松山市鷹ノ子		緑色片岩	
8	道後平野	桑原	愛媛県松山市桑原		黒色片岩	
9	高松平野	庵治沖	香川県木田郡庵治町	ＢⅢ式	堆積岩	
10	高知平野	田村Ｅ６区SR601	高知県南国市		粘板岩	基部のみ
11	大阪平野	池上Ｇ溝内	大阪府和泉市		緑色片岩	
12	濃尾平野	高師原	愛知県豊橋市			

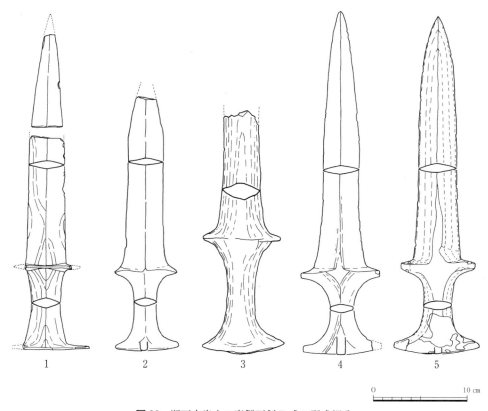

図 96 瀬戸内出土の磨製石剣 B 式の型式細分
1：宝剣田、2：寺山、3：田の浦、4：石手寺蔵、5：庵寺沖（縮尺 1/4）

表 44 九州出土の磨製石剣 B 式集成表

地域	図 98 番号	遺跡名	所在地	石剣型式	出土遺構
対馬	2	船志	長崎県対馬市上対馬町	B I 式	
福岡平野	16	雑餉隈 11 号木棺墓	福岡市博多区新和町	B I 式	木棺墓（土壙Ⅳ）
	17	雑餉隈 15 号墓	福岡市博多区新和町	B I 式	木棺墓（土壙Ⅳ）
	19	宇美	福岡県糟屋郡宇美町	B I 式	
宗像	20	田久松ヶ浦 SK201	福岡県宗像市田久	B I 式	土壙墓（土壙Ⅲ）
	21	田久松ヶ浦 SK206	福岡県宗像市田久	B I 式	木棺墓（石蓋石槨）
	22	久原 SK8	福岡県宗像市久原	B I 式	木棺墓（土壙Ⅲ）
	23	玄海町	福岡県宗像市吉田	B Ⅱ式	
遠賀川流域	25	仲間中学校校庭	福岡県中間市垣尾	B Ⅱ式	
	27	御館山山麓	福岡県中間市御館町	B Ⅱ式	
	28	垣生猿喰	福岡県中間市垣生	B Ⅱ式	
	31	原若狭	福岡県田川市	B Ⅱ式	
	32	天生田	福岡県行橋市	B I 式	
筑後平野	34	永吉	佐賀県鳥栖市	B Ⅱ式	
	37	吹上原	大分県日田市吹上町	B Ⅱ式	
熊本平野	38	清和村	熊本県上益城郡大和町	B Ⅱ式	
大野台地	40	千歳	大分県豊後大野市千歳町	B I 式	

第 13 章　板付土器様式の拡散と西日本の弥生時代前期　251

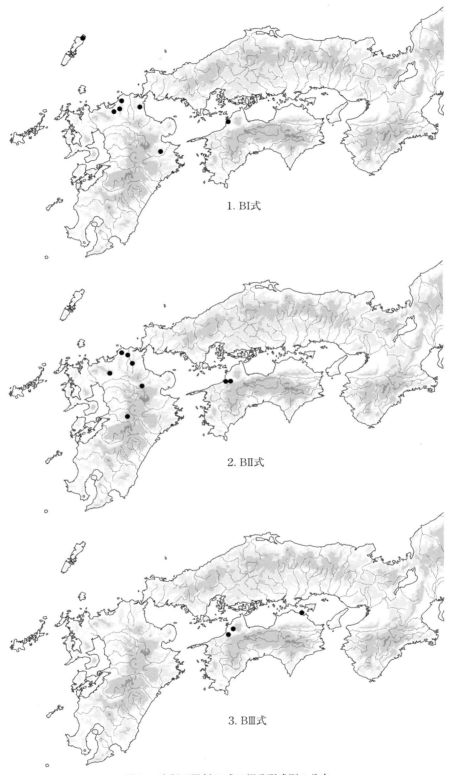

1. BI式

2. BII式

3. BIII式

図 97　磨製石器剣 B 式の細分型式別の分布

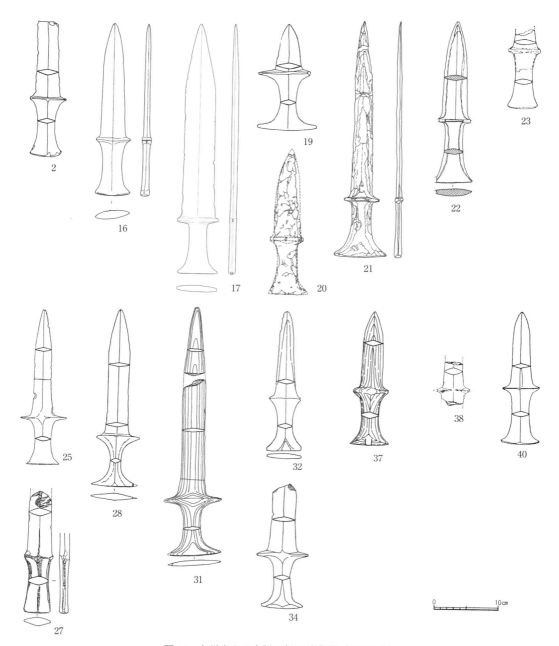

図98 九州出土の磨製石剣B式集成（縮尺1/6）

方形の鍔部分は剣身側と柄部側から研磨することによって創出しており、BⅡ式の技法的な延長で生まれたものと考えられる。

　ここで九州を含め西日本における細分型式の分布を見るならば、細分型式ごとに分布差が認められる（図97）。さて、第9章で九州出土の磨製石剣について述べてきた。そこでは朴宣映（2009）の朝鮮半島出土磨製石剣の分類にもとづき議論をしたが、ここでは先に示した顎部の形態にもとづ

いて一段柄磨製石剣Ｂ式を再度分類し直してみた（表44）。なお、瀬戸内では後世の招来品の可能性が高い伝徳山出土の二段柄式（下條 1994）を除いて、分布の議論をしておきたい。ＢⅠ式は朝鮮半島南部で製作されたものが、北部九州にもたらされた可能性があるが、ＢⅡ式は北部九州・東九州から瀬戸内に認められる（図97）。表44で示した九州の磨製石剣Ｂ式の内、ＢⅡ式は、鳥栖市永吉（図98-34）、宗像市玄海町吉田（同23）、中間市垣生猿喰（同28）、田川市原若狭（同31）、行橋市天生田（同32）、熊本県益城郡清和村（同38）などに見られる。ＢⅡ式は筑後から豊前・豊後に分布が見られ、玄界灘東部の周辺域に分布している。ＢⅡ式はその製作地が、北部九州から東九州である可能性があり、それが瀬戸内にもたらされたと考える方が合理的であろう。さらにＢⅢ式は瀬戸内あるいは松山平野で自家生産されたものの可能性が高い（図97）。ＢⅢ式の香川県高松市庵治の例（図96-5）は、松山平野からもたらされた可能性もある。このように一段柄磨製石剣Ｂ式は、上記した板付土器様式の拡散に伴って、拡散したものと考えられる。

3．列状埋葬墓の拡散

　弥生時代早期に認められる支石墓と朝鮮半島南海岸で支石墓から生まれた土壙墓は、時間差と地域差を持ちながら北部九州に出現している（宮本 2012a）。このうち、土壙墓は木棺を伴っている可能性があり、その最も古いものが、夜臼Ⅱａ式の福岡市雑餉隈遺跡である。板付Ⅰ式以降になると土壙墓が普及し、支石墓分布圏である糸島半島や唐津平野にも認められる。この中で、福岡平野の下月隈天神森遺跡（図99-1）では、二つの列状に土壙墓が配置されるいわゆる二列埋葬墓に近い墓列形態をなす（福岡市教育委員会 1996）。二列埋葬墓は縄文社会の原理である双分制の社会原理が弥生社会にも残り（田中 1998）、縄文社会の伝統を引くことを意味している（溝口 2008）。しかし、二列埋葬墓は一般的に弥生時代中期の甕棺墓から北部九州に現れるものであり、二列埋葬墓地がその墓道状帯状空間を葬送行列により集団構成員間の共（協）同性の確認の場であると解釈する（溝口 1995）見方もある。その点で、すでに第8章の唐津市大友遺跡での分析で示したように、大友遺跡では支石墓から木棺墓さらに甕棺墓へと移行していく過程で、拡大家族のような集団の拡大を示し、大きく二つのクランからなる二群の墓地構成に転換していくとともに（宮本 2003e）、集団内での分節化を表している。そして列状埋葬墓は、初期農耕社会における耕作地の相続などリネージの正統な連続性を示すことに意味がある。一方、二列埋葬墓のような縄文社会的な伝統が再び具現化するのが、弥生時代中期初頭にあることを注意すべきであろう。

　したがって、弥生時代前期前半の下月隈天神森遺跡の列状埋葬墓を中期以降の二列埋葬墓と同列に位置づけてよいかという問題がある。翻って支石墓や木棺墓が朝鮮半島南部に本貫があることを第9章で述べてきたが、朝鮮半島南海岸地域における支石墓は列状密集型墓域を特徴としている（中村 2007）。むしろ下月隈天神森遺跡のような列状埋葬墓（図99-1）は、朝鮮半島南部の列状密集型墓域の社会的な規範を採用しているものと考えられる。弥生時代中期以降の二列埋葬墓のような葬送行列による墓道状帯状空間を意識したものではないといえよう。このような弥生時代前期前半の列状埋葬墓は、福岡市下月隈天神森遺跡以外でもあり、遠賀川上流域の福岡県嘉穂町原田遺

1. 下月隈天神森遺跡

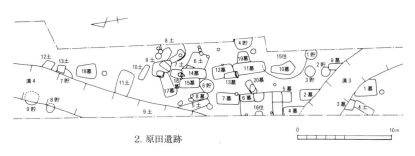

2. 原田遺跡

図99 北部九州の列状埋葬墓

跡（嘉穂町教育委員会 1997）において、列状の木棺墓群が発見されている（図99-2）。福岡平野を中心に列状埋葬墓は弥生時代前期初頭から出現し、さらに東方へと広がっていくのである。

　この列状埋葬墓は、さらに磨製石剣と同じように拡がり、愛媛県松山市持田3丁目遺跡の列状埋葬墓（図100-1）に認めることができる。この列状埋葬墓は、副葬品として小壺や磨製石剣・磨製石鏃、管玉をもつものであり、埋葬原理は北部九州のものと同じである。この墓地の初出年代は弥生時代前期前半新段階と考えられており（愛媛県埋蔵文化財調査センター 1995）、年代的にも弥生時代前期板付Ⅰ式期に福岡平野で確立した列状埋葬墓の風習が瀬戸内西部まで拡散したということができるであろう。

　さらに瀬戸内東部では徳島市庄・蔵本遺跡（徳島大学埋蔵文化財調査室 1998）に同様な列状埋葬墓の事例（図100-2）が認められる。これらは弥生時代の石棺墓や土壙墓からなるが、石棺墓は北部九州の石蓋石槨土壙墓（宮本 2012a）に相当し、土壙墓とともに本来木棺墓として造営されたものと推定される。列状埋葬墓の形態からも北部九州の板付土器様式の拡散に伴うものと考えられるが、これらが木棺墓であるならば、板付土器様式の文化コンプレックスとも呼べる北部九州から瀬戸内への文化様式の拡散として捉えることができる。

第 13 章　板付土器様式の拡散と西日本の弥生時代前期　255

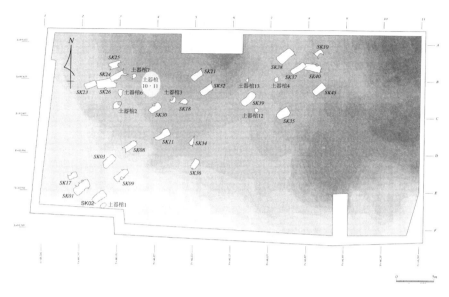

1　持田 3 丁目遺跡

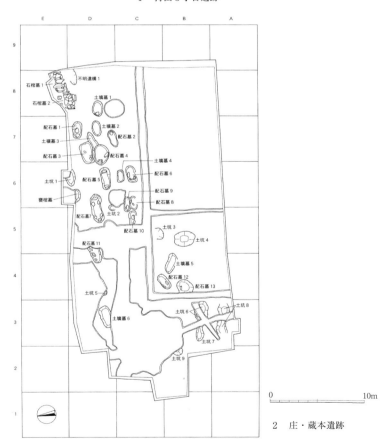

2　庄・蔵本遺跡

図 100　瀬戸内の列状埋葬墓

4．水稲農耕の拡散

　香川県高松市林坊次郎遺跡出土の木製諸手鍬のように、刻目凸帯文土器期まで遡る可能性のある木製農具があり、稲作農耕の始まりが瀬戸内地域でも弥生時代早期平行期に遡る可能性がある。しかし、確実に水田遺構で刻目凸帯文土器期まで遡る遺跡は、今のところ瀬戸内では見つかっていない。近年の土器圧痕分析によって、縄文晩期刻目凸帯文土器期に西日本においてイネの存在は明らかになっているが、この段階に水田が存在した痕跡はない。南九州の縄文晩期刻目凸帯文土器期に水田が発見されたとされる宮崎県都城市坂元A遺跡（都城市教育委員会 2006）でも、水田遺跡といわれるものには畦畔は存在せず、土壌内のイネのプラントオパールの多さから水田と判断されるものである。いわゆる天水田（田崎 2002b）と呼ばれるものであり、畦畔と灌漑用水路を持つ水田を伴う灌漑農耕段階ではない。天水田段階には水稲農耕は始まっていても技術的に低い、低レベル水稲農耕段階として規定でき、原初的農耕段階である。こうした水田を伴わない原初的な稲作農耕が、西日本に広がる縄文晩期刻目凸帯文土器段階の農耕ということができるであろう。

　イネの土器圧痕分析では、島根県板矢Ⅲ遺跡や島根県松江市石台遺跡で刻目凸帯文土器最古段階のイネが発見されているが、これは北部九州の黒川式後半段階にあたっている。すなわち弥生時代早期以前のイネの存在を物語っているのである。北部九州ではすでに北九州市貫川遺跡で黒川式段階の石包丁が出土している（前田・武末 1994）。さらに黒川式土器に無文土器の孔列文様が模倣されたり、型式的にはこの段階の磨製石剣が流入している可能性がある（宮本 2012a）。すなわち黒川式段階には北部九州と朝鮮半島南部の無文土器文化とは接触していた可能性があるのである。そしてまたこの段階にイネが流入している可能性がある。しかし、この段階では未だ畦畔を伴う水田は流入していないと考えられる。朝鮮半島南部の無文土器前期後半にあたる段階の水田遺構の存在はかなり少ないものであり、明確に無文土器前期に遡る水田に関しては未だ議論があるところである。このように朝鮮半島南部においても水田は存在しながらも定着していない段階には、水稲といっても自然の水源を利用した天水田であり、そのような稲作農耕が黒川式段階に北部九州に入り、刻目凸帯文土器期の西日本にイネが伝播したと考えられる。

　一方、完成した形態の灌漑水田が北部九州に現れるのは、弥生時代早期の夜臼Ⅰ式段階であり、早良平野や福岡平野の室見川、那珂川、御笠川などの各河川流域で水田遺構が発見されている（図101）。これは、壺などが出現する土器様式の変革期にあたり、本格的な朝鮮半島無文土器と北部九州の刻目凸帯文土器の接触時期に相当している。水田という灌漑農耕技術が渡来人とともに夜臼Ⅰ式期に北部九州に流入してきたことを示している。そして、福岡平野から瀬戸内などを経由して近畿へと灌漑水田が伝播するのは、弥生時代前期以降、すなわち板付土器様式（遠賀川式土器）の伝播以降である。

　その遅れた伝播の一例として、岡山平野の事例を眺めてみたい。かつて岡山平野の津島江道遺跡で発見された水田遺構は、沢田式の刻目凸帯文土器期まで遡ると考えられていた。しかしながら弥生時代前期の岡山の水田遺構を再検討した草原孝典によれば、刻目凸帯文土器時期に遡る水田遺構

は津島江道遺跡のみであり、津島江道遺跡も弥生時代前期の水田である可能性が指摘されている（草原 2010）。津島江道遺跡上層水田は弥生時代前期3期と考えられており（草原 2010）、下層水田はそれより古く、弥生時代前期2期ないし前期1期ということができるであろう。岡山平野の場合、津島遺跡において板付Ⅰ式ないしⅡa式古段階が認められ、弥生時代前期1期ということができる。ここでいう弥生時代前期2期は板付Ⅱa式新段階に相当し、下層水田はどちらにしろ板付Ⅱa式段階に相当しよう。したがって岡山平野に水田が出現するのは、板付土器様式の拡散以降にもたらされたものであり、弥生時代早期段階の刻目凸帯文土器期には水田の伝播はなかったことになる。

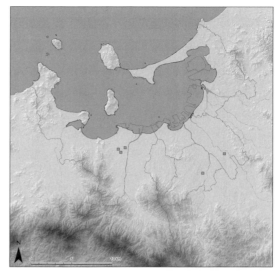

図 101　福岡平野における弥生早期の水田遺跡の位置

　こうした板付土器様式の拡散に伴う水田の伝播は、最近の水田遺構の発見で近畿地方にも当てはまることが明らかとなっている。京都大学構内遺跡では弥生時代前期の水田遺構が発見されている（伊藤 1999）。また、奈良県中西遺跡・秋津遺跡では弥生時代前期前半の水田遺構が検出され（岡田 2016）、大阪府高槻市安満遺跡でも弥生時代前期の水田が発見されている（内田 2016）。
　さらに京都盆地の比叡山西南麓においては、レプリカ法によって、板付Ⅰ式・Ⅱa式に平行する長原式段階からはアワ・キビなどの雑穀が出現するものの、弥生時代前期中段階からはイネが目立つ傾向にある（遠藤・伊藤 2013）。また、近畿周辺の近江盆地では弥生時代前期中段階の遠賀川系土器段階からイネが極端に増加することが知られている（遠藤 2013）。こうした傾向も、板付土器様式の拡散とともに水田が拡散することと関係があり、これによって板付土器様式の拡散が水稲農耕の拡散を意味しているのである。

5．環濠集落の拡散

　福岡平野を核として生まれたものとしては、環濠集落があるであろう。夜臼Ⅱb式単純期の那珂遺跡を初出として、福岡平野では図102にあるように河川単位に環濠集落が認められる。御笠川流域の板付遺跡や室見川流域の有田遺跡は、埋没時期が板付Ⅰ式段階であり（宮本 2011a・b）、掘削時期は夜臼Ⅱb式に遡る可能性が高い。いわば弥生時代早期に出現しているのである。こうした環濠集落がその他の地域で出現するのは弥生時代前期以降の板付式土器拡散以降ということができる。
　すでに岡山の水田の出現過程を眺めてきたが、岡山平野でも環濠集落が認められる。百間川沢田遺跡や清水谷遺跡で環濠集落が発見されている（岡山県古代吉備文化財センター 2013）。その出現

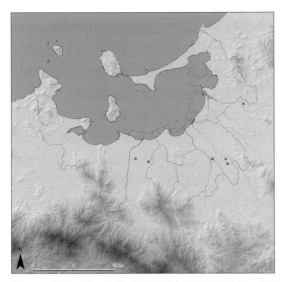

図102 福岡平野における弥生時代初頭の環濠集落の位置

年代は弥生時代前期2期であり、板付土器様式が岡山平野へ流入した後となる。百間川沢田遺跡にみられるような環濠集落（図103）が、弥生時代前期2期の前期中葉段階に出現している。掘削された環濠の断面V字形などは、板付遺跡などの福岡平野のものと同じであり、こうした土木技術が体系的に伝播したものと思われる。岡山平野では旭川支流の通称クロと呼ばれる黒色土が分布する地帯において水田が発達し、水田経営に成功することにより環濠集落が出現するという順番が考えられている（草原 2010）。このような水田の始まりの後に環濠集落が出現するという過程は、福岡平野で見られた弥生時代早期の様相と同一ということができるであろう。また、百間川沢田では、環濠集落の西側に水田域、北側に墓域を持つという空間構造が成立している（図103）。

近畿においても、奈良盆地では弥生時代前期に萩之本遺跡で水田が存在し、同じ弥生時代前期に川西根成柿遺跡で環濠集落が営まれている（岡田 2016）。また、大阪府安満遺跡でも弥生時代前期に水田とともに環濠集落が併存している（内田 2016）。遠賀川系土器が古くから知られている長岡京市雲宮遺跡からも、水田遺構は不明であるが、弥生時代前期後半古段階の環濠集落が発見されている（桐山編 2013）。こうした状況は、板付土器様式の拡散とともに、近畿においても水田さらに環濠集落がもたらされているということを意味していよう。

こうした水田から環濠集落の出現という出現順序は、四国南岸の高知県田村遺跡でも認められる。弥生時代前期前・中葉に水田が生まれ、その後、前期中葉後半に環濠が掘削され、短期間の内に埋まっている（出原 2009）。したがって、板付土器様式の拡散後、水田による灌漑農耕が始まり、その生産力の高まりの中で、食糧資源を保管・保護する意味からも環濠集落という防御機能を持った集落構造が出現したとすることができる。

環濠集落である板付遺跡では、環濠と弧状溝で閉ざされた空間に貯蔵穴群が存在し（宮本 2011a）、集落共同体が全体で食糧を保管していたことが重要である。弥生時代前期後半になると宗像市光岡長尾遺跡や苅田町葛川遺跡のような貯蔵穴のみを保護するための環濠集落が現れてくる。

こうした貯蔵穴も忠清南道公州市長善里遺跡（忠南発展研究院 2003）のように松菊里式段階に朝鮮半島には存在しており、貯蔵穴も無文土器文化に出自があるということができるであろう。それが環濠集落などとともに松菊里式文化から洛東江南岸を起点として福岡平野に夜臼Ⅱ式段階に伝播してきたものと考えられる。なお、朝鮮半島の貯蔵穴に関しては、他の水稲農耕の文化要素のような山東から遼東半島経由での朝鮮半島への伝播は考えられていない。遼西における夏家店下層文化からの系統が考えられている（下條 1995）。貯蔵穴の存在とともにその形態的な類似からは、遼

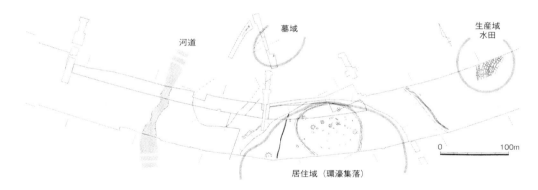

図 103　岡山市百間川沢田遺跡の環濠集落

西の夏家店下層文化に出自を求めざるを得ないが、この時期の遼西と遼東の関係は知られていない。現状ではこの後の夏家店上層文化時期における青銅器を介した類似性が、遼西、遼東、朝鮮半島に認められる。これは無文土器前期末以降の地域間関係であり、この時期に貯蔵穴の広がりが朝鮮半島南部まで達したものと考えておきたい。

　さて、このような貯蔵穴は、北部九州の弥生時代では土壙の下部が下膨れになる袋状土壙を呈している。ところが瀬戸内西部の周防や松山平野では、円柱状の土壙に変化している（森下 1986、宮本 1989）。こうした貯蔵穴は、遺構の認定が難しいところからも、瀬戸内東部以東では発見例が少ない。なお、岡山平野の百間川原尾島遺跡では集落内に弥生時代前期後葉から中期初頭の方形土坑が多数発見されており、土坑底面に柱坑を持つことなどから貯蔵穴の可能性が推定されている（岡山県古代吉備文化財センター 2013）。すなわち、福岡平野で集中した無文土器文化の松菊里式文化様式が、板付式土器様式の拡散とともに広がっていくが、地理勾配により脱落あるいは変容した文化要素も存在していたとすることができる。これは、弥生時代早期・前期に北部九州で認められる松菊里型住居が、岡山平野の百間川沢田遺跡などでも発見される（岡山県古代吉備文化財センター 2013）ことに示されるように、列状埋葬墓や一段柄磨製石剣 B 式とともに、北部九州の板付土器様式の文化要素が瀬戸内までは確実に広がっていく過程と類似していよう。

6．西日本の弥生時代前期

　第 10 章で詳述したように、板付土器様式の出現地は福岡平野にあった。玄界灘沿岸の刻目凸帯文土器期から板付 I 式・II a 式の変化において、遺跡の分布密度が早良平野から福岡平野に集中していくことも（宮本 2013a）、このことを示している。また、水田という灌漑農耕は夜臼 I 式に始まっているが、木棺を持つ可能性のある土壙墓、環濠集落、松菊里型住居、貯蔵穴、B 式磨製石剣などは、夜臼 II 式段階に洛東江下流域から対馬北岸を経由して福岡平野へと直接の文化接触によって生まれたものである可能性が高いものである。さらに、こうした中で板付祖形甕が集中する福岡平野において板付 I a 式甕が成立し、板付土器様式が確立する。この板付土器様式が東は瀬戸内か

ら近畿へ、あるいは山陰へ、あるいは四国南岸へ、西は糸島半島から西彼杵半島北岸、さらに南は鳥栖地域へと広がっていく（図94）。さらに一部は濃尾平野にまで拡大していく。下條信行は、こうした伝播過程を、それぞれの湾伝いにリレー式伝播として漸移的に広がっていく過程と理解している（下條 1995）。

確かに福岡平野より以西の土器様式の伝播は、面的というよりは湾ごとに点的に広がっている可能性が高い。そのため、福岡平野に生まれた板付土器様式は三郡山地を越えて南の鳥栖地域に広がる程度であり、弥生時代前期前半においては佐賀平野や熊本平野への板付土器様式の面的な広がりはみられない。同様に、瀬戸内や近畿、山陰、四国南岸の伝播は、海域の沿岸を点的に広がっている可能性が想定できよう。点的に広がり、点を拠点として周辺の縄文人たちと接触しながら板付土器様式が拡散ないし置換していく過程をモデル化できよう。こうしたモデル化は、大阪平野にみられる讃良郡条理遺跡の板付土器様式の集落と長原遺跡など刻目凸帯文土器の集落が並存している現象として（秋山 2007）理解が可能であるといえるのである。この板付土器様式の拡散期である板付Ⅰb式から板付Ⅱa式は、紀元前5世紀から紀元前4世紀に相当しており、第12章で示された一時的な寒冷期にも相当している（図93）。農耕集団である板付土器様式においても、寒冷期による人口圧が、西日本一帯に見られる広範な拡散現象の後押しになったことは間違いないであろう。それは湾ごとを巡るリレー式の集団移住であった。

そして、こうした板付土器様式の東伝とともに福岡平野で確立した松菊里文化的な文化要素が、水田、環濠集落という形で広がりつつ、一方でB式磨製石剣や列状埋葬墓あるいは松菊里型住居や貯蔵穴は、地理勾配を示しながら文化要素を欠落ないし変容しつつ伝播していくのである。こうした過程で、西日本において縄文文化から弥生文化への置換が果たされる。そして、水田を伴う灌漑農耕は板付式の伝播の後にまず獲得された生産様式であった。西日本の弥生文化の始まりは、このように弥生時代前期にあるのであり、弥生時代早期にはない。弥生時代早期は北部九州のみ存在し、同時期の他地域は縄文文化の段階に依然として止まっていたのである。

このように板付土器様式あるいはそれに伴う無文文化的要素が福岡平野を核として生まれ、それが拡散し縄文文化と置換していく現象は、北部九州でみられた弥生時代早期の縄文から弥生への置換と同じ現象ということができるであろう。そして西日本に板付土器様式が広がる弥生時代前期こそが日本列島の弥生文化の始まりとすることができる。その年代は第12章で詳述したように紀元前5世紀頃である。北部九州の弥生の始まりは紀元前8世紀頃であるが、教科書的な弥生の始まりとしてはこの弥生時代前期が適当であり、紀元前5世紀頃とすることができる。その点では従来通りの実年代観であり、教科書に見られる弥生の実年代を改訂する必要はないであろう。さらに、東日本や南九州への板付土器様式を基盤とする弥生文化の広がりは、弥生時代中期以降ということができ、紀元前3世紀以降とすることができる。北陸では小松市八日市地方遺跡のように環濠集落が弥生時代中期前葉以降に出現していく。また、関東では弥生時代中期後半から環濠集落が認められるようになる（石川 2010）。

こうした弥生文化の広がりの中で注目されるのが、青森県などに見られる遠賀川系土器の広がりおよび水田やコメの伝播である。遠賀川系土器は、青森県弘前市砂沢遺跡や八戸市松石橋遺跡（市

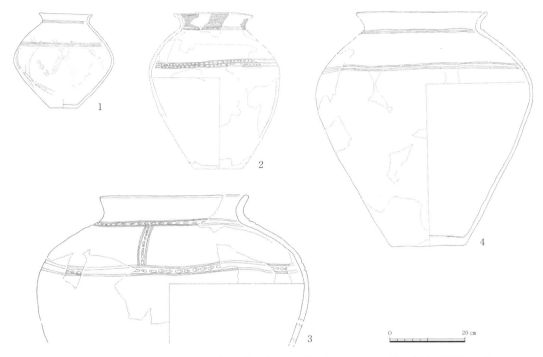

図104　東北北部地域にみられる遠賀川系土器　1：松石橋、2〜4：是川中居（縮尺1/10）

川・木村 1984)・是川中居遺跡（八戸遺跡調査会 2004)、秋田県東飛塚館跡（秋田県教育委員会 2003）などで認められる（図104）。これらの遠賀川系土器は、器形や文様などにおいて板付土器様式の壺に類似しているが、実見して確認できた土器（図104‐2・4）でいうかぎり、土器の製作技法は粘土紐や内傾接合などの縄文的な土器製作技法にもとづくものであった。すなわち、板付土器様式のような無文土器文化的な土器製作技法を斉一的に持つものではなく、縄文的な伝統の下に、土器の器形や文様をまねて作った土器であり、板付土器様式の文化伝播と大きく異なっている。すなわち東北の縄文文化の伝統を持った集団が、板付土器様式が拡散した東端である濃尾平野の集団あるいはそれ以東に遠賀川系土器が拡散した地域との何らかの文化接触の中に、それらの土器を模倣したものであろう。そうした文化接触ルートは、中部高地を抜けた日本海岸ルートが一般的に想定されている（伊藤 1985）。おそらくは水田あるいは水田技術も模倣といった情報伝達による文化伝播であったと考えられる。水田は、弥生時代前期の砂沢遺跡以降、弥生時代中期前半の垂柳遺跡まで存続するが、その後は、水田環境を確保できなかったせいか、水田は消滅していく。また、秋田市地蔵田B遺跡では弥生時代前期から中期初頭の環濠集落が発見されているものの（石川 2010)、小規模集落であり、縄文時代以来の社会伝統に模倣という情報伝達によって生まれたものであろう。この地域の縄文文化に系統を持つ集団が主体的に模倣によって取り込んだ稲作農耕文化であった。したがって西日本にみられた板付土器様式の拡散現象とは大きく異なった文化伝播・文化変容ということができる。

その点で、板付式土器（遠賀川式土器）の壺の文様が、朝鮮半島の無文土器あるいは弥生文化に出自を求めるものではなく、縄文晩期の亀ヶ岡式の壺に系譜を引くものであることが、最近になって主張されている（設楽・小林 2007）ことは興味深い。それは、北部九州などで出土する亀ヶ岡系土器の隆線重弧文を基に、板付式土器の重弧文や山形文が生まれたとするものである。この場合、夜臼Ⅱa式段階に、亀ヶ岡系土器の隆線重弧文を模倣することにより、重弧文が生まれたということができる。板付Ⅰ式成立以前に弥生移行期の刻目凸帯文土器文化と亀ヶ岡式土器文化の接触の中に、夜臼Ⅱa式壺での文様の模倣があり、それが板付式土器の壺の文様にも系譜的に繋がったということができるであろう。弥生移行期の刻目凸帯文土器文化が縄文文化へのアイデンティティを求めていたことを示しているのではないだろうか。あるいは福岡平野で生まれた板付式土器文化もこのような縄文文化へのアイデンティティを必要としていたのかもしれない。

注
（１）第9章では一段柄磨製石剣B式とC式を区分しているが、鍔に関しては両者ともに同じ特徴を示すところから、ここでは両者併せて一段柄磨製石剣B式としている。

第14章　土器情報の社会的意味に関する試論

　北部九州では西日本の他地域に先行する形で、無文土器の影響を受けながら土器の様式構造が変化していく（田中 1986）。すなわち無文土器の影響にある壺形土器とともに、縄文土器の系譜を引く刻目凸帯文土器深鉢と浅鉢が主体をなす。一方で、同じ煮沸具であり無文土器系統であるごく少数の板付祖形甕がその組成を担っている。こうした、無文土器系統の土器と縄文土器系統の土器が混在する段階が弥生時代早期とされる段階であり、そして壺形土器とともに、板付祖形甕から変化した板付式甕から土器組成をなす板付式土器様式へと変遷している（宮本 2011c）。この板付式土器様式が確立した段階が弥生時代前期であり、瀬戸内から近畿あるいは山陰、四国南岸など西日本へと拡散する段階であり、これまで遠賀川式の拡散として知られていた段階である。

　さて、縄文から弥生への移行期である弥生時代早期は、土器様式構造としても煮沸具としての縄文土器深鉢から板付式甕への置換現象として見なされる時期である。特にその置換現象は土器の器形上の系譜関係ばかりでなく、土器の製作技術の系譜関係の差異が議論されてきた。特に板付式土器が韓国無文土器の製作技術の系譜にあることを最初に論じたのは家根祥多であった（家根 1984）。それは、土器の粘土帯幅、土器の粘土帯の積み上げ方、器面調整の差異などである。また、土器焼成時の黒斑の形態から、縄文土器と無文土器の差異を示し、無文土器と弥生土器の黒斑形態が類似することから、縄文土器は開放型野焼きであるのに対し、無文土器と弥生土器は覆い型野焼きであるとする考え方が、実験考古学による論証過程を踏まえて提示されている（小林ほか 2000）。さらに近年では、こうした四つの技術的な属性について、北部九州の小地域単位でかつ弥生時代早期から前期という縄文から弥生の移行過程における土器製作技術の詳細な転換過程を論じた三阪一徳の論考がある（三阪 2014）。三阪によれば、土器焼成法を除くと無文土器的な技術転換は、弥生時代早期初頭の夜臼Ⅰ式にはほとんどみられず、その要素は夜臼Ⅱ式に向けて漸移的に増えているものの、無文土器的な技術へ置換するのは弥生時代前期の板付Ⅰ式段階になってからであると主張されている。

　こうした異なった系統の土器が組成化して様式構造をなした夜臼式すなわち弥生時代早期から、板付式土器様式という縄文とは別の系統の土器様式構造への置換が起きているのである。その置換過程では、折衷的な土器型式が成立するというよりは、土器の製作技術的には縄文から弥生あるいは縄文から無文土器へと置換していく現象として理解できる。こうした過程を社会現象としてどのように理解すべきであろうか。渡来人と縄文人の交配過程と理解する場合に、このような土器様式構造の置換が認められるであろうか。古人骨の形質に関しては、弥生時代早期の少数の渡来人によっても、弥生時代中期には渡来系弥生人へと形質的に置換することが主張されている（中橋・飯

塚 1998)。しかし、土器の場合はより速いスピードで様式構造の置換を果たしており、渡来人と縄文人の交配結果としてとらえることには問題があると思われる。

1．問題の所在

　土器様式あるいは土器型式の地域的な置換現象を一定の人口移動とみる見解は多い。九州の後期における阿高系土器様式から近畿・瀬戸内系の磨消縄文土器への置換現象も、田中良之によってヒトの移動が想定されている（田中 1982）。ここで、田中の一連の縄文後期の土器様式構造の論文を振り返ってみたい。それらは分析の方法としては属性分析を基とするものであった。中九州を中心として磨消縄文土器の伝播過程を述べた論考では、土器組成におけるハイレベルとローレベルの様式構造が存在することを示した。そして、縄文後期前葉には外来系土器はローレベルのみで作られるのが、次第に逆転して最終的には外来系土器である磨消縄文系土器がハイレベルを独占し、阿高系土器はレベルダウンするという様式構造の転換を示す。しかし、こうした様式構造の転換が社会のどの部分を表出しているかに関しては言及がなされていない。その後、田中・松永の連名で出された西日本の縄文後期縁帯文土器の論文（田中・松永 1984）でも、土器様式を類似したコミュニケーション・システムを基にするものとし、情報伝達系は必ずしも通婚（女性の移動）による必要はないとする。これは、近畿地方の弥生時代の小土器様式単位を、土器製作者である女性の移動による通婚圏とする都出比呂志の主張（都出 1982）を批判するものであった。さらに、田中・松永は縁帯文土器の属性の地域的なセリエーショングラフから、土器文様の位相差を示し、各属性変異の選択にあたって、広域情報と在地情報との選択が行われていたとする（田中・松永 1992）。こうした情報の選択を行っていたとするコミュニケーション・システムの背景には、一定の社会システムが存在することが考えられ、「部族」や「語族」などの社会単位が想起されるものの、Clerke を引きながら（Clerke 1968）、各レベルの土器様式との対比は困難であるとする（田中・松永 1984）。一方で、土器の文様要素の出現率などから、それがその土器を持つ集団のリネージ（血縁的基礎単位）など親族関係にもとづくものであり、土器の文様要素が親族関係を母体とする集団単位を表出する可能性を示す意見もある（Longacre 1964）。

　一方、田中が批判した都出比呂志の主張とは、近畿の弥生時代における小地域が、土器製作技法の接触・伝播が日常的に行われた通婚圏の主要な範囲であり、土器製作者が女性であるところから女性の通婚圏を示すというもの（都出 1982）である。これは「部族」や「リネージ」など血縁的社会単位を超えたものであり、別の意味でのコミュニケーション・システムということもいえるかもしれない。田中が批判したのは、都出の考え方の前提に近畿弥生時代社会の婚姻形態が外婚制であり、夫型居住婚あるいは選択型居住婚という前提の可否が証明されていないことにあろう（田中 1995）。また、岩永省三はこのような通婚圏による小様式をコミニュケーションの体系としてとらえることを魅力的であるとしている（岩永 1989）。

　今、問題にしている弥生時代早期にみられる縄文から弥生への置換現象は、田中（1982・1986）によればハイレベルの様式構造の転換ということになるであろう。岩永はこれを土器相と呼び、様

式より上位概念とするものにあたるとする（岩永 1989）。阿高土器様式から磨消縄文土器様式と同じように、ヒトの移動が想定される段階である。また、佐原真は、土器作りの体制に直接的に規定される調整法・施文法のレベルと、直接規定されない調整法・施文法のレベルがあるとする。そして前者の方が上位レベルにあると論じている（佐原 1964）。

　縄文から弥生の置換現象でいえば、すでに述べた土器製作技術上の四つの属性の大きな転換が認められ、それは縄文土器から無文土器への技術転換であった。それゆえ、少数の渡来者による置換現象という捉え方（田中 2014）に対して、より多くの渡来人による文化変動を考えようとするのが家根祥多であった（家根 1993）。

　さて、ヒトの移動による土器の転換や土器技術の転換は、土器がヒト集団とりわけ遺伝的関係を示す親族関係によって生産や技術移転をしている可能性を示すものである。土器の家内生産段階であるカリンガ族の民族考古学的研究から、土器の流通が親族関係にもとづくことを述べる研究（Longacre & Stark 1992）があるが、これが正しければ、縄文土器から弥生土器の転換に当たって、渡来人との交配による血縁的拡大家族の中に、弥生土器の拡散が存在する可能性がある。事実、縄文人と渡来人との交配の中、形質変化がおこり弥生系渡来人が出現する（中橋 2005）。しかも、少数の渡来人との交配によって、弥生時代前期末・中期初頭の段階にはヘテロとしての渡来系弥生人が出現することが、計算式によって示されている（中橋・飯塚 1998）。しかしながら、佐原によって批判されたように（佐原 1982）、西北系弥生人と呼ばれる縄文的な形質を持った集団においても、板付式土器が生産・流通している点から、土器伝播における親族関係の起因に否定的な見方も強いであろう。

　ところで、このようなヒトの移動時における物質文化の変化に関して、言語の変化が伴うものとしてみる見方がある。有名なのはレンフリューによるインドヨーロッパ語族の拡散であり（Renfrew 1987）、東アジアにあってはオーストロネシア語族を含めた様々な語族の拡散と農耕伝播を結びつける見解がある（Bellwood 2005）。このような見解に呼応するように、弥生時代の変化と縄文語から古日本語への転換が存在することを主張する見解がある（Hudson 1994、ハドソン 1999）。縄文語から日本語へという言語置換に関する言語学的な検討は後に論ずるとして、渡来人が使っていた言語と縄文人の言語が異なっていた可能性は高く、文化融合における言語置換の可能性は高い。すなわち、朝鮮半島南部と九州とりわけ北部九州との土器伝統あるいは土器の系譜は、土器の移動現象があっても、朝鮮半島新石器時代と九州縄文社会において一貫して異なっている（宮本 2004a）。それが、弥生時代において前者から後者への影響関係が存在し、しかもヒトの介在の存在が有力であることから見れば、そこに言語の融合も存在すると帰結できるであろう。土器の小様式が何らかのコミュニケーション圏を示しているとすれば、それはこの場合は言語の小様式圏を反映していると考えることができるのではないだろうか。とりわけ土器製作の技術的な転換は、言語を介在したソフトウェアの変化と考えざるを得ないし、見よう見まねの技術的な変化というよりは言語による指導の介在の中での技術的かつ様式的な転換を果たしたと考えることができるのではないだろうか。だからこそ、西北九州人と呼ばれる大陸系の形質を持たない、あるいは大陸系の人びととの交配を含めた親族関係を持たない、あるいはリネージを共有しない人びとにおいても、

同一の板付式土器様式の生産と使用が可能になるのである。

こうしたモデルが、縄文から弥生への置換の中に適用できるかを、まずは考古学的に検討してみたい。

2．板付土器出現期における土器製作技術の転換

北部九州の夜臼式から板付式の成立過程は、すでに学史で述べてきたように、まずは縄文土器の系譜に繋がる土器組成と朝鮮半島無文土器の系譜からなる土器組成が複合しているところに特徴がある。それは、福岡平野における該期の土器編年（宮本 2011c）に示されるように（図78）、縄文系である深鉢・浅鉢と無文土器系統である壺・板付祖形甕がある。このほか、縄文系の浅鉢が変容する形で高坏が生まれている。夜臼式は夜臼Ⅰ式→夜臼Ⅱa式→夜臼Ⅱb式と変化することが明らかとなっている（宮本 2011c）が、貯蔵具である壺は無文土器系、供膳具である浅鉢は縄文系であり、高坏も台付きの浅鉢と考えるならば縄文系の変容型とすることができるであろう。煮沸具の主体は縄文系の刻目凸帯文深鉢であり、ごく少数の無文土器系の板付祖形甕が存在する。これらを単純化するならば、無文土器系は貯蔵具の壺であり、縄文系は煮沸具の刻目凸帯文土器と供膳具の浅鉢ということになる。こうした土器組成が無文土器系の壺・甕、縄文系と無文土器系の折衷系として高坏・鉢に転換するのが板付式土器様式である。この中でも煮沸具である甕は、夜臼Ⅰ式時期に少数であった板付祖形甕が、夜臼Ⅱ式段階に福岡平野を中心として板付式甕に転化したと考えられる（宮本 2011c）。

さてこうした縄文から弥生への移行期における様式構造の転換にあたって、土器の製作技術の転換は、どのような過程を踏むことになるのであろうか。縄文土器と弥生土器の土器製作技術の転換は、土器粘土帯の幅、土器の粘土帯の接合法、土器の器面調整、土器の焼成技法にある。土器組成の中で、縄文系と無文土器系の転換を最もドラスティックに表しているのが、縄文系の刻目凸帯文土器から無文土器系の板付式甕への転換である。こうした転換にあたって、土器製作技術の転換がどのようであるかが問題となろう。この過程において土器製作技術の観察を行った三阪一徳の分析によれば（三阪 2014）、以下のような結果が得られている（図105）。夜臼Ⅰ式、夜臼Ⅱa式、板付Ⅰ式へ変化するに従い、幅広粘土帯で外傾接合が増え、板付Ⅰ式段階でも2割に満たない。一方、ハケメ調整の場合は、型式変化ごとに漸移的に増え、板付Ⅰ式に至って5割を超えた程度である。焼成技法に関しては、覆い型野焼きの特徴が把握しやすいのか、夜臼Ⅰ式段階で8割、そして夜臼Ⅱa式・板付Ⅰ式段階ではすべてが覆い型野焼きであった。技術的には、壺が出現する夜臼Ⅰ式段階でも無文土器文化的な技術にはあまり転換しておらず、夜臼Ⅱa式段階で漸移的に増えながらも、板付Ⅰ式段階で器面調整が5割を超える程度に転換している。

このような無文土器の影響関係を、板付遺跡第1次調査における主要な煮沸具である夜臼Ⅰ式・Ⅱ式の刻目凸帯文土器（宮本 2011c）で見てみよう。夜臼Ⅰ式から夜臼Ⅱa・Ⅱb式への変化の中、刻目凸帯文土器深鉢の調整技術は、基本的には縄文土器の伝統的な貝殻による条痕調整（図106-1）である。一方で、板目工具によるハケメ調整（図106-2）も若干認められ、ハケメ調整は朝

鮮半島無文土器文化の系譜による可能性が指摘されているが（横山 2003）、新たな技術的な創出という側面から見れば、他の幅広粘土帯やその外傾接合とともに無文土器文化の接触の中に生まれたものと考えてよいであろう（三阪 2014）。表 45 のように、板付遺跡第 1 次資料では刻目凸帯文土器という縄文系の土器器種において、器面調整の無文土器文化からの影響関係をみれば決して多くなく、夜臼 I 式から夜臼 II a・II b 式にかけて微増するものの、6 ％に満たない影響関係でしかない。板付 I 式が成立した段階の縄文系である夜臼 II b 式刻目凸帯文土器深鉢に至って 13.3 ％に達する。一貫して縄文的な技法がとり続けられているのである。いわば、夜臼 I・II 式の段階には、壺などの様式変化はあったにもかかわらず、土器製作技術的な縄文から弥生への置換は土器焼成技術を除いて非常に緩慢なものであり、板付 I 式という甕が加わった新たな土器様式の転換期に、土器製作技術的にはその半ば以上の置換がなされたことを示していよう（図 105）。さらに板付 II a 式段階には、こうした無文土器的な製作技術の転換がほぼ完成することになるのである。

　また、板付 I 式の成立に関しては、甕の成立を中心に福岡平野を中心として成立する考え方（山崎 1980）と九州東北部など玄界灘東岸を中心とする考え方（田畑 2000、小南 2012）が対立しているが、夜臼 II 式段階の板付祖形甕から板付式甕が成立することをもとに、福岡平野を中心に板付式土器が成立すると考える（宮本 2011）。また、板付 I b 式ないし板付 II a 式段階に、山陰・瀬戸内・四国南岸から近畿あるいは糸島から唐津、佐賀平野から熊本平

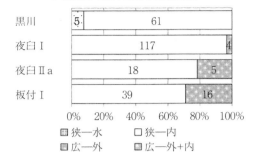
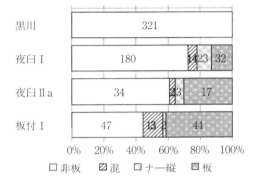
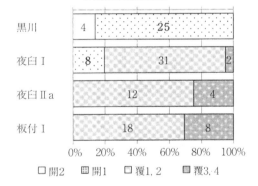

図 105　北部九州における縄文・弥生移行期の土器製作技法の変化（三阪 2014 から）

野へと板付式土器様式が広がるが、この過程には強い斉一性が知られている。板付 I 式の中でも刻目凸帯文土器を払拭して弥生土器の単純組成として広がる板付 I b 式を代表としており、これらは遠賀川式土器様式と呼ばれている（家根 1993、田畑 2000、小南 2012）。その場合、九州東北部から山陰・瀬戸内・四国南岸さらに近畿へと広がる遠賀川式と、糸島から唐津へ広がる板付式土器様式では、同じ板付土器様式の拡散でありながら、板付式甕における地域性が存在する可能性がある。たとえば、遠賀川式の板付式甕が頸部の平行沈線文ないし多条沈線文を示すのに対し、糸島か

1. 条痕調整　　　　　　　　　　　2. ハケメ調整

図106　条痕調整とハケメ調整

表45　縄文系刻目凸帯文土器深鉢の調整技法の変化（板付遺跡第1次資料）

時期	合計				比率		
	条痕	ナデ	ハケメ	合計	条痕	ナデ	ハケメ
夜臼Ⅰ	14	20	1	35	40.0%	57.1%	2.9%
夜臼Ⅱ	41	42	5	88	46.6%	47.7%	5.7%
板付Ⅰ	21	31	8	60	35.0%	51.7%	13.3%

ら唐津では頸部に平行沈線文を持たない板付式甕が主体をなす（宮本 2015c）など、福岡平野を核にして板付土器様式が拡散する過程で微細な地域性も存在している。したがって、福岡平野を中心に成立した板付Ⅰ式が瀬戸内から近畿に拡散していく斉一的な土器様式を特に遠賀川式土器として型式設定する必要はないというのが、私の主張である。基本的には板付式土器様式の拡散というべきであり、そこに多少の地域性が認められるにすぎないのである。

　こういう段階の板付式土器様式の拡散において土器の製作技法はどうであろうか。土器様式の核心地域であった福岡平野などの玄界灘東岸の板付式土器には、縄文土器的な技術が残存している（三阪 2014）。しかし、瀬戸内や近畿に拡散した板付式土器は、たとえば壺においてはそれまでの刻目凸帯文土器にみられた地域的な多様性に対して、器形の斉一性が明確に存在している（田崎 2000）。しかも壺の規格性においても厳密な斉一性が認められる（佐藤 2000）。さらに壺の製作において刻目凸帯文土器段階は縄文的な粘土紐を用いていたのが、瀬戸内・近畿の板付式土器段階には粘土帯での製作に完全に転換している（田崎 2000）。しかも刻目凸帯文土器段階が内傾接合であったのが、外傾接合に転化しているのである。それは単に壺だけではなく、甕においても板付式土器段階からは瀬戸内（田崎 2000）、岡山平野（渡邉 2000）、近畿（深澤 1985）で粘土帯の外傾接合に完全に転換しているのである。板付式土器が伝播した岡山平野などでは、板付式土器甕の製作技法はほぼ無文土器的な弥生土器様式に転換している。さらに、近畿の大阪府讃良郡条里遺跡などの事例では、弥生時代前期の場合ほとんどが幅広粘土帯の外傾接合である（中尾・山根 2007、中尾 2009）。また壺の調整技法に関しても、瀬戸内・近畿では板付式土器段階からすべてが研き調整でなされている。甕におけるハケメ調整の比率に関しては瀬戸内・近畿では数値化はなされていないが、その大半がハケメ調整ないしナデ調整であろう。そして西日本では板付式土器段階から覆い型野焼きに完全に転換することが知られている（小林 2003）。まさに板付式土器様式が成立する

地域では縄文から弥生への置換が漸移的であったものが、ここから伝播していった地域の土器様式ならびに土器製作技術は、弥生土器へ完全に置換したものが拡散していることになるのである。こうした現象を単なる人の移動として解釈してよいであろうか。この土器様式の伝播は、視覚的部分のみならず非視覚的な土器製作技術的部分が完全に朝鮮半島無文土器的な製作技術に置換していることを意味している。この置換は、見よう見まねでの学習効果によるものでは斉一的な変化につながるはずはなく、完成された思考体系としての情報伝達であり、言語という思考体系を伴った情報伝達によって生まれた現象と考えられる。まさに同一言語による土器製作行為の習得によるものと考えることができるのではないだろうか。田崎がいうような体系的な土器製作単位の成立（田崎 2000）を意味するものでは決してないだろう。

　しかもこうした非視覚的な土器製作技術はすべてが無文土器に認められる製作技術である（家根 1984、三阪 2012）。すなわち幅広粘土帯が用いられ、粘土帯による外傾接合、そして甕のハケメ調整、覆い型野焼きによる焼成といった四つの要素が、すべて無文土器製作技術にもとづくものである。すでに議論してきたように、こうした技術が北部九州で置換するのは板付Ⅰ式段階であるとともに、その段階は必ずしも100％の置換ではなかった。ところが板付Ⅰb式〜板付Ⅱa式の瀬戸内から近畿はむしろ100％に近い状態で斉一的に技術置換している。これは、北部九州とりわけ福岡平野を中心として板付式土器が成立するにあたって、縄文言語から無文土器の文化様式を背景とした古日本語への置換を考えた場合、北部九州では必ずしも完全な言語置換を物語っていないと考えられる。ところが福岡平野を中心として成立した板付式土器が拡散する（田中 1991・2014、宮本 2011c）にあたって、古日本語を習得した人びとが移動しながら板付式土器を作るとともにそうした行為を伴いつつ言語の拡散がなされていったのである。あるいはこのようにして、古日本語が板付式土器様式の拡散に伴って、次第に縄文語と置換していったのである。したがって実際に婚姻を伴う交配による遺伝的な伝播、すなわち婚姻を伴った集団の移動がなくとも、板付式土器様式は拡散したのである。かつて佐原眞が問題にした、西北九州人のように遺伝的な交配を示さない地域にも弥生文化が伝播する現象（佐原 1982）において、たとえ遺伝形質の変化を伴うヒトの移動がなくとも文化伝播が可能であったのである。すなわち言語の転換にもとづいた文化様式の伝播が可能であったということができるであろう。

3．言語置換としての古日本語の成立

　近年欧米の研究者を中心に、弥生時代に日本語が水稲農耕の伝播とともに朝鮮半島から日本列島に伝播したとする仮説が提起されている。すなわち弥生文化の成立とともに古日本語が朝鮮半島の無文土器文化から流入したものとする仮説である。

　古日本語が朝鮮半島から日本列島へと流入したとする説は古くから見られる（木田 2015）が、その流入時期については明確なものが知られなかった。たとえばLeeとHasegawaは、日本語の始まりを統計学的に遡るとほぼ2180年前に相当するとする仮説（Lee & Hasegawa 2011）を提起し、弥生時代の農耕渡来民が言語においても起源であることを述べている。この原日本語の成立年

代が正しければ、その出現は弥生時代ということになる。また、Whitman は『三国史記』にみられる高句麗の地名が表音的に転写されたものであり、そこに古日本語の音が残っていることから、古日本語がもともと朝鮮半島で話されていたと主張する（Whitman 2011）。言語学的な系統樹からするとアルタイ語系統から古日本語が生まれ、さらに古韓国語が生まれたと考えられている（Unger 2009）。ウィリアム・ジョージ・アストンや藤岡勝二以来、日本語が韓国語と関係がありアルタイ語系であるとする説は、19 世紀末から 20 世紀初頭以来古くから見られる（木田 2015）。近年では、ボビンが日本語系統論の中で最も可能性の高いものをアルタイ語仮説として、その中でも動詞や名詞あるいは基礎語彙から、日本語祖語と韓国語祖語や満・ツングース祖語には共通の要素が少なくないことを述べている（ボビン 2003、Vovin 2009）。これについては、近年の日本の言語学者からは必ずしも指示されているわけではなく、日本語と韓国語には音韻対応を持った言語がないことから、日本語は孤立した言語であるという見解が強くなっている（木田 2015）。あるいは、日本語と韓国語はともに環日本海諸語として系統的孤立言語と捉えられている（松本 2015）。しかし、仮に古日本語と古韓国語が系統関係を持つ言語でないとしても、Whitman のような古日本語がもともと朝鮮半島に存在し、その後、日本列島に流入したという考え（Whitman 2011）を否定することにはならない。

　以上の近年の欧米の日本語起源に関する諸説からは、古日本語がもともと朝鮮半島に存在した可能性が高いとすることができよう。そして、この古日本語が朝鮮半島から日本に拡散したとすれば、人間の交配を含めた拡散期である弥生の成立期と考えることが日本古代史の日韓関係を考えたとき最もふさわしいように思える。さらに日本語の成立期を統計学的に弥生時代と提起した Lee と Hasegawa の仮説からも、縄文から弥生の移行期が最も可能性が高く、さらには朝鮮半島南部から水稲農耕文化が伝播した北部九州こそが、古日本語の成立地域としても最も可能性が高いものとなる。このような論拠からすると、現象的に朝鮮半島無文土器文化の影響あるいは半島南部の少数の移民と縄文人との接触によって、ハドソンや Whitman が主張するように、北部九州における弥生文化の成立と古日本語の成立とは関係ある（Hudson 1994、ハドソン 1999、Whitman 2011）ことになる。このように、少数の無文土器時代人によって古日本語が日本列島に持ち込まれた可能性があるのである。しかし、少数の無文土器時代人によって持ち込まれた古日本語が縄文語と置換するには、夜臼Ⅰ・Ⅱ式といった縄文から弥生への移行期のように、時間が必要であったと想定される。その間、断続的に少数の渡来人はやってきていたのである（宮本 2012a）。

4．まとめ——古日本語への言語置換現象について——

　縄文から弥生への移行の中で特に土器型式の置換に関しては、少数の渡来民との交配を含みながら、渡来者によってもたらされた無文土器文化の情報を、在来の伝統と規制の中で選択的に受容や模倣をしたことによって、在来の様式構造が変容し、結果的には無文土器とは似て非なる土器としての弥生土器を生み出したとする田中良之による明快な説明（田中 1986）がある。様式構造の変容は、夜臼Ⅰ式・夜臼Ⅱ式を経て、板付Ⅰ式によって完全な置換を示す。すなわち、夜臼Ⅰ式では

壺が受容され、在地的な浅鉢との融合の中に高坏が生まれながら、夜臼Ⅱb式の板付祖型甕を模倣することによって板付Ⅰ式段階に板付式甕が福岡平野を中心に成立すること（宮本 2011c）によって、様式構造の変容が完成する。この間、私の実年代観によればおおよそ300年を経たことになる（宮本 2012a）。ここで何よりも重要なのは、様式構造が変容した段階に、非可視的な要素である土器の製作技術が基本的に無文土器と同じ技術に置換していることである。たとえば幅広粘土帯、粘土帯の外傾接合、覆い型野焼き焼成技法、さらに甕にみられるハケメ調整である。これら四つの技法的な特徴はすべてが朝鮮半島南部の無文土器文化に由来するものであり、在来の縄文文化には存在しない（三阪 2012・2014）。そしてこの技法的な縄文から弥生への置換は、夜臼Ⅰ・Ⅱ式段階ではそれほど進んでおらず、むしろ板付Ⅰ式段階に飛躍的な変化を示す。まさに突如の技法的な置換である。この技法的な置換の段階こそ、人の形質的変化あるいは交配による遺伝形質による変化とは解釈することができないであろう。それは土器製作という思考・概念の変化であり、情報を選択・統括する言語を介在した脳領域のシステム変化と考えざるを得ない。すなわち縄文語から古日本語への変化であったのである。したがって無文土器文化を母体とする古日本語の思考方法が、縄文から弥生への移行期において言語置換した現象が、土器の製作技術の変化として現れたと解釈することができる。

　さらに福岡平野を中心に生まれた板付式土器様式の拡散は、人の移動を示してはいるが、むしろ古日本語を使用する人びとないし古日本語の伝播であったということができる。それゆえ、弥生的な製作技術への変化はその故地である福岡平野に比べ完全なものであり、先に示した弥生土器製作技術を、瀬戸内から近畿においては100％に近い状態で置換していたのである。まさに100％の言語置換した人びとないし言語の拡散であったといえよう。このような言語の置換によって、弥生土器の可視的部分である様式構造の変化以外に、非可視的な部分である土器製作技術の置換を果たすことができたのである。こうして生まれた板付式土器様式が西日本全体に広がっていったといえよう。それは古日本語の広がる様相と相関していたと想像される。大陸系弥生人とは遺伝形質を異にする縄文系の西北九州人は、基本的には渡来人との交配のような接触を持たなかった人びとである。たとえば唐津市大友遺跡（宮本編 2001・2003）などがそれにあたるが、こうした地域の人びともいち早くに同じ板付式土器様式や弥生的な墓葬様式、たとえば木棺墓や甕棺墓を受容している。古日本語の拡散の中にこのような文化受容があったと考えられるのである。必ずしも人の交配のような遺伝的な集団的接触は必要なかったのである。こうした解釈こそが、なぜに接触がなかった人びとが同じ物質文化を創りうるのかという佐原真の単純な疑義（佐原 1982）に答えることができるであろう。

　このような同じ言語圏を形成していった人も、弥生時代中期にはたとえば近畿における粘土板の外傾接合から内傾接合へと縄文的な土器製作技術へと先祖返りしていく（松本 2000、中尾 2009）。それは、タタキ技術の導入などによる、人々の意識的で選択的な技術の先祖帰りであったといわざるを得ない。

注
（1）ここで夜臼Ⅰ式、夜臼Ⅱa・Ⅱb式、夜臼Ⅱb式＋板付Ⅰ式としたものは、基本的に凸帯文の断面形と口縁端部の貼り付け位置にもとづいた分類であり、それぞれ凸帯a類、凸帯b類、凸帯c類に（宮本2011）相当している。

第15章　古日本語と古韓国語
――農耕の拡散と言語の拡散――

　これまで東北アジア初期農耕化4段階説の各段階の詳細を述べてきた。これにより、東北アジア初期農耕の歩みが、4段階の波を持って漸移的に進行するとともに、そこに一定の人間の移動が介在していたことが理解できたであろう。気候の寒冷化による農耕生産の減少が人口圧を招き、社会集団の一部が分村するという農耕民の移動現象は、世界の先史時代の一つの共通の動きとなっている（Bellwood 2005・2013）。それは農耕が拡散する一つの大きな理由であった。一方で、環境適応型の狩猟採集民には、気候の寒冷化による人口移動はなく、集団の縮小によってこの危機を回避する。もちろん寒冷化による農耕民の移動だけで、農耕の拡散をすべて説明することはできない。実際はもっと複雑な現象が絡み合いながら、農耕の拡散や人間の移動が存在している（Bellwood 2013）。

　本書冒頭の「はじめに」において触れたように、農耕の拡散や人間の移動においては言語の拡散の問題がある。レンフリューはインド・ヨーロッパ語族の拡散と農耕の拡散を結びつけた（Renfrew 1987・1999）。このような言語の拡散と農耕文化の拡がりを東アジアにおいて示されているのが、中国新石器社会の動態と語族の動きである（Bellwood 2005）。それは、中国における黄河中流域のアワ・キビ農耕の拡散とシナ・チベット語族の拡散を示し、さらにはこれがオーストロネシア語族の拡散に繋がっていくというものである。また、揚子江中流域の稲作農耕の拡がりが、オーストロアジア語族として東南アジアへ拡散する動きと関係づける。一方で、インド・ヨーロッパ語族の拡散は、環黒海を中心とする青銅器文化の拡散であると主張するのがギンブタスである（Gimbutas 1985）。さらにこの青銅器文化の拡散と騎馬などの草原の牧畜民の移動を絡めてインド・ヨーロッパ語族の拡がりを説くのが、アンソニーである（Anthony 1991）。言語の拡散を人間の移動と結びつける考え方はいずれも同じであるが、他方で言語の拡散と農耕の拡散が必ずしも一致する必要がないという問題が存在している。

　このような文化拡散や農耕の拡散あるいは人間集団の移動と言語の拡散を関係づけて解釈する場合に、東北アジアで問題になるのが古日本語と古韓国語の位置づけである。古日本語と古韓国語は別の言語であり、古日本語が最初に生まれ、その後に古韓国語が生まれたことが言語学的に説明されている（Unger 2009）。そして、古日本語が日本列島に拡散する時期が、稲作農耕が日本列島に始まる弥生文化段階であると考える場合が多い（Whitman 2011）。マーク・ハドソンも、朝鮮半島から人びとが渡り農耕文化がもたらされた段階に、現日本語がもたらされたことを以前から主張している（Hudson 1994、ハドソン 1999）。これは、古日本語の開始を統計学的に遡る実年代から、それが弥生時代に相当することからも、ある程度支持できるものである（Lee & Hasegawa 2011）。

本書でいう東北アジア初期農耕化第4段階と古日本語の日本列島への拡散が一致している可能性があるのである。また、古韓国語の朝鮮半島への拡散を細形銅剣文化の朝鮮半島への南下と連動させて考える見方もある（Whitman 2011）。

　以上のように、東北アジアの文化伝播や人間集団の移動と古日本語と古韓国語の系統問題は重要な関係があるといわざるを得ない。しかしながら、それが必ずしも農耕の拡散と一致した動きであるかということの保証はない。終章に当たって、この言語移動の問題と東北アジア初期農耕化4段階説との関係、あるいは言語の系統問題とその考古学的な解釈について述べてみることにしたい。

1．古日本語の展開

　すでに前章で論述したように古日本語が、日本列島に稲作農耕文化である弥生文化が生まれる際に伝播してきたものとみることが可能である。いわば農耕の拡散と人間の移動さらにはそれに伴う形での言語拡散という解釈であり、レンフリューのインド・ヨーロッパ語族の拡散と同じ解釈に立っている。それは日本語の始まりを統計学的に遡るとほぼ2180年前の弥生時代に相当する考え方（Lee & Hasegawa 2011）が一つの根拠となっている。また、『三国史記』にみられる高句麗の地名が表音的に転写されたものであり、そこに古日本語の音が残っていることから、古日本語がもともと朝鮮半島で話されていたとするものである（Whitman 2011）。言語学的な系統樹からするとアルタイ語系統から古日本語が生まれ、さらに古韓国語が生まれたと考えられており（Unger 2009）、古日本語がもともと朝鮮半島に存在した可能性が高いのである。このような根拠からすると、現象的には朝鮮半島無文土器文化の影響あるいは半島南部の少数の移民と縄文人との接触によって、北部九州における弥生文化の成立と日本語の成立とが関係して生じたことになる。この少数の無文土器時代人によって古日本語が日本列島に持ち込まれた可能性があるのである。

　さて、北部九州では夜臼Ⅰ式、夜臼Ⅱ式という無文土器系の壺と縄文系の深鉢・浅鉢という土器のセット関係から、板付土器様式という壺、甕、鉢（高坏）からなる弥生文化の基本的な土器のセット関係に移行することを第10章で述べてきた。夜臼Ⅰ式・Ⅱ式段階は縄文から弥生の移行期であり、弥生文化の完成形は板付土器様式にある。この板付土器様式は遠賀川式とも呼ばれ、瀬戸内から近畿、あるいは日本海岸を山陰や太平洋岸を高知まで一気に点的に拡散していく。弥生早期の移行期である夜臼Ⅰ・Ⅱ式の段階では、無文土器の製作技法の特徴である幅広粘土帯、粘土帯の外傾接合、ハケメ調整、覆い型野焼き焼成といった土器製作技法が、土器製作には主体的に採用されていない。むしろそれらの技法は、縄文的な土器製作技術に対して少数であったり、無文土器的技法の一部が用いられるだけでセット関係的にすべての技法が揃う形では用いられていない。それが普及するのは弥生前期であり、板付Ⅰ式が確立する板付土器様式の段階からである（三坂 2014）。

　こうした転換について、弥生早期の夜臼Ⅰ式段階に強い無文土器の影響を受け、板付土器様式は内在的な変化によって自立的に土器様式が成立するという解釈（三坂 2014）がある。しかし、むしろこの移行過程の間にあっても無文土器文化とは様々な関係を持ち続けている。また、第9章で詳述したように、朝鮮半島南部と北部九州での文化的接触のベクトル線を異にすることが見られる

（宮本 2012a）。より具体的にいえば、朝鮮半島南部の移住民の出自が異なり、そして移動した先が異なっているのである。紀元前 8～7 世紀の夜臼 I 式段階では南江下流域を含む朝鮮半島南岸中部から西部の人びとが壱岐・対馬を経て唐津や糸島をめざしたのに対し、紀元前 7～5 世紀の夜臼 II 式では松菊里式文化の系統にある洛東江南岸の人びとが対馬北岸を経て福岡平野以東をめざした。その中で夜臼 II 式以降は福岡平野が移行過程の中心をなし、板付土器様式を生み出す中心地となっている。福岡平野を核として板付式甕などが成立し、板付 I 式段階に板付土器様式が確立する。さらにこの段階に朝鮮半島無文土器文化系統の四つの土器製作技術がセットとして土器製作に用いられるようになるのである。さらに、夜臼 I 式・II 式という縄文から弥生への移行期は、北部九州のみにおいて弥生早期と命名できる段階である。この段階に、無文土器文化に文化的なルーツを持つ水田、木棺墓からなる列状埋葬墓、環濠集落（松菊里型住居・貯蔵穴）が漸移的に生じていく。その後に、これらの遺構をセットとして、さらに無文土器文化系統の土器製作技術からなる板付土器様式（遠賀川土器）が、福岡平野を核として西日本全体に拡散していくのである。この段階こそが日本列島において弥生文化が始まる段階とすることができ、弥生前期の始まりにあたっている。そして、その年代は紀元前 5 世紀頃である。

　この場合、先に述べた縄文の伝統的な縄文語と外来系統の古日本語はどのように置換していったのであろうか。言語の場合、必ずしも人間の交配関係によって置換する必要はない。言語の習得によって言語が置換することは可能であり、人間の形質的な変化は必要がない。しかし、言語の変化は、文化を含めた人間の知覚や思考の変化を生み出すのではないだろうか。しかも土器製作などに見られる技術系統の変化は、慣習や習俗に見られる系統性からは生み出されず、ドラスティックな変化であり、技術の習得が必要である。見よう見まねで獲得する習俗的な技術伝授というものではなく、言語を介した学習が必要と考えられるのである。第 12 章に示した無文土器文化の土器製作技術が主体化するのが、板付土器様式である。この板付土器様式の普及過程こそが古日本語の転換・普及を示すことを、第 12 章では理論的に示してきた。そこでは、これまで土器様式の実態をコミュニケーション圏として捉えてきた（田中・松永 1984）のに対し、より具体的な言語圏として捉えることを主張したのである。

　板付土器様式の拡散も、当初海浜部の湾ごとに点的に伝播するような集団移動の観を呈しているが、新たな古日本語集団の移動・拡散と考えれば、それらの人びとの在来縄文人との融合は言語拡散による新たな集団関係と文化的な変容を示すものである。それは人種的交配を必ずしも必要としないものでもある。しかも、縄文語から古日本語への転換を、先の土器様式の転換と結びつけるならば夜臼 I 式・II 式という約 300 年の移行期を経て置換が完成している。板付土器様式の拡散後の西日本も同じ状況にあり、弥生土器様式が完成するあるいは弥生文化になり得たのは、これらの地域では弥生前期後葉ないし前期末ということになる。その置換時期は、おおよそ紀元前 5～3 世紀の約 200 年間ということになるであろう。さらにそれ以外の東日本や南九州の弥生化は、紀元前 3 世紀以降の弥生中期以降からということになる。こうした時期の文化の移行過程や文化変容現象は、古日本語の拡散と重ねてみることができるのではないだろうか。そしてそういう過程が、容易に言語の方言を生み出すという地域文化の特殊性を弥生時代も示しているだろうと、想像される。

では、古日本語を生み出した朝鮮半島の無文土器文化と古日本語との関係はどうであろうか。この問題は、無文土器文化の出自と関係する問題となる。これまでの韓国考古学会では新石器時代と無文土器時代の連続性がないことから、無文土器文化早期である突帯文土器の系譜を朝鮮半島西北部あるいは朝鮮半島東北部といった他地域に見出し、そこからの文化接触によって朝鮮半島に無文土器が成立する考え方が主体であった。特に、遼東半島や朝鮮半島西北部の青銅器時代前期の土器にその出自を求めてきた。しかし問題なのは、弥生土器の祖形である無文土器に見られる土器製作技術が、列島の縄文時代と弥生時代の関係と同様に、朝鮮半島新石器時代のものと異なっていることにある（三阪 2012）。すなわち無文土器文化の土器製作技術である幅広粘土帯、粘土帯の外傾接合、ハケメ調整、覆い型野焼き焼成といった四つの技術的な特色がどこで生まれたかが問題なのである。

　これについては第7章ですでに論じたように、遼東の偏堡文化に出自が求められる。偏堡文化後期から小珠山上層期にかけては、寒冷期による東北アジア初期農耕化第2段階の時期に当たる。また、偏堡文化が東へ拡大する段階は、華北における新石器時代の南北関係から東西間の交流関係へ転換する段階にあたっている（宮本 2000a）。いわば中国新石器時代末期に長城地帯としての一つの情報帯が形成され、これが後の青銅器時代の地域間関係の土台になっていく。この東北アジア初期農耕化第2段階は、遼西東部に出現した偏堡文化が、遼東さらには朝鮮半島西北部に分布域を広げ、さらにはそれらの周辺の朝鮮半島諸地域にその影響を与える時期である（宮本 2015b）。この影響により鴨緑江中・上流域では公貴里式土器が生まれ、朝鮮半島西部では無文土器のコマ形土器が櫛目文土器文化と置換するように生まれていく。この変化現象は、先に述べた夜臼式から板付式への土器の移行過程に相似した現象として興味深い。

　さて、第7章で述べたように、朝鮮半島南部無文土器文化早期の突帯文土器の直接の祖形は、公貴里式である。偏堡文化の土器製作の特徴は、無文土器に見られる四つの技術的な特徴を有しており、これらの技術的な特徴が遼東、朝鮮半島西北部、さらには公貴里式やコマ形土器を介して朝鮮半島南部の無文土器社会に流入したとすることができる（宮本 2015b）。しかも、遼東半島の土器文化では、この偏堡文化時期の土器しか無文土器文化に特徴的な土器技術を揃って有してはいないという事実（三阪 2015）が、偏堡文化が無文土器の直接の出自であることを明確に示している。しかし、偏堡文化から無文土器文化への変容には、それぞれの地域で土器製作技術の置換に時間を要し、結果的に偏堡文化と朝鮮半島南部の無文土器早期の突帯文土器との間には、約900年の時間差を持つことになる。すなわち、遼東半島から朝鮮半島南部までの土器様式の置換現象に約900年間かかったことになる。こうした地域的な土器製作の置換現象は、縄文から弥生への置換現象と同じであり、古日本語への置換現象と同様に扱うことができるであろう（図107）。北部九州に始まる縄文から弥生への置換が西日本全体において完成するのは、紀元前8世紀から紀元前3世紀の約500年間である。この段階こそ古日本語が西日本に広がっていく現象として捉えられる（図108）。さらに東日本や東北地域の弥生化が達成するには、さらに年月を必要としている。その実年代をどこに求めるかによっては、遼東から朝鮮半島の土器様式置換現象の900年間をさらに長く考えなければならなくなるであろう。

すでに第13章で論じたように、青森・秋田などの東北地域でも弥生前期に遠賀川系土器や水田が出現するが、それらは基本的に縄文文化を基盤として、模倣によって土器製作などがなされている。すなわち言語置換をしない状態での文化受容であると考えられる。したがって、弥生前期段階には古日本語は南九州を除く西日本への拡散に止まったのである。北陸は八日市地方遺跡にも見られるように、板付土器様式を引く土器様式への転換が弥生中期に始まり、またこの段階から環濠集落が認められる。南九州も板付土器様式の系統を引く入来式の成立が弥生中期初頭に見られる。北陸・南九州では弥生中期以降に古日本語への置換を果たしたと想定される。同じことは、東北と同様に中部・関東にもあてはまるであろう。神奈川県小田原市中里遺跡では、弥生中期中頃から本格的な農耕集落が出現するとともに大陸系磨製石器も出そろっていく。しかし、中部・関東のこうした弥生後半段階は縄文系の土器を基盤に持つ段階であり、北部九州の弥生早期段階

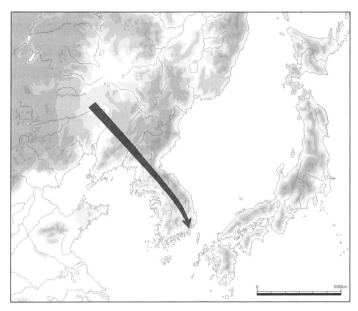

図107 古日本語の朝鮮半島への広がり

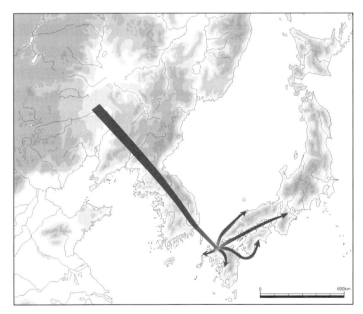

図108 古日本語の日本列島への広がり

の縄文から弥生への移行期に相当していよう。土器様式の構造変化を示すのは、関東では紀元後3世紀の弥生終末期ないし古墳初頭の前野町式成立以降である。この段階が古日本語への置換がなされた段階とするならば、古日本語の言語領域は、関東ないし東北南部において前方後円墳の分布に見られる古墳文化の領域と同一のものになるであろう。関東までの古日本語への置換が紀元後3世紀と仮定するならば、日本列島内での古日本語への言語置換が1000年以上かかったことになる。

この推定年代は、すでに述べた偏堡文化から朝鮮半島南部の無文土器文化における古日本語の置換と変わらないものになるのである。

　第12章で論じたように、無文土器に見られる土器製作の新しい四つの技術が古日本語を象徴するものとするならば、古日本語の出自は偏堡文化に求められ、そしてその故地は遼西東部ということになる。こうした地理関係は、古日本語がアルタイ語族にあるという言語学的な考え方（ボビン2003）を歴史的に支持するものになるのである。

　すでに述べてきたように朝鮮半島無文土器文化は、このような偏堡文化を基盤として成立した土器様式であり、さらに紀元前1500年頃の東北アジア初期農耕化第3段階という山東半島から遼東半島を介した稲作農耕文化の強い影響を受けることになる。いわば無文土器文化の文化発信源は二つあり、さらにそれらには時間差があることから、文化的影響を二重に受けながら無文土器文化としての文化変容を果たしていくことになる。その最初の土器様式圏が言語的な基盤すなわち言語領域を形成しており、それが古日本語であったとすることができるであろう。その後の古日本語の言語領域圏の広がりの中で、山東半島から遼東半島を経て朝鮮半島南部へ稲作農耕文化が伝播したのである。これまで言語学者が古日本語にイネに関わる単語がないことを以て、無文土器文化と弥生文化が古日本語を持ちながら稲作農耕文化を基盤として成立していることを疑問視していた（Whitman 2011）。しかし、この疑問は、無文土器文化の先に述べた二重性から解決することが可能である（Miyamoto 2016）。古日本語は紀元前2400年頃の偏堡文化に由来し、その後の紀元前1500年頃に朝鮮半島南部まで稲作農耕文化を受容したことになる。

2．古韓国語の展開

　古日本語より新しい段階に分化して朝鮮半島に広がったと考えられる古韓国語（Unger 2009、Witman 2011）は、どのような状況で朝鮮半島に展開したのであろうか。古日本語が無文土器文化社会の人びとが使用していた言語であるとし、古韓国が三国時代の言語の基本となっているとすれば、この二つの時期の間の文化変動や文化的な伝播現象が、古韓国語の朝鮮半島への広がる時期となる。したがって、細形銅剣文化の拡散が古韓国語の拡がりに相当すると考えられている（Whitman 2011）。

　細形銅剣文化と同じ時期であるが、この文化変動あるいは文化拡散現象をより示しているのは、初期鉄器時代と呼ばれる粘土帯土器の拡散である。従来粘土帯土器は無文土器後期という時期区分の中で論じられてきたが、現在では初期鉄器時代として分離されている（韓国考古学会2007）。これは無文土器と粘土帯土器とでは系統的な差異があることによるものである。粘土帯土器に関しては、遼北の涼泉文化に求める説（朴淳發2004）や鄭家窪子文化を起源地として粘土帯土器との深い関係を説く説（金美景2009）があるが、第11章の上馬石貝塚の分析でも明らかにしたように、その起源は凌河文化や尹家村2期文化を含めた遼西東部や遼東にあるといえよう。上馬石BⅡ区の小型壺や粘土帯罐が変化して、尹家村2期文化の黒色磨研土器や粘土帯土器に変化する。これらの黒色磨研土器や粘土帯土器が、半島北部を介して南部に拡散するのである。いわば、遼東の粘土

帯土器文化が朝鮮半島に流入して朝鮮半島に粘土帯土器様式が成立したとすることができる。その実年代は、第11章で紀元前5世紀頃としたが、朝鮮半島の粘土帯土器の研究によっても朴辰一は紀元前5世紀頃とし（朴辰一 2006）、獣乳型加重器の年代から宮里修も紀元前5世紀頃（宮里 2013）と推定している。

こうした紀元前5世紀頃の遼東からの粘土帯土器文化の南下は、これまでの文化変動の説明で使ってきた寒冷期という環境

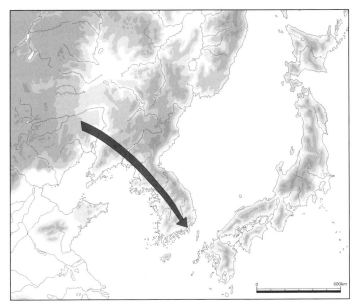

図109　古朝鮮語の朝鮮半島への広がり

変動における集団移動では説明がつかないものである。むしろ遼西内による燕の進出過程と関係している（図86）。紀元前6～5世紀の燕山を超えて燕の直接支配が燕山山脈の北側斜面の灤河流域に認められる（宮本 2000a）。しかもこの時期から遼西西部では燕との深い関係が認められる。たとえば第11章で論述してきたように、遼西西部の遼寧省建昌県東大杖子墓地では威信財として燕の青銅器が認められるのである（図84）。こうした燕との関係は、在地首長達が燕との政治的な関係を持った段階として理解することができる。いわば、燕の庇護下に入ることにより、遼西内で在地首長としての地位を維持していたのであり、燕のこの地域の間接支配として見なすこともできるであろう。これを私は「燕化」と呼んでいる（宮本 2000a・2007a）。こうした遼西における直接支配や燕化が脅威となり、遼西西部から遼東さらには朝鮮半島という粘土帯文化の東漸から南下を引き起こしたのである。

この遼西西部を基点としてさらに遼東に端を発する凌河文化や尹家村2期文化こそが古韓国語を話していた母集団であると考えられる。こうした集団が西から燕山を超えて進出してきた燕人に追い払われるように、東へと移動・移住していったといえよう（図109）。これにより遼東さらには朝鮮半島へ粘土帯土器文化が広がっていくことになる。すなわち古韓国語が広がっていくことになるのである。こうして、朝鮮半島南部では無文土器の松菊里文化の古日本語から粘土帯土器文化の古韓国語への置換が行われた。

このような現象の中に、古韓国語の朝鮮半島での成立を理解することができる。この粘土帯文化の動きこそが朝鮮半島の古韓国語の流入過程を示していることができよう。そしてそこには大規模な人口移動が想定でき、そのため、言語流入や言語の置換現象は、古日本語よりは早いものであったと考えられる。そして、粘土帯文化の起源地は、第11章で論じように、古日本語の偏堡文化と同じく、遼寧省朝陽市袁台子墓地に認められるように遼西東部にある可能性が高く（図109）、と

もにアルタイ語族であるという現象に矛盾のない考古学的な事実となっている。

　さらに、紀元前300年頃には清川江以北の遼東地区までが燕の直接の領域となり、燕の領土となる（宮本2000a）。これにより燕の直接支配が完了することになる。こうした軍事的な脅威は、朝鮮半島の粘土帯土器住民に新たな武器を生み出させることになる。それが細形銅戈であったといえよう。それは同じ粘土帯土器文化の人びとが遼西で遼西式銅戈（小林ほか2007）として使用していた武器であったのである。この燕の領域国家としての直接支配は、おそらくは郡治において燕人たちが居住し、その周りに古韓国語住民である在地人が展開するという関係であったであろうが、次第にそうした周辺の在地民も燕人化、さらには漢代においては漢人化していったものと考えられる。そうした燕や漢の周辺域に展開した古代国家が夫余であり、後の高句麗である。そして、こうした地域が古韓国語の拡散した地域である。この段階の朝鮮半島南部は三角形粘土帯土器文化に変化し、いわゆる原三国時代を迎えることになる。文献でいう馬韓、辰韓、弁韓の三韓時代にあたる。夫余、高句麗、三韓は古韓国語族の地域集団といえ、これが三国時代の高句麗、百済、新羅、加耶に繋がっていくのである。

　西日本で弥生への置換が漸移的に行われ始めた段階の北部九州は、すでに弥生化を果たした板付Ⅱa式段階であるが、この段階から新たな朝鮮半島南部の土器である粘土帯土器が現れ始めている（武末2012）。これは、この段階ですでに粘土帯土器が朝鮮半島南海岸地域まで広がっていることを示している。粘土帯土器文化も遼西・遼東に分布している尹家村2期文化が南下するようにして朝鮮半島北部から南部にかけて漸移的に変わっていくものであり、朝鮮半島南部では松菊里文化と漸移的な置換現象が認められる。そうした新たな文化が、弥生時代前期前半段階に朝鮮半島で成立していたのである（宮本2015b）。そしてこの文化は、遼寧式銅剣を朝鮮半島内部で変化させた細形銅剣文化を内包している。これは遼寧式銅剣を細形銅剣へ、遼寧式銅矛を細形銅矛へ変化させた文化である（宮本2003c・2008e）。さらにしばらく時間をおいて細形銅戈や多鈕細文鏡を、それぞれ遼東の遼西式銅戈（小林ほか2007）、多鈕粗文鏡（宮本2011e）から生み出している。それは弥生時代前期末の段階であった。そうした段階がおおよそ前300年頃以降の前3世紀と考えられる（宮本2011e）。

　さて、古韓国語族を考古学的に示す粘土帯土器は、弥生時代前期から北部九州や西日本に広がっている（後藤1979）。この場合、板付土器様式の古日本語の場合と違い、言語的な置換はなかったのであろうか。すでに燕の領域の拡大が脅威となり、古韓国語の拡散が見られることを示した。こうした中で生まれたのが細形銅剣文化であったが、細形銅剣・銅矛・銅戈が確立したのは細形銅剣Ⅱ式以降の段階であった（宮本2003c）。こうした段階が紀元前300年頃の燕の遼東郡設置など清川江以北の直接支配すなわち中央集権的な郡治の設置時期であった（宮本2000a）。また、この段階の燕の脅威こそが、北部九州への細形銅剣の流入の経緯となっている。すなわち、朝鮮半島南部の首長たちは燕と対抗する意味からも、北部九州の弥生集団に細形銅剣を供与することにより、朝鮮半島南部と北部九州弥生集団との友好関係の構築をめざした。さらに、こうした燕の脅威によって朝鮮半島南部から日本列島への避難民が存在したはずであるが、その数は少ないものであったか、制限されていた可能性がある。むしろ、この段階では、青銅器生産などの技術を持った渡来民しか

弥生社会では受け入れられなかった。この点が弥生早期段階の北部九州の渡来民の受け入れ方との違いを示している。すなわち、彼らは弥生集落の一部に共営して青銅器生産を始めたのである（境 1998）。まもなく二世・三世段階には弥生社会と同化・交配し、古韓国語への言語置換は起こらなかった。

3．東北アジア初期農耕化 4 段階説と言語集団の拡散

　各章の論考を呼んでいただければ、改めて東北アジア初期農耕化 4 段階説（宮本 2009）が、考古学的に証明される科学的事実であることが認められよう。さらに、この各段階は寒冷期と関連しており、農耕民ないしは一部農耕化した狩猟採集民の人口圧による移動や移住（Demic theory）にもとづくものである。しかし、その現象がすべて寒冷期だけを原因に起きているとするわけにはいかない。移動や移住を引き起こした集団内部での社会的な発達や社会内部での矛盾が、このような現象を起こした可能性もある。また、初期農耕化の発達段階とも関連しており、文化伝播と農耕伝播がほぼ結びついているが、初期農耕化の段階においてはそのベクトル線が複雑な場合も存在している。さらに、人間集団の移住と結びつく言語移動が伴う場合もある。しかし、社会集団の言語置換現象は必ずしも交配による人間の形質変化を伴わない場合もある。すなわち家族集団の変化を伴わずとも言語置換する可能性がある。そうした言語移動や言語置換が初期農耕の伝播に伴っているものかどうかという疑問を持ちながら、再度、東北アジア初期農耕化 4 段階説をまとめてみたい。

　東北アジア初期農耕化として、紀元前 3300 年頃に二つのベクトル線を持って異なった地域での初期農耕伝播が、ほぼ同じ時期に起きている（Miyamoto 2015）。一つは、中国東北部の内陸部の亜布力文化から沿海州南部のハンシ文化への縄線文土器の拡がりとともに見られる、キビを中心とするアワ・キビ農耕の伝播である。この縄線文土器がその後に続くザイサノフカ文化の土器様式の基盤となっている（第 2 章）。さらにザイサノフカ 7 遺跡段階になると磨盤・磨棒・石鋤（鍬）などの華北型農耕石器も加わり、初期農耕化の要素が揃っていく（第 3 章）。一方、同じ時期の朝鮮半島西部を起点としてアワ・キビ農耕が櫛目文土器、華北型農耕石器とともに、セットをなして朝鮮半島南部や朝鮮半島東部へ広がっていく。これは朝鮮半島南部の新石器文化前期後葉にあたる時期であり、朝鮮半島南部や東部では新石器文化中期に本格的に始まる櫛目文土器様式の転換の端緒にあたる（第 4 章）。また、この段階からこれらの地域では柳葉形磨製石鏃が広がるが、これもこの初期農耕伝播時期の文化拡散の一つである。その点で、沿海州南部でもハンシ文化期から打製石鏃以外に柳葉形磨製石鏃が認められる。こうした、二地点での文化変動はその発信地と発信先、さらには文化変動の土器様式を異にしているが、ほぼ同時期に土器様式、アワ・キビ穀物農耕、華北型農耕石器、柳葉形磨製石鏃がセットをなして異なったベクトル線上を伝播していく。そこでは、こうしたベクトル線上を伝言していくような少数の人びとの移動が連鎖的に存在していたと考えられるのである。そしてまたこの段階が、朝鮮半島南部や沿海州南部において文化の大きな変動期に当たっている。

　東北アジア初期農耕化第 2 段階は、紀元前 2400 年頃の寒冷期を契機とする文化変動期に当たっ

ている。この時期の文化変動とは、大きくは長城地帯の形成期に相当しており、遼西東部に発信源を持つ偏堡文化が、呉家村期には遼東に拡散しさらには朝鮮半島西北部まで拡散する段階である。この拡散時期と考えられる寒冷期よりやや早い段階から、華北の新石器末期の地域間関係の変化に呼応するように、偏堡文化の拡散がすでに始まっていた可能性が高い。偏堡文化はアワ・キビ農耕文化を持った社会であり、遼東の小珠山下層や小珠山中層文化より、より農耕依存の高い社会として、遼東や朝鮮半島西北部へ拡散していった。そして、その社会集団の言語が古日本語であった可能性が考えられるのである。

一方で、この段階の寒冷期には、山東半島東部（烟台地区）から遼東半島への文化発信があったことが、第6章で述べたように、土器組成の変化や磨製石器の流入により明らかとなっている。そして遼東半島南端には、独自の積石塚という墓制が出現するが、その葬送儀礼あるいは社会的な階層関係の表現には、山東龍山文化の習俗や規範が採用されており、そこに人びとが移住するとともに、それらの集団が社会的上位家族集団であることが、第5章の四平山積石塚の分析で明らかとなった。しかし、世代を経るごとに在地民との混合の中に新興の家族集団が階層上位者となるという移住民と在地民との社会的な複合過程と社会変動が読み取れたのである。この段階に遼東半島南端にはイネが山東龍山文化とともに流入したことは、王家村遺跡などの出土炭化米や土器圧痕分析から証明されている。しかしながら、こうした山東龍山文化の移住ないし影響は遼東半島南端に限られる。そのほかの遼東から朝鮮半島西北部は、偏堡文化の拡がりが認められるのである。したがって、遼東から朝鮮半島へのイネの伝播はあり得ないことになる。これまで朝鮮半島新石器時代のイネの出土例は、確実なものが土器胎土内のイネのプラントオパールであり、土器圧痕分析でもイネの出土例が知られていない。しかも、第7章で論じた偏堡文化との地域間関係からは、朝鮮半島新石器時代にはイネが流入した可能性はないということになろう。したがって、その時期の九州へのイネの伝播もあり得なくなり、九州の縄文中期末～後期のイネの伝播説は否定されることになる。

東北アジア初期農耕化第3段階は、紀元前1500年頃の寒冷期における山東半島から遼東半島南端への岳石文化の人びとの移住が契機となっている。この段階の遼東半島南端は岳石文化土器様式そのものが流入しており、岳石文化のコロニーが形成されていた感のある移住が認められる。しかし、そこ以外の遼東半島には岳石文化の土器は客体的にしか入っておらず、基本的には双砣子3期文化という在地的な土器様式が拡散している（宮本 2015a）。この段階は、第6章で述べたように、より強い磨製石器群の影響が山東半島から遼東半島さらには朝鮮半島に認められる。そして、この段階から朝鮮半島では無文土器文化が始まり、このような遼東半島を介した山東半島の磨製石器群を受容している段階である。この段階には遼東半島や朝鮮半島でもコメの存在が、炭化米や土器圧痕分析に認められる。おそらくは、水田などの本格的な灌漑農耕が山東半島を発信源として遼東半島から朝鮮半島へ流入したものであろう。

このように、東北アジア初期農耕化第3段階は、朝鮮半島無文土器文化が稲作農耕などの山東半島を発信源とする磨製石器群を受容し変容させた段階であり、強い農耕文化の影響を受けた段階である。年代的にはこの段階に朝鮮半島で無文土器が成立するが、その無文土器の起源は、土器製作

技術的にも一段階古い東北アジア初期農耕化第2段階の偏堡文化にある（第7章）。その土器文化の伝播現象は、鴨緑江中・上流域の公貴里式土器を介して、朝鮮半島南部の突帯文土器へと拡散していくものである。そして、朝鮮半島新石器時代には見られない幅広粘土帯、外傾粘土帯接合、ハケメ調整、覆い型野焼き技術といった偏堡文化の土器製作技術が突帯文土器を初めとする無文土器文化へと広がっていく。こうした土器製作技術を含めた土器様式圏の拡散を、古日本語の拡散と同一現象と捉えたいのである。

　一方で、このような土器様式圏の広がりにおいて、遼東の偏堡文化から鴨緑江中・上流域の公貴里式土器、さらに公貴里式から朝鮮半島南部の突帯文土器と、少なくとも2度の土器型式の変容を経なければ、朝鮮半島南部の無文土器は生まれていない。その2回の変容に約900年間の経過が必要であったことになる。それに対し稲作農耕文化という生業とそれに伴う石器技術の拡散は、非常に早いものがあったとすることができよう。

　朝鮮半島南部の無文土器文化は、遼西東部に起源する偏堡文化が紀元前2400年頃に遼東や西北朝鮮に拡散し、一連の土器様式の置換現象を経て生まれたものである。また、朝鮮半島南部の無文土器も、偏堡文化と同じ土器製作技術を持っており、古日本語の拡散現象を表している。土器製作技術を含む土器様式は、このような言語を媒体とした学習活動によって初めて伝承や拡散していくものと考えられ、模倣によって生まれる土器文化の変容とは大きく異なっている。朝鮮半島南部無文土器文化社会は、東北アジア初期農耕化第2期の偏堡文化の拡散に伴う古日本語を言語とする社会であったのである。そして、それはアワ・キビの本格的農耕社会であった。その社会が、紀元前1500年頃の東北アジア初期農耕化第3段階において、急速に山東半島東部を端に発する稲作灌漑農耕という技術を受容するに至ったのである。朝鮮半島の無文土器社会は、このような二重性の中に社会が成立、発展しているのである。

　このような農耕社会を基盤とする無文土器社会では、やがて社会が発展していく。この発展過程については第8章で述べたが、灌漑農耕社会に入り次第に血縁家族間での階層差が生まれ、青銅器時代後期の松菊里段階になると墓葬に見られる格差から、首長制社会への転換を果たしたという見方もある（武末2002、裵眞晟2007b）。筆者は青銅器時代後期は未だ部族社会段階であると考えるが、灌漑農耕にもとづいた一定の社会発展と人口増加が認められるのである。しかし、一定の人口増加を果たした集団が、急激な気候の寒冷化を迎えると、集団内の食料生産量と消費の圧迫を生み、集団維持のため人口圧による一部の集団の移住が起こる。それは朝鮮半島南部から北部九州をめざしての渡来民の移住であった。この時期の寒冷期は3回あり、孔列文土器時期、先松菊里時期、松菊里時期である。この段階で最も寒冷でしかも長期にわたったのが青銅期時代末期から先松菊里時期にかけてであった。おおよそ紀元前9世紀後半～紀元前8世紀である。この段階の移住者が最も多く活動的であった（第12章）。

　この段階に土器組成を換えるような変化が北部九州に生まれる。それが紀元前8世紀頃の壺型土器を伴う夜臼I式の成立である。ただし、その土器組成は縄文系の深鉢・浅鉢を主体とするもので、壺形土器は朝鮮半島南部の無文土器を模倣することによって生まれている。さらに北部九州では、朝鮮半島南部から支石墓や水田の技術がもたらされている。この段階の移住者は朝鮮半島南海岸中

部にかけての人びとであり、対馬・壱岐を経て唐津や糸島をめざした旅であった。水田を伴う水稲農耕の開始を示す弥生時代の始まりは、こうした北部九州の一部に始まったのである（第9章）。

さらに寒冷期は紀元前7世紀半ばにあるが、この段階の朝鮮半島南岸の移住者はより松菊里文化の伝統を引く洛東江南岸の人びとであった。彼らは対馬を経て沖積平野の広い福岡平野やそれ以東をめざし、灌漑農耕を推進する人びとであった（第9章）。この段階には新たに木棺墓や環濠集落が福岡平野を中心にもたらされる。さらに、福岡平野を中心として板付祖形甕の系譜の中に板付式甕が生まれる（第10章）。紀元前5世紀頃に壺形土器と板付式甕を組成とする板付土器様式が成立していく。この板付土器様式の成立は、新たな土器組成の成立だけではなく、朝鮮半島無文土器に特徴的な四つの土器製作技術が主体をなす段階である。この弥生前期の到来は、縄文から弥生への置換が完成した段階ということができるであろう。無文土器文化の移住者達は古日本語を話す人びとであり、九州縄文人の縄文言語とは異なっていた。縄文から弥生への置換過程は、古日本語への言語の置換過程と関係していると想定される。こうした夜臼I式以来約300年をかけた言語の置換現象は、必ずしも人間の血縁的な交配過程を含む必要はなかった。土器製作技術を含むさまざまな学習過程が存在し、そこでは言語による学習作業が必要とされたのである（第14章）。

このような古日本語を話す板付土器様式集団の灌漑農耕を伴った拡散が、瀬戸内から近畿あるいは中九州へ、あるいは山陰、四国南岸へと点的に認められる（第13章）。その点を核として様々な生活様式の変化が漸移的に認められる。そして水田、一段柄B式磨製石剣を含む大陸系磨製石器、環濠集落（松菊里型住居・貯蔵穴）、列状埋葬墓などが漸移的に出現していく。近畿さらには東海を一部含む西日本一体が縄文から弥生への転換を果たすのは、弥生前期後葉から前期終末ということができるであろう。こうした過程は、北部九州に見られた縄文から弥生への置換現象と同じであり、まさに縄文語から古日本語への置換過程であったのである。それを超えた南九州や北陸地域が弥生化していくのは、紀元前3世紀の弥生中期初頭以降のことであった。さらに、中部・関東が土器様式として弥生化していくのは、縄文施文の伝統を消失する紀元後3世紀の弥生終末から古墳初頭ということができるであろう。こうした転換過程は漸移的な古日本語への置換現象を示しているのではなかろうか。

西日本で古日本語へ転換していく弥生前期の段階に、朝鮮半島では古日本語から古朝鮮語への置換が見られる。これは、寒冷化などの環境変動にもとづくものではなく、まさに政治的な変動によるものであった。それは中国農耕社会の成長に伴う領域国家の出現の中で燕の領域支配の拡大によるものである。紀元前6〜5世紀に遼西における燕の領域支配や間接支配、さらに紀元前300年頃における清川以北の遼東までの郡県制による燕の直接支配が生じた。この領域の東方拡大こそが、遼西東部を発信源とする粘土帯土器文化の東漸を生み出したとすることができるであろう（第11章）。そしてこの粘土帯土器文化を構成する人びとこそが古韓国語を話す人びとであったのである。粘土帯土器文化の東漸により、朝鮮半島では古日本語から古韓国語への置換が見られたのである。古韓国語を話す人びとは、初期鉄器時代にあってそれぞれの地域社会に首長制社会から古代国家を生み出していく。それが高句麗、百済、新羅、加耶であったのである。

また、この粘土帯文化は朝鮮半島において遼寧式銅剣を改変することによって細形銅剣を生み出

し、細形銅矛・細形銅戈さらに多鈕細文鏡を組み合わせた細形銅剣文化を生み出すに至っている（第12章）。こうした武器の発達も基本的には燕と対抗するために生み出されたものである。さらに燕との関係において、朝鮮半島にとって南にある日本列島は、軍事・防衛的に重要な位置にある。朝鮮半島の首長たちは、細形銅剣などの武器を北部九州の弥生集団に供与することにより誼を結ぼうとした。さらに一部の避難民である青銅器生産技術者の渡来により、北部九州あるいは近畿でも青銅器生産が始まる。紀元前3世紀の弥生前期末・中期初頭の段階には、すでに古日本語を話す弥生集団には農耕社会にもとづく強いアイデンティティが生まれていた。したがって、少数の古韓国語を話す渡来民は、古日本語民に同化せざるを得なかった。この後の古墳時代や古代における渡来民も、そうしたさまざまな同化の過程で日本列島社会に取り込まれていくのである。

　以上に述べてきたように、日本列島に生まれた灌漑農耕社会である弥生文化は、東北アジアの農耕化の過程で生まれた現象であった。しかし、一方ではその原理とは異なった言語文化圏の広がりも存在していた。両者は独立したものであったが、しかしながら複雑に絡み合うものでもあった。本書ではこれまでのレンフリュー（Renfrew 1987・1999）やベルウッド（Bellwood 2005）らが提起した農耕民と語族の一致した移住や移動による先史社会の復元とは異なったものとして、農耕社会の時空間での広がりと言語集団の広がりとを重ね合わせながら、歴史的な言説を試みたのである。

参 考 文 献

日本語

青森県弘前市教育委員会　1990　『砂沢遺跡発掘調査報告書』

秋田県教育委員会　2003　『東飛塚館跡』（秋田県埋蔵文化財調査報告第359集）

秋山浩三　2007　『弥生大型集落の研究』青木書店

秋山進午　1969　「中国東北地方の初期金属文化の様相（下）―考古資料・とくに青銅短剣を中心として―」『考古学雑誌』第54巻第4号、21-47頁

有光教一　1959　『朝鮮磨製石剣の研究』（『京都大学文学部考古学叢書』第2冊）

有光教一　1962　『朝鮮櫛目文土器の研究』（京都大学文学部考古学叢書第3冊）

安在晧　2008　（端野晋平訳）「韓国青銅器時代の時代区分」『九州考古学』第83号、47-63頁

池田祐司　2000　「早良平野の突帯文土器と板付式土器―福岡平野との比較を含めて―」『突帯文と遠賀川』土器持寄会論文集刊行会、152-182頁

池田祐司・屋山洋　1997　『吉田遺跡―吉田遺跡第1次・第2次調査報告―』（福岡市埋蔵文化財調査報告書第509集）

池橋　宏　2005　『稲作の起源　イネ学から考古学への挑戦』講談社

石川日出志　2010　『農耕社会の成立　シリーズ日本古代史①』（岩波新書1271）岩波書店

泉　拓良　1990　「西日本凸帯文土器の編年」『文化財学報』第8集、奈良大学文学部文化財科、55-79頁

市川金丸・木村鉄次郎　1984　「青森県松石橋遺跡から出土した弥生時代前期の土器」『考古学雑誌』第69巻第3号、98-106頁

伊藤慎二　2005　「総括」『21COE考古学シリーズ4　國學院大學21世紀COEプログラム2004年度考古学調査報告書　東アジアにおける新石器文化と日本Ⅱ』100-114頁

伊藤淳史　1999　「京都大学総合人間学部構内AO22区の発掘調査」『京都大学構内遺跡調査研究年報1995年度』3-40頁

伊東信雄　1985　「東北地方における稲作農耕の成立」『日本史の黎明―八幡一郎先生頌寿記念考古学論集―』六興出版、335-365頁

今村峯雄・藤尾慎一郎　2009　「炭素14年の記録から見た自然環境変動―弥生文化成立期―」『弥生時代の考古学2　弥生文化誕生』同成社、47-58頁

岩崎二郎　1980　「北部九州における支石墓の出現と展開」『鏡山猛先生古稀記念　古文化論攷』鏡山猛先生古稀記念論文集刊行会、215-240頁

岩永省三　1989　「土器から見た弥生時代社会の動態―北部地方の後期を中心として―」『横山浩一先生退官記念論文集Ⅰ』43-105頁

岩永省三　2011　「弥生時代開始年代再考」『AMS年代と考古学』学生社、39-87頁

上田健太郎　2002　『高祖遺跡群Ⅲ―怡土小校庭遺跡第3次調査の記録―』（前原市文化財調査報告書第75集）

宇田津徹朗・高橋護・外山秀一・佐藤洋一郎　2002　「縄文時代のイネと稲作」『縄文農耕を捉え直す』85-106頁

内田真雄　2016　「史跡　安満遺跡」『発掘された日本列島2016新発見考古速報』共同通信社、15-16頁

愛媛県埋蔵文化財調査センター　1995　『持田3丁目遺跡』埋蔵文化財調査報告書第58集

江村治樹　2000　『春秋戦国秦漢時代出土文字資料の研究』汲古書院

遠藤英子　2013　「栽培植物からみた近江盆地における農耕開始期の様相─滋賀県安土町上出A遺跡・草津市烏丸崎遺跡のレプリカ法調査から─」『日本考古学』第35号、97-112頁。

遠藤英子・伊藤淳史　2013　「比叡山西南麓における栽培穀物出現期の様相─レプリカ法による京都大学構内遺跡出土資料の種実圧痕調査─」『京都大学構内遺跡調査研究年報2010年度』181-200頁

大坪志子　2004　「九州地方の玉文化」『季刊考古学』第89号、59-62頁

大貫静夫　1992　「豆満江流域を中心とする日本海沿岸の極東平底土器」『先史考古学論集』第2集、47-78頁

大貫静夫　2004　「研究史から見た諸問題─遼東の遼寧式銅剣を中心に─」『季刊考古学』第88号、84-88頁

大貫静夫　2005　「最近の弥生時代年代論について」『Anthropological Science（Japanese Series）』Vol.113.95-107頁

大貫静夫　2007a　「双砣子3期文化の土器編年」『遼寧を中心とする東北アジア古代史の再構築』（平成16年度～平成18年度科学研究費補助金（基盤研究（B）研究成果報告書）59-101頁

大貫静夫　2007b　「上馬石上層文化の土器編年文化の土器編年」『遼寧を中心とする東北アジア古代史の再構築』（平成16年度～平成18年度科学研究費補助金（基盤研究（B）研究成果報告書）102-144頁

大貫静夫　2008　「双房型壺を副葬した石棺墓の年代」『東アジア青銅器の系譜』（『新弥生時代のはじまり』第3巻）、雄山閣、90-113頁

大藪由美子・片山一道　「四平山積石塚で出土した人骨」『遼東半島四平山積石塚の研究』柳原出版、114-120頁

岡内三眞　1973　「朝鮮出土の銅戈」『古代文化』第25巻9号、279-294・304頁

岡内三眞　2003　「燕と東胡と朝鮮」『青丘学術論叢』23号、5-29頁

岡内三眞　2008　「朝鮮と倭の細形銅戈」『王権と武器と信仰』同成社、588-599頁

岡田憲一　2016　「奈良盆地西南部・葛城地域における水田遺跡と集落動態」『近畿弥生の会　第3回テーマ討論会「水田遺跡から弥生社会を考える」発表要旨集』1-14頁

岡崎　敬　1966　「コメを中心としてみた日本と大陸─考古学的調査の現段階─」『古代史講座13─古代における交易と文化交流』学生社（岡崎敬2002『稲作の考古学』第一書房再録）、181-216頁

岡崎　敬　1971　「日本考古学の方法」『古代の日本9』角川出版、30-53頁

岡崎　敬　1977　「鏡とその年代」『立岩遺跡』河出書房新社、335-378頁

岡村秀典　1993　「中国先史時代玉器の生産と流通─前三千年紀の遼東半島を中心に─」『東アジアにおける生産と流通の歴史社会学的研究』中国書店

岡村秀典　2008　「四平山積石塚の玉石器」『遼東半島四平山積石塚の研究』柳原出版、141-150頁

岡村秀典編　2002　『文家屯　1942年遼東先史遺跡発掘調査報告書』遼東先史遺跡発掘報告書刊行会

岡山県古代吉備文化財センター　2013　『百間川原尾島遺跡8　百間川沢田遺跡6』（岡山県埋蔵文化財発掘調査報告239）

小畑弘己　2001　「植刃槍から弓へ─更新世末完新世への適応の諸相─」『シベリア先史考古学』中国書店、351-473頁。

小畑弘己　2004　「東北アジアの植物性食料─栽培穀物研究の現状と課題─」『先史・古代東アジア出土の植物遺体（2）』（平成13年度～15年度日本学術振興会科学研究費補助金研究成果報告書「先史・古代九州出土植物遺存体に関する実証的研究」基盤研究B（2）展開）、179-200頁

小畑弘己編　2007　『日本列島初期農耕史の新視点』（『日本考古学協会2007年度熊本大会研究発表資料集』）

小畑弘己　2011　『東北アジア古民族植物学と縄文農耕』同成社

小畑弘己　2016　『タネをまく縄文人　最新科学が覆す農耕の起源』（歴史文化ライブラリー416）

小畑弘己・眞邉彩　2011　「最近の植物考古学の成果からみた日韓初期農耕問題」『日韓新石器時代研究の現在』（第9回日韓新石器時代研究会発表資料集）九州縄文研究会・韓国新石器学会

小畑弘己・眞邉彩　2014　「韓国櫛文土器文化の土器圧痕と初期農耕」『国立歴史民俗博物館研究報告』第187

集、111-160 頁
鏡山　猛　1942　「原始箱式棺の姿相」『史淵』第 27 輯、43-84 頁
河　仁秀（甲元眞之訳）　1994　「嶺南地方支石墓の型式と構造」『古文化談叢』第 32 集、167-235 頁
加藤晋平　1985　『シベリアの先史文化と日本』六興出版
嘉穂町教育委員会　1997　『原田・鎌田原遺跡』嘉穂町文化財調査報告書第 18 集
上條信彦　2008　「朝鮮半島先史時代の磨盤・磨棒における使用痕分析」『日本水稲農耕の起源地に関する総合的研究』87-104 頁
唐津市教育委員会　1982　『菜畑遺跡』（唐津市文化財報告第 5 集）
木田章義　2015　「日本語起源論の整理」『日本語の起源と古代日本語』臨川書店、3 -92 頁
桐山秀穂編　2013　『雲宮遺跡・長岡京左京六条二坊跡発掘調査報告書』（古代学協会研究報告第 10 輯）
金恩瑩　2016　「水佳里文化の貼付文土器」『SEEDS CONTACT』3（科学研究費補助金平成 25 年度基盤研究（A）「植物・土器・人骨を中心とした日本列島農耕文化複合の形成に関する基礎的研究」ニュースレター第 3 号）18-19 頁。
金炳燮　2014　「朝鮮半島新石器・青銅器時代の農耕関連遺跡」『日韓における雑穀農耕の起源』山梨県立博物館、365-383 頁。
靳佳雲・燕生東・宇田津徹朗・蘭玉富・王春燕・佟佩華（白石渓冴訳）　2008　「山東膠州趙家荘遺跡における龍山文化水田遺構の植物珪酸体分析」『日本水稲農耕の起源地に関する総合的研究』九州大学大学院人文科学研究院考古学研究室、61-72 頁
草原孝典　2010　「縄文から弥生へ―岡山平野のケースから―」『考古学研究』第 57 巻第 3 号、82-100 頁
楽畑光博　2009　「南部九州における刻目突帯文土器期の稲作の系譜」『古代文化』第 61 巻第 2 号、127-136、古代学協会
ゲ・イ・アンドレエフ　1982　「沿海州のザイサノフカⅠ遺跡」『シベリア極東の考古学 2　沿海州篇』151-185 頁
甲元眞之　1972　「朝鮮半島の有茎式磨製石剣」『古代文化』第 24 巻第 7 号、193-200 頁
甲元眞之　1973a　「朝鮮の初期農耕文化」『考古学研究』第 20 巻第 1 号、71-89 頁
甲元眞之　1973b　「朝鮮支石墓の編年」『朝鮮学報』第 66 輯、1 -36 頁
甲元眞之　1978　「西北九州支石墓の一考察」『熊本大学法文論叢』第 41 号、124-151 頁
甲元眞之　1980　「朝鮮支石墓の再検討」『古文化論攷』鏡山猛先生記念論文編集委員会、241-267 頁
甲元眞之　1990　「多鈕鏡の再検討」『古文化談叢』第 22 輯、17-45 頁
甲元眞之　2005　「砂丘の形成と考古学資料」『文学部論叢　歴史学篇』第 86 号、熊本大学文学部、55-71 頁
甲元眞之　2008　「気候変動と考古学」『文学部論叢　歴史学篇』第 97 号、熊本大学文学部、1 -52 頁
後藤　直　1979　「朝鮮系無文土器」『三上次男博士頌寿記念東洋史・考古学論集』485-529 頁
後藤　直　2007　「朝鮮半島の銅戈―燕下都辛荘頭 30 号墓出土銅戈の位置づけ―」『遼寧を中心とする東北アジア古代史の再構築』（平成 16 年度～平成 18 年度科学研究費補助金（基盤研究（B））研究成果報告書）59-101 頁
小林青樹　2008　「東北アジアにおける銅戈の起源と年代―遼西式銅戈の成立と燕・朝鮮への影響―」『新弥生時代のはじまり　第 3 巻　東アジア青銅器の系譜』雄山閣、24-38 頁
小林青樹・石川岳彦・宮本一夫・春成秀爾　2007　「遼西式銅戈と朝鮮式銅戈の起源」『中国考古学』第 7 号、57-76 頁
小林正史　2003　「弥生早期（夜臼式）土器の野焼き方法」『土器研究の新視点～縄文から弥生時代を中心とした土器生産・焼成と食・調理～』六一書房、203-228 頁
小林正史・北野博司・久世健二・小嶋俊彰　2000　「北部九州における縄文・弥生土器の野焼き方法の変化」

『青丘学術論集』17、5-140 頁
小南裕一　2005　「北部九州地域における弥生文化成立前後の土器編年」『古文化談叢』第 52 集、13-44 頁
小南裕一　2009　「縄文後・晩期土器と板付 I 式土器」『弥生時代の考古学 2　弥生文化誕生』同成社、91-104 頁
小南裕一　2012　「環瀬戸内における縄文・弥生移行期の土器研究」『中村友博先生退任記念論文集　山口大学考古学論集』45-76 頁
近藤喬一　2000　「東アジアの銅剣文化と向津具の銅剣」『山口県史　資料編　考古 1』709-794 頁
近藤喬一　2006　「燕下都出土の朝鮮式銅戈」『有光教一先生白寿記念論叢』高麗美術館、49-66 頁
境　靖紀　1998　「武器形鋳型型式論―北部九州の石製鋳型を中心に―」『古文化談叢』第 41 集、31-54 頁
佐賀県教育委員会　2003　『柚比遺跡群 3　第 1 分冊　八並金丸遺跡（集落）』（佐賀県文化財調査報告書第 155 集、鳥栖市北部丘陵新都市関係文化財調査報告書 4）
坂田邦洋　1978　『対馬ヌカシにおける縄文時代中期文化』昭和堂印刷（諫早、昭和 53 年）
坂本嘉弘　1997　「九州における縄文時代の葬制」『古文化談叢』第 37 集、1-37 頁
佐世保市教育委員会　1994　『四反田遺跡発掘報告書』
佐藤達夫　1963　「朝鮮有紋土器の変遷」『考古学雑誌』第 48 巻第 3 号、1-26 頁
佐藤由紀男　2000　「甕・深鉢形土器の容量変化からみた縄文／弥生」『突帯文と遠賀川』土器持寄会論文集刊行会、1027-1061 頁
佐藤洋一郎　1991　「アジア栽培イネのインド型―日本型品種群における籾形の差異」『育種』41、121-134 頁
佐藤洋一郎　1996　『DNA が語る稲作文明』NHK ブックス
佐藤洋一郎　1999　『DNA 考古学』東洋書林
佐原　真　1964　「弥生式土器の製作技術」『紫雲出　香川県三豊郡詫間町紫雲出山弥生式遺跡の研究』詫間町文化財保護委員会、21-30 頁
佐原　真　1982　「考古学からみた日本人の地域性」『日本人の地域性に関する研究方策の検討』（昭和 62 年度文部省科学研究費補助金（総合研究 B　尾本恵市代表）研究成果報告書）
佐原　真　1983　「弥生土器入門」『弥生土器 I』ニューサイエンス社、1-24 頁
志賀和子　1996　「洛陽金村出土銀器とその刻銘をめぐって」『日本中国考古学会会報』第六号、40-68 頁
志賀和子　2002　「漢代北方地域における帯金具の変遷」『中国考古学』第 2 号、87-110 頁
設楽博巳・小林青樹　2007　「板付 I 式土器成立における亀ヶ岡系土器の関与」『新弥生時代のはじまり　第 2 巻　縄文時代から弥生時代へ』雄山閣、66-107 頁
下條信行　1988　「日本石包丁の源流―弧背弧刃系石包丁の展開―」『日本民族・文化の生成　永井昌文教授退官記念論文集 1』六興出版社、453-474 頁
下條信行　1993　「西部瀬戸内における出現期弥生土器の様相」『論苑考古学』坪井清足さんの古稀を祝う会編、天山舎、331-363 頁
下條信行　1994　「瀬戸内の有柄式磨製石剣の諸問題」『「社会科」学研究』第 28 号、1-16 頁
下條信行　1995　「東アジアにおける穴蔵貯蔵の発生と展開」『生活技術の人類学　国立民族学博物館シンポジウムの記録』平凡社、116-134 頁
下條信行　1996　「扁平片刃石斧について」『愛媛大学人文学会創立二十周年記念論集』愛媛大学人文学会、141-164 頁
下條信行　1997　「柱状片刃石斧について」『古文化論叢―伊達先生古稀記念論集―』伊達先生古稀記念論集編集委員会、72-87 頁
下條信行　1998　「石器の盛衰」『日本における石器から鉄器への転換形態の研究』（平成 7 年度～平成 9 年度科学研究費補助金（基盤研究 B）研究成果報告書）、5-62 頁

下條信行　2000　「遼東形伐採石斧の展開」『東夷世界の考古学』青木書店、29-54 頁

下條信行　2002a　「片刃石斧の型式関係からみた初期稲作期の韓日関係の展開について」『悠山姜仁求教授停年紀念東北亞古文化論叢』悠山姜仁求教授停年紀念東北亞古文化論叢編纂委員会、263-286 頁

下條信行　2002b　「北東アジアにおける伐採石斧の展開―中国東北・朝鮮半島・日本列島を繋ぐ文化回路を巡って―」『朝鮮半島考古学論叢』すずさわ書店、125-156 頁

庄田慎矢　2004a　「韓国嶺南地方西部の無文土器時代編年」『古文化談叢』第 50 集下、157-175 頁

庄田慎也　2004b　「比來洞銅剣の位置と弥生暦年代論（上）」『古代』1-29 頁

庄田慎也　2007　「韓国青銅器時代の編年と年代」『第 19 回東アジア古代史・考古学研究交流会予稿集』、東アジア考古学会、20-43 頁

正林護・松尾泰子編　1983　『大野台遺跡』（長崎県鹿町町文化財調査報告書第 1 集）

秦小麗　1998　「二里頭文化の地域間交流―山西省西南部の土器動態を中心に―」『古代文化』第 50 巻第 10 号、575-582 頁、第 11 号、20-31 頁

菅波正人　2009　「福岡平野における板付Ⅰ式土器の拡散と突帯文系甕の様相」『弥生時代の考古学 2　弥生文化誕生』同成社、114-122 頁

澄田正一　1990a　「遼東半島の先史遺跡―貔子窩付近分布調査―」『愛知学院大学人間文化研究所紀要　人間文化』第 5 号、19-23 頁

澄田正一　1990b　「遼東半島の積石塚―老鉄山と四平山―」『愛知学院大学文学部紀要　人間文化』第 20 号、41-48（380-387）頁

澄田正一・小野山節・宮本一夫編　2008　『遼東半島四平山積石塚の研究』柳原出版

セルグシェーワ E. A.　2005　「古民族植物資料に基づく沿海州考古遺跡における栽培植物について」『極東先史古代の穀物』（日本学術振興会平成 16 年度科学研究費補助金（基盤 B-2）「雑穀資料からみた極東地域における農耕受容と拡散過程の実証的研究」中間研究発表会論文集）、熊本大学、43-48 頁

高倉洋彰　1981　『弥生時代社会の研究』寧楽社

高橋　学　2003　『平野の環境考古学』古今書院

武末純一　1982　「有柄式石剣」『末盧国』六興出版、386-398 頁

武末純一　1991　「有柄式石剣」『土器からみた日韓交渉』学生社、17-34 頁

武末純一　2002　「遼寧式銅剣墓と国の形成―積良洞遺蹟と松菊里遺蹟を中心に―」『福岡大学人文学論叢』34 巻 2 号、555-568 頁

武末純一　2004　「弥生時代前半期の暦年代―九州北部と朝鮮半島南部の併行関係から考える―」『福岡大学考古学論集―小田富士雄先生退職記念―』小田富士雄先生退職記念事業会、129-156 頁

武末純一　2012　「弥生時代前半期の暦年代再論」『AMS 年代と考古学』学生社、89-130 頁

田崎博之　1994　「夜臼式土器から板付式土器へ」『牟田裕二君追悼論集』牟田裕二君追悼論集刊行会、35-74 頁

田崎博之　2000　「壺形土器の伝播と受容」『突帯文と遠賀川』土器持寄会論文集刊行会、737-789 頁

田崎博之　2002a　「朝鮮半島の初期水田稲作―初期水田遺構と農具の検討―」『韓半島考古学論叢』すずさわ書店、51-87 頁

田崎博之　2002b　「日本列島の水田稲作―紀元前一千年紀の水田遺構からの検討―」『東アジアと日本の考古学Ⅳ』同成社、73-117 頁

田崎博之　2008　「朝鮮半島における青銅器時代の環境変遷と土地利用」『日本水稲農耕の起源地に関する総合的研究』九州大学人文科学研究院考古学研究室、105-124 頁

田畑直彦　2000　「西日本における初期遠賀川式土器の展開」『突帯文土器と遠賀川』土器持寄論文集刊行会、913-956 頁

田中良之　1982　「磨消縄文土器伝播のプロセス―中九州を中心として―」『森貞次郎博士古稀記念古文化論集　上巻』59-96 頁

田中良之　1986　「縄文土器と弥生土器：西日本」『弥生文化の研究 3　弥生土器 I』雄山閣、115-125 頁

田中良之　1991　「いわゆる渡来説の再検討」『日本における初期弥生文化の成立』文献出版、482-505 頁

田中良之　1995　『古墳時代親族構造の研究』柏書房

田中良之　1998　「出自表示論批判」『日本考古学』第 5 号、1-18 頁

田中良之　2002　「弥生人」『古代を考える稲・金属・戦争―弥生―』吉川弘文館、47-76 頁

田中良之　2008　「山鹿貝塚墓地の再検討」『地域・文化の考古学―下條信行先生退官記念論文集―』下條信行先生退官記念事業会、47-60 頁

田中良之　2011　「AMS 年代測定法の考古学への適用に関する諸問題」『AMS 年代と考古学』学生社、131-161 頁

田中良之　2014　「いわゆる渡来説の成立過程と渡来の実像」『列島初期稲作の担い手は誰か』すいれん舎、3-48 頁

田中良之・小沢佳憲　2001　「渡来人をめぐる諸問題」『弥生時代における九州・韓半島交流史の研究』（平成 12 年度韓国国際交流財団助成事業共同研究プロジェクト研究報告書）九州大学大学院比較社会文化研究院基層構造講座、3-27 頁

田中良之・溝口孝司・岩永省三・Tom Higham　2004　「弥生人骨を用いた AMS 年代測定（予察）」『日・韓交流の考古学』九州考古学会・嶺南考古学会、245-258 頁

田中良之・松永幸男　1984　「広域土器分布圏の諸相―縄文時代後期西日本における類似様式の並立―」『古文化談叢』第 14 集、81-117 頁

田中良之・松永幸男　1992　「土器文様の伝播と位相差」『Museum Kyushu』39、33-42 頁

田辺省三・佐原真　1966　「近畿」『日本の考古学Ⅲ』河出書房新書、134-135 頁

千葉基次　1988　「遼東半島積石墓」『青山考古』第 6 号、86-98 頁

辻誠一郎　2000　「環境と人間」『古代史の論点 1　環境と食料生産』小学館、69-94 頁

都出比呂志　1982　「原始土器と女性，日本女性史 1」東大出版会、1-42 頁

出原恵三　2009　『南国土佐から問う弥生時代像・田村遺跡』新泉社

寺沢薫・寺沢知子　1981　「弥生時代植物質食料の基礎的研究―初期農耕社会研究の前提として―」『橿原考古学研究所紀要　考古学論攷』第 5 冊、1-129 頁

徳島大学埋蔵文化財調査室　1998　『庄・蔵本遺跡 1―徳島大学蔵本キャンパスにおける発掘調査―』

冨井眞　2001　「西日本縄文土器としての並木式土器の評価―阿高・中津式との関係―」『古文化談叢』第 47 集、1-28 頁

中尾智行　2009　「弥生前期前半土器における接合部剥離資料」『讃良郡条理遺跡Ⅷ』大阪府文化財センター、397-409 頁

中尾智行・山根航　2007　「近畿最古の弥生土器―讃良郡条理遺跡の出土資料紹介―」『大阪文化財研究』31、5-17 頁

中沢道彦　2005　「山陰地方における縄文時代の植物質食料について―栽培植物の問題を中心に―」『縄文時代晩期の山陰地方』（第 16 回中四国縄文時代研究会）、109-131 頁

中島直幸　1982　「初期稲作期の凸帯文土器」『森貞次郎博士古稀記念古文化論集』森貞次郎博士古稀記念論文集刊行会、297-354 頁

中橋孝博　2000　「福岡市雀居遺跡（第 7・9 次調査）の出土人骨」『雀居遺跡 5　福岡空港西側整備に伴う埋蔵文化財調査報告』（福岡市埋蔵文化財調査報告書第 635）、183-188 頁

中橋孝博　2001　「大友遺跡第 5 次発掘調査出土人骨」『佐賀県大友遺跡―弥生墓地の調査―』九州大学大学院

人文科学研究院考古学研究室、60-67 頁
中橋孝博　2005　『日本人の起源』（講談社選書メチエ 318）講談社
中橋孝博・飯塚勝　1998　「北部九州の縄文―弥生移行期に関する人類学的考察」『人類学雑誌』106（2）、131-143 頁
中村大介　2005　「無文土器時代前期における石鏃の変遷」『待兼山考古学論集―都出比呂志先生退任記念―』大阪大学考古学研究室、51-86 頁
中村大介　2006　「弥生時代開始期における副葬習俗の受容」『日本考古学』第 21 号、21-54 頁
中村大介　2007　「遼寧式銅剣の系統的展開と起源」『中国考古学』第 7 号、1-29 頁
中村大介　2010　「粘土帯土器文化と弥生文化」『季刊考古学』第 113 号、43-47 頁
中村大介　2012　『弥生文化形成と東アジア社会』塙書房
中山誠二　2010　『植物考古学と日本の農耕の起源』同成社
中山誠二編　2014　『日韓における雑穀農耕の起源』山梨県立博物館
西谷　正　1980　「日朝原始墳墓の諸問題」『東アジア世界における日本古代史講座 1　原始日本文明の系譜』学生社、152-191 頁
西谷　正　1982　「朝鮮考古学の時代区分について」『考古学論考　小林行雄博士古稀記念論文集』平凡社、873-892 頁
西谷　正　1997　「日本列島の支石墓」『東アジアにおける支石墓の総合的研究』52-55 頁
橋口達也編　1984　『石崎曲り田遺跡Ⅱ』
橋口達也　1985　「日本における稲作の開始と発展」『石崎曲り田遺跡』Ⅲ（今宿バイパス関係埋蔵文化財調査報告第 11 集）福岡県教育委員会、5-103 頁
橋口達也編　1985　『石崎曲り田遺跡Ⅲ』（今宿バイパス関係埋蔵文化財調査報告第 11 集）福岡県教育委員会
端野晋平　2001　「支石墓の系譜と伝播様態」『弥生時代における九州・韓半島交流史の研究』九州大学大学院比較社会文化研究院基層構造講座、29-62 頁
端野晋平　2003　「支石墓伝播のプロセス―韓半島南端部・九州北部を中心として―」『日本考古学』第 16 号、1-25 頁
端野晋平　2006　「水稲農耕開始期における日韓交渉―石包丁からみた松菊里文化の成立・拡散・変容のプロセス」『九州考古学会・嶺南考古学会第 7 回合同考古学大会　日韓新時代の考古学』九州考古学会・嶺南考古学会、49-87 頁
端野晋平　2008a　「松菊里型住居の伝播とその背景」『九州と東アジアの考古学―九州大学考古学研究室 50 周年記念論文集―』九州大学考古学研究室 50 周年記念論文集刊行会、45-72 頁
端野晋平　2008b　「計測的・非計測的属性と型式を通じた石包丁の検討―朝鮮半島南部と北部九州を素材として―」『日本考古学』第 26 号、41-67 頁
端野晋平　2010a　「近年の無文土器研究からみた弥生早期」『季刊考古学』第 113 号、31-34 頁
端野晋平　2010b　「朝鮮半島南部無文土器前・中期炭素 14 年代の検討―歴博弥生時代開始年代に対する検討もかねて―」『古文化談叢』第 65 集（2）、217-247 頁
八戸遺跡調査会　2004　『是川中居遺跡　中居地区　G・L・M』（八戸遺跡調査会埋蔵文化財調査報告　第 5 集）
ハドソン・マーク　1999　「言語学からみた日本列島の先史時代」『はじめて出会う日本考古学』有斐閣、191-211 頁
濱田竜彦・中沢道彦　2014　「西日本―突帯文土器分布圏―における栽培植物の出現」『日韓における雑穀農耕の起源』山梨県立博物館、318-323 頁
原田大六　1952　「福岡県石ヶ崎の支石墓を含む原始墳墓」『考古学雑誌』第 38 巻第 4 号、1-33 頁

春成秀爾　2006　「弥生時代の年代問題」『新弥生時代のはじまり　第 1 巻　弥生時代の新年代』雄山閣、65-89 頁

比嘉えりか編　2012　『原遺跡 14 ―第 26 次調査報告―』（福岡市埋蔵文化財調査報告書第 1167 集）

秀島貞康編　2006　『風観岳支石墓群発掘調査報告書』（諫早市文化財調査報告書第 19 集）

深澤芳樹　1985　「土器のかたち―畿内第 I 様式古・中段階について―」『財団法人東大阪市文化財協会紀要』I、41-62 頁

福岡市教育委員会　1996　『下月隈天神森遺跡Ⅲ』（福岡市埋蔵文化財調査報告書第 457 集）

福岡市教育委員会文化財部埋蔵文化財課　2003　『福岡市埋蔵文化財年報 Vol.18 ―平成 15（2003）年度版―』

福田正宏、デリューギン・ヴァレリー、シュフコモード・イーゴリ　2002　「ロシア極東地域における縄文をもつ土器について」『古代文化』第 54 巻第 7 号、30-41 頁

福沢仁之　1995　「天然の「時計」・「環境変動検出計」としての湖沼の年縞堆積物」『第四紀研究』第 34 巻第 3 号、135-149 頁

福沢仁之　1996　「稲作の拡大と気候変動」『季刊考古学』第 56 号、49-53 頁

藤尾慎一郎　1987　「板付 I 式甕形土器の成立とその背景」『史淵』第 124 輯、1-27 頁

藤尾慎一郎　1999　「福岡平野における弥生文化成立過程―狩猟採集民と農耕民の集団関係―」『国立歴史民俗博物館研究報告』第 77 集、51-84 頁

藤尾慎一郎　2002　『縄文論争』講談社

藤尾慎一郎　2003a　『弥生変革期の考古学』同成社

藤尾慎一郎　2003b　「近畿における遠賀川系甕の成立過程―摂津・河内・大和の弥生甕―」『国立歴史民俗博物館研究報告』第 108 集、45-66 頁

藤尾慎一郎　2009a　「弥生時代の実年代」『新弥生時代のはじまり　第 4 巻　弥生農耕の始まりとその年代』雄山閣、9-54 頁

藤尾慎一郎　2009b　「板付 I 式を創ろうとした村、創れた村、創れなかった村」『弥生時代の考古学 2　弥生文化誕生』同成社、105-113 頁

藤本　強　2000　「植物利用の再評価―世界的枠組みの再構築を見据えて」『古代文化』第 52 巻第 1 号、1-15 頁

藤原宏志　1998　『稲作の起源を語る』岩波書店

古川秀幸　2010　『石崎矢風遺跡』（糸島市文化財調査報告書第 3 集）

古澤義久　2007　「遼東地域と韓半島西北部先史土器の編年と地域性」『東京大学考古学研究室紀要』第 21 号、83-131 頁

堀苑孝志・天野直子・入江俊行　2005　『雑餉隈遺跡 5 ―第 14・15 次調査報告―』（福岡市埋蔵文化財調査報告書第 868 集）

本間元樹　1991　「支石墓と渡来人」『古文化論叢　児嶋隆人先生喜寿記念論集』児嶋隆人先生喜寿記念事業会、219-262 頁

朴宣映　2009　「朝鮮半島中南部における有柄式磨製石剣の編年と地域性」『考古学研究』第 56 巻第 1 号、20-41 頁

朴淳發（山本孝文訳）　2004　「遼寧粘土帯土器文化の韓半島定着過程」『福岡大学考古学論集―小田富士雄先生退職記念―』小田富士雄先生退職記念事業会、107-127 頁

ボビン・アレクサンダー　2003　「日本語系討論の現在：これからどこへ」『日本語系討論の現在』（日文研叢書 31）、国際日本文化研究センター、15-39 頁

前田義人・武末純一　1994　「北九州貫川遺跡の縄文晩期の石包丁」『九州文化史研究所紀要』第 39 号、65-90 頁

松尾奈緒子　2012　「板付Ⅰb式期―如意形甕の胴部文様から―」『九州考古学』第87号、23-45頁

松村道博編　1983　『有田七田前遺跡―有住小学校建設に伴う埋蔵文化次調査報告書―』（福岡市埋蔵文化財調査報告書第95集）

松村道博編　1995　『雀居遺跡3』（福岡市埋蔵文化財調査報告書第407集）

松本克己　2015　「私の日本語系統論―言語累計値理論から遺伝子系統地理論へ―」『日本語の起源と古代日本語』臨川書店、95-141頁

松本直子　1996　「認知考古学的視点からみた土器様式の空間的変異―縄文時代後晩期黒色磨研土器様式を素材として―」『考古学研究』第42巻第4号、61-84頁

松本洋明　2000　「弥生前期土器の製作技法―平等坊・岩室遺跡の資料を素材として―」『突帯文土器と遠賀川』（田崎博之編）、土器持寄会論文集刊行会、松山、1063-1085頁

豆谷和之　1995　「前期弥生土器出現」『古代』第99号、48-73頁

三阪一徳　2012　「土器製作技術からみた韓半島南部新石器・青銅器時代移行期―縄文・弥生移行期との比較―」『九州考古学・嶺南考古学会第10回合同考古学大会　生産と流通』九州考古学会、219-233頁

三阪一徳　2014　「土器からみた弥生時代開始過程」『列島初期稲作の担い手は誰か』すいれん舎、125-174頁

三阪一徳　2015　「遼東半島先史時代の土器製作技術―上馬石貝塚を中心として―」『遼東半島上馬石貝塚の研究』九州大学出版会、179-202頁

水ノ江和同　1997　「北部九州の縄文後・晩期土器―三万田式から刻目突帯文土器の直前まで―」『縄文時代』第8号、縄文時代文化研究会、73-110頁

水ノ江和同　2009　「黒川式土器の再検討―九州の縄文時代晩期土器―」『弥生農耕のはじまりとその年代』（新弥生時代のはじまり第4巻）雄山閣、114-127頁

溝口孝司　1995　「福岡市筑紫野市永岡遺跡の研究：いわゆる二列埋葬墓地の一例の社会考古学的再検討」『古文化談叢』第34集、159-192頁

溝口孝司　2008　「弥生文化の組織とカテゴリー」『弥生時代の考古学8　集落からよむ弥生時代社会』同成社

三原正三・宮本一夫・小池裕子　2008　「龍山文化期黒陶片試料の炭素安定同位体比分析」『遼東半島四平山積石塚の研究』柳原出版、109-113頁

三原正三・宮本一夫・中村俊夫・小池裕子　2003　「名古屋大学タンデトロン加速器質量分析計による大友遺跡出土人骨の^{14}C年代測定」『佐賀県大友遺跡Ⅱ―弥生墓地の発掘調査―』（考古学資料30）九州大学大学院人文科学研究院考古学研究室、64-69頁

宮崎県都城市教育委員会　2006　『坂元A遺跡　坂元B遺跡』（都城市文化財調査報告書第71集）

宮里　修　2001　「多鈕粗文鏡について」『史観』第144冊、65-84頁

宮里　修　2013　「日韓青銅器文化の平行関係と東北アジアにおける位置」『技術と交流の考古学』同成社、324-325頁

宮地聡一郎　2004　「刻目突帯文土器圏の成立（上）（下）」『考古学雑誌』第88巻第1号・第2号、1-32・38-52頁

宮地聡一郎　2007　「西からの視点「逆「く」字形浅鉢の成立と展開」」『第8回関西縄文文化研究会関西の突帯文土器発表要旨集』関西縄文研究会、127-134頁

宮地聡一郎　2008a　「黒色磨研土器」『総覧縄文土器』アム・プロモーション、790-797頁

宮地聡一郎　2008b　「凸帯文系土器（九州地方）」『総覧縄文土器』アム・プロモーション、806-813頁

宮地聡一郎　2009a　「弥生時代開始年代をめぐる炭素14年代測定土器の検討」『考古学研究』第55巻第4号、35-54頁

宮地聡一郎　2009b　「刻目突帯文土器と無文土器系土器」『古代文化』第61巻第2号、94-104頁

宮地聡一郎　2013　「縄文時代のイネをめぐって―籾圧痕研究のゆくえ―」『立命館大学考古学論集Ⅵ　和田晴

吾先生定年退職記念論集』61-68 頁
宮本一夫　1985　「中国東北地方における先史土器の編年と地域性」『史林』第 68 巻第 2 号、1-51 頁
宮本一夫　1986　「朝鮮有文土器の編年と地域性」『朝鮮学報』第 121 輯、1-48 頁
宮本一夫　1989　「鷹子遺跡の調査」『鷹子・樽味遺跡の調査』（愛媛大学埋蔵文化財調査報告Ⅰ）、11-30 頁
宮本一夫　1990a　「海峡を挟む二つの地域—山東半島と遼東半島、朝鮮半島南部と西北九州、その地域性と伝播問題—」『考古学研究』第 37 巻第 2 号、29-48 頁
宮本一夫　1990b　「戦国鏡の編年（上）（下）」『古代文化』第 42 巻第 4・6 号、・20-27・13-27 頁
宮本一夫　1991　「遼東半島周代併行土器の変遷—上馬石貝塚 A・BⅡ区を中心に—」『考古学雑誌』第 76 巻第 4 号、60-86 頁
宮本一夫　1995a　「遼寧省大連市金州区王山頭積石塚考古測量調査」『東北アジアの考古学的研究』同朋舎出版、64-80 頁
宮本一夫　1995b　「遼東新石器時代土器編年の再検討」『東北アジアの考古学的研究』同朋舎出版、116-143 頁
宮本一夫　1996　「縄文晩期の東アジア」『歴史発掘② 縄文土器出現』講談社、158-160 頁
宮本一夫　2000a　『中国古代北疆史の考古学的研究』中国書店
宮本一夫　2000b　「中国北疆の地域区分と時間軸」『中国古代北疆史の考古学的研究』中国書店、15-49 頁
宮本一夫　2000c　「縄文農耕と縄文社会」『古代史の論点 1　環境と食料生産』小学館、115-138 頁
宮本一夫　2000d　「農耕起源理論と中国における稲作農耕の開始」『日本中国考古学会学報』第 10 号、13-24 頁
宮本一夫　2001　「大友支石墓の変遷」『佐賀県大友遺跡—弥生墓地の発掘調査—』（考古学資料集 16）、52-59 頁
宮本一夫　2002　「朝鮮半島における遼寧式銅剣の展開」『韓半島考古学論叢』すずさわ書店、177-202 頁
宮本一夫　2003a　「膠東半島と遼東半島の先史社会における交流」『東アジアと『半島空間』—山東半島と遼東半島—』思文閣出版、3-20 頁
宮本一夫　2003b　「朝鮮半島新石器時代の農耕化と縄文農耕」『古代文化』第 55 巻第 7 号、1-16 頁
宮本一夫　2003c　「東北アジア青銅器文化からみた韓国青銅器文化」『青丘学術論集』第 22 集、95〜123 頁
宮本一夫　2003d　「弥生の実年代を考古学的に考える」『東アジアの古代文化』117 号、130-140 頁
宮本一夫　2003e　「大友墓地の変遷」『佐賀県大友遺跡Ⅱ—弥生墓地の発掘調査—』（考古学資料集 30）、九州大学人文科学研究院、70-82 頁
宮本一夫　2004a　「北部九州と朝鮮半島南海岸地域の先史時代交流再考」『福岡大学考古学論集—小田富士雄先生退職記念—』小田富士雄先生退職記念事業会、53-68 頁
宮本一夫　2004b　「中国大陸からの視点」『季刊考古学』第 88 号、78-83 頁
宮本一夫　2004c　「接触地帯に見られる地域性と集団関係—内蒙古中南部新石器時代の事例から—」『文化の多様性と比較考古学』考古学研究会 50 周年紀年論文集、19-28 頁
宮本一夫　2005a　『中国の歴史 01　神話から歴史へ』講談社
宮本一夫　2005b　「園耕と縄文農耕」『韓・日新石器時代의農耕問題』（第 6 回韓・日新石器時代共同学術大会発表資料集）、111-145 頁
宮本一夫　2006a　「華北新石器時代の墓制上にみられる集団構造（二）—山東新石器時代の階層表現と礼制の起源—」『史淵』第 143 輯、105-145 頁
宮本一夫　2006b　「中国における初期国家形成過程を定義づける」『東アジア古代国家論　プロセス・モデル・アイデンティティ』すいれん舎、247-274 頁
宮本一夫　2007a　「漢と匈奴の国家形成と周辺地域—農耕社会と遊牧社会の成立—」『九州大学 21 世紀 COE プログラム「東アジアと日本：交流と変容」統括ワークショップ報告書』九州大学、111-121 頁

宮本一夫　2007b　「沿海州南部新石器時代後半期の土器編年」『東北アジアの環境変化と生業システム』（平成15年度～18年度科学研究費補助金研究成果報告書「極東地域における前期完新世の環境変化と生業システムの適応に関する研究」）、熊本大学文学部、35-60頁

宮本一夫　2007c　「中国・朝鮮半島の稲作文化と弥生の始まり」『弥生時代はどう変わるか』学生社、77-92頁

宮本一夫　2007d　「東北アジアの農民化」『講座日本の考古学　第6巻　弥生時代（下）』青木書店、3-35頁

宮本一夫　2008a　「中国初期青銅器文化における北方青銅器文化」『長城地帯青銅器文化の研究』（『シルクロード学研究』Vol.29）シルクロード学研究センター、169-183頁

宮本一夫　2008b　「遼東の遼寧式銅剣から弥生の年代を考える」『史淵』第145輯、155-190頁

宮本一夫　2008c　「結論─日本出納農耕文化の起源地─」『日本水稲農耕の起源地に関する総合的研究』九州大学大学院人文科学研究院、125-133頁

宮本一夫　2008d　「弥生時代における木製農具の成立と東北アジアの磨製石器」『九州と東アジアの考古学─九州大学考古学研究室50周年記念論文集』25-44頁

宮本一夫　2008e　「細形銅剣と細形銅矛の成立年代」『新弥生時代のはじまり第3巻　東アジアの青銅器の系譜』雄山閣、9-23頁

宮本一夫　2008f　「沿海州南部における初期農耕の伝播過程」『地域・文化の考古学　下條信行先生退任記念論文集』685-700頁

宮本一夫　2009a　『農耕の起源を探る　イネの来た道』（歴史文化ライブラリー276）吉川弘文館

宮本一夫　2009b　「直接伝播地としての韓半島農耕文化と弥生文化」『弥生時代の考古学1　弥生文化の輪郭』同成社、35-51頁

宮本一夫　2009c　「考古学から見た夫余と沃沮」『国立歴史民俗博物館研究報告』第151集、99-127頁

宮本一夫　2011a　「板付遺跡─1951～1954年発掘調査資料」『新修　福岡市史　資料編考古3　遺物からみた福岡の歴史』3-89頁

宮本一夫　2011b　「有田遺跡─1967～1968年発掘資料」『新修　福岡市史　資料編考古3　遺物からみた福岡の歴史』福岡市、92-111頁

宮本一夫　2011c　「板付遺跡・有田遺跡からみた弥生の始まり」『新修　福岡市史　資料編考3　遺物からみた福岡の歴史』福岡市、595-621頁

宮本一夫　2011d　「考古資料からみた縄文時代から中・近世の博多」『新修　福岡市史　資料編考古3』福岡市、702-720頁

宮本一夫　2011e　「東北アジアの相対編年を目指して」『AMS年代と考古学』学生社、5-38頁

宮本一夫　2011f　「東アジア地域社会の形成と古代国家の誕生」『東アジア世界の交流と変容』（九州大学文学部人文学入門1）九州大学出版会、3-19頁

宮本一夫　2012a　「弥生移行期における墓制から見た北部九州の文化受容と地域間関係」『古文化談叢』67集、147-176頁

宮本一夫　2012b　「楽浪土器の成立と拡散─花盆形土器を中心として─」『史淵』第149輯、1-30頁

宮本一夫　2013a　「縄文から弥生へ」『新修　福岡市史　特別編　自然と遺跡からみた福岡の歴史』128-131頁

宮本一夫　2013b　「環境の変遷と遺跡からみた福岡の歴史」『新修　福岡市史　特別編　自然と遺跡からみた福岡の歴史』405-436頁

宮本一夫　2014a　「韓半島遼寧式銅剣再考」高倉洋彰編『東アジア古文化論攷』1、中国書店、336-351頁

宮本一夫　2014b　「沖縄出土滑石混入系土器からみた東シナ海の対外交流」『史淵』第151輯、63-84頁

宮本一夫　2015a　「遼東半島土器編年と上馬石貝塚出土土器の位置づけ」『遼東半島上馬石貝塚の研究』九州大学出版会、124-178頁

宮本一夫　2015b　「上馬石貝塚からみた遼東半島先史時代」『遼東半島上馬石貝塚の研究』九州大学出版会、

124-178 頁
宮本一夫 2015c 「長浜貝塚出土遺物の検討」『市史研究ふくおか』第 11 号、92（7）-82（17）頁
宮本一夫 2015d 「中国鉄器生産開始の諸問題」『中国考古学』第 15 号、25-40 頁
宮本一夫編 2001 『佐賀県大友遺跡―弥生墓地の発掘調査―』（考古学資料集 16）
宮本一夫編 2003 『佐賀県大友遺跡Ⅱ―弥生墓地の発掘調査―』（考古学資料集 30）
宮本一夫編 2004 『対馬吉田遺跡―縄文時代遺跡の発掘調査―』九州大学大学院人文科学研究院考古学研究室
宮本一夫編 2015 『遼東半島上馬石貝塚の研究』九州大学出版会
宮本一夫・村野正景 2002 「九州大学考古学研究室蔵松永憲蔵資料―文家屯遺跡採集玉器・石器資料を中心として―」『中国沿海岸における龍山時代の地域間交流』京都大学人文科学研究所、53-79 頁
森貞次郎 1966 「九州」『日本の考古学Ⅲ 弥生時代』河出書房新社、32-80 頁
森貞次郎 1969 「日本における初期の支石墓」『金載元博士回甲紀年論叢』、973-992 頁（森貞次郎 1983 『九州の古代文化』六興出版、51-64 頁に再録）
森貞次郎 1982 「縄文晩期および弥生初期の諸問題」『末盧国』六興出版、373-378 頁
森下靖士 1986 「山口県内の弥生時代貯蔵穴について」『山口大学構内遺跡調査研究年報Ｖ』175-184 頁
柳沢一男・横山邦雄 1980 『板付遺跡周辺遺跡調査報告書（6）』（福岡市埋蔵文化財調査報告書第 57 集）
家根祥多 1984 「縄文土器から弥生土器へ」『縄文から弥生へ』帝塚山考古学研究所、49-78 頁
家根祥多 1993 「遠賀川式土器の成立をめぐって―西日本における農耕社会の成立―」『論苑考古学』坪井清足さんの古稀を祝う会、天山舎、267-329 頁
家根祥多 1997 「朝鮮無文土器から弥生土器へ」『立命館大学考古学論集Ⅰ』立命館大学考古学論集刊行会、39-64 頁
山口譲治編 1976 『板付周辺遺跡報告書（1）』（福岡市埋蔵文化財調査報告書第 36 集）
山口譲治編 1981 『板付～板付会館建設に伴う発掘調査報告書～』（福岡市埋蔵文化財調査報告書第 73 集）
山口譲治 2000 「弥生時代の木製農具―韓国光州市新昌洞遺跡出土農具から―」『尹世英教授停年紀念論叢 韓国古代文化의変遷과交渉』尹世英教授停年紀念論叢刊行委員会、587-622 頁
山崎純男 1980 「弥生文化成立期における土器編年的研究」『鏡山猛先生古稀記念 古文化論攷』117-192、鏡山猛先生古稀記念論文集刊行会、117-192 頁
山崎純男 1987a 「北部九州における初期水田―開田地の選択と水田構造の検討―」『九州文化史研究所紀要』第 32 号、127-186 頁
山崎純男 1987b 『野多目遺跡群―稲作開始期の水田遺跡の調査―』（福岡市埋蔵文化財調査報告書第 159 集）
山崎純男 1991 「北部九州における初期水田―開田地の選択と水田構造の検討―」『日本における初期弥生文化の成立』350-294 頁
山崎純男 2000 『福岡市板付周辺遺跡調査報告書第 21 集』（福岡市埋蔵文化財調査報告書第 640 集）
山崎純男 2005 「西日本縄文農耕論」『第 6 回韓・日新石器時代共同学術大会発表資料集 韓・日新石器時代農耕의問題』33-67 頁
山崎純男 2007 「弥生文化の開始―北部九州を中心に―」『歴博フォーラム 弥生時代はどう変るか―炭素 14 年代と新しい古代像を求めて―』学生社、97-110 頁
山崎純男 2010 『板付 10 環境整備確認調査―環濠の調査―』（福岡市埋蔵文化財調査報告書第 1069 集）
山田昌久 1999 「縄文時代の鍬鋤類について―集落整備の土木具としての鍬鋤と日本列島における縛り固定鍬の系譜―」『人類史情報 1999』（東京都立大学考古学報告 4）
山田昌久 2000 「縄文の鍬鋤を使い続けた人々―考古学で掘る民族誌」『東北学』Vol.2、260-272 頁
山田昌久 2003 『考古資料大観 第 8 巻 弥生・古墳時代 木・繊維製品』
横山浩一 2003 『古代技術史攷』岩波書店

横山將三郎　1934　「油坂貝塚に就いて」『小田先生頌壽記念朝鮮論集』1041-1073頁
吉留秀敏　1994a　「板付式土器成立期の土器編年」『古文化談叢』第32集、29-44頁
吉留秀敏　1994b　「弥生時代環濠集落の変遷」『牟田裕二君追悼論集』牟田裕二君追悼論集刊行会、99-108頁
吉留秀敏　2008　「北部九州における水稲農耕受容期の様相」『南部九州における水稲農耕受容期の様相—西日本における他地域との比較を通して—』宮崎考古学会県南例会実行委員会、57-78頁
李権生　1992　「山東竜山文化の編年と類型—土器を中心として—」『史林』第75巻第6号、865-901頁
渡邉恵理子　2000　「岡山県南部地域における遠賀川系土器の様相」『突帯文と遠賀川』土器持寄会論文集刊行会、535-557頁

中国語

安志敏　1993　「中国遼東半島的史前文化」『東方学報』第65冊、京都、1-21頁
北京大学考古実習隊・煙台地区文管会・長島県博物館　1983　「山東長島県史前遺址」『史前研究』創刊号、114-130頁
昌潍地区文物管理組・諸城県博物館　1980　「山東諸城呈子遺址発掘報告」『考古学報』第3期、329-385頁
陳全家・陳国慶　1992　「三堂新石器時代遺址分期及相関問題」『考古』1992年第3期、232-244頁
澄田正一・秋山進午・岡村秀典　1997　「1941年四平山積石墓的調査」『考古学文化論集（四）』文物出版社、38-42頁
Crawford Gary W.・陳雪香・王建華　2006　「山東済南長清区月荘遺址発現後李文化時期的炭化稲」『東方考古』第3集、247-251頁
Crawford Gary W.・陳雪香・欒豊実・王建華　2013　「山東済南長済月荘遺址植物遺址遺存的初歩分析」『江漢考古』第2期、107-116頁
大連市文物考古研究所　1994　「遼寧大連大潘家村新石器時代遺址」『考古』第10期、877-894頁
大連市文物考古研究所　2000　『大嘴子』大連出版社
大連市文物考古研究所・遼寧師範大学歴史文化旅游学院　2006　「遼寧大連大砣子青銅時代遺址発掘報告」『考古学報』2006年第2期、205-230頁
東北博物館文物工作隊　1958　「遼寧新民県偏堡沙崗新石器時代遺址調査記」『考古通迅』第1期、1-7頁
甘粛省文物考古研究所・吉林大学北方考古研究室編　1998　『民楽東灰山考古—四壩文化墓地的掲示与研究』科学出版社
宮本一夫　2008　「関於膠東半島出土的龍山文化・岳石文化的石器分析」『山東地区早期農業与人類学研究』科学出版社、136-148頁
韓榕　1989　「試論城子崖類型」『考古学報』1989年第2期、137-159頁
黒龍江省文物考古工作隊　1981　「黒龍江寧安県鶯歌嶺遺址」『考古』1981年第6期、481-491頁
黒龍江省文物考古研究所「黒龍江尚志県亜布力新石器時代遺址清理簡報」『北方文物』1988年第1期、2-7頁
何徳亮・竟放　1985　「試論楊家圏遺存的文化性質」『考古与文物』1985年第1期、75-82頁
吉林省文物考古研究所、延辺朝鮮族自治州博物館　2001　『和龍興城—新石器及青銅時代遺址発掘報告』文物出版社
靳桂雲・王伝明・趙敏・方輝　2009　「山東地区考古遺址出土木炭種属研究」『東方考古』第6集、306-316頁
靳桂雲・王海玉・燕生東・劉長江・蘭玉富・佟佩華　2011　「山東膠州趙家荘遺址龍山文化炭化植物遺存研究」『科技考古』第3輯、科学出版社、37-53頁
靳桂雲・王育茜・王海玉・靳桂雲　2014　「山東即墨北阡遺址（2007）炭化種子果実遺存研究」『東方考古』第10集、239-254頁
欒豊実　1997　『海岱地区考古研究』山東大学出版社

遼寧省文物考古研究所・朝陽市博物館　2010　『朝陽袁台子―戦国西漢遺址和西周至十六国時期墓葬』文物出版社

遼寧省文物考古研究所・葫蘆島市博物館・建昌県文管所　2006　「遼寧建昌于道溝戦国墓地調査発掘簡報」『遼寧省博物館館刊』第 1 輯、27-36 頁

遼寧省文物考古研究所・葫蘆島市博物館・建昌県文物管理所　2014a　「遼寧建昌県東大杖子墓地 2002 年発掘簡報」『考古』2014 年第 12 期、18-32 頁

遼寧省文物考古研究所・葫蘆島市博物館・建昌県文物管理所　2014b　「遼寧建昌県東大杖子墓地 2003 年発掘簡報」『辺疆考古研究』第 18 輯、39-56 頁

遼寧省文物考古研究所・葫蘆島市博物館・建昌県文物局　2015　「遼寧建昌東大杖子墓地 2000 年発掘簡報」『文物』2015 年第 11 期、4 -26 頁

遼寧省文物考古研究所・吉林大学辺疆考古研究中心・葫蘆島市博物館・建昌県文物局ほか　2014a　「遼寧建昌県東大杖子墓地 M40 的発掘」『考古』2014 年第 12 期、33-48 頁

遼寧省文物考古研究所・吉林大学辺疆考古研究中心・葫蘆島市博物館・建昌県文物局ほか　2014b　「遼寧建昌県東大杖子墓地 M47 的発掘」『考古』2014 年第 12 期、49-60 頁

遼寧省博物館・旅順博物館　1984　「大連市郭家村新石器時代遺址」『考古学報』第 3 期、287-329 頁

遼寧省文物考古研究所・大連市文物管理委員会・庄河市文物管理辨公室　1994　「大連市北呉屯新石器時代遺址」『考古学報』1994 年第 3 期、343-380 頁

遼寧省文物考古研究所・吉林大学考古学系・大連市文物管理委員会辨公室　1992　「瓦房店交流島原始文化遺址試掘簡報」『遼海文物学刊』第 1 期、1 - 6・124 頁

梁思永・董作賓編　1934　『城子崖（山東暦城県龍山鎮之黒陶文化遺址）』（中国考古報告集之一）国立中央研究院歴史語言研究所

梁志龍　2003　「遼寧本渓多年発現的石棺墓及其遺物」『北方文物』2003 年第 1 期、6 -14 頁

黎家芳・高広仁　1979　「典型龍山文化的来源、発展及社会性質初探」『文物』第 11 期、56-62 頁

旅大市文物管理組　1978　「旅順老鉄山積石墓」『考古』第 2 期、80-85・118 頁

馬暁嬌・金英熙・賈笑冰・趙志軍　2014　「呉家村遺址 2010 年度浮選結果及分析」『東方考古』第 11 集、387-393 頁

馬永超・呉文婉・王強・張翠敏・靳桂雲　2015　「大連王家村遺址炭化植物遺存研究」『北方文物』第 2 期、39-43 頁

南京博物院・連雲港市博物館編　2014　『藤花落―連雲港市新石器時代遺址考古発掘報告』科学出版社

内蒙古自治区文物考古研究所・扎魯特旗人民政府　2010　『科爾沁文明―南宝力皋吐墓地』文物出版社

内蒙古文物考古研究所・扎魯特旗文物管理所　2011　「内蒙古扎魯特旗南宝力皋吐新石器時代墓地 C 地点発掘簡報」『考古』2011 年第 11 期、24-37 頁

秦嶺　2012　「中国農業起源的植物考古研究与展望」『考古学研究』九、文物出版社、260-315 頁

山東省文物管理処・済南市博物館編　1974　『大汶口』文物出版社

上條信行　2008　「膠東半島史前時代農耕石器使用痕分析」『山東地区早期農業与人類学研究』科学出版社、122-135 頁

瀋陽市文物管理辨公室　1978　「瀋陽新楽遺址試掘報告」『考古学報』第 4 期、449-466 頁

許玉林　1990　「遼寧東溝県石沸山新石器時代晩期遺址発掘簡報」『考古』第 8 期、673-683 頁

許玉林・楊永芳　1992　「遼寧岫岩北溝西山遺址発掘簡報」『考古』第 5 期、389-398 頁

趙輝　1993　「龍山文化的分期和地方類型」『考古学文化論集（三）』文物出版社、230-269 頁

趙志軍　2004　「両城鎮与教場舗龍山時代農業生産特点的対比分析」『東方考古』第 1 集、211-215 頁

趙志軍　2014　「吊桶環和仙人洞遺址出土稲属植物植硅石的分析与研究」『仙人洞与吊桶環』242-254 頁、文物

出版社
張翠敏　2006　「大嘴子第三期文化聚落遺址研究」『華夏考古』2006 年第 3 期、61-73 頁
中国社会科学院考古研究所編　1988　『膠県三里河』(中国田野考古報告集考古学専刊丁種第 33 号) 文物出版社
中国社会科学院考古研究所　1996　『双砣子与崗上—遼東史前文化的発現和研究』科学出版社
中国社会科学院考古研究所東北工作隊　1989　「瀋陽肇工街和鄭家窪子遺址的発掘」『考古』第 10 期、885-892 頁
中国社会科学院考古研究所・遼寧省文物考古研究所・大連市文物考古研究所　2009　「遼寧長海県小珠山新石器時代遺址発掘簡報」『考古』2009 年第 5 期、16-25 頁
中美両城地区聯合考古隊　2004　「山東日照市両城鎮遺址 1998~2001 年発掘簡報」『考古』2004 年第 9 期、7-18 頁
朱鳳瀚　1979　「吉林奈曼旗大沁他拉新石器時代遺址調査」『考古』第 3 期、209-222 頁
王樅　1993　「瓦房店市猴山遺址調査」『大連文物』第 1 期
王嗣洲・金志偉　1997　「大連北部新石器文化遺址調査簡報」『遼海文物学刊』第 1 期、1-5 頁
王海玉・靳桂雲　2014　「山東即墨北阡遺址 (2009) 炭化種子果実遺存研究」『東方考古』第 10 集、255-279 頁
王海玉・劉延常・靳桂雲　2012　「山東省臨沭県東盤遺址 2009 年度炭化植物遺存分析」『東方考古』第 8 集、357-372 頁
呉文婉・張克思・王沢冰・靳桂雲　2013　「章丘西河遺址 (2008) 植物遺存分析」『東方考古』第 10 集、373-390 頁
延辺博物館　1991　「吉林省龍井金谷新石器時代遺址清理簡報」『北方文物』1991 年第 1 期、3-9・16 頁
厳文明　1982　「中国稲作農業的起源」『農業考古』1982 年第 1 期・第 2 期、19-31・151 頁、50-14 頁
厳文明　1997　「我国稲作起源研究的新展開」『考古』1997 年第 9 期、71-76 頁

韓国語

朴辰一　2006　「서울 경기지방 전토대토기문화 試論」『고고학』제 5 권 제 1 호、서울경기고고학회、31-50 頁
변사성・高영남　1989　「馬山里遺蹟의 新石器時代집자리에 대하여」『朝鮮考古研究』第 4 号、15-20 頁
裵眞晟　2001　「柱状片刃石斧의 変化와 画期—有溝石의 斧의 発生과 無文土器時代中期社会의 性格—」『韓国考古学報』44 輯、19-65 頁
裵眞晟　2003　「無文土器의 成立과 系統」『嶺南考古学』32 号、5-34 頁
裵眞晟　2007a　『無文土器文化의 成立과 階層社会』書経文化社
裵眞晟　2007b　「無文土器社会의 階層構造과 国」『階層社会과 支配의 出現』社会評論社、141-178 頁
裵眞晟　2010　「無文土器의 系統과 展開—最近의 争点을 中心—」『考古学誌』第 16 輯、57-74 頁、国立中央博物館
釜山博物館　2007　『東三洞貝塚浄化地域発掘調査報告書』(釜山博物館学術研究叢書 24 輯)
釜山直轄市立博物館　1993　『凡方貝塚Ⅰ』(釜山直轄市博物館遺蹟調査報告書第 9 冊)
釜山直轄市立博物館　1996　『凡方貝塚Ⅱ』(釜山広域市立博物館研究叢書第 11 冊)
趙鎮先　2008a　「多鈕粗文鏡 形式의 変遷과 地域的 展開」『韓国上古史学報』第 62 号、27-54 頁
趙鎮先　2008b　「耽津江流域圏支石墓의 形式과 変遷」『湖南考古学報』30 号、5-36 頁
趙鎮先　2009　「韓国式銅戈의의登場背景과 와辛莊頭 30 号墓」『湖南考古学報』32 輯、5-35 頁
朝鮮民主主義人民共和国科学院考古学民俗学研究所　1961　『智塔里原始遺跡発掘報告』(『遺跡発掘報告』第 8 集)
千羨幸　2007　「無文土器時代의 早期設定과 時間的 範囲」『韓國青銅器學報』1、4-27 頁
忠南大学校博物館　『屯山』(忠南大学校博物館叢書第 12 輯、大田、1995 年)

忠南発展研究院　2003　『공주 장선리 토실유적』
啓明大学校行素博物館　2006　『金泉松竹里遺跡Ⅰ』（啓明大学校行素博物館遺跡調査報告第 15 輯）
郭鐘喆・藤原宏志・宇田津徹朗・柳沢一男　1995　「新石器時代 土器胎土에서 検出된 벼의 plant-opal」『韓国考古学報』32、149-162 頁
姜仁旭　2007　「豆満江流域青銅器時代文化의 変遷過程対에 대하여」『韓国考古学報』62 輯、韓国考古学会、46-89 頁
江陵大学校博物館　2002　『襄陽 地境里 住居址』（江陵大学校博物館 学術叢書 36 冊）
金壮錫　2003　「忠清地域松菊里類型形成過程」『韓国考古学報』第 51 輯、33-56 頁
金壮錫　2008　「무문토기시대 조기설정론 재고」『韓國考古學報』69 輯、94-115 頁
金材胤　2004　「韓半島 刻目突帯文土器의 編年과 系譜」『韓國上古史學報』46 輯、31-69 頁
金材胤・Kolomiets S. A.・Kyptih E. B.　2006　「東北韓 新石器末期에서 青銅器時代로의 転換期 様相」『石軒鄭澄元教授停年退任記念論叢』釜山考古学研究会・論叢刊行委員会、131-169 頁
金権九　2008　「韓半島 青銅器時代의 木器에 대한 考察—南韓地域의 木器를 中心으로」『韓国考古学報』第 67 輯、40-71 頁
金根完　2014　「大川里新石器遺跡炭化穀物의 年代와 그 意味」『韓国新石器研究』第 28 号、41-60 頁
金美景　2009　「遼東地域 青銅器時代 土器文化圏 설정에 관한 再検討」『湖西考古学』第 21 輯、68-95 頁
金用玕・徐国泰　1972　「西浦項原始遺跡発掘報告」『考古民俗論文集』4、31-145 頁
金用玕・石光叡　1984　『南京遺蹟에 = 한 研究』科学、百科事典出版社
金恩瑩　2010　「瀛仙洞式土器의 編年」『釜山大学校考古学科創設 20 周年記念論文集』63-97 頁、釜山大学校考古学科創設 20 周年記念論文集刊行委員会
金賢　2003　「泗川梨琴洞無文時代木棺에 대한 検討」『泗川梨琴洞遺蹟』（社）慶南考古学研究所、353-364 頁
国立金海博物館・昌寧郡　2008　『飛鳳里』（国立金海博物館 学術調査報告 第 6 冊）
国立文化財研究所　1999　『襄陽柯坪里』
国立文化財研究所　2013　『高城文岩里遺蹟Ⅱ発掘調査報告書』
国立中央博物館　1994　『岩寺洞』
国立清州博物館　1993　『清原雙清里住居址』学術調査報告書第 3 冊、清州
慶南発展研究 歴史文化센타　2005　『密陽 살내遺蹟』慶南発展研究 歴史文化센타調査研究報告書 第 24 冊
社会科学院歴史研究所　1979　『朝鮮全史（原始扁）』科学、百科事典出版社
石光叡　1979　「我国西北地方支石墓に関する研究」『考古民俗論文集』第 7 集、109-182 頁
소상영　2015　「京畿道新石器時代 環境과 生業」『京畿道의 첫 걸음 빗살무늬』京畿道陶磁博物館、106-115 頁
孫晙鎬・中村大介・百原新　2010　「複製（replica）法을 利用한 青銅器時代 土器 圧痕 分析」『野外考古学』第 8 号、韓国文化財調査研究機関協会、5-34 頁
沈奉謹　1979　「日本支石墓の의一考察」『釜山史学』3、1-66 頁
宮里　修　2005　「無文土器時代의 集落構造—中西部地域의駅三洞類型—」『韓国考古学報』第 56 輯、49-91 頁、韓国考古学会
中村大介　2007　「日本列島弥生時代開始期前後의 墓制」『아시아 巨石文化 과 고인돌』123-148 頁
中村大介　2008　「青銅器時代와 初期鉄器時代의 編年과 年代」『韓国考古学報』第 68 輯、38-87 頁、韓国考古学会
安在晧　2000　「韓國 農耕社會의 成立」『韓國考古學報』43 輯、41-66 頁
安在晧　2010　「韓半島青銅器時代의時期区分」『考古学誌』第 16 輯、5-56 頁、国立中央博物館
安承模　1996　「韓国先史農耕研究의 成果과 課題」『先史와 古代』7、3-18 頁
安承模　2001　「韓国과 日本의 初期稲作—未完의 課題들」『湖南考古学』第 13 輯、7-32 頁

安承模　2012　「東아시아 조・기장 起源 研究의 最近動向」『韓国 新石器文化의 様相과 展開』書経文化社、161-196 頁
李清圭　2010　「多鈕鏡型式의 変遷과 分布」『韓国上古史学報』第 67 号、45-89 頁
李炳善　1963　「鴨緑江流域 빗살 무늬 그릇遺蹟의 特性 関한 若干의 考察」『考古民俗』第 1 号、12-24 頁
李宗哲　2003　「支石墓運搬에 대한 試論」『韓国考古学報』50 輯、31-63 頁
李炅娥　2005　「植物遺体에 基礎한 新石器時代 '農耕'에 대한 観点의 再検討」『韓・日新石器時代의 農耕問題』（第 6 回韓日新石器時代共同学術大会発表資料集）、69-109 頁
李炅娥・윤호필・고민정・김춘영　2011　「新石器時代 南江流域 植物資源 利用에 대한 考察」『嶺南考古学』56、5-43 頁
李相吉　1996　「青銅器時代墓葬에 대한 一視角」『碩晤尹容鎮教授停年退任記念論叢』碩晤尹容鎮教授停年退任記念論叢委員会、91-114 頁
李淳鎮　1965　「新岩里遺蹟発掘中間報告」『考古民俗』第 3 号、40-49 頁
李隆助・金貞熙　1998　「韓国先史時代稲農業의 새로운解釈―植物珪酸体分析을 中心으로―」『先史와 古代』11、11-44 頁
李隆助・金貞熙　2001　「早洞里遺跡出土 土器 바탕흙의 植物珪酸体分析」『忠州早洞里先史遺蹟（Ⅰ）』424-428 頁
李隆助・禹鍾充　2003　「世界最古『小魯里볍씨』의 発掘과 意味」『第 1 回国際学術会議　亜細亜 先史 農耕과 小魯里 볍씨』27-46 頁
李隆助・박태식・우종윤　2013　「高陽 가와지볍씨의 発掘과 農業史蹟」『高陽 가와지볍씨（Ⅱ）：国際会議』韓国先史文化研究院、21-60 頁
李榮文　2002　『韓国支石墓社会研究』学研文化社
李隣崢　2013　『韓半島 南部 突帯文土器文化의 成立過程』（慶北大學校文學碩士学位論文）
任孝宰　1990　「京畿道金浦半島의 考古学調査研究」『서울大博物館年報』2、1-22 頁
任孝宰・鈴木三男　2001　「金浦 泥炭層 遺蹟과 이当時의 古環境研究」『韓国 古代 稲作文化의 起源 ―金浦의 古代벼를 中心으로』
河仁秀編　2007　『東三洞貝塚浄化地域発掘調査報告書』釜山博物館
韓昌均・具滋振・金根完　2014　「大川里新石器遺跡炭化穀物의 年代와 그 意味」『韓国新石器研究』第 28 号、41-60 頁。
韓国考古学会　2007　『韓国考古学講義』社会評論
韓国先史文化研究所　2001　『忠州早洞里先史遺跡（Ⅰ）』
韓南大学校中央博物館・韓国高速鉄道建設公団 2003『沃川　大川里　新石器遺蹟』（韓南大学校　中央博物館　叢書 16）
武末純一・平郡達哉　2009　「日本支石墓를 둘러싸는 諸問題」『巨済大錦里遺蹟考察編―巨加大橋接続道路（長承浦～長木）区間内遺蹟発掘報告書―』（財）慶南考古学研究所、149-176 頁
都宥浩　1960　『朝鮮原始考古学』
차달만　1992　「堂山조개무지遺蹟発掘報告」『朝鮮考古研究』第 4 期、14-20 頁

英語

Anthony, D. 1991 The archaeology of Indo-European origins. In *Journal of Indo-European Studies* 19:193-222.
Bellwood, P. 2005 *FIRST FARMERS The Origins of Agricultural Societies*. Malden: Blackwell.
Bellwood, P. 2013 *First Migrants: Ancient Migration in Global Perspective*, WILEY Blackwell, Malden, USA.
Clarke, D. L. 1968 *ANALYTICAL ARCHAEOLOGY*, Methuen & Co Ltd, London.

Crawford, G. W. 2011 Early rice exploitation in the lower Yangzi valley: What are we missing? In *The Holocene* 22(6): 613-621.

Crawford, G. W. and Lee, Gyoung-Ah 2003Agricultural origins in the Korean Peninsula. In *Antiquity* 295(77): 87-95.

Crawford, G. W., Underhill, A., Zhao, Zh., Lee G. A., Feinman G., Nicholas L., Luan F., Yu H., Fang H. and F. Cai 2005 Late Neolithic plant remains from northern China: preliminary results from Liangchengzhen, Shanndong. In *Current Anthropology* 46: 309-327.

Frachetti, M. D., Spengler, R. N., Fritz, G. J., Mar'yashev, A. N. 2010 Earliest direct evidence for broomcorn millet and wheat in the central Eurasian steppe region. In *Antiquity* 84(326): 993-1010.

Fujiyama, A., Toyoda, A., Lu, T., Feng, Q., Qian, Q., Li, J, and Han, B. 2012 A map of rice genome variation reveals the origin of cultivated rice. In *Nature* Vol. 490 (11532):497-501.

Fuller, D. Q., Harvey, E. and Ling, Q. 2007 Presumed Domestication? Evidence for wild rice cultivation and domestication in the fifth millennium BC of the Lower Yangtze region. In *Antiquity* 312(81): 316-331.

Fuller, D. Q. and Ling, Q. 2009 Water management and Labor in the Origins and Dispersal of Asian Rice, World Archaeology 41(1): 88-111.

Fuller, D. Q., Ling, Q., Yunfei, Z., Zhao Zhijun, Chen Xugao, Hosoya, L. A. and Sun Guo-Ping 2009 The Domestication Process and Domestication Rate in Rice: Spikelet Bases from the Lower Yangtze. In *SCIENCE* VOL 323: 1607-1610.

Gimbutas, M. 1985 Primary and secondary homelands of the Indo-Europeans. In *Journal of Indo-European Studies* 13:185-202.

Guedes, Jade d'Alpoim, Jin, Guiyun, Bocinsky, R. Kyle 2015 The Impact of Climate on the Spread of Rice to North-Eastern China: A New Look at the Data from Shandong Province. In *PLOS ONE* DOI:10.1371: 1-19.

Hayden, B. 2011 Rice: the First Asian Luxury Food? In *Why cultivate?Anthropological and Archaeological Approaches to Foraging-Farming Transitions in Southeast Asia*, McDONALD INSTITUTE MONOGRAPHS: 73-91.

Huang, X., Kurata, N., Wei, X., Wang, Z., Wang A., Zhao, Q., Zhao, Y. Liu, K., Lu, H., Li, W., Guo, Y., Zhou, C., Fan, D., Weng, Q., Zhu, C., Huang, T., Zhang, L., Wang, Y., Feng, L., Furuumi, H., Kubo, T., Miyabayashi, T., Yuan, X., Xu Q., Dong, G., Zhan, Q., Li, C., Fujiyama, A., Toyoda, A., Lu, T., Feng, Q., Qian, Q., Li, J. and Han, B. 2012 A map of rice genome variation reveals the origin of cultivated rice. In *Nature* Vol. 490 (11532): 497-501.

Hudson, M. 1994 The Linguistic prehistory of Japan: some archaeological speculations, *Anthropological Science*, 102: 231-255.

Hunt, H. V., Campana, M. G., Lawes, M. C., Park Yong-jin, Bower Mim A., Howe Christopher J. and Martin, K. Jones 2011 Genetic diversity and phylogeography of broomcorn millet （Panicum miliaceum L.） across Eurasia. In *Molecular Ecology* 20: 4756-4771.

Kamijo, N. 2005 Use-wear marks on stone tools. In *Zaisanovka 7 Site -Excavation in 2004-*: 37-44, Kumamoto University, Japan

Kim, Kyeong Ja, Lee, Yung-Jo, Woo, Jong-Yoon and Jull, A.J. Timothy 2012 Radiocarbon ages of Sorori ancient rice of Korea. In *Nuclear Instruments and Methods in Physics Research B 294* (2013): 675-679.

Komoto, M. and Obata, H. ed. 2004 *Krounovka 1 Site -Excavation in 2002 and 2003-*. Kumamoto University, Japan.

Komoto, M. and Obata, H. ed. 2005 *Zaisanovka 7 Site -Excavation in 2004-*. Kumamoto University, Japan.

Kristiansen, K. 2005 What language did Neolithic pots speak? Colin Renfrew's European farming-languagedispersal model challenged. In *Antiquity* 305(79):679-691.

Lee, S. and Hasegawa, T. 2011 Bayesian phylogenetic analysis supports an agricultural origin of Japonic languages. In*Proceedings of the Royal Society B*, 278: 3662-3669.

Lee, Gyoung-Ah 2011The Transition from Foraging to Farming in Prehistoric Korea. In *Current Anthropology*, 52(4): 307-329.

Lee, Gyoung-Ah, W. Crawford Gary, Liu Li, Sasaki, Y. and Chen, X. 2011 Archeological Soybean （*Glycine max*) in East Asia: Does Size Matter? In *PloS ONE*.

Liu, L. and Chen, X. 2003 State Formation in Early China. Duckworth, London.

Li, XiaoQiang, Zhou, XinYing, Zhou, Jie, Dodson, J., Zhang, HongBin and Shang, Xue 2007 The earliest archaeobiological evidence of the broadening agriculture in China recorded at Xishanping site in Gansu Province. In *Science in China Series D: Earth Sciences*50 (11): 1707-1714

Longacre, W. A. 1964 Archaeology as: Anthropology: A Case study. *Science* 144: 1-57.

Longacre, W. A. and Stark, M. T. 1992 Ceramics, kinship, and space: A Kalinga example. *Journal of Anthropological Archaeology* 11(2): 125-136.

Lubbock, J. 1865 *Prehistoric Times*. London.

Miyamoto, K. 2004 Pottery from Neolithic Cultural Layers. In *Krounovka 1 Site -Excavation in 2002 and 2003-*. pp. 26-39, Kumamoto University, Japan.

Miyamoto, K. 2005 Pottery. In *Zaisanovka 7 Site -Excavation in 2004-*: 22-32, Kumamoto University, Japan.

Miyamoto, K. 2007a Pottery. In *Klerk 5 Site -Excavation in 2005 -*: 17-26, Kumamoto University, Japan.

Miyamoto, K. 2007b Pottery. IN *Archaeological Collections in the Posjet Bay -Archaeological Monographs in the Southern Primorye, Russia-*: 10-20, Kumamoto University, Japan.

Miyamoto, K. 2014 Human Dispersal in the Prehistoric Era in East Asia. In Takahiro Nakahashi and Fan Wenquan, ed. A*ncient People of the Central Plains in China*: 63-83, Kyushu University Press, Fukuoka, Japan. Kyushu

Miyamoto, K. 2015 The Initial Spread of Agriculture into Northeast Asia. In *Asian Archaeology* Vol.3: 11-26, Science Press, Beijing.

Miyamoto, K. 2016 Archeological Explanation for the Diffusion Theory of the Japonic and Koreanic Languages, In *Japanese Journal of Archaeology*, Vol. 4(1): 53-75.

Nakamura, T., Miyamoto, K. and Vostoretsov Y. E. 2004 AMS Radiocarbon Age Related with Archaeological Sites in Southern Primorye. In *Krounovka1 Site -Excavation in 2002 and 2003-*. pp. 53-54, Kumamoto University, Japan.

Obata, H. ed. 2007 *Klerk 5 Site -Excavation in 2005 -*. Kumamoto University, Japan.

Renfrew, C. 1987 Archaeology and Language. London: Jonathan Cape.

Renfrew, C. 1999 Time depth, convergence theory, and innovation in Proto-Indo-European. In *Journal of Indo-European Studies* 27:257-293.

Sample, L.L. and Tongsamdong 1974 A contribution to Korean Neolithic Culture History. *Arctic Anthropology* 11(2): 1-125, Wisconsin.

Sergusheva, E. 2007 Archaeological investigations on Middle Holocene sites or Primorye. 『東北アジアの環境変化と生業システム』（平成15年度〜18年度科学研究費補助金研究成果報告書「極東地域における前期完新世の環境変化と生業システムの適応に関する研究」）、熊本大学文学部、74-85頁

Smith, B. D. 2001 Low-Level Food Production. In *Journal of Archaeological Research*, 9 (1): 1-43.

Tanaka, K., Honda, T. and Ishikawa, R. 2010 Rice archaeological remains and the possibility of DNA archaeology:

examples from Yayoi and Heian periods of Northern Japan. In *Archeology and Anthropological Sciences* 2: 69-78.

Tsang, Cheng-hwa 2005 Recent discoveries at the Tapenkeng culture sites in Taiwan: implications for the problem of Austronesian origins. In *The People of East Asia Putting together archaeology, linguistics and genetics*, RoutledgeCurzon, London and New York: 63-73.

Unger, J. M. 2009. *The Role of Contact in the Origins of the Japanese and Korean Languages*, University of Hawaii Press, Honolulu.

Vostretsov, Y. E. 2004 Environmental Changes and Migrations: Case Study. In *Interaction and Transformations* (2). Kyushu University: 51-61.

Vovin, A. 2009 *Koreo-Japonica A re-evaluation of a common genetic origin*, University of Hawaii Press, Honolulu.

Whitman, J. 2011. Northeast Asian Linguistic Ecology and the Advent of Rice Agriculture in Korea and Japan. In *Rice* (4): 149-158.

Zhao, Z. and Piperno, D. R. 2000 Late Pleistocene / Holocene Environments in the Middle Yangtze River valley, China and Rice (*Oryza sativa* L.) Domestication: The Pytolith Evidence. In *Geoarchaeology* 15 (2): 203-222.

Zvelebill, M. 1986 Mesolithic prelude and Neolithic revolutions. In *Hunters in Transition: Mesolithic societies and their transition to farming*, edited by Zevelebill, Marek: 5-15. Cambridge University Press, London.

ロシア語

Андреев Г. И. 1957 Поселение Зайсановка I в Приморье // *Собиетская Археология* No.2. С.121-145

Андреев Г. И. 1960 Некоторые вопросы культур южного Приморья тысячелетий до н. э. *Материалы и Исследования по Археологии, СССР*, No.86, С.136-161. Ленинград.

Бродянский Д. Л. 1979 Проблема Периодизаци и Хронологии Неолита Приморья. // Древние Культуры Сибири и Тихоокеанского Бассейна. С.110-116. Новосибирск.

Востречов Ю. Е., Короткий А. М., Жущиховская И. С., Кононенко Н. А., Раков Ь. А. Беседнов А. Н., Тоизуми Т., Загорулько А. В. 1998 *Перевые Рыболовы в Заливе Петра Великого, Природа и бревний человек в бухте Бойсмана*. Владивосток.

Сергушева Е. А. 2006 Семена и плоды с поздненеолитического поселения Реттиховка-Геологическая(предварительные результаты)『極東先史古代の穀物（2）』（日本学術振興会平成17年度科学研究費補助金（基盤B-2）「雑穀資料からみた極東地域における農耕受容と拡散過程の実証的研究」中間研究発表会論文集）

Гарковик А. В. 2003 Неолитический Керамический Комплекс Многослойного Памятника Рыбак = на Юго-западном Побережье Приморья // *Проблемы Археологии и Палеоэкологии Северной, Восточной и Центральной Азии*. С.94-101. Новосиъирск.

Клюев Н. А., Сергушева Е. А., Верховская Н. Ъ. 2002 Земледелие в финалыном Неолите Приморья (по материалам поселения Новоселище-4).// *Традиционная Кулътура Востока Азии*. С.102-126. Благовещенск.

Клюев Н. А., Яншина О. В. 2002 Финалыный Неолит Приморья, Новый взгляд на старую проблему. // Россия и АТЯ. No.3 (37). С.67-78. Владивосток.

Коломиец С. А., Батаршее С. В., Крушых Е. Ъ. 2002 Поселение Реттиховка-геологическая (хронология, кулытурная принадележность). // *Археология и Археологические Антропология Дальнего Востока*. С.90-102. Владивосток.

Морева О. Л. 2003 Относителъная периодизация керамических комплексов бойсманской археологической кулытуры памятника бойсмана-2. // *Проблемы Археологии и Палеоэкологии Северной, Восточной и Центральной Азии*. С.172-175. Новосиъирск.

Морева О. Л., Попов А. Н., Фукуда М. 2002 Керамика с веревочиным орнаментом в неолите Приморья. // *Археология и Кулытурная Антропология Дальнего Востока.* С.57-68. Владивосток.

Попов А. Н., Ватаршев С. В. 2002 Археологические исследования в Хасанском районе приморского края в 2000 г. // *Археология и Кулытурная Антропология Дальнего Востока.* С.74-83. Новосибирск.

Попов А. Н., Морева О. Л., Ватаршев С. В., Дорофеева Н. А., Малков С.С. 2002 Археологические исследования в Приханкайской низменности в юго-западном Приморье в 2002 г. // *Проблемы Археологии, и Этнографии, Антропологии Сибири и Сопределъных Территорий.* С.179-184. Новосибирск.

Попов А. Н., Чикишева Т. А., Шлакова Е. Г. 1997 *Бойсманская Археологическая кулытура Южного Приморья (по материалам многослойного памятника Ьойсмана-2).* Новосибирск.

初 出 一 覧

第 1 章　Human Dispersal in the Prehistoric Era in East Asia. Takahiro Nakahashi and Fan Wenquan, ed. *Ancient People of the Central Plains in China.* 2014,3,20, pp.63-83, Kyushu University Press の日本語原稿を大幅に改稿。

第 2 章　「沿海州南部新石器時代後半期の土器編年」『東北アジアの環境変化と生業システム』（平成 15 年度～18 年度科学研究費補助金研究成果報告書「極東地域における前期完新世の環境変化と生業システムの適応に関する研究」）2007 年 3 月 12 日、35-60 頁、熊本大学文学部。

第 3 章　「沿海州南部における初期農耕の伝播過程」『地域・文化の考古学　下條信行先生退任記念論文集』2008 年 3 月 16 日、685-700 頁。

第 4 章　「朝鮮半島新石器時代の農耕化と縄文農耕」『古代文化』第 55 巻第 7 号、2003 年 7 月 20 日、1～16 頁を大幅に改稿。

第 5 章　「遼東半島四平山積石墓研究」『考古学研究』（九）下冊、2012 年 4 月、612-637 頁（中国語）、文物出版社（北京）の日本語原稿、ならびに澄田正一・小野山節・宮本一夫『遼東半島四平山積石塚の研究』2008 年 3 月 31 日の宮本担当分の一部を改稿。

第 6 章　「弥生時代における木製農具の成立と東北アジアの磨製石器」『九州と東アジアの考古学—九州大学考古学研究室 50 周年記念論文集—』2008 年 5 月 31 日、25-44 頁、九州大学考古学研究室 50 周年記念論文集刊行会。

第 7 章　「東アジアからみる韓国の先史考古学—青銅器時代の始まりを中心として—」『韓国考古学の新地平』2014 年 11 月 6 日、85-105 頁、韓国考古学会を改稿。

第 8 章　「直接伝播地としての韓半島農耕文化と弥生文化」『弥生時代の考古学　弥生文化の輪郭』2009 年 12 月 20 日、35-51 頁、同成社。

第 9 章　「弥生移行期における墓制から見た北部九州の文化受容と地域間関係」『古文化談叢』第 67 集、2012 年 3 月 30 日、147-177 頁、古文化研究会。

第 10 章　「板付遺跡・有田遺跡からみた弥生の始まり」『新修　福岡市史　資料編考古 3』2011 年 3 月 31 日、595-621 頁、福岡市。

第 11 章　新稿。

第 12 章　「東北アジアの相対編年を目指して」『AMS 年代と考古学』2011 年 6 月 10 日、5-38 頁、学生社を改稿・補遺。

第 13 章　新稿。

第 14 章　「土器情報の社会的意味に関する試論—板付式土器様式の出現過程を中心に」『考古学は科学か［田中良之先生追悼論文集］』2016 年 5 月 12 日、351-363 頁、中国書店。

第 15 章　新稿。

あ と が き

　本書は、2009年に吉川弘文館から出版した『農耕の起源を探る─イネの来た道』（歴史文化ライブラリー276）の続編にあたる。この書がどちらかというと概説的かつ一般読者向けに書かれていたのに対し、本書は論証過程を詳述した研究書になっている。また、著者の東北アジア初期農耕化4段階説を最新の考古学的諸事実から補強し、さらに一部その仮説を改訂したものである。しかし、本書は単に東北アジアの初期農耕化を扱っているだけではなく、弥生開始時期を扱ったこともあり、東北アジアの青銅器時代さらには初期鉄器時代までを扱っている。レンフリューやベルウッドといった著名な研究者が、農耕の拡散と言語の拡散は同時であり、それがすなわち人間集団の拡散であるという仮説をたて、それがこれまで有力な見方であった。しかし、本書はそうした考え方とは別の見方を提供することが最大の目的である。すなわち東北アジアの事例ではあるものの、農耕の拡散と言語の拡散は別のメカニズムであることを示したかったのである。さらには、結果的に農耕の拡散と言語の拡散が同時期にあるように見える弥生の始まりも、農耕と言語の拡散という別の次元が複雑に絡み合ったことを示したかった。弥生の始まりは、稲作農耕を主体とする灌漑農耕の始まりとして規定できるが、一方でそれとは時間をややおいて縄文語から古日本語への置換がなされたのである。

　このような研究は、すべてがそれぞれの地域での野外調査や学際的な調査研究の成果によるものである。まず沿海州では、2003～2006年度科学研究費補助金基盤研究(A)「極東地域における前期完新世の環境変化と生業システムの適応に関する研究」（甲本眞之代表）に参加させていただき、クロウノフカ遺跡やザイサノフカ遺跡などの発掘調査や調査研究にあたった。また、中国山東半島から遼東半島や朝鮮半島における農耕伝播の問題は、2004～2007年度科学研究費補助金基盤研究(A)「日本水稲農耕の起源地に関する総合的研究」（宮本一夫代表）による成果が大きい。これは欒豊実教授を中心とする山東大学東方考古研究センターとの共同研究であった。現在も2015～2018年度科学研究費補助金基盤研究(B)「東北アジア農耕伝播過程の植物考古学分析による実証的研究」（宮本一夫代表）で欒豊実教授を中心とする山東大学文化遺産研究院と共同研究を実施しており、新たな研究成果が生まれている。その成果も本書には盛り込ませていただいている。特に、遼東半島での農耕受容とその広がりに関する問題は、戦前の1941年に日本学術振興会によって行われた四平山積石塚や上馬石貝塚の発掘資料を整理する過程で解決できた問題である。これらは、『遼東半島四平山積石塚の研究』（柳原出版、2008年）や『遼東半島上馬石貝塚の研究』（九州大学出版会、2015年）として出版している。なお、後者の整理調査は2010～2013年度科学研究費補助金基盤研究(C)「遼東半島土器編年からみた弥生開始期の実年代研究」（宮本一夫代表）によって可能になった。さらに、北部九州での弥生開始期の問題に関しては、佐賀県唐津市森田支石墓や佐賀県唐津市大友遺跡での支石墓発掘調査によって研究が可能になったものである。森田支

石墓の発掘調査は、1994～1996年度科学研究費補助金基盤研究（A）（2）「東アジアにおける支石墓の総合的研究」（西谷正代表）に、大友遺跡の発掘調査は1997～2001年度科学研究費補助金特定領域研究（A）（1）（春成秀爾代表）の「弥生早期の渡来人」（分担研究者宮本一夫）によって実施された。そして長崎県対馬市吉田遺跡の発掘調査は、2001～2004年度科学研究費補助金基盤研究（B）（2）「弥生時代成立期における渡来人問題の考古学的研究」（宮本一夫代表）によって行ったものである。以上の共同研究に参加された研究者各位さらに九州大学考古学研究室の学生諸君に感謝するところである。

　本書の結論部分の大綱は、Archeological Explanation for the Diffusion Theory of the Japonic and Koreanic Languages. *Japanese Journal of Archaeology* Vol.4 No.1（2016）: 53-75によってすでに発表している。弥生文化の始まりにおける文化変容の大きな原因に、縄文人と渡来人あるいは縄文人と大陸系弥生人の交配が論じられ、そこにおける渡来人の規模が問題となってきた。しかし、そうした交配による形質変化といった人種的な変容を語るより、言語置換という人間集団の思想や思考方法の変化による物質文化の変化といった説明の方が、より説得的であると考えられる。しかし、言語置換という現代社会の民族主義をも刺激しかねない問題に関しては、これまで国内の学会において言説を避けてきた。したがってこうした主張を発表してきたのは、これまで幾度かの日本国内での国際研究集会において英語による発表に限られていた。あるいは、2016年2月のオーストラリアのラ・トゥルーブ大学での講演においてのみであった。Japanese Journal of Archeologyでの論考もその流れに沿ったものといえよう。

　その中でも、本書の第14章に相当する「土器情報の社会的意味に関する試論―板付式土器様式の出現過程を中心に―」を『考古学は科学か［田中良之先生追悼論文集］』において2016年5月に発表し、言語置換と考古学的現象との関係を理論的に示した。田中良之先生とは、1994年以来、九州大学大学院比較社会文化研究科・地球社会統合科学府の同僚であり、多くの学問的な刺激とお教えを頂いてきた。特に縄文から弥生への問題は、田中先生のお得意とするところであり、本書でも多くの議論のよりどころとなっている。しかし著者と先生とでは、縄文から弥生に関するいくつかの意見の違いを持っていた。この言語置換の問題に関しても田中先生の生前に本格的な議論をしておくべきであったが、2015年3月4日に田中先生は急逝された。あまりに早い死に呆然とするとともに、その議論を行わなかったことを悔いとし、田中先生の追悼論集に掲載させていただいたところである。今、こうした議論を東北アジア全体で展開することにより、より説得力のある説明が可能になったと考えている。

　なお、本書の内容は、2013年11月～12月にかけて吉林大学辺疆考古研究センターで、2014年3月～6月まで釜山大学校人文大学で、それぞれ大学院生向けの集中講義や一般講義を行った際の内容に一致している。さらに、2015年12月14日～18日まで東京大学文学部・大学院人文社会系研究科で行った集中講義も同様である。これらの講義を通じ、中国・韓国・日本の学生・大学院生諸君と議論できたことも、本書の作成において大きな刺激となった。招聘いただいた各大学の先生方とともに、参加された学生諸氏に感謝したい。

　本書は平成28年度日本学術振興会科学研究費補助金（研究成果公開促進費、課題番号

16HP5106）の助成によって出版が可能となった。また、出版に当たっては、同成社の佐藤涼子社長と編集担当の工藤龍平さんのお世話になった。そして、本書の一部の作図や校正には、九州大学大学院人文科学府博士課程の齊藤希さんの助けを得た。これらの人びとに感謝し、本書を上梓したい。

  2016 年 8 月 10 日

モンゴル国ウランバートルにて

東北アジアの初期農耕と弥生の起源

■著者略歴■

宮本 一夫（みやもと かずお）

1958年　島根県松江市に生まれる
1982年　京都大学文学部卒業
1984年　京都大学大学院文学研究科修士課程修了
2000年　博士（文学　九州大学）
現　在　九州大学大学院人文科学研究院教授

〔主要著作〕
『中国古代北疆史の考古学的研究』（中国書店、2000年）、『中国の歴史01　神話から歴史へ』（講談社、2005年）、『遼東半島四平山積石塚の研究』（編著書、柳原出版、2008年）、『中国初期青銅器文化の研究』（編著書、九州大学出版会、2009年）、『農耕の起源を探る―イネの来た道―』（文化史ライブラリー271）（吉川弘文館、2009年）、『東チベットの先史社会―四川省チベット自治州における日中共同発掘調査の記録―』（編著書、中国書店、2013年）、『讲谈社・中国的历史01　从神话到历史　神话时代　夏王朝』（广西师范大学出版社、2014年）、『遼東半島上馬石貝塚の研究』（編著書、九州大学出版会、2015年）

2017年2月20日発行

著　者　宮本　一夫
発行者　山脇由紀子
印　刷　亜細亜印刷㈱
製　本　協栄製本㈱

発行所　東京都千代田区飯田橋4-4-8
　　　　（〒102-0072）東京中央ビル　㈱同成社
　　　　TEL 03-3239-1467　振替 00140-0-20618

© Miyamoto Kazuo 2017. Printed in Japan
ISBN978-4-88621-751-6 C3022